PRÄHISTORISCHE BRONZEFUNDE

ABTEILUNG II · BAND 12

Die Bronzegefäße in Böhmen

von

OLGA KYTLICOVÁ †

Archäologisches Institut der ČSAV

Praha

mit einem Anhang

von

ANITA SIEGFRIED-WEISS

Zürich

FRANZ STEINER VERLAG STUTTGART

1991

Mit 60 Tafeln

Schriftleitung:
Seminar für Vor- und Frühgeschichte
der Johann Wolfgang Goethe-Universität
Arndtstr. 11
D-6000 Frankfurt a. M. 1

Übersetzung: Adolf Schebek
Redaktion: Albrecht Jockenhövel, Vera Witzgall-Hofmann
Zeichnungen: Gerhard Endlich, Brigitte Gies, Manfred Ritter

CIP-Titelaufnahme der Deutschen Bibliothek

Prähistorische Bronzefunde / begr. von Hermann
Müller-Karpe. Im Rahmen der Union Internationale des
Sciences Préhistoriques et Protohistoriques hrsg. von Albrecht
Jockenhövel und Wolf Kubach. – Stuttgart : Steiner.
    Teilw. im Verl. Beck, München
Abt. 2
NE: Müller-Karpe, Hermann [Begr.]; Jockenhövel,
Albrecht [Hrsg.]
Bd. 12/13. Kytlicová, Olga: Die Bronzegefässe in Böhmen. –
    1991

Kytlicová, Olga:
Die Bronzegefässe in Böhmen / von Olga Kytlicová. Mit
einem Anh. von Anita Siegfried-Weiss. [Übers.: Adolf
Schebek]. – Stuttgart : Steiner, 1991
    (Prähistorische Bronzefunde : Abt. 2 ; Bd. 12/13)
    Enth. ausserdem: Die Bronzegefässe in Mähren / von Jindra
    Nekvasil und Vladimir Podborský
    ISBN 3-515-05911-3
NE: Nekvasil, Jindra: Die Bronzegefässe in Mähren;
    Podborský, Vladimir: Die Bronzegefässe in Mähren

© 1991 by Franz Steiner Verlag Wiesbaden GmbH, Sitz Stuttgart.
Satz und Druck: Allgäuer Zeitungsverlag GmbH, Kempten
Printed in the Fed. Rep. of Germany

PBF II, 12

(Kytlicová)

PRÄHISTORISCHE BRONZEFUNDE

Begründet von Hermann Müller-Karpe

Im Rahmen der

Union Internationale des Sciences Préhistoriques et Protohistoriques

herausgegeben von

ALBRECHT JOCKENHÖVEL

Westfälische Wilhelms-Universität
Münster in Westfalen

und

WOLF KUBACH

Johann Wolfgang Goethe-Universität
Frankfurt am Main

FRANZ STEINER VERLAG STUTTGART
1991

VORWORT

Die Bronzegefäße haben vom Beginn meiner wissenschaftlichen Tätigkeit an mein Interesse geweckt. Zunächst versuchte ich, die böhmischen Gefäße der Bronzezeit einzeln zu behandeln, später befaßte ich mich mit ihnen im Zusammenhang mit ihrer Auffindung in Depots. Doch erst bei der vollständigen Auswertung des Fundbestandes anläßlich der Aufarbeitung des vorliegenden PBF-Bandes zeigte sich, wie wichtig die Stellung Böhmens für die Erforschung der Herkunft der Bronzegefäße und Entstehung der Zweitzentren ist. Durch ihr häufiges Auftreten in Gräbern haben die böhmischen Bronzegefäße zur Klärung der Fragen der gesellschaftlichen Struktur der Urnenfelderzeit wesentlich beigetragen.

Als Spitzenprodukte der damaligen Toreutik waren die Bronzegefäße vor allem für die Angehörigen der übergeordneten sozialen Schicht bestimmt; ihre Herstellung erfolgte niemals serienmäßig. Die typologischen Untersuchungen ließen erkennen, daß ihre ursprüngliche Anzahl bedeutender war, als es die gegenwärtigen ungünstigen Fundverhältnisse bezeugen können. Da jeder einzelne Fund einen wertvollen Beitrag darstellt, habe ich mich bemüht, einen möglichst vollständigen Fundbestand zusammenzutragen. Aus diesem Grund wurde dem Bruchmaterial viel Aufmerksamkeit gewidmet und in den Grenzen der gegebenen Möglichkeiten eine zeichnerische Rekonstruktion ausgeführt.

Es gereicht mir zur angenehmen Pflicht, allen Kolleginnnen und Kollegen, die mir meine Arbeit in den verschiedenen Museen ermöglichten und mich auf einige unbekannte Funde aufmerksam machten, besonders den Herren J. Břeň, J. Hásek und Frau J. Hralová vom Nationalmuseum in Prag, Frau D. Báštová und M. Doubová vom Západočeské muzeum in Pilsen und Frau Šaldová vom Archäologischen Institut in Prag meinen herzlichsten Dank auszusprechen.

Mein Dank gilt Herrn Prof. H. Müller-Karpe und Herrn Prof. A. Jockenhövel für ihr Interesse an meiner Arbeit und zahlreiche Anregungen und Ratschläge, mit denen sie meine Aufgabe gefördert haben. Herrn Dr. A. Schebek schulde ich besonderen Dank für alle Mühe, die er meiner Arbeit und deren Übersetzung gewidmet hat. Herzlich gedankt sei Prof. Dr. A. Jockenhövel und Frau Vera Witzgall-Hofmann M.A. für die redaktionelle Betreuung dieses Bandes. Zu Dank verpflichtet bin ich ferner der Direktion der Römisch-Germanischen Kommission des Deutschen Archäologischen Instituts Frankfurt am Main, die mir den Zugang zur Bibliothek und eine Unterkunft während meines Aufenthaltes in Frankfurt gewährte, sowie der Deutschen Forschungsgemeinschaft in Bonn für die finanzielle Unterstützung meiner Arbeit. Die Fertigstellung der Reinzeichnungen erfolgte im Seminar für Vor- und Frühgeschichte in Frankfurt durch Frau B. Gies und Herrn G. Endlich, denen ich dafür ebenfalls danken möchte. Das Manuskript wurde im Jahr 1982 vorgelegt, die endgültige Fassung nach einigen Abänderungen und Ergänzungen im Jahr 1986 abgeschlossen.

Prag, im August 1986   Olga Kytlicová

INHALTSVERZEICHNIS

Einleitung I

Zur Forschungsgeschichte I
Zur Chronologie der Jung- und Spätbronzezeit Böhmens 3
Zur Chronologie der Bronzegefäße Böhmens 7
Zur Quellenlage 9
   Gräber 10
      Milavče-Kultur 11
         Zur Grabhügelgruppe C von Milavče/Chrástavice 12
         Zum Gräberfeld von Nynice 14
      Knovízer Kultur 15
         Reiche Gräber in und bei Žatec 17
         Zum Fundkomplex von Hostomice 18
      Lausitzer Kultur 19
   Depots 19
   Siedlungen 21

Der Fundstoff

Tassen 22
   Tassen vom Typ Friedrichsruhe 22
      Variante I (Milavče-Slate/Žatec-Velatice) 23
      Variante II (Friedrichsruhe/Nied/Osternienburg-Dresden) 24
   Eine Tasse von Chrášťany 41
   Eine Tasse von Třtěno 43
   Tassen vom Typ Jenišovice 44
   Tassen vom Typ Stillfried-Hostomice 55
   Becken-Tassen 59
Ein Becken von Klobuky 60
Schalen 61
   Schale mit abgesetztem Rand und getriebener Verzierung (Typ Milavče/Haltingen-Rongères-Gönnebek) 61
   Doppelkonische Schalen 65
      Schale vom Typ Baumgarten 65
      Schale mit Leisten-Buckel-Ornament 65
Siebe 68
   Siebe mit schmalem Rand und plastisch abgesetztem Unterteil (Typ Záluží) 68
   Sieb mit gerundeter Wandung, breitem Rand und plastisch abgesetztem Unterteil (Variante Středokluky) 69
   Ein Bronzesieb unbekannten Typs von Slaný 70
Kesselwagen 77
Ziste vom Typ Žatec 81
Amphoren 83

Eine Amphore von Žatec 83
Amphore vom Typ Gevelinghausen-Vejo-Seddin 83
Amphore vom Typ Lžovice-Großeibstadt 84
Zur Herstellungstechnik, Funktion, Zeitstellung und Verbreitung der Amphoren 84
Schöpfer 89
Einteiliger, rundbodiger Schöpfer 89
Zweiteiliger, rundbodiger Schöpfer 89
Zur Herstellungstechnik, Funktion, Zeitstellung und Verbreitung der Schöpfer 90
Unbestimmbare Gefäßbruchstücke 93
Blechbruchstücke und verschollene Fragmente (von Gefäßen?) 94
In der Literatur erwähnte Bronzegefäßfunde 96
Gefäße aus organischem Material mit Bronzehenkel 96

Zusammenfassung

Chronologie und Chorologie 98
Sozialgeschichtliche Deutung der mitteleuropäischen Grabfunde mit Bronzegeschirr . . . 102

Anhang: A. Siegfried-Weiss, Hallstattzeitliche Bronzegefäße in Böhmen

Tassen 106
Rundbodige Tassen mit hochgezogenem, am Rand innen fixiertem Henkel 106
Becken-Tasse 106
Schalen mit Uhrpendelmotiv 107
Teller mit verziertem Flachrand 108
Schöpfer mit Hebelgriff 109
Kännchen mit Rinderkopfhenkel 110
Becken 111
Becken mit kreuzförmigen Zwillingsattaschen (Gruppe C nach G. v. Merhart) 111
Perlrandbecken 112
Becken vom Typ Hatten 113
Ein zweihenkliges Bronzebecken von Slatina 114
Eimer vom Typ Kurd 114
Situlen 115
Rippenzisten 117
Unbestimmbare Gefäßbruchstücke 118

Verzeichnisse und Register

Verzeichnis der allgemeinen Abkürzungen 120
Verzeichnis der Literaturabkürzungen 121
Verzeichnis der Museen und Sammlungen 124
Listen zu den Karten Taf. 24, B und 25 125
Sachregister 128
Ortsregister 132

Tafeln 1–60

EINLEITUNG

Die böhmischen Bronzegefäße wurden als eines der Spitzenprodukte europäischer Bronzezeitmetallurgie zum Großteil bereits veröffentlicht und mehrmals ausgewertet, wobei die Aufmerksamkeit jedoch fast nur den gut erhaltenen Exemplaren galt. Die fragmentarischen Funde blieben unbeachtet und vielfach auch in den musealen Sammlungen unbekannt. Diese Bruchstücke sind aber von nicht geringer Bedeutung. Eine komplexe Übersicht über die Produktion des Bronzegeschirrs ist daher der einzige verläßliche Ausgangspunkt für weitere Erkenntnisse. Deshalb haben wir auch sämtliches Bruchmaterial aufgenommen. Schlecht erhaltene Fragmente sind durch gezeichnete Rekonstruktionen veranschaulicht worden; registriert wurden auch Blechstücke, deren Zugehörigkeit zu Bronzegefäßen nicht gesichert ist, sowie Fundangaben zu heute nicht mehr erhaltenen Bronzegefäßen.

ZUR FORSCHUNGSGESCHICHTE

Die erste monographische Arbeit über die Bronzegefäße der vorrömischen Zeit in der Tschechoslowakei erschien aus der Feder von M. Grbić[1] im ersten Drittel dieses Jahrhunderts. Grbić war noch ganz der damals herrschenden Forschungsmeinung verhaftet, die als Heimat der stets besonders beachteten Bronzegefäße die antiken Landschaften, insbesondere Italien ansah, so daß die Gefäße oft mit dem Attribut „altitalisch" versehen wurden.[2] So sprach auch er den Bronzegefäßen der Urnenfelderzeit einen norditalischen Stil zu und nahm an, daß sie aus Italien über die Ostalpen und die Elbe nach Mitteleuropa importiert worden waren. Eine eigene typologische Gliederung legte er jedoch nicht vor, sondern unterschied zwei Hauptgruppen. Zur ersten, welche er in die Urnenfelderzeit datierte, rechnete er fast alle Bronzegefäße, zur zweiten Gruppe die Gefäße von Hostomice, Lžovice und Třtěno, die er schon der älteren Hallstattzeit zuwies. J. Schránil nahm zur italischen Herkunft der Bronzegefäße schon eine zurückhaltendere Stellung ein,[3] indem er eine lokale Herstellung bzw. Nachahmung der sog. altitalischen Gefäße vermutete.

Die Forschung erkannte bald, daß das böhmische, hier vor allem durch Tassen vertretene Bronzegeschirr einen untrennbaren Bestandteil der mitteleuropäischen Produktion darstellte. Deshalb konnte nur eine eingehendere Analyse einzelner Bronzegeschirrtypen in breiterem europäischen Zusammenhang eine neue Einstellung entstehen lassen. Bahnbrechend war die Arbeit E. Sprockhoffs aus dem Jahre 1930.[4] Von der gesamteuropäischen Aufarbeitung ausgehend, führte er die erste typologische Gliederung ein, die insbesondere bei den urnenfelderzeitlichen Tassen bis heute prinzipiell Gültigkeit hat. Sprockhoff gelang es, die zeitliche Aufeinanderfolge aller drei ältesten Bronzetassentypen (Friedrichsruhe, Fuchsstadt, Kirkendrup) zu erfassen und aufgrund ihrer Verbreitung auch unterschiedliche Herstellungszentren zu ermitteln. Die von ihm herausgestellten drei Tassentypen wurden später zur

[1] Grbić, Pam. Arch. 35, 1926–27, 370 ff.
[2] L. Lindenschmit, AuhV 1–3 (1858, 1870, 1881); P. Reinekke, AuhV 5 (1911) 205 f. 208. 359; ders., Arch. Ért. 19, 1899, 225 ff.; J. Déchelette, Manuel d'archéologie II (1910, 1912, 1914); O. Montelius, La civilisation primitive en Italie I–III (1895–1910); ders., Die vorklassische Chronologie Italiens (1912).
[3] Schránil, Vorgeschichte 164.
[4] Sprockhoff, Handelsgeschichte 49 ff.

Grundlage weiterer Untersuchungen. Das Hauptinteresse galt der Herkunftsfrage, hierbei besonders
dem Typ Friedrichsruhe. Der Meinung Sprockhoffs von der Priorität des Nordischen Kreises, die sich
aus dessen damals ungeklärter Synchronisierung mit Mitteleuropa und aus Sprockhoffs Kenntnissen
der mitteleuropäischen Funde ergeben hatte, trat 1949 V.G. Childe entgegen[5] und bewies, daß die ältesten mitteleuropäischen Tassen, wie z.B. diejenigen von Milavče, noch aus der Stufe Bz D stammen
und daher mit den nordischen zeitgleich sind. Damit schuf er auch die Grundlage für eine genauere
Synchronisierung beider Gebiete. Childe fügte zu den ältesten Tassen eine Reihe weiterer Funde und
begleitende Formen – Kultwagen und schüsselartige Gefäße – hinzu, wodurch er die völlige Überle-
genheit der ältesten Bronzegefäße in Mitteleuropa belegte. Zur Bekräftigung der mitteleuropäischen
Herkunft der ältesten Bronzetoreutik bezeichnete er die ältesten Tassen als Typ Friedrichsruhe-
Velatice.

W. A. v. Brunn ließ sich 1954 von dem Gedanken leiten, die älteste getriebene Bronzeware sei gleichzeitig in mehreren regionalen Werkstätten hergestellt worden, und untergliederte den Typ Friedrichsruhe aufgrund des Ornamentes in zwei Herstellungskreise: die unverzierten Tassen des eigentlichen
Typs Friedrichsruhe seien im Nordischen Kreis und die verzierten Tassen vom Typ Osternienburg-
Dresden im mitteldeutsch-böhmischen Werkstattkreis gefertigt worden, wobei hier die Produktion gegenüber dem Nordischen Kreis länger anhielt.[6] Als ältesten Repräsentanten sah er die Tasse von Milavče an, alle übrigen hielt er für jünger. Der dritte, danubische Produktionskreis ist durch schüsselartige
Formen vom Typ Satteldorf gekennzeichnet.

Kurz darauf (1955) veröffentlichte H. Müller-Karpe das südbayerische Wagengrab von Hart a.d. Alz,
das u.a. eine Bronzegeschirr-Garnitur (Eimer, Tasse, Sieb) enthielt.[7] In diesem Zusammenhang fügte er
weitere bedeutsame Beobachtungen über die zeitlichen und regionalen Unterschiede der ältesten Gefäße hinzu. Er wies auf die Tendenz der Formgedrungenheit bei jüngeren Exemplaren als ein bedeutsa-
mes chronologisches Kriterium hin. Der Unterschied zwischen den nordischen und süddeutschen Gefäßen bestehe insbesondere in der Ausführung des Henkels: gegenüber dem einfachen, mit einem einzigen Niet befestigten Henkel bei den süddeutschen Tassen, haben die nordischen Tassen einen mit
Perlreihen verzierten, an den Enden verbreiterten und mit je zwei Nieten befestigten Henkel. Später
stellte v. Brunn die regionalen Unterschiede in der Henkelverzierung kartographisch dar und zeigte ein
weiteres abweichendes Merkmal der nordischen Tassen auf: ihre Perlreihen sind gegenüber denjenigen
der mitteleuropäischen Tassen auffallend klein.[8]

Im Zusammenhang mit der Veröffentlichung des Depotfundes von Středokluky (Nr. 5) im Jahre 1959
und der jüngsten Aufarbeitung der böhmischen Bronzegefäße aus der jüngeren und späten Bronzezeit
wurde auch die Frage der ältesten Bronzetassen, insbesondere der Problematik des neu herausgestellten
Typs Osternienburg-Dresden, dem die Tasse von Středokluky angehört, angeschnitten. Autorin verwies dabei auf die Unverläßlichkeit des Ornamentes als Hauptkriterium bei der Bestimmung der regionalen Werkstätten, und auf die zeitliche Priorität der Mehrzahl der böhmisch-süddeutschen Tassen gegenüber den Tassen im mitteldeutschen Raum, wo offenbar später ein zweites Produktionszentrum
entstand, in dem Bronzegeschirr noch im Horizont der Fuchsstadt-Tassen verfertigt wurde.[9]

Bei der Aufarbeitung der ältesten dänischen Bronzegefäße versuchte H. Thrane 1962 die europäischen Tassen neu zu gliedern.[10] Nachdem er alle europäischen Exemplare auf Form und Verzierung

[5] Childe, Acta Arch. 20, 1949, 257 ff.
[6] v. Brunn, Germania 32, 1954, 284 ff.
[7] Müller-Karpe, Bayer. Vorgeschbl. 21, 1955, 46 ff.; ders.,
Chronologie 157 ff.
[8] v. Brunn, Hortfunde 265 Liste 10–12 Karte 6.

[9] O. Kytlicová, Pam. Arch. 50, 1959, 120 ff. – Vgl. v. Brunn,
Hortfunde 156; hier sind als Typ Osternienburg-Dresden nur
die jüngsten mitteldeutschen Tassen der Stufe Ha A 2 bezeichnet.
[10] Thrane, Acta Arch. 33, 1962, 109 ff.

untersucht hatte, unterteilte er, ähnlich wie v. Brunn, die ältesten europäischen Tassen in drei Haupttypen: Friedrichsruhe (mit den Varianten Gusen, Velatice — mit unverzierten, und Žatec mit verzierten Tassen), Blatnica (nach v. Brunn Typ Satteldorf) und Osternienburg-Dresden. In seiner Arbeit wurde mehr Nachdruck auf die Profilierung der Gefäße gelegt. Der enge Zusammenhang zwischen den einzelnen Herstellungskreisen kommt am markantesten dadurch zum Ausdruck, daß Thrane sämtliche Typen und Varianten in allen Ländern (mit Ausnahme der Einzelform Gusen) auswertete.

Auch für den Typ Kirkendrup setzte Sprockhoff[11] eine nordische Herkunft voraus, wenn ihn auch in diesem Falle das auf den karpatischen Becken vorhandene gleiche Ornament zur Erwägung führte, ob die Synchronisierung des Nordischen Kreises mit dem übrigen Europa, welche Einfluß auf die Prioritätenfrage hatte, auch richtig war. Childe entschied zugunsten Mitteleuropas.[12] Im Hinblick auf den mitteleuropäischen Ursprung setzte er die Neubenennung Typ Jenišovice durch. Das von Childe aufgestellte Verzeichnis der europäischen Exemplare wurde von Thrane als Grundlage verwandt, auf das er anhand einiger formaler Merkmale eine weitere typologische Gliederung in zwei entwicklungsmäßig aufeinanderfolgende Varianten vornahm, bei denen er jedoch ein gleichzeitiges Vorkommen feststellte.[13] In der Tatsache, daß in beiden Randgebieten — im Norden wie auch in der Schweiz — die Jenišovice-Tassen überwiegend keinen Henkel besitzen, wollte er die Theorie vom sekundären Anbringen des Henkels gelten sehen. Erst v. Brunn machte auch auf die Unterschiede in ihrer Verzierung aufmerksam; nur bei den nördlichen und den Schweizer Tassen kommt nämlich eine einzige Buckelreihe vor,[14] wodurch ihr lokaler Charakter nachgewiesen ist.

Die Erkenntnisgrundlage für die jüngsten Tassenformen der Urnenfelderzeit bildete 1952 die bahnbrechende Arbeit G. v. Merharts.[15] Ihrem im Raum zwischen Böhmen und den Alpen gelegenen Entstehungsgebiet legte er die Bezeichnung Stillfried-Hostomice zu. Später (1974) gelang es A. Jockenhövel aufgrund des Standrings die aus den Werkstätten nördlich der Alpen kommenden Hostomice-Tassen von den italischen zu unterscheiden.[16] Die Herkunft der Amphore von Lžovice und der Schale von Třtěno suchte v. Merhart aufgrund ihrer Verzierung im ostdeutsch-polnischen Raum, wo auch sein Leisten-Buckel-Stil bei der älteren Herstellung von Goldgeschirr entstanden sein soll.[17] Das regelhaft gemeinsame Auftreten der böhmischen Stillfried-Hostomice-Tassen und des im Leisten-Buckel-Stil verzierten Geschirrs läßt ihr Entstehen in denselben Werkstätten und die alte Tradition dieses Stils in Mitteleuropa, insbesondere in Böhmen vermuten.[18] Einen wesentlichen Beitrag zur Erhellung der Frage des jüngsten Bronzegeschirrs der Urnenfelderzeit, der Amphoren, leisteten die Arbeit G. Kossacks[19] und insbesondere die erschöpfende Studie Jockenhövels, in der einer der markantesten Typen der späten Urnenfelderzeit, der Typ Gevelinghausen-Vejo-Seddin, herausgestellt wurde.[20]

ZUR CHRONOLOGIE DER JUNG- UND SPÄTBRONZEZEIT BÖHMENS

Das eigenständige Gepräge einzelner Kulturregionen erfordert oft eine unabhängige zeitliche Gliederung. Die kulturellen Unterschiede in der Jung- und Spätbronzezeit ergeben sich aus der Grenzstellung Böhmens. Hier trafen zwei mitteleuropäische Kulturkreise unmittelbar aufeinander: der urnenfelderzeitliche, nördlich der Alpen vertreten durch die Knovízer und Milavče-Kultur, und der Lausitzer

---

[11] Sprockhoff, Handelsgeschichte 57.
[12] Childe, PPS 14, 1948, 177 ff.
[13] Thrane a. a. O. (Anm. 10) 162 f.
[14] v. Brunn, Hortfunde 157 ff.
[15] v. Merhart, Studien 19 ff.

[16] Jockenhövel, Germania 52, 1974, 35 Abb. 6.
[17] v. Merhart, Studien 42 ff.
[18] Kytlicová a. a. O. (Anm. 9) 147 ff.
[19] Kossack, Sibrium 3, 1956–57, 41 ff.
[20] Jockenhövel a. a. O. (Anm. 16) 16 ff.

Kreis, in Böhmen durch seine zwei verwandten Zweige, die nordböhmische und die nordostböhmische Lausitzer Kultur vertreten.

J. Böhm erarbeitete 1937 in seinem chronologischen System für jeden Kulturbereich eine eigene Gliederung, in der er einzelnen Stufen den jeweiligen Namen zweier der markantesten Fundorte gab. Er legte besonderen Nachdruck auf die mit Bronzeinventar ausgestatteten Grabverbände und Bronzedepotfunde, die den Hauptausgangspunkt zur Synchronisation bildeten.[1] Nach der parallel verlaufenden Dreistufenentwicklung der Knovízer und Milavče-Kultur weist die Stufe Štítary-Hostomice (Reinecke Ha B) im Bereich der Knovízer Kultur eine Besiedlungskontinuität bis in die Spätbronzezeit auf, während im Milavčer Gebiet eine solche nicht festzustellen war (vgl. Tabelle 1). Erst V. Šaldová gelang es, durch die Ausgrabungen des Gräberfeldes von Nynice diese Fundlücke zu überbrücken.[2]

Eine neue Gliederung stellte J. Bouzek seit 1958 in Anlehnung an die typologische Entwicklung der Etagengefäße im Milavčer Gebiet auf. Seine sechsstufige Gliederung der jüngeren und die dreistufige Aufteilung der späten Bronzezeit überprüfte er auch an anderem Keramik- und Bronzeinventar, und dehnte sie schließlich auch auf die Gebiete der Knovízer Kultur aus. In weiteren Arbeiten faßte er die sechs Phasen versuchsweise in drei Hauptperioden zusammen.[3] Damit näherte er sich in seiner Gliederung wesentlich der Chronologie von Böhm an (vgl. Tabelle 1).

Aufgrund einer eingehenden Analyse der mittelböhmischen Gräberfelder teilte J. Hrala 1973 die Knovízer Kultur in fünf Stufen ein, von denen die ersten drei die Entwicklung der eigentlichen Knovízer Kultur erfassen; die Stufen IV und V sind durch seine 1. und 2. Štítary-Phasen vertreten.[4]

---

[1] Böhm, Základy. – Die beiden ersten Stufen Drhovice-Vrhaveč und Sváreč-Kostelec im Milavčer und die Stufen Modřany-Lažany und Třebíz-Velvary im Knovízer Gebiet verband er noch mit der Stufe Bz D nach P. Reinecke; die dritte Milavčer Stufe Předenice-Sedlíkovice und die Knovízer Stufe Žatec-Jenišovice parallelisierte er mit der Stufe Ha A. – Seine Dreiphasen-Gliederung behält noch weiter ihre Gültigkeit, auch wenn Neufunde und weitere detaillierte Analysen das gegenseitige Verhältnis und die Aufeinanderfolge der einzelnen charakterisierenden Fundorte etwas berichtigten. Durch eingehende Untersuchungen des Vrhavečer Gräberfeldes bekräftigte E. Čujanová-Jílková (Pam. Arch. 68, 1977, 74) seine Zugehörigkeit in die Übergangszeit von der Hügelgrab- zur Milavče-Kultur. Mit ihm zeitlich gleichlaufend ist teilweise auch die Depotgruppe der Stufe Plzeň-Jíkalka, die noch den eigentlichen, durch die Stufe Lažany vertretenen frühurnenfelderzeitlichen Depots vorausgeht (O. Kytlicová, Arch. Rozhl. 16, 1964, 516 ff.). Die strukturellen Unterschiede Süd- und Westböhmens hielten auch im eigentlichen Milavčer Zeitabschnitt an. Die Keramik und Bronzen aus dem Gräberfeld von Drhovice lassen sich mit den westböhmischen nicht vergleichen. Das reichliche Vorkommen von Schmuckgarnituren des Typs Praha-Bubeneč 2 und der Nadeln vom Typ Henfenfeld ermöglichen einen Vergleich des Drhovicer Gräberfeldes und der verwandten südböhmischen Hügelgräberfelder mit den Depots der Stufe Lažany II (dies., in: Studien zur Bronzezeit [Festschr. W. A. v. Brunn] [1981] 213 ff.). Letztere ermöglichen uns, das Drhovicer Gräberfeld mit dem Grab Nr. 41 von Sváreč zu synchronisieren: es enthielt ein Schwert vom Typ Riegsee, das in Westböhmen schon Böhms Stufe II verkörpert (V. Šaldová, Arch. Rozhl. 13, 1961, 694). Auf eine längere Zeit-

dauer der Böhmschen Stufe Modřany deuten z.B. die Gräber 4 und 8 von Praha-Modřany hin. Das ist seine zweite, mit einem Doppelnamen bezeichnete Stufe im Knovízer Gebiet gehörende Depot von Velvary ist mit jenem von Lažany zeitgleich, während das Grab von Třebíz die letzte Entwicklungsphase der Knovízer Kultur repräsentiert. Die dritte Knovízer Stufe, Žatec-Jenišovice, deutet die zeitliche Nachfolge an.

[2] Šaldová, Pam. Arch. 56, 1965, 1 ff.

[3] Bouzek, Arch. Rozhl. 10, 1958, 345 ff; ebd. 14, 1962, 175 ff; ders., Sborník NM 17, 1963, 57 ff.; ders., PM Hradec Králové 11, 1967–68, 17 ff; J. Bouzek/D. Koutecký/E. Neustupný, The Knovíz Settlement of North-West Bohemia (1966) 5 ff. (auf Chronologietabelle S. 112: K I–II = Übergangsstufe; K III–IV = ältere Mittelstufe; K V–VI = jüngere Mittelstufe; St. I–III = Spätstufe).

[4] Hrala, Knovízská kultura 101 (Chronologietabelle) 138 ff. 168 ff. Beim Versuch um Anpassung an das Chronologiesystem H. Müller-Karpes geriet J. Hrala in Widerspruch mit der Chronologie Bouzeks und auch mit der von der Autorin für die Depots erarbeiteten Zeitstellung (vgl. Anm. 5), namentlich hinsichtlich der Synchronisierung der jüngsten Knovízer (III) Stufe und der Depot-Stufe von Jenišovice. Dies ergibt sich vor allem aus der unterschiedlichen Entwicklungslage im süddeutschen und Knovízer Gebiet, der unzulänglichen Empfindsamkeit des keramischen Formenbestandes und aus dem beinahe totalen Fehlen eines dem mitteleuropäischen anschließbaren Bronzeinventars. Im Hinblick auf die einheitliche Entwicklung der eigentlichen Knovízer Kultur und einen klaren Bruch erst zu Beginn der Štítary-Stufe setzte Hrala letzteren an den Übergangsbereich zwischen den Stufen Ha A und B. Anhand einiger Depotfunde der Jenišovicer Stufe mit

Die als Grundlage für die Synchronisierung mit der mitteleuropäischen Entwicklung[5] geltende Bronzeindustrie wurde im Knovíz-Milavčer Gebiet überwiegend in Depots niedergelegt. Viele, dem breiten Urnenfelderkreis gemeinsame Formen sowie eine Reihe von Importen aus verschiedenen mitteleuropäischen Gebieten ermöglichen uns, eine ziemlich verläßliche zeitliche Gliederung der böhmischen Depots vorzunehmen und sie mit der mitteleuropäischen Chronologie zu verknüpfen (vgl. Tabelle 1). Die Stufen Lažany II und Suchdol II repräsentieren die erste Etappe der Deponierungen von Bronzeware im Knovíz-Milavčer Gebiet.[6] Sie stehen mit der frühen und älteren Urnenfelderstufe in Einklang. Der Jenišovicer Stufe, die sich mit der jüngeren, und vielleicht auch noch mit der ausklingenden mittleren Urnenfelderstufe verknüpfen läßt, geht der einzige gut datierbare Befund von Středokluky (Nr. 5) voraus, dessen Formenbestand noch der mittleren Urnenfelderzeit entspricht. Die Depotfunde der Spätbronzezeit – Stufe Třtěno (Hostomice) – sind chronologisch einheitlich und bieten keine ausreichende Basis zur weiteren Unterteilung; einige chronologisch empfindliche Formen datieren sie in die Spätstufe der Urnenfelderzeit.[7] Bouzek versuchte sich später in einer Synchronisierung der von der Autorin erarbeiteten Chronologie der Depots mit derjenigen der Knovíz-Milavčer Gräberfelder und der Chronologie der ostböhmischen Lausitzer Kultur nach V. Vokolek.[8]

Aufgrund eingehender Untersuchungen der ostböhmischen Gräberfelder gliederte J. Filip die Lausitzer Kultur Nordostböhmens in drei Stufen auf (vgl. Tabelle 1).[9] Weitere Gliederungen legten später unabhängig voneinander V. Vokolek und V. Martinec vor.[10] Die Spätbronzezeit ist in Ostböhmen durch die sog. Schlesische Kultur vertreten, die den beiden ersten Stufen der Schlesisch-Platěnicer-Kultur entspricht.[11]

Keramik von jungknovízzeitlichem Gepräge (Libkovice, Zá-luží) verband er die Depotfunde der Jenišovicer Stufe mit Recht noch mit der eigentlichen Knovízer Entwicklung, wodurch er sie in die Stufe Ha A 2 zurückstellen konnte. Demgegenüber klammerte Bouzek bei seinem Versuch um den Anschluß an das Chronologiesystem Müller-Karpes gerade aufgrund dieses Depots die Stufe Ha A 2 im Knovízer Gebiet aus und zog seine gleichfalls als die Entwicklung der Knovízer Kultur geltenden Phasen V und VI in die Stufe Ha B 1 von Müller-Karpe zusammen. Hieraus geht hervor, daß beide Autoren in der relativen Chronologie der Knovízer Kultur zu übereinstimmenden Schlußfolgerungen gelangt sind; die Knovízer Gräberfelder der III. Stufe Hralas und der V.–VI. Phase Bouzeks, die am zahlreichsten vertreten und die größten sind, hatten auch eine längere Belegungszeit. Ihr keramisches Inventar ist derart homogen, daß bei keinem Grabverband bis jetzt ein den beiden nachfolgenden Stufen Ha A 2–B 1 entsprechender Formenbestand ausgesondert werden konnte. Im Vergleich mit der mitteleuropäischen Chronologie läßt sich das Depot von Středokluky am ehesten mit der mittleren Stufe der Urnenfelderzeit synchronisieren. Es ist etwas älter als die Depots der Stufe Jenišovice, deren Verbreitungsschwerpunkt in die Jüngere Urnenfelderzeit (Ha B 1) fällt. Das Depot von Jenišovice selbst und die darin enthaltenen Jenišovicer Tassen weisen eine Kontinuität zu dem vorausgehenden Formengut auf (vgl. S. 50 ff.).

[5] Die neue chronologische Gliederung der mitteleuropäischen Entwicklung von Müller-Karpe (Jber. Inst. Vorgesch. Frankfurt 1974, 7 ff.; ders., Germania 53, 1975, 24 ff.) ist frei vom historisierenden Moment des Reineckeschen Schemas,

das nicht der Entwicklung aller Gebiete entspricht. Die Bezeichnungen frühe, ältere, mittlere, jüngere und späte Urnenfelderstufe eignen sich besser.

[6] Die Grenzen zwischen beiden Stufen sind nicht scharf. Den Schwerpunkt des Inventars bilden Werkzeuge, überwiegend Beile und Sicheln, die keinen Formwandel aufweisen. Kennzeichnend für die Stufe Lažany II sind vor allem einige Schmuckarten, namentlich die aus der Hügelgräberzeit überkommenen Nadeln, die in der Stufe Lažany die Endphase der Entwicklung des hügelgräberzeitlichen Formenreichtums darstellen und in der Regel nicht überdauern. Die Unterschiedlichkeit beider Stufen ist durch einige chronologisch empfindliche Formen interregionalen Gepräges und auch durch Importe belegt (Kytlicová, Jber. Inst. Vorgesch. Frankfurt 1975, 94 ff.).

[7] Für die Depots der Stufe Třtěno sind z. B. die oberständigen Lappenbeile mit Öse typisch. – Da es nach meiner eingehenden Analyse des Fundes von Hostomice (Nr. 30. 31) beinahe sicher zu sein scheint, daß er einem reichen Grab entstammt, führen wir neuerdings für die Bezeichnung der spätbronzezeitlichen Stufe das Depot von Třtěno auf, dessen Zusammensetzung den Charakter der Depots dieser Zeitstufe besser erfaßt.

[8] Kytlicová/Vokolek/Bouzek, PM Hradec Králové 7, 1964, 143 ff.

[9] Filip, Pam. Arch. 38, 1932, 14 ff.; ebd. 39, 1933, 28 ff; ebd. 41, 1936–38, 14 ff.

[10] Vokolek, PM Hradec Králové 4, 1962, 3 ff.; Martinec, Arch. Rozhl. 12, 1960, 860 ff.

[11] Filip, Popelnicová pole 45 ff.

Der Unterschied zwischen dem Knovíz-Milavčer und dem Lausitzer nordostböhmischen Gebiet liegt in der unterschiedlichen Zusammensetzung, aber auch im ersten gehäuften Vorkommen der Depotfunde; dieser Zeitabschnitt wird durch die Stufe Kosmonosy verkörpert,[12] die mit der Depotgruppe der Stufe Suchdol und Středokluky verknüpft werden kann. Erst die kleine Depotgruppe der Stufe Bošín mit ihren charakteristischen schraffierten Armringen, ermöglichte eine direkte Synchronisierung mit den mittelböhmischen Depotfunden der Stufe Jenišovice.[13] Auch die Depots der spätbronzezeitlichen Stufe Lžovice-Slezské-Předměstí lassen bereits eine direkte Verbindung mit der Stufe Třtěno (Hostomice) zu.[14]

Die von Böhm vermutete dreistufige Entwicklung des nordböhmischen-lausitzischen Gebietes wurde durch die von E. Plesl durchgeführte Analyse der nordböhmischen Gräberfelder bestätigt.[15] Im Inventar der nordböhmischen Depots widerspiegelt sich die Verflechtung von Knovízer und Lausitzer Elementen, so daß sich für die Einteilung der hier gehobenen Depotfunde die Chronologie der Knovízer Depots leicht heranziehen läßt.[16]

Urnenfelder nördlich der Alpen		Knovíz-Milavčer Gebiet							Lausitzer Gebiet		
Müller-Karpe 1959	Filip 1974	Filip	Böhm M.-NW.B.	Böhm SW.B.	Bouzek-Koutecký	Hrala	Kytlicová Depotfunde		Böhm	Filip	Vokolek
Ha B 3	Späte Urnenfelderzeit	Štítary Typ	Štítary-Hostomice		III	II	Třtěno (Hostomice)	Lžovice-Slezské-Předměstí	Slezská k.	II	
Ha B 2				?	II / I	Štítary					
Ha B 1	Jüngere Uf	Klassisches Knovíz	Žatec-Jenišovice	Předenice-Sedlíkovice	VI / V (Späte)	I	Jenišovice	Bošín	Bošín	I	
Ha A 2	Mittlere Uf				IV (Mittelperiode)	III	Středokluky	Kosmonosy	Korunka Jelení Kostelec	III	III
Ha A 1	Ältere Uf				III (Frühe)	II (Knovíz)	Suchdol		Lužická k.	II	b / a
Bz D	Frühe Uf / Späte Hg	Übergang Lausitz-Knovíz	Třebíz-Velvary / Modřany-Lažany	Sváreč Kostelec / Drhovice Vrhaveč	II / I (Übergangsperiode)	II / I	Lažany / Plzeň-Jíkalka	Velím / Chrást	Lnáře-Mostkovice	II / I	a / b / a

Tabelle 1. Periodisierung der böhmischen Kulturgruppen

[12] Kytlicová, Jber. Inst. Vorgesch. Frankfurt 1975, 110 ff. Abb. 10.

[13] Bošín, Gde. Skořenice, Bez. Ústí n. Orlicí, Mus. Choceň und Privatslg. J. Klen; weitere Funde: Rabštejnská Lhota (Filip, Popelnicová pole 161), Chvojenec 1 (Richlý, Bronzezeit 78 ff. Taf. IX). Diese Gruppe steht den mährischen Depots nahe.

[14] Zwischenglieder zwischen den Knovízer und ostböhmischen Depots, die eine direkte Synchronisierung ermöglichen, bilden Funde aus dem Grenzgebiet beider Kulturen an der Elbe in der Gegend von Kolín, insbesondere diejenigen von der befestigten Siedlung Hradiště bei Lžovice, von wo auch ein Schwertfragment vom Typ Tachlovice und getriebene, für die späte Urnenfelderzeit charakteristische Faleren mit nach-

ZUR CHRONOLOGIE DER BRONZEGEFÄSSE BÖHMENS

In einem kurzen Kapitel soll zum besseren Verständnis ein stichwortartiger Überblick über die kulturelle, chronologische und chorologische Verankerung der böhmischen Bronzegefäße gegeben werden (vgl. Tabelle 1 und 2).

frühere Benennung	Urnen-felderzeit	Milavčer Kultur Westböhmen		Knovízer Kultur Mittelböhmen		Nordwestböhmen		Lausitzer Kultur Nordböhmen		Nordostböhmen	
		Gräber	Depotfunde	Gräber	Depotfunde	Gräber	Depotfunde	Gräber	Depotfunde	Gräber	Depotfunde
Ha B 3 (Ha B 2)	späte	Nynice 38 Nynice II Nynice I	Červené Poříčí Habartice	Štítary	Tetín	Hostomice Most-Luh	Třtěno		Těchlovice			Lžovice Slezské Předměstí
Ha B 1	jüngere			Kamýk Libkovice Záluži		Třebušice 16	Dolánky Hostomice		Kundratice Maškovice			Bošín
Ha A 2	mittlere			Chrášťany Třebíz	Jenišovice Středokluky		Čeradice		Elbe-Porta Bohaemica			
Ha A 1	ältere	Nezvěstice-Podskalí Milavče C 6		Klobuky Lety S IV	Suchdol 2 Stradonice	Žatec „Am Keil" Žatec Macerka 1			Rýdeč	Sovenice		Kosmonosy Starý Ples
Bz D	frühe	Sváreč Milavče C 1	Lhotka Nezvěstice Švarcava	Velká Dobrá Modřany	Velvary	Kopisty Obrnice	Nechranice Lažany II					Velim Chrást

Tabelle 2. Chronologie der Grab- und Hortfunde Böhmens (die Funde mit Bronzegefäßen sind unterstrichen)

träglich angegossener Öse stammen, oder das Depot mit ähnlicher Zusammensetzung von Hradišťko (Mus. Kolín). Auch das oberständige Lappenbeil mit Öse aus dem Depot von Hradec Králové-Slezské Předměstí, der eigentlichen ostböhmischen Ökumene, deutet auf die Zugehörigkeit zur späten Urnenfelderzeit hin (Filip, Popelnicová pole 166 Abb. 42).

[15] Böhm (Základy 44 ff.) synchronisierte die erste Stufe Střekov-Libochovany I mit der ersten und zweiten Milavčer und Knovízer Stufen der Stufe Bz D. Libochovany II entspricht der dritten Knovíz-Milavčer und der Ha A-Stufe nach

Reinecke, Libochovany III der Stufe Štítary-Hostomice (Reinecke Ha B). E. Plesl (Lužická kultura) ersetzte Böhms Bezeichnung durch seine Stufen I–III.

[16] Lausitzer und Knovízer Formen erscheinen in den großen Brucherzdepots im Elbebecken, z. B. in Weißig (v. Brunn, Hortfunde Taf. 177–195), in Elsterwerda (ebd. Taf. 59), aber auch in den Depots der jüngeren Urnenfelderzeit, z. B. in Dresden-Laubegast 1–4 (ebd. Taf. 42–57). Von rein Lausitzer Gepräge ist im nordböhmischen Gebiet nur das Depot von Ryjice (Plesl, Lužická kultura Taf. 52).

Milavčer und Knovízer Kultur[1] Mittel-, West- und Südböhmens

Frühstufe: Depots der Stufe Lažany II. – Bouzek M/K II, Hrala K I. Gräberfelder: Milavčer Kultur: Südböhmen: Drhovice; Westböhmen: Milavče C 1 (Nr. 1. 35. 43) (Sváreč). Knovízer Kultur: Mittelböhmen: Velká Dobrá, Gr. 24 (Nr. 38) (Modřany VIII); Nordwestböhmen: Obrnice. – Mitteleuropa: Frühe Urnenfelderzeit. – Plötzliches, massenhaftes Auftreten von Bronzegeschirr: Tassen vom Typ Friedrichsruhe, Variante Ia (Nr. 1. 2), Tasse mit reichem Leisten-, Rippen- und Kreisaugendekor (Nr. 35), Sieb vom Typ Záluží (Nr. 38. 39), Kesselwagen aus Grabhügel C1 von Milavče (Nr. 43), einteiliger Schöpfer vom mykenischen Stil (Nr. 48).

Ältere Stufe: Depots der Stufe Suchdol II. – Bouzek M/K III-IV, Hrala K II. Milavčer Kultur: Westböhmen: Milavče, Hügel C6 (Nr. 41). Knovízer Kultur: Mittelböhmen: Dejvice; Nordwestböhmen: Žatec-Macerka 1 (Nr. 3). – Fließende Entwicklung der Tassen vom Typ Friedrichsruhe in die Variante Ib (Nr. 3. 4. 7. 8?) und des Siebes vom Typ Záluží (Nr. 41?). Vereinzeltes Vorkommen großer bronzener Gefäße: Ziste vom Typ Žatec (Nr. 44), Beckenbruchstück mit Dreiecksattaschen (Nr. 34), Bruchstücke eines großen Bronzegefäßes (Nr. 45) schließen die angehende Entwicklung der Amphoren nicht aus.

Mittlere-Jüngere Stufe: Depot von Středokluky und Depots der Stufe Jenišovice. – Bouzek M/K V–VI, Hrala K III. Knovíz-Milavče-Kultur: Třebíz-Chrášťany. – Das homogene Gepräge der Keramik in den Gräberfeldern läßt die Möglichkeit einer direkten Synchronisierung mit der mitteleuropäischen mittleren und jüngeren Urnenfelderzeit in vollem Umfang nicht zu. – Stufe Středokluky: Im eponymen Depot ist die Endphase der Entwicklung des typischen Bronzegeschirrs der vorausgehenden Stufen, der Tassen vom Typ Friedrichsruhe (Variante II c) (Nr. 5) und Siebe (Variante Středokluky) belegt (Nr. 40). – Stufe Jenišovice: Aus Böhmen sind ausschließlich Tassen nachgewiesen. Im Depot von Jenišovice begegnen noch der ausklingende Typ Friedrichsruhe (Variante II c [Nr. 6]) und Jenišovice-Tassen (Nr. 11–29). Außer den zahlreichen Tassenfunden des Typs Jenišovice tritt vereinzelt auch eine Tasse vom karpatischen Gepräge auf (Nr. 9).

Spätstufe: Depots der Stufe Třtěno (Hostomice). – Milavčer Kultur: Westböhmen: Šaldová bzw. Bouzek, Stufe Nynice I–III. Knovízer Kultur: Bouzek Štítary I–III, Hrala K IV–V (Štítary I–II). – Mitteleuropa: späte Urnenfelderzeit. – Gräberfelder: Westböhmen: Nynice, Gr. 38. Knovízer Gebiet: Štítary-Hostomice. – Das Sortiment ist reichhaltiger, wobei sich die Tendenz zur Herausbildung großer Formen äußert. Kleine Tassen werden durch große vom Typ Hostomice ersetzt (Nr. 30. 31), belegt sind eine Nebenform der Hostomice-Schalen vom Typ Baumgarten, die zusammen mit einer weiteren doppelkonischen, reich verzierten Schale einen Behälter bildete (Nr. 36. 37), und eine doppelkonische Amphore auf Standfuß (Nr. 46).

In die Stufe Třtěno/Hostomice fällt der Anfang des hallstättischen Formenreichtums, insbesondere der Becken-Tassen und anderer halbkugeliger Beckenformen (Nr. 33. 52. 53).

Lausitzer Kulturgebiet Nordostböhmens

Stufe Kosmonosy: Entspricht den Knovíz-Milavčer Stufen Suchdol II und Středokluky bzw. der mitteleuropäischen älteren und mittleren Urnenfelderzeit. – Aus der älteren Phase stammt der einzige Fund eines Tassenbruchstücks vom Typ Friedrichsruhe, Variante I (Nr. 7). Der Schöpfer Nr. 49 ist nicht näher bestimmbar.

---

[1] Für die Depots im nordböhmischen Lausitzer Gebiet gilt die gleiche Datierung wie für diejenigen im Knovízer Gebiet.

Stufe Bošín: Zeitgleich mit der Knovízer Stufe Jenišovice bzw. der mitteleuropäischen jüngeren Urnenfelderzeit. – Keine Bronzegefäße nachgewiesen.

Stufe Lžovice-Slezské Předměstí: Zeitgleich mit der Knovízer Stufe Třteno bzw. der mitteleuropäischen späten Urnenfelderzeit. – Der Westgruppe (Lžovice) gehören eine Tasse vom Typ Stillfried-Hostomice (Nr. 32) und eine Amphore (Nr. 47) an.

ZUR QUELLENLAGE

Aus Böhmen sind insgesamt 54 vollständige bzw. fragmentierte Bronzegefäße aus 25 geschlossenen Fundverbänden (13 Gräber und zwölf Depots) bekannt. Außerdem wurden zwei Gefäße in einer befestigten Siedlung (Nr. 32. 47) geborgen, die möglicherweise ebenfalls zu einem Depot gehörten; bei drei Bruchstücken sind die Fundumstände unbekannt (Nr. 29. 42. 51), und in zwei Fällen liegen nur Berichte über die Auffindung des Depots in einem Bronzegefäß vor (Nr. 63. 64). Schließlich wurden sieben aus Gräbern und Depots stammende Blechfragmente (Nr. 55–61), deren Zugehörigkeit zu einem Gefäß nicht sicher ist, und eine Gußform für Blechscheiben (Nr. 62) aufgenommen sowie in der Literatur erwähnte Bronzegefäßfunde (Nr. 63–66).

Böhmen	W	NW	M	N	NO	Σ
Gräber						
frühe	4/6	–	1/1	–	–	5/7
ältere	2/2	2/3	–	–	1/1	5/6
mittlere	–	–	–	–	–	–
jüngere	–	–	1/1	–	–	1/1
späte	1/1	1/4	–	–	–	2/5
						Σ 13/19
Depotfunde						
frühe	–	1/1	–	–	–	1/1
ältere	–	–	1/1	–	1/1	2/2
mittlere	–	–	2/3	–	–	2/3
jüngere	–	–	4/19	–	–	4/19
späte	1/1	1/2	–	1/1	1/2	4/6
						Σ 13/21

Tabelle 3. Bronzegefäßvorkommen in Gräbern und Depots in den verschiedenen Gebieten Böhmens während der Urnenfelderzeit (Fundverbände/Einzelstücke)

In der Fundverteilung (vgl. Tabelle 3) spiegeln sich die Unterschiede beider in Böhmen nebeneinander bestehenden Kulturkomponenten – der Knovízer-Milavčer Kultur auf der einen Seite und der nord- und nordostböhmischen Lausitzer Kultur auf der anderen Seite – wider. Beinahe alle Bronzegefäße kommen nämlich aus dem Knovíz-Milavčer Kulturgebiet, während in Nordostböhmen nur ein einziges, vielleicht aus einem Gräberfeld stammendes Bronzegefäß (Nr. 49) und nur in einem einzigen Depot (Nr. 7) das Bruchstück einer Bronzetasse gefunden worden ist. Aus der Spätbronzezeit ist von einer im Knovíz-Lausitzer Grenzgebiet gelegenen befestigten Siedlung der Schlesischen Kultur der Fund zweier Bronzegefäße (Nr. 32. 47) nachgewiesen. Die Stellung der nordböhmischen lausitzischen Komponente in einem von der Knovízer Kultur durchdrungenen Raum war freilich eine andere. Auch sind die in die nordlausitzische Ökumene übergreifenden Depotfunde auf die Bedeutung des Elbeweges zurückzuführen.

Im Knovíz-Milavčer Kulturgebiet ist die Verteilung der Bronzegefäße und deren Vorkommen in den Hauptkategorien der archäologischen Quellen − Gräbern, Siedlungen oder Depots − weder zufällig noch beliebig. Wenn wir die räumliche Verteilung des Bronzegeschirrs seit Beginn ihres Vorkommens in der frühen Urnenfelderzeit bis zum Ende der Spätbronzezeit verfolgen, lassen sich die Unterschiede zwischen dem Milavčer und Knovízer Kulturgebiet und innerhalb dieser Gebiete auch in verschiedenen, regional begrenzten Kreisen deutlich erkennen. Die Bronzegefäßfunde der einzelnen Zeitphasen konzentrieren sich nur in bestimmten Bereichen oder kleineren Gebieten, wo sie entweder nur in Gräbern oder nur in Depots auftreten.

Gräber
(vgl. Tabelle 4)

Das Verhältnis der mit Bronzegefäßen ausgestatteten Gräber, die sich durch ihre Bronzebeigaben, ihren Grabbau oder -ritus von der üblichen Art der Totenbehandlung absondern, zu den anderen, zeitgleichen Bestattungen deutet auf ihre besondere Stellung im Rahmen der gesamten kulturellen Entwicklung und auf die Funktion der Bronzegefäße selbst hin. Gleichzeitig sind sie auch ein Zeugnis der gesellschaftlichen Verhältnisse, einer gewissen Eigenständigkeit und Ausprägung einzelner Regionen.

	Grabausstattung													Grabform			
	Zahl d. Bronzegefäße	Schwert	Lanzenspitze (Bronze/Eisen)	Beil	Dolch (Eisen)	Panzer (Leder)	Rasiermesser	Messer (Bronze/Eisen)	Nadel	Armring/Fußring	Halsring	Andere Bronzebeigaben	Keramik	Hügel	Brandschüttung	Urnengrab	Skelettgrab
Milavče C 1 (Nr. 1. 35. 43)	3	×	−	−	−	×	×	×	4	−	−	×	3/4	×	×	−	−
Milavče C 6 (Nr. 41)	1	−	−	×	−	−	−	−	−	−	−	×	4	×	−	×	−
Milavče B (Nr. 50)	1	−	×	−	−	−	×	×	−	×	−	×	?	×	?	?	?
Merklín (Nr. 2)	1	−	−	−	−	−	×	×	×	−	−	−	?	×	?	?	?
Velká Dobrá (Nr. 38)	1	−	−	−	−	−	−	×	×	−	−	×	11	×	×	−	?
Záluží (Nr. 39)	1	−	−	−	−	−	−	−	−	×	×	−	6	?	−	×	−
Nezvěstice-Podskalí (Nr. 8)	1	−	−	−	−	−	−	−	−	−	−	−	2	×	−	×	−
Žatec-Macerka 1 (Nr. 3. 44)	2	−	−	−	−	−	×	×	−	−	−	−	10	?	×	−	−
Žatec-Am Keil (Nr. 45)	1	×	−	−	−	−	−	2	2	−	−	−	7	?	?	−	×
Chrášťany (Nr. 9)	1	−	−	−	−	−	−	−	−	×	2	×	−	−	−	−	×
Hostomice (Nr. 30. 31. 33. 46)	4	×	3	×	×	×	−	3	×	−	−	×	3	?	?	?	?

Tabelle 4. Übersicht über Grabausstattung und Grabform der Gräber mit Bronzegefäßen

Milavče-Kultur

Im gesamten Gebiet der Milavče-Kultur wurde von ihrer Frühstufe an beharrlich am Ritus der Leichenverbrennung festgehalten. Seit der Hügelgräberzeit bestand die Sitte fort, über den Bestattungen Grabhügel zu errichten. Schon von der Frühstufe Drhovice-Svárec an wird eine unterschiedliche Entwicklung der südböhmischen Milavčer Kultur auf der einen und der westböhmischen auf der anderen Seite nicht nur an der Dichte der Gräberfelder, sondern auch an der Bronzebeigabenausstattung der Gräber offenkundig. In Südböhmen sind aus der Stufe Drhovice nur wenige Hügelgräberfelder bekannt, in denen die Bronzebeigaben aus auffällig gleichartigen Schmuckgarnituren bestehen.[1] Waffen und anderes, für Männergräber charakteristisches Inventar sowie Bronzegefäße fehlen. Auch später, als in Südböhmen die Beisetzung in flachen Urnengräbern vorherrschte, wurden dort keine Bronzegefäße beigegeben.

In Westböhmen hingegen gibt es zahlreiche Milavčer Nekropolen, von denen viele an diejenigen der Hügelgräberzeit anknüpfen und in denen die Beisetzung unter Grabhügeln bis in die jüngere Stufe hinein geübt wurde. Durch die Untersuchungen einiger ausgewählter Gräberfelder gelangten V. Šaldová und A. Rybová zum Schluß, daß die Unterschiede in der Bergung des Leichenbrandes unter Grabhügeln in höchstem Maße zeitgebunden sind.[2] Die Brandschüttung auf der Sohle von Grabhügeln der Frühmilavčestufe ist eine unmittelbar an den Ritus der Hügelgräberzeit anknüpfende Erscheinung. Das Niederlegen des Leichenbrandes ohne weiteren Schutz in der Grabgrube oder in einer Urne stellen wir erst in der älteren Stufe (Ha A1) fest; die in den Boden des Grabhügels versenkten Urnen sind schon bei den jungmilavčezeitlichen Bestattungen häufig anzutreffen. Auch wenn die Entwicklung im Grabhügelritus nicht geradlinig verläuft, so ist doch der allmähliche Übergang vom alten, hügelgräberzeitlichen Grabbrauch zur Beisetzungsart in Urnen unter Beibehaltung der Hügelaufschüttung über der Bestattung faßbar. Ungeklärt ist noch die Stellung einiger weniger, flacher Urnengräber gegenüber den Hügelgräbern; erstere sind im westböhmischen Milavčer Kulturgebiet für die ganze Jungbronzezeit nachgewiesen und erschienen neben den Grabhügeln mit Brandschüttung bereits in der frühen Urnenfelderzeit.[3]

Eine zweite, zur Zeit der Milavče-Kultur stattfindende tiefgreifende Änderung im Grabbrauch, ist die Ausstattung der Gräber mit Bronzebeigaben. Obzwar bereits von der Hügelgrab-Milavčer Übergangsstufe Vrhaveč an gegenüber der eigentlichen Hügelgräberzeit eine Verarmung in der Bronzeausstattung der Gräber festzustellen ist, so läßt sich doch noch für die frühmilavčer Stufe Svárec-Milavče C1 in Westböhmen eine größere Anzahl von Gräbern mit voller Beigabenausstattung nachweisen. Im Unterschied zu Südböhmen bilden hier bedeutsame, mit Waffen ausgestattete Männergräber ein Gegengewicht zu den Frauengräbern mit reicher Schmuckgarnitur.[4] Gleichzeitig mit dem Wandel in der

---

[1] Gräberfelder von Drhovice, Chlum bei Písek, Opařany und Protivín. In allen kommen geritzte Hohlarmringe vor (Garnituren vom Typ Praha-Bubeneč 2): vgl. O. Kytlicová, in: Studien zur Bronzezeit (Festschr. W. A. v. Brunn) (1981) 288 ff.

[2] Rybová/Šaldová, Pam. Arch. 49, 1958, 348 ff.; statistische Übersicht auf Abb. 50. – Zur Datierung der einzelnen Gräbergruppen vgl. auch J. Bouzek, Arch. Rozhl. 14, 1962, 199 f.

[3] Kritische Gesamtaufarbeitung mit Hinweisen auf ältere Lit.: Šaldová, Pam. Arch. 56, 1965, 3 ff. 91 ff.

[4] Frauengräber mit Schmuckgarnituren vom Typ Stehelčeves: Bušovice, Kšice, Merklín (Kytlicová a.a.O. [Anm. 1] 213 f.); Schmuckgarnitur Kopisty: Tupadly, Grab 2 (ebd. 226);

Schmuckgarnitur Praha-Bubeneč 2 mit gegossenen hohlen Armringen: Tajanov-Husín (ebd. 230 f.). – Gräber mit unvollständigen Garnituren oder anderen Armring- und Fußringtypen: Tupadly, Grab 6 (Šaldová, Arch. Rozhl. 13, 1961, 694 ff. Abb. 246, 12. 13); Milavče C10 (F. Lang, Pam. Arch. 17, 1896–97, 625 ff.). – Männergräber mit Riegsee-Schwert: Svárec, Grabhügel 41 (Böhm, Základy 161 ff. Abb. 80); Tupadly, Grab 5 (Šaldová a.a.O. Abb. 245, 1. 2); Milavče C1 (Nr. 1. 35. 43); Milavče C4 (Nr. 55) (ebd. Abb. 246, 1–9). – Mit Schwert vom Typ Nenzingen: Milavče C3; Krchleby (Novák, PBF IV, 4 [1975] 21 f. Nr. 90).

Beisetzung des Leichenbrandes verringerte sich in der älteren Urnenfelderzeit auch die Anzahl der Bronzebeigaben. Eine Ausnahme bilden nur diejenigen Nekropolen, die schon in der Frühstufe reiche Gräber enthielten.[5] Sonst erscheinen unter den sporadischen Bronzebeigaben von der älteren Stufe an nur noch vereinzelt ein Bronzemesser, häufiger Nadeln. Das reich ausgestattete frühmilavčezeitliche Urnengrab von Záluží bei Stod (Nr. 39) läßt eine analoge Entwicklung auch für die sporadischen westböhmischen Urnengräber vermuten.

Bronzegefäße sind in Westböhmen aus beiden zeitgleichen Grabarten, den Hügelgräbern und Urnenflachgräbern bekannt. Von den letzteren wurde nur ein einziges in Záluží (Nr. 39) bei Stod, südlich von Plzeň, aufgedeckt. Zunächst kamen beim Pflügen ein Siebfragment, ein Armring und Tonscherben zutage. Die Zugehörigkeit dieser Funde zu einem unweit gelegenen Urnengrab bestätigte ein Bronzeplättchen mit Niet, das offenbar dem nicht erhaltenen Siebgriff als Unterlage gedient hatte und zusammen mit dem tordierten Halsring in der Urne lag. Das archaische Gepräge der Keramik und der Armring vom Typ Allendorf datieren das Grab in die frühe Urnenfelderzeit (Taf. 28, C). Nicht weit von Záluží wurden Bruchstücke eines weiteren Bronzegefäßes, einer Tasse, gefunden, die im vorigen Jahrhundert in der unsachgemäß erforschten, etwa zehn kleine Hügelgräber umfassenden Nekropole im Wald Radlice bei Merklín (Nr. 2) gehoben worden war. In dem einzigen erhaltenen Bericht führte J. L. Píč als Fundverband aus einem Hügelgrab nur eine Schmuckgarnitur auf. Das Fundbild von Merklín weist jedoch außer der Ringgarnitur weitere Bronzegegenstände auf, das Fragment eines Baierdorf-Messers, ein Blechstück und den Endring eines Rasiermessers. Im Nationalmuseum Prag werden neben den publizierten Bronzen weitere verglühte Tassenbruchstücke und der unbeschädigte Henkel, der untere Teil des abgebildeten Rasiermessers und ein Nadelbruchstück verwahrt. Die Vollständigkeit dieser Männergrabausstattung läßt vermuten, daß es sich um einen geschlossenen Grabverband handelt (Taf. 28, D). Bestimmend für die Datierung der Tasse ist der Umstand, daß alle erhaltenen Bronzen von Merklín, die eine vollständige Frauen- und eine Männergrabausstattung zu sein scheinen, übereinstimmend der frühen Urnenfelderstufe angehören.[6]

Zur Grabhügelgruppe C von Milavče/Chrástavice

Der bedeutendste westböhmische Fundort mit Bronzegefäßen ist die Nekropole von Milavče. Besonders fundreich war eine der drei, nicht zu weit voneinander entfernten Hügelgräbergruppen (Gruppe C), die im Grenzbereich der Gemeinden Milavče und Chrástavice liegt.[7] Doch diese kleine Nekropole

---

[5] Tupadly, Grabhügel 1: Halsring, Messer und Nadel (Šaldová a.a.O. [Anm. 4] Abb. 244); Kokotsko bei Ejpovice, Grabhügel 59: Messer und Pfeilspitze (Rybová/Šaldová, Pam. Arch. 49, 1958, 348 Abb. 30, 1–4; 31, 1–6).

[6] J. Szombathy erwähnte nur zehn kleine Grabhügel (Annalen des KK Naturhist. Hofmus. 3, 1888, 96); Abb. d. Bronzeinventars (Píč, Starožitnosti I/2, 143 ff. Taf. 1, 9–11 [Teil der Schmuckgarnitur] Taf. 1, 8. 12. 13 [restliche Bronzen]); zur Schmuckgarnitur vgl. Kytlicová, in: Studien zur Bronzezeit (Festschr. W. A. v. Brunn) (1981) 214 Abb. 5 (irrtümlich als Depot bezeichnet).

[7] Der Grabhügel C 1 mit Kesselwagen wurde erstmals unter dem Fundort Milavče publiziert und unter dieser Bezeichnung bekannt (J. Smolík, Pam. Arch. 11, 1882–84, 385 ff.). Der Ausgräber F. Lang (Pam. Arch. 14, 1887–89, 307 ff.; ebd. 17, 1886–87, 625 ff.) führte die gesamte Gruppe C bereits unter der Nachbargemeinde Chrástavice; unter ihrem Namen ist

ein Teil des Fundstoffes im Mus. Domažlice, jetzt im Mus. Plzeň aufbewahrt; ein anderer Teil ist im Nationalmus. Prag unter beiden Fundortbezeichnungen Milavče und Chrástavice inventarisiert. Im Hinblick auf die weitverbreitete Kenntnis des Grabhügels C 1, dem „Kesselwagengrab", das der Urnenfelderkultur in West- und Südböhmen ihren Namen gab, sowie auch im Hinblick auf die Zugehörigkeit dieses Grabhügels zur Nekropole, belassen wir für alle Grabhügel der Gruppe C die Fundortbezeichnung Milavče. In der neueren Literatur begegnen wir beiden Benennungen, häufiger ist Milavče (Šaldová a.a.O. [Anm. 3]; Bouzek, Arch. Rozhl. 14, 1962, 182 ff.), mitunter auch Chrástavice (Novák, PBF IV, 4 [1975] 21 f. Nr. 84. 85). Eine komplette Neuaufarbeitung der Gruppe C bereitet M. Doubová vor, der mein besonderer Dank für ihre Hilfe bei der Rekonstruktion einiger Fundverbände gilt.

und ihre außerordentliche Stellung unter den Gräberfeldern der Milavčer Kultur ist auch als Ganzes aufschlußreich. Die zwölf Grabhügel umfassende Gruppe C wurde im vorigen Jahrhundert laienhaft ausgegraben. Mit Ausnahme von Grabhügel 7 und des bereits früher zerstörten Grabhügels 9 waren alle mit Bronzebeigaben ausgestattet.

Der Grabhügel C 1, überregional bekannt durch den Fund eines Kesselwagens, lag am Rand des Hügelgräberfeldes und überragte alle übrigen. Die Fundsituation ist ziemlich unklar. Der Grabhügel war zur Zeit der Ausgrabung mit Bäumen bewachsen und konnte nur in Suchschnitten untersucht werden. Deshalb ist der aus ihm gehobene Fundkomplex wahrscheinlich gar nicht vollständig. Dem Bericht nach kann nicht ausgeschlossen werden, daß unter dem Hügelmantel zwei Bestattungen ruhten. Im Westabschnitt, in dem sich der Kesselwagen (Nr. 43) befand, lagen verbrannte Knochen in einer Grube.[8] Außer dem Kesselwagen und Bruchstücken von je einer Schale (Nr. 35) und Tasse (Nr. 1) traf man hier eine komplette Männerausstattung an, bestehend aus einem Vollgriffschwert Typ Riegsee, einer Dolchklingenspitze, einem Rasiermesser, Messer, Faleren, einem Lederpanzer mit Bronzekragen und Brustscheiben, mehreren Nadeln und weiteren Fragmenten von Bronzegegenständen. Daß im Grab noch ein weiterer großer Wagen oder dessen Teile untergebracht war bzw. waren, bezeugen die Funde von Blechbeschlägen mit Nagel und eines tordierten (heute verschollenen) Stäbchens (vgl. Nr. 1; Taf. 26. 27, B).[9]

Ein weiteres Schwert vom Typ Riegsee fand sich in Grabhügel C 4, vergesellschaftet mit einer Lanzenspitze, einem Baierdorf-Messer und einer Nadel. Die Bronzeblechstücke, die vielleicht gleichfalls von einem Bronzegefäß stammen, sind heute verschollen.[10] Das dritte Kriegergrab dieser Nekropole lag unter Hügel C 3 und enthielt ein Griffzungenschwert Typ Nenzingen, einen Dolch, ein Messer, eine Nadel und Bronzeringe, jedoch keine Keramik.[11] Das Alter des Grabes zeigt die in regelmäßigem Streifen auf der Sohle des Hügels verteilte Brandschüttung an.[12] Alle drei Kriegerbestattungen von Milavče, Gruppe C, gehören dem westböhmischen, frühmilavčezeitlichen Kriegergräber-Horizont an. Zeitlich gleichlaufend mit ihnen ist Grabhügel 10 mit einem Fußgefäß und einer aus einem Fußringpaar beste-

---

[8] Smolík führte in seinem ersten Fundbericht (vgl. Anm. 7) die Grabhügelhöhe mit 2,5 m und den Dm. mit 15 m an. Ausgräber Lang (Pam. Arch. 14, 1887–89, 307 f.) korrigierte in seinem Grabungsbericht über die weiteren Grabhügel (C 2 – C 5) die ursprünglichen Angaben für Hügel C 1 auf 9 m Höhe und 20 m Dm. und umschrieb aus Anlaß der von Smolík erhobenen Einwendungen die Fundumstände wie folgt: unter dem Erdmantel wären zwei Steinkegel gewesen. Im östlichen, 1 m über der Sohle, hätten auf dem Steinpflaster eine Urne, weitere Keramik und zwei Nadeln gelegen, der westliche Kegel habe bloß Beigaben aus Bronze enthalten. Aus diesem Grabungsabschnitt sandte Lang an das Nationalmus. Prag Erde mit verkohlten Knochen, die angeblich in einer kleinen Grube beim Kesselwagen gelegen hatten. Aus dem Bericht, der auch etwas idealisiert zu sein scheint, geht nicht klar hervor, ob es sich um zwei Bestattungen – eine östliche in Urne und eine westliche ohne weiteren Schutz – oder vielleicht nur um eine spezifische Lage der Keramik und Metallfunde im Grab handelt.

[9] Von den publizierten und abgebildeten Funden sind heute im Nationalmus. Prag folgende, neu inventarisierte Gegenstände zugänglich: der Kesselwagen (Nr. 43), ein Schwert, eine Tasse (Nr. 1), Keramikteile, Schale mit plastischer Verzierung (Nr. 35), Wagenbeschläge und Blechstücke, die eine Rekon-

struktion des Blechkragens und der Brustscheiben des Lederpanzers ermöglichen (Kytlicová, Arch. Rozhl. 40, 1988, 306 ff. Abb. 1, 1; 2, A 3).

[10] Grabhügel C 1 – C 5 (Lang a.a.O [Anm. 8]); zu Grab C 4 vgl. auch Šaldová, Arch. Rozhl. 13, 1961, 694 ff. Abb. 246, 1–9); Grabhügel C 6 – C 12 (Lang a. a. O.); zur Keramikanalyse aller Grabhügel von Gruppe C vgl. Bouzek, Arch. Rozhl. 14, 1962, 175 ff.

[11] Lang führte Bruchstücke eines Schwertes und Dolches auf. P. Novák (PBF IV, 4 [1975] 21 f. Nr. 84) bildete aus dem Grab C 3 von Milavče (unter der Fundortangabe Chrástavice) ein Schwert vom Typ Nenzingen und ein weiteres (ebd. Nr. 85) aus einem anderen Grabhügel von Chrástavice ab. Laut Bericht von Lang fand sich nur in Grabhügel C 3 ein Schwert mit Griffangel; die von ihm erwähnten Dolchfragmente sind verschollen. Es dürften daher bei der ursprünglichen Bestimmung der Fragmente ein Irrtum unterlaufen und im Grab C 3 zwei Schwerter gewesen sein.

[12] Diese Beisetzungsart ist eine der ältesten in der Stufe Vrhaveč bekannten Formen der Brandbestattung, die als Reminiszenz an die in der jüngeren Hügelgräberzeit übliche Körperbestattung interpretiert wird (V. Čtrnáct, Obzor Prehist., 14/2, 1950, 175 ff.; E. Čujanová-Jílková, Pam. Arch. 68, 1977, 95 f. 111 ff.).

henden Schmuckgarnitur, die eher auf eine Frauenbestattung hindeutet. Wegen der Brandschüttung auf der Sohle kann auch Grab 5 mit seinen mehr als 100 Bronzegußbrocken und Drähten in die Anfänge der Milavče-Kultur gesetzt werden, ebenso Grabhügel 11, dessen heute verschollene Nadel der Beschreibung nach vielleicht dem Typ Henfenfeld oder einer ihm nahestehenden Form zugewiesen werden kann. Schon dem Grabungsleiter war der unterschiedliche Bau der Grabhügel C 6, C 8, C 9 und C 12 aufgefallen. In allen vier Gräbern war der Leichenbrand in Urnen deponiert worden, die in Grabhügel C 6 und C 9 auf der Sohle standen und in den beiden übrigen Fällen in den Untergrund eingetieft waren. J. Bouzek[13] bestimmte aufgrund von Analysen die nur in diesen Gräbern vorhandene Keramik als jünger und ordnete sie in seine III. Stufe ein. Die Belegungszeit des Gräberfeldes dauerte daher von der frühen bis in die ältere Stufe der Milavče-Kultur. Auch hier kommt also der bereits in anderen westböhmischen Gräberfeldern festgestellte Bruch im Grabritus zum Ausdruck. Der Wandel im Grabbrauch wirkte sich gleichermaßen auch in der Grabausstattung aus, indem die Mitgabe der Bronzegegenstände weiter nachließ. In Grab Nr. 9 fehlten jegliche Bronzebeigaben und die Gräber Nr. 8 und 12 enthielten je ein Messer, das im ersteren Fall von einem Ring, im zweiten von zwei Nadeln begleitet war. Das einzige reiche Männergrab aus der älteren Stufe (vergleichbar mit der Stufe Ha A1) in der Nekropole und im gesamten westböhmischen Gebiet ist Grabhügel C 6 (Nr. 41; Taf. 28, A). Auf ein Reitergrab weist hier ein Trensenknebelpaar hin. Die einzige im Grab vorhandene Waffe war ein Beil, von dem nur die Schneide erhalten blieb.

Mit dem Grabhügel C 6 zeitgleich ist eine durch das hallstattzeitliche Hügelgrab 1 von Nezvěstice-Podskalí[14] gestörte milavčezeitliche Urnenbestattung, die nur ein Urnenfragment lieferte, in dem der Boden einer Tonschüssel mit Leichenbrand eines Mannes(?) und das Fragment einer Bronzetasse (Nr. 8) enthalten waren (Taf. 29, B). In dieselbe Zeit gehört das Urnengrab 79 im Knovíz-Milavčer Randgebiet aus dem unpublizierten Gräberfeld von Brdo bei Manětín. Es barg zahlreiche Fragmente von verschiedenen Bronzegegenständen und Blechstücke, die von einer Tasse (Nr. 61) stammen dürften.

Zum Gräberfeld von Nynice

Das Gräberfeld von Nynice ist, nach dem merklichen Rückgang der Milavčer Gräber in der jüngeren Urnenfelderstufe, bislang die einzige gründlich erforschte Nekropole, die uns über den Sepulkralkult im Zuge der Neubesiedlung Westböhmens in der Spätbronzezeit in mehrerer Hinsicht Aufschluß gibt. V. Šaldová stellte hier die Entwicklung der Gestaltung der flachen Gräber mit Steinkonstruktion in drei zeitlich aufeinanderfolgenden Phasen fest.[15] In mehr als einem Viertel der Gräber blieben kleinere, vielfach feuerbeschädigte Bronzebeigaben erhalten, darunter vorwiegend Messer, Rasiermesser, Nadeln, seltener auch Bruchstücke tordierter Hals- und Armringe. Die meisten fanden sich in jüngeren Gräbern der II. und III. Phase, was auf eine zunehmende Vorliebe für die Grabausstattung mit Bronze-

---

[13] Vgl. Anm. 10.

[14] Von der Flur „Podskalí", Gde. Nezvěstice, sind drei hallstatt- bis frühlatènezeitliche Hügelgräber bekannt, die 1879 von F.X. Franz ausgegraben wurden. Im Mus. Plzeň ist neben dem Inventar des hallstattzeitlichen Hügelgrabes 1 (Nr. 143/57) auch der Rest einer urnenfelderzeitlichen Bestattung aufbewahrt, den Franz nicht ausdrücklich erwähnte. Vielleicht bezieht sich auf diese Bestattung sein Satz, daß „östlich der hallstattzeitlichen Funde an einer vom Bauer durchsuchten

Stelle viele kleine Scherben von großen graphitierten Gefäßen gefunden wurden, die sich nicht zusammenkleben ließen." – J. Chochol analysierte die kalzinierten Knochen und schloß auf den Schädelteil eines Mannes.

[15] Šaldová, Pam. Arch. 56, 1965, 68 ff. 94 ff. In ihrer jüngsten Arbeit (dies., Westböhmen in der späten Bronzezeit [1981] 80 ff.) änderte die Autorin ihre bisherige dreiphasige Gliederung, indem sie die mittlere Phase II auflöste; die älteren Elemente überdauerten in die jüngere Phase (jetzt Phase II).

gegenständen hindeutet.[16] Der jüngsten Phase gehört das Grab 38 an, in dem ein verglühtes Bronzeblechstück vom Rand eines Beckens oder einer beckenartigen Tasse (Nr. 52), vielleicht auch von einem
Helm gefunden wurde.

Knovízer Kultur

Im Gebiet der Knovízer Kultur übte man die Bestattung in flachen Urnengräbern bereits seit der Stufe
Modřany aus. Im Westteil der mittelböhmischen Knovízer Siedlungsökumene liegt die einmalige
Gruppe von Velká Dobrá mit vier Grabhügeln aus der Urnenfelderzeit inmitten einer etwa aus 60
Grabhügeln bestehenden, hügelgräberzeitlichen Nekropole.[17] Nur der Grabhügel 24 mit Steinmantel
enthielt bronzene Grabbeigaben, die auf der Sohle in einer Brandschüttungsschicht verstreut waren:[18]
ein Griffzungenmesser vom Typ Baierdorf, eine gekerbte Nadel, einen Radanhänger und ein Bronze-
sieb (Nr. 38; Taf. 29, A). Sie datieren die Bestattung in die frühe Urnenfelderstufe. Die aus etwa elf
Gefäßen bestehende keramische Ausstattung blieb nicht erhalten. Die restlichen drei Grabhügel der
Gruppe (Nr. 20. 22. 56) bargen Bestattungen in Urnen, die in die Hügelsohle eingelassen waren. Nur in
Grabhügel Nr. 20 befanden sich ein Bronzenadelbruchstück und etwa fünf bis sechs Gefäße. Aufgrund
des bei Píč abgebildeten Etagengefäßteils datiert J. Hrala dieses Grab in die Stufe Ha A. Die urnenfelderzeitlichen Grabhügel von Velká Dobrá machten einen ähnlichen Wandel im Sepulkralritus wie diejenigen Westböhmens durch. Zwischen der frühurnenfelderzeitlichen Bestattung Nr. 24 und den jüngeren Bestattungen sind die Unterschiede in der Beisetzung des Leichenbrandes und der Mitgabe von
Bronzegegenständen unverkennbar. Auf Kontakte oder vielleicht sogar direkte Zusammenhänge mit
dem westböhmischen Milavčer Kreis weisen das im Grabhügel Nr. 24 vorkommende Baierdorf-Messer
und vor allem das Sieb vom Typ Záluží (Nr. 38) hin, das zugleich den einzigen frühurnenfelderzeitlichen Grabfund eines Bronzegefäßes im Knovízer Gebiet darstellt. Während die reiche Bronzebeigabenausstattung im Grabhügel Nr. 24 mit dem westböhmischen frühmilavčer Grabbrauch im Einklang
steht, sind die Verhältnisse in den Urnengräberfeldern im Knovízer Gebiet umgekehrt.

Kennzeichnend für die ältesten Urnengräber der Knovízer Kultur ist die Armut an, oft sogar das
gänzliche Fehlen von Bronzebeigaben. Die mit spärlichen Bronzegegenständen ausgestatteten Gräber
bildeten zunächst nur eine Ausnahme.[19] Erst später mehrten sich die Fälle von Bronzebeigaben, zu

---

[16] I. Belegungsphase von Nynice: Messer: Grab Nr. 18–51;
Nadel: Grab Nr. 72; Arm- oder Halsringe: Grab Nr. 185. 188.
– II. und III. Belegungsphase: Messer: Grab Nr. 23. 57. 180.
181. 210; Rasiermesser: Grab Nr. 23. 159; Nadel: Grab Nr. 80.
152; Arm- oder Halsringe: Grab Nr. 155. 205.

[17] Píč, Pam. Arch. 15, 1892, 481 ff. Taf. 22. 23; ders., Starožitnosti I/2, 160 f. Taf. 6. 7; Hrala, Knovízská kultura 56.

[18] Etwa 1 m über der Sohle, auf der eine Aschenschicht und
Beigaben lagen, fand sich im Steinmantel ein W–O orientier-
tes Körpergrab. Píč (a. a. O. [Anm. 17]) interpretierte es als
eine Nachbestattung und verband sie mit einem ähnlichen,
durch „eine blaue gerillte Perle aus christlicher Ära" datierten
Grab, das im Steinmantel des hügelgräberzeitlichen Grabhügels Nr. 16 angelegt worden war. Die jüngsten Ausführungen
Hralas (a. a. O. [Anm. 17] 122. 177), denen zufolge zwischen
der Körperbestattung in der Oberschicht des Steinmantels und
den auf der Hügelsohle vorgefundenen urnenfelderzeitlichen Beigaben ein Zusammenhang bestehe, erscheinen als völlig unwahrscheinlich und entsprechen nicht dem Fundbericht

des Ausgräbers. Píč erwähnte zwar nicht ausdrücklich verkohlte Knochen, er beschrieb jedoch das „Aschenhäuflein"
oder die Aschenschicht auf der Grabhügelsohle, in die die Beigaben niedergelegt zu werden pflegten, als eine übliche hügel-
gräberzeitliche Erscheinung. Es bestehe kein Zweifel darüber,
daß alle Grabhügel dieser Zeit den Leichenbrand ohne weiteren Schutz (sog. Brandschüttung) bargen. Von verkohlten
Knochen sprach er nur dann, wenn sie in einer Urne lagen
(Grab 20. 22. 56). Grabhügel 24 enthielt demnach eine auf der
Hügelsohle verstreute Brandschüttung, wie es im übrigen das
von Glut deformierte Messer bezeugt.

[19] In mittelböhmischen Gräberfeldern, z. B. in Grab 20 von
Praha-Pankrác, wurden ein Bronzeanhänger und -ring (Hrala
a. a. O. [Anm. 17] Taf. 11, 9–11), im Grab J 8 von Lety ein
Messer vom Typ Riegsee (ebd. Taf. 7, 3) und in der Gegend
von Mělník, im Grab von Zálezlice eine Schmuckgarnitur
vom Typ Stehelčeves gefunden (Kytlicová, in: Studien zur
Bronzezeit [Festschr. W. A. v. Brunn] [1981] Abb. 8). In Nordwestböhmen sind insbesondere das Urnengrab von Obrnice

denen, wie im Milavčer Gebiet, meist nur eine Bronzenadel oder ein Messer zählen. Nur selten trifft man ein Grab mit Schmuckgarnitur oder mit voller Männerausstattung an; solche Bestattungen waren erst in der entwickelten Knovízer Kultur üblich. Auch hier machen sich in der Ausstattung der Urnengräber mit Bronzebeigaben zwischen den Knovízer Gruppen Mittel- und Nordwestböhmens Unterschiede bemerkbar, zumal die anwachsende Zahl der Gräber hinsichtlich der Grabform und des Totenkultes bald aus dem üblichen Rahmen fällt.

Eine besondere Rolle im Grabritus der Knovízer Kultur spielte die Körperbeisetzung. Außer den in Siedlungsgruben einfach niedergelegten oder auch rituell beigesetzten Leichnamen fanden sich Körperbestattungen sowohl in Urnengräberfeldern, als auch außerhalb dieser; sie heben sich häufig durch ihre keramische und bronzene Ausstattung, doch auch durch die Grabform vom allgemeinen Durchschnitt ab. V. Spurný verwies auf eine Gruppe von fünf Körpergräbern in Steinkisten, denen 1981 auch Bouzek seine Aufmerksamkeit zuwandte[20]. Nur das Grab von Holubice, ausgestattet mit einem Griffzungenmesser vom Typ Dašice und einer Nadel, liegt in Mittelböhmen. Aus Mittelböhmen sind vier weitere rituelle, mit Bronzebeigaben versehene Körpergräber bekannt (allerdings ohne Steinkisten, oder ist der Grabbau vom Finder nicht erwähnt worden?). Es handelt sich um die Gräber von Praha-Hloubětín,[21] Drevníky,[22] Máslovice[23] (Doppelgrab?) und das Hockergrab von Chrášťany.[24] Letzteres war mit drei tordierten Halsringen, einem Fußring, einer Plattenfibel und als einziges jungknovízer Grab mit einer Bronzetasse (Nr. 9) ausgestattet. Diese vorwiegend erst aus der entwickelten Stufe der Knovízer Kultur stammenden Körpergräber besitzen in Mittelböhmen Parallelen in ähnlich ausgestatteten Urnengräbern, die meist eine reiche Frauenausstattung, seltener männliche Beigaben führten.[25]

---

und das Körpergrab von Kopisty bemerkenswert, die beide eine Schmuckgarnitur vom Typ Kopisty enthielten; im Grab von Obrnice war noch eine Nadel mit großem Scheibenkopf (ebd. Abb. 9. 10).

[20] V. Spurný, Pam. Arch. 43, 1947–48, 13 ff. Inventar abgebildet bei Bouzek (Acta Univ. Carol. Phil. et Hist. 8, 1981, 123 ff. Taf. 14).

[21] O. Kytlicová/V. Vokolek/J. Bouzek, PM Hradec Králové 7, 1964, 143 ff. Abb. 1, 5–7.

[22] J.V. Bezděka/J. Bouzek, Arch. Rozhl. 14, 1962, 568 ff. Abb. 194.

[23] Kytlicová/Vokolek/Bouzek a.a.O. (Anm. 21) 174 Abb. 2.

[24] Von Chrášťany wurden zwei Befunde erwähnt: Smolík (Pam. Arch. 11, 1878–81, 178 f. 663 Taf. 28, 10–14) führte einen tordierten Halsring, Armring und Blattbügelfibelbruchstücke aus einem Grab von Rakovník auf. J.L. Píč (ebd. 17, 1896–97, 695) publizierte das Depot von Jenišovice und verwies dabei auf eine Tasse und einen tordierten Halsring aus der Hinterlassenschaft des Herrn Jaroš, „der sie aus Chrášťany aus der Rakovníker Gegend erhielt, wo sie angeblich in einem Hockergrab geborgen worden waren." In Anbetracht des einheitlichen Charakters beider Bronzegruppen schließen wir die Möglichkeit nicht aus, daß es sich um die Ausstattung eines reichen Frauengrabes handelt, die zwei, vielleicht auch mehreren Besitzern gehörte, und von der in der Folgezeit zwei Teile in das Nationalmus. Prag gelangten. Der dazugehörige Fußring läßt vermuten, daß diese Ausstattung ursprünglich noch größer war; die starke Abnutzung des Fußringes zeigt, daß er wahrscheinlich aus einem Satz mehrerer Ringe bestand, die an beiden Füßen getragen wurden.

[25] Třebíz: glatter Halsring, zwei Armringe, Zierscheibe, Bronzeringe, Gürtelhaken, Spiralröllchen (Böhm, Základy 113

Abb. 50; Hrala, Knovízská kultura Taf. 31; Kytlicová, in: Studien zur Bronzezeit [Festschr. W. A. v. Brunn] [1981] 238 Abb. 19). – Zbraslav: Gürtelhaken, Bronzeringe und Spiralröllchen, zwei Nadeln (Böhm, Základy Abb. 49). – Praha-Holešovice, Flur „Maniny" Gr. IV: zwei Bronzeringe, Armring (Hrala a.a.O. Taf. 12, 14–17); Gr. II: Bruchstücke von tordiertem Halsring, Armring und längsgerripptem Armband (ebd. Taf. 12, 4–11). – Diese Gräberfelder gehören ebenfalls der entwickelten Stufe der Knovízer Kultur an. Das Vorkommen eines gerippten Armbandes tut dieser Datierung keinen Abbruch. In Böhmen waren solche Armbänder bis in die Stufe Jenišovice im Gebrauch (vgl. Žehušice: Richlý, Bronzezeit Taf. 46. 47). – Praha-Pankrác, Gr. 17: tordierter Halsring, Gürtelhakenfragmente, Bronzeringe, Nadeln (Böhm, Základy III Abb. 51, 1–11; Kytlicová/Vokolek/Bouzek, PM Hradec Králové 7, 1964, 175); Gr. 21: Nadelbruchstück, Ringe, kleine Knöpfe (Böhm, Základy Taf. 5, 19–22; Kytlicová/Vokolek/Bouzek a.a.O. 175). – Aus gestörten Urnengräbern von Brozánky (Smolík, Pam. Arch. 11, 1878–81, 67 f.) blieben außer einer großen Blattbügelfibel von Jenišovicer Art ein Messer und Rasiermesser erhalten; sie geben eines der seltenen Zeugnisse der männlichen Grabausstattung in Mittelböhmen ab. – Einige in Museen verwahrte Bronzen füllen teilweise die Fundlücke der Männerausstattungen aus, wie z.B. die aus einem Rasiermesser, einer Lanzenspitze, Brillenspiralanhänger und Bronzeblechstreifen bestehende Gruppe von Budihostice, Bez. Kladno, welche durch das Rasiermesser in die Stufe Suchdol datiert wird (Jockenhövel, PBF VIII, 1 [1971] 98 ff.). – Vom selben Fundort und offenbar gleichzeitigem Urnengrab stammt ein Armringsatz vom Typ Publy, der mit anderen Armringen angeblich gemeinsam mit einer kleineren Tasse in einem Gefäß lag.

In Nordwestböhmen wurde das erste Körpergrab mit Steinsetzung und reicher Frauenausstattung bereits für die Frühstufe der Knovízer Kultur in Kopisty bei Most nachgewiesen.[26] Die meisten Brand- und Körpergräber, die sich von allen übrigen durch ihre Ausstattung und Grabform abheben, stammen erst aus der ausklingenden älteren und den Anfängen der jüngeren Stufe der Knovízer Kultur. Ihr Ballungsgebiet liegt in der Umgebung von Žatec (Saaz).

Reiche Gräber in und bei Žatec

Bereits im vorigen Jahrhundert stieß man in Čeradice bei Žatec auf eine angeblich unter einem niedrigen Grabhügel niedergelegte reiche Männerausstattung mit Vollgriffschwert.[27] Ein weiteres Grab mit einem Dreiwulstschwert und einem großen Bronzegefäß (Nr. 45) wurde in Žatec auf der Anhöhe „Am Keil" aufgedeckt.[28] Dem Fundbericht zufolge handelte es sich offenbar um ein Steinkammergrab, das eine Körper- und eine Brandbestattung barg. Die erstere, auf der Grabkammerdecke ruhende Bestattung gehörte, nach den Beigaben − zwei Nadeln und einem Armring − zu schließen, einer Frau. Die Hauptbestattung, wahrscheinlich eines hochgestellten Mannes, war mit allen Beigaben am Boden der Grabkammer nach der Einäscherung beigesetzt worden. Auf eine Brandschüttung, die von den Arbeitern nicht wahrgenommen wurde, deutet ein von der Glut stark deformiertes Messer hin. Etwa 1 km entfernt von diesem Grab entdeckte man in Žatec, gleichfalls am Čeradicer Weg, Flur „Macerka", eine Gräbergruppe, bekannt unter der Bezeichnung „Saazer Grabhügel",[29] die die gleiche Steinpackung und auch einen rechteckigen Grundriß aufwies.[30] Das geräumigste Brandgrab 1 war offenbar als eine Kammer errichtet worden, wie aus den erhaltenen Balken und der etwa in halber Tiefe der Grabgrube bei einer Art Stufe, wo sich die Grabgrube an einer Seite verengte, aufgefundenen Keramik zu ersehen ist. Außer zahlreichen Tongefäßen und typischen, auf der Grabsohle niedergelegten männlichen Beigaben, einem Messer und Rasiermesser, war der Leichenbrand noch mit einer Bronzetasse (Nr. 3) und einer Ziste (Nr. 44) ausgestattet. Mit diesem Grab und vielleicht auch dem Status des hier Bestatteten hängen drei weitere, etwa 100 m entfernte Steinpackungsgräber zusammen. In Grab 2 waren angeblich in der Steinanhäufung kleinere Keramikscherben, Tier- und Menschenknochen verstreut. Auf der Grabgru-

---

[26] Vgl. Anm. 18.

[27] Böhm, Základy 142 ff. Abb. 72; Müller-Karpe, Vollgriffschwerter 30 f. Anm. 3.

[28] Böhm, Základy 120 ff. Abb. 54; Müller-Karpe, Vollgriffschwerter 28 f. 105 Taf. 30, 5; Bouzek, Acta Univ. Carol. Phil. et Hist. 8, 1981, 123 Taf. 14. − Laut M. Wurdinger wurde das Grab auf der Anhöhe „Am Keil" 1930 beim Bau der städtischen Wasserleitung, südlich von Žatec an der Straße Čeradice-Podbořany (Kat. Nr. 5678/2) etwa 1 km von der Gräbergruppe „Macerka" aufgedeckt. Es hatte einen rechteckigen Grundriß (4,4 x 1,1 m), war 1,6 m tief, N−S orientiert, mit größeren Steinen, angeblich etwa 400 Stück, gefüllt und mit einem außerordentlich großen Stein abgedeckt. Auf der Grabsohle lagen ein Schwert, beide Messer, ein Ring, Bruchstücke eines Bronzegefäßes und Tonscherben. Etwa auf halber Grabhöhe ruhte das Skelett. Die grüne Patina am erhaltenen Unterarm läßt auf die Armringlage schließen; etwa 40 cm entfernt vom Arm lagen zwei Bronzenadeln, in Höhe des Skelettes zwei Mammutknochen. Die Grabfüllung enthielt Tonscherben und Tierknochenreste von Hund und Marder.

Aufgrund der angeblich bis in den Ackerboden streuenden Steine vermutet Wurdinger eine Steinpackung unter einem Grabhügel. Dem Inventar ist eine schematische Zeichnung des Grabprofils beigelegt.

[29] H. Preidel/M. Wurdinger, Sudeta 4, 1928, 104 ff. − Zum Grab 1 vgl. Böhm, Základy Abb. 54.

[30] Im Vergleich zum Grab von Žatec „Am Keil" ist Grab 1 beinahe kreisförmig (3 x 3 m), an der einen Wand durch eine kleine Stufe verengt, 1 m tief; Grab 2 (4,4 x 2,2 m) 1,25 m tief; Grab 3 (3,8 x 2,5 m) 1 m tief; Grab 4 (2 x 1 m). Preidel und Wurdinger setzten bei den Gräbern von der Flur „Macerka" eine Hügelaufschüttung nur aufgrund der vorhandenen Steine, die bis in den Ackerboden reichten, voraus (vgl. Anm. 28). Eine Erdaufschüttung über den Bestattungen ist nicht völlig auszuschließen, jedoch auch nicht nachweisbar und wegen der rechteckigen Grabform auch kaum wahrscheinlich. Deshalb erwähnte Böhm in seiner Neuaufarbeitung des Grabes 1 von Flur „Macerka" und in seinem Bericht über das Grab 1 von Flur „Am Keil" keinen Hügelschutz.

bensohle lagen Scherbennester und das Schädelfragment eines jüngeren Individuums.[31] Im Grab fanden sich ferner flache Bronzestücke (Blech?), von denen einige angeblich am Holz hafteten. Möglicherweise gehörten sie zu einer ähnlichen Ziste wie die in Grab 1 deponierte. In Grab 3 ruhten ein Pferdepaar, geschmückt mit Zierbuckeln, und das Skelett (vielleicht) eines Hundes – Totenbeigaben an die bedeutendste Person dieser Gruppe. Das vierte Steinpackungsgrab barg auf der Sohle Tonscherben, Nadeln und einen Armring, demnach eine weibliche Ausstattung. Das Körpergrab 2 von der Steinpackungsgräbergruppe in der Flur „Macerka" betont die enge Verbindung der Gruppe mit jenen Steinpackungsgräbern, in denen Körperbestattungen vorherrschen. Auffällig ist die Ähnlichkeit des Grabes 1 von der Flur „Macerka" mit dem Grab „Am Keil"; bei beiden gleichen sich die Lage der Keramikbeigaben und die Grabkammer. Ein weiteres weibliches Steinpackungsgrab, ausgestattet mit zwei Nadeln, einem Spinnwirtel und einer Ahle, wurde in Žatec in der Flur „Černovka" aufgedeckt,[32] und in Stránky bei Žatec kam eine Steinkiste in der Größe eines Körpergrabes, welche eine Brandbestattung enthielt, zutage.[33] Alle diese Gräber weisen auf komplizierte Sepulkralriten hin, die bei der Grablegung sozial Hervorragender ausgeübt wurden. So sehr die Bedeutung und Stellung des Bestatteten und vielleicht auch der nächsten Angehörigen durch den Grabbau und die Ausstattung mit Bronzebeigaben hervorgehoben werden sollte, so wenig entscheidend scheint die Beisetzungsart – Körperbestattung oder Totenverbrennung – gewesen zu sein.[34] Die Konzentration in Žatec und nächster Umgebung von Gräbern aus einem verhältnismäßig kurzen Zeitabschnitt deutet auf eine zeitweilige Bedeutung des Saazer Gebietes, möglicherweise als eine Art „Verwaltungszentrum" hin. Aus Nordwestböhmen sind auch vereinzelt reich ausgestattete Urnengräber bekannt, die sich manchmal in bestimmten Nekropolen gruppierten und nicht nur eine weibliche, sondern auch eine typisch männliche Ausstattung, sogar mit Waffen enthielten.[35]

Zum Fundkomplex von Hostomice

Das Erzgebirgsvorland hat seine Sonderstellung auch in der Spätbronzezeit beibehalten. Obzwar die Mehrzahl der Gräber der Štítary-Stufe keine Bronzebeigaben aufweist, und sogar die kleinen Bronzenadeln eine Seltenheit sind, wurden in Nordwestböhmen, in Luh bei Most und Hostomice, zwei be-

---

[31] Aus dem unklaren Fundbericht geht nicht hervor, ob es sich um eine Kult- bzw. Opferstätte oder vielleicht um ein durch Steinversturz zerstörtes Körper(doppel)grab handelt.

[32] A. Mahr, Sudeta 6, 1930, 9 ff.; Bouzek a. a. O. (Anm. 28) 123 f. Abb. 14, 3.

[33] Bouzek, Sborník severočeského musea Liberec. Historica 6, 1970, 164 Abb. 10, 7–9; ders., Acta Univ. Carol. Phil. et Hist. 8, 1981, 124.

[34] Bouzek betonte bei Körpergräbern dieses Typs ihre Verknüpfung mit den westlichen und nordwestlichen Regionen, namentlich mit dem verwandten fränkisch-oberpfälzischen Gebiet, wo die Beisetzung in länglichen Gräbern mit Steinkonstruktion in Menschenlänge, oder auch noch größeren bei Körper- und Brandbestattungen ohne wesentlichen Unterschied in der Ausstattung geläufig war (Hennig, Grab- und Hortfunde 20 ff.; dies., Jber. Bayer. Bdkmpfl. 11–12, 1970–71, 21 ff.; dies., in: K. Spindler (Hrsg.), Vorzeit zwischen Main und Donau. Erlanger Forschungen A 26 [1980] 98 ff.; Müller-Karpe, Handb. IV 254 f.). Bei den wenigen Gräbern mit Stein-

packung im Knovízer Gebiet fällt auf, daß die aufgrund der Beigaben bestimmbaren Körperbestattungen eher weiblich sind, während die beiden bedeutendsten Männergräber offenbar zu den Brandbestattungen zählen.

[35] Frühe Urnenfelderstufe: Obrnice: Scheibenkopfnadeln, Zierkopf, Berge mit gerippter Manschette, Armring (Kytlicová/Vokolek/Bouzek, PM Hradec Králové 7, 1964, Abb. 11; Kytlicová, in: Studien zur Bronzezeit [Festschr. W. A. v. Brunn] [1981] Abb. 10). – Ältere Stufe: Líšťany: Nadel mit gerilltem Kopf und Halsknotung, Nadel mit doppelspiraligem Kopf (Brillennadel), Griffangelmesser mit einem Niet (Bouzek, Arch. Rozhl. 10, 1958, Abb. 151). – Mittlere bis jüngere Stufe: Třebušice, Gr. 16: Rasiermesser (Bouzek/Koutecký, Pam. Arch. 63, 1972, 432 ff. Abb. 6 B, 5); Třebušice, Gr. 40 A: Lanzenspitze, Rasiermesser, Messer mit Dorn und Niet, Nadelbruchstück (ebd. Abb. 16B). – Aus gestörten Gräbern stammen ein weiteres Rasiermesser, Messer und vielleicht auch ein bis zwei Brillenanhänger (ebd. Abb. 27).

deutende Männergräber aufgedeckt. Den Bestatteten von Luh bei Most (Brüx) stellen seine Beigaben −
Schwert, Streitaxt und Trensenknebel[36] − als Reiter und Krieger dar. Als einen Grabfund hatte seiner-
zeit J. Böhm den später als Depotfund von Hostomice bekannten Fundverband von Bronze- und
Eisengegenständen bezeichnet.[37] Der Fundkomplex war 1907/1908 nach wiederholten Sprengungen aus
dem Steinschutt stückweise ausgelesen worden, so daß die Umstände seiner „Deponierung" nicht ermittelt werden konnten.[38] Das Schwert mit dem gesamten Zubehör, Scheide, Doppelknöpfen, zwei
Knebel und weitere Bronze- und Eisenwaffen sowie die persönliche Ausstattung eines Mannes bilden
einen Komplex, der unter den zeitgleichen Depots in Böhmen und den Nachbarländern seinesgleichen
sucht. Eine solche Beigabenfülle ist nur aus den Männergräbern der Spätbronzezeit und später aus den
reichen hallstattzeitlichen Fürstengräbern bekannt. Der sepulkrale Charakter des Befundes wird auch
durch die Streitaxt mit Holzschaft, von dem sich dank der Bronze Reste erhalten haben, durch einen
Schleifstein und die Keramik betont. Außerdem fällt gegenüber dem seltenen Auftreten kleiner Eisengegenstände in zeitgleichen Bronzedepots hier die eiserne Ausrüstung auf, die damals sicherlich einen
außerordentlichen Wert darstellte und im Grab eines sozial Übergeordneten am ehesten zu erwarten
ist. Mit dem Status des Bestatteten vereinbar ist offensichtlich auch der Geschirrsatz, bestehend aus
einer Amphore (Nr. 46), zwei Stillfried-Hostomice-Tassen (Nr. 30. 31) und einer Becken-Tasse (Nr.
33).[39]

Lausitzer Kultur

Die Unterschiede zwischen dem nordostböhmischen Lausitzer und dem Knovíz-Milavče Gebiet of-
fenbaren sich durch das Fehlen von Bronzegefäßen und Schwertern in Gräbern,[40] obzwar auch hier
unter den bronzearmen Urnengräbern Fälle reicher Ausstattungen mit Bronzegegenständen auftreten
und Kriegergräber aufgedeckt wurden, in denen nur Lanzen oder Streitäxte beigegeben worden
waren.[41]

Depots

Der Bestand von Bronzegefäßen in Gräbern und Depots unterschied sich bereits seit der frühen Urnenfelderstufe. Die Depots der Stufe Lažany bildeten den Höhepunkt im Vorkommen dieser Fundgattung im Knovíz-Milavče Gebiet. Obgleich ihre typischste Form, die Brucherzfunde, über das ganze
Siedlungsgebiet verteilt ist, und ihr Inhalt fast die komplette Skala der damaligen Bronzeindustrie umfaßt, kommt in ihnen praktisch kein Bronzegeschirr vor. Die einzige Ausnahme bildet der deformierte
Schöpfer im Depot von Lažany II (Nr. 48). Das in heimischer Produktion hergestellte und in die Grä-

[36] E. Štorch, Pam. Arch. 29, 1917, 4 ff. Abb. 8−10; Müller-
Karpe, Vollgriffschwerter 123; Hrala, Pam. Arch. 49, 1958,
415 ff. Abb. 4; Böhm (Základy 138) bestimmte als erster die
Zugehörigkeit des Grabes zur späteren Urnenfelderstufe.

[37] Ebd. Anm. 156.

[38] Genauer Bericht im Mus. Teplice, kurzer Auszug: Kytlicová, Pam. Arch. 50, 1959, 148 f.

[39] Trnová: Vokolek, Arch. Rozhl. 16, 1964, 17 Abb. 7, 7−
18; Kytlicová/Vokolek/Bouzek, PM Hradec Králové 7, 1964,
176. Mehrere reiche Gräber wurden in den Gräberfeldern von
Pardubice-Hůrka, Jaroměř und Dneboh aufgedeckt (ebd.). Die

meisten reichen Gräber, namentlich mit Waffen, sind aus Jaroměř bekannt. Außer Grab XII (J. Filip, Pam. Arch. 41, 1939,
Abb. 10) sind im Museum von Jaroměř weitere drei große Lanzenspitzen aus gestörten Gräbern aufbewahrt.

[40] Das Bronzegefäß von Sovenice (Nr. 49) dürfte aus dem
gleichnamigen zerstörten Lausitzer Gräberfeld stammen. Von
hier ist auch ein Steinkistengrab mit zwei Schädeln und 16
Gefäßen bekannt. Ein Zusammenhang zwischen diesem Grab
und dem Bronzegefäß konnte jedoch nicht nachgewiesen werden (Píč, Pam. Arch. 14, 1888, 163. 343 ff.).

[41] Kytlicová, Jber. Inst. Vorgesch. Frankfurt 1975, 94 ff.

ber mitgegebene Bronzegeschirr wurde anfangs so hoch geschätzt und offenbar so lange Zeit hindurch gebraucht, daß es im Bruchmaterial erst später erschien. Es begegnet uns erstmals in der Stufe Suchdol. Bruchstücke von Bronzegefäßen der Suchdol-Stufe fanden sich durchweg außerhalb ihres Verbreitungszentrums in Gräbern. In Mittelböhmen war das einzige Tassenbruchstück im Brucherzdepot von Stradonice (Nr. 4) enthalten. Im vielleicht etwas jüngeren Brucherzdepot von Klobuky wurde ein Bekkenfragment mit Dreiecksattaschen (Nr. 34) geborgen. In diese Zeit fällt auch der einzige Fund aus dem ostböhmischen Lausitzer Gebiet. Die Brucherzdepots sind hier selten und fast ausschließlich fremder Provenienz; im Depot von Starý Ples (Nr. 7) befand sich auch ein Tassenfragment. Die Herkunft dieser Tasse ist durch eine mitgefundene Spirale mit typischem Ornament der Knovíz-Milavče-Armbergen und anderer Zierspiralen nachgewiesen. In den Depothorizonten Lažany und Suchdol sind Bronzegefäße auch nicht in den kleinen Depots mit Schmuckgarnituren belegt, die insbesondere in West- und Mittelböhmen verhältnismäßig zahlreich vertreten sind. In zwei Fällen liegen jedoch Berichte vor, daß ein solches Depot in einem großen Bronzegefäß verwahrt worden war. Im ersteren Fall wurde ein Depot mit Schmuckgegenständen, Geräten und Waffen in einem Bronzebecken, das angeblich gleich nach dem Auffinden eingeschmolzen wurde, von der befestigten Siedlung Plešivec gemeldet (Nr. 63). Die Glaubwürdigkeit dieser Meldung unterstützt der außerordentliche Charakter des Fundortes, von dem etwa neun Brucherzdepots, auch mit Schmuckgarnituren der Stufe Lažany, bekannt sind. Unmittelbar an der vermeintlichen Fundstelle kamen später wiederholt Bronzegegenstände zutage, die in den Horizont der Brucherzdepots gehören und auch in ihrer Gattung dem Inhalt des zerstörten Depots entsprechen. Auch das Depot von Staré Sedlo (Nr. 64) mit einer reichen Schmuckgarnitur und Ausstattung für Mann und Roß wurde in einem Bronzegefäß gefunden, das angeblich zerfallen war. Wenn wir auch diese beiden Berichte, insbesondere den ersteren, mit großer Vorsicht aufnehmen müssen, so ist in beiden Fällen die gleiche angebliche Verwendungsweise der Bronzegefäße als Behältnisse bemerkenswert, zumal dadurch auch ihr frühes Erscheinen bei Deponierungen geklärt ist.

Den eigentlichen sicheren Beleg für das Vorkommen ganzer Bronzegefäße in Depots lieferte erst die Garnitur, bestehend aus Tasse und Sieb, im Depot von Středokluky (Nr. 5. 40). Die Zusammensetzung dieses Depots – Frauenschmuck mit Männerausstattung – kündigte einen Wandel in der Struktur der Depots an, der erst beim Erscheinen der Depots in der Stufe Jenišovice, als Brucherzfunde bereits fehlten, voll zum Ausdruck kam. Der Befund von Středokluky ist das erste Depot mit gemischtem Inventar.[42] Die Verbreitung der Depotfunde der Stufe Jenišovice ist vor allem auf zwei Gebiete begrenzt: in Nordwestböhmen streuen einige Funde im Erzgebirgsvorland; die Hauptfunde sind in einem schmalen Streifen konzentriert, der sich vom Zusammenfluß der Elbe und Moldau an nordwärts in das Gebiet der sich verflechtenden Knovízer und nordböhmischen Lausitzer Komponenten erstreckt. Von hier stammen auch alle vier Depots mit Jenišovice-Tassen, die große Tassengarnitur von Jenišovice (Nr. 6. 11–18. 22–27) und alle drei Depots mit Schmuck und Jenišovice-Tassen von Kamýk (Nr. 20), Libkovice (Nr. 21) und Záluží (Nr. 19. 28).

In der Spätbronzezeit dünnten die Depots im Elbgebiet wiederum aus. Das Henkelbruchstück eines Gefäßes im einzigen von hier bekannten Fundverband von Těchlovice (Nr. 54) bezeugt den weiteren Gebrauch von Tassen. Von den übrigen, nun über den Großteil des besiedelten Knovíz-Milavčer Gebietes verstreuten Depots fanden sich nur in demjenigen von Třtěno (Nr. 10) zwei Schalen als Behälter eines Teiles des Fundes.

---

[42] Einen gleichen Wandel in der Zusammensetzung der Depots im Urnenfelderkreis nördlich der Alpen stellte auch F. Stein (Bronzezeitliche Hortfunde 24 f.) fest.

Siedlungen

In den zahlreichen jung- und spätbronzezeitlichen Siedlungen Böhmens sind bisher nur wenige Bronzegefäße zum Vorschein gekommen. Offenbar gehörten diese als kostbares Geschirr zur der Gruppe von Fundgattungen (wie z. B. die Schwerter), die nicht achtlos in den übrigen Kulturschutt gelangten. Andererseits ist nicht auszuschließen, daß manche Depotfunde mit Bronzegeschirr aus Siedlungszusammenhängen stammen, wie eine Untersuchung der Umgebung des Depots von Záluží (Nr. 19. 28) sicher ergab.

Die einzigen bedeutsamen Siedlungsfunde von Bronzegefäßen stammen aus der späturnenfelderzeitlichen befestigten Höhensiedlung von Lžovice (Nr. 32. 47), d.h. aus dem Lausitzer Kulturgebiet Nordostböhmens. Der enge Kontakt dieser Siedlung zum Knovízer Kulturgebiet wird im Fundstoff sehr deutlich, da die Siedlung im Grenzgebiet beider Gruppen lag. Es ist nicht mehr zu klären, ob die beiden Gefäße jeweils Einzelfunde oder Bestandteile eines oder zweier Depotfunde waren, die in der an Bronze- und Goldfunden reichen Siedlung niedergelegt worden waren.[43]

---

[43] In der Siedlung von Lžovice und der nächsten Umgebung wurden ein Goldhort, zahlreiche Einzelfunde und mehrere Depots an verschiedenen Stellen, meist im vorigen Jahrhundert geborgen. Viele Fundverbände, die in verschiedenen Sammlungen unter der Fundortangabe Lžovice und Tynice oder Týnec nad Labem verstreut sind, sind heute nicht mehr auffindbar. Wir erfahren aus älteren Berichten, daß nach den ersten Bronzefunden in dieser Siedlung ein Sammlerfieber ausgebrochen war, wobei wahllos gegraben und dem Boden große Mengen an Bronzen an verschiedenen Stellen entnommen wurden, die in den Besitz verschiedener Interessenten und in diverse Sammlungen auch außerhalb Böhmens gelangten. Im ersten Bericht (V. Diviš, Pam. Arch. 26, 1914, 8 ff.) über die von Lžovice im Nationalmus. Prag eingelaufenen Schenkungen werden auch eine Bronzeamphore, mehrere Armringe und weitere Bronzegegenstände erwähnt, sowie ihre Spender namhaft gemacht. Obgleich die Amphore wahrscheinlich zusammen mit den übrigen Gegenständen oder zumindest mit einigen von ihnen gefunden worden war, wird sie in der Literatur als Einzelfund geführt, weil sie von einem anderen Besitzer als dem der übrigen Bronzen in das Museum eingeliefert wurde. Unklar ist auch die Zugehörigkeit einer im Jahre 1898 beim Gasthof in der Flur „Na Cibicárně" gefundenen Stillfried-Hostomice-Tasse zu zwei weiteren kleineren, im Nationalmus. unter Angabe der gleichen Fundstelle verwahrten, in früheren Jahren geborgenen Verbänden. Auch wenn die Herkunftsfrage beider Gefäße aus einem der Lžovicer Depots offen bleibt, so bietet doch die völlige Einheitlichkeit aller Bronzefunde von der befestigten Siedlung einen ausreichenden Anhalt für ihre Einordnung.

DER FUNDSTOFF

TASSEN

TASSEN VOM TYP FRIEDRICHSRUHE

Typbestimmend für diese Tassen sind ein gerundeter Körper, ein leicht ausladender Hals mit abgesetztem Rand und ein von außen eingedrückter Boden. Der Bandhenkel ist an beiden Enden mit je einem Niet befestigt; der untere pflegt mit einer Blechunterlage von innen verstärkt zu sein.

Die Verzierung des Körpers und Henkels sowie die Befestigungsart des letzteren gehören zur Variationsbreite des Typs. Die typische Verzierung besteht aus zwei bis drei um die Bauchweite laufenden Buckelreihen; ebenso geläufig sind auch unverzierte Tassen. Nur eine einzige Buckelreihe oder ein kompliziertes Ornament zählen zu den Ausnahmen. Angesichts des schlechten Erhaltungszustandes der Unterteile der meisten Tassen ist schwer zu entscheiden, ob die plastischen Leisten rund um den Gefäßboden eine der üblichen Alternativen sind oder eine Ausnahme bilden. Die Absetzung des Halses und des Randes ist manchmal durch feine, von außen eingeschlagene Punkte betont. Der von außen am Hals befestigte Henkel kann mitunter den Rand überragen und von innen angenietet sein. Ein an den Enden verbreiterter und mit je einem Nietpaar ohne Verstärkungsplättchen befestigter Henkel (vgl. Nr. 8) und ein unterlegter oberer Niet (vgl. Nr. 2) gehören zu den Ausnahmen. Der Henkel ist entweder unverziert oder mit charakteristischen, entlang des Randes verlaufenden Schrägstrichen geschmückt. Andere Ritzornamente (mit Halbbögen begrenzte Längslinien), geritzte Motive im Wechsel mit gepunztem Dekor (Buckelreihen in der Mitte, Schrägstriche oder Linien am Rand), mehrere Buckelreihen oder die längliche plastische Gliederung des Henkels sind seltener.

Einige der hier aufgeführten, am Tassenkörper und Henkel angebrachten Zierelemente und auch die Befestigungsart des Henkels sind zeitlich und regionalspezifisch bedingt, wurden aber nie zu einer bestimmten Zeit und an einem bestimmten Ort folgerichtig angewandt.[1] Sie eignen sich deshalb nicht für die Herausstellung eines selbständigen Typs oder einer Variante. Das ausdruckvollste chronologische und regionale Merkmal sind die Unterschiede in der Gestalt und Profilierung der Tassen, auch wenn in Betracht gezogen werden muß, daß manche Formabweichungen auf die individuelle Herstellungsweise, das verzerrende Moment des fragmentarischen Erhaltungszustandes vieler Exemplare und auf die nicht immer zuverlässige zeichnerische Rekonstruktion zurückzuführen sind. Anhand der vorliegenden Gliederung in zwei Varianten und jeweils weitere zwei Untergruppen soll versucht werden, die Entwicklung und Eigenarten der lokalen Werkstätten zu erfassen.

---

[1] Die erste Gliederung der Tassen vom Typ Friedrichsruhe erarbeitete H. Thrane (Acta Arch. 33, 1962, 109 ff.); er ging von der Profilierung aus, ohne jedoch an diesem Grundsatz immer festzuhalten (z. B. ordnete er die Tasse von Očkov dem Typ Osternienburg-Dresden nach der Verzierung, nicht nach der Form zu). Durch Ausklammerung des Typs Osternienburg-Dresden aus der Typengruppe Friedrichsruhe verzerrte Thrane das Bild der gesamten Entwicklung sowie die lokalen spezifischen Merkmale der einzelnen Werkstätten. Darüber hinaus ist die Bezeichnung Osternienburg-Dresden für die ältesten mitteleuropäischen Tassen nicht zutreffend (vgl. O. Kytlicová, Pam. Arch. 50, 1959, 153 Anm. 114; v. Brunn, Hortfunde 156: unter dieser Bezeichnung werden von ihm nur die mitteldeutschen Tassen geführt).

Die meisten böhmischen Tassen vom Typ Friedrichsruhe sind nur in Bruchstücken erhalten; immerhin konnten nach der vertikalen und horizontalen Abrundung der Fragmente von vielen Stücken formgetreue Zeichnungen angefertigt werden.

Variante I (Milavče-Slate/Žatec-Velatice)

Kennzeichnend ist die symmetrische Rundung mit größtem Umfang in der Rumpfmitte. Der Höhe nach lassen sich diese Tassen in zwei weitere Gruppen unterteilen: Die Variante I a (Milavče-Slate) mit etwas höherem Rumpf ist in Böhmen durch die Tasse von Milavče (Nr. 1) aus dem Grabhügel C 1 vertreten. Ihr einfacher, unverzierter Bandhenkel ist am Hals von außen befestigt. Die brandbeschädigte Tasse von Merklín (Nr. 2) dürfte, nach dem gerundeten unteren Henkelteil zu schließen, gleich profiliert gewesen sein. Am Bandhenkel sind die längs des Randes laufenden Linien von geritzten Halbbögen gesäumt. Sein oberes Ende war ebenfalls von außen befestigt und sowohl der untere als auch der obere Niet mit Verstärkungsplättchen unterlegt. Auf den von der Glut deformierten Rumpfteilen ist keine getriebene Verzierung sichtbar.

Die Variante I b (Žatec-Velatice) mit symmetrisch gewölbtem, gedrungenem Rumpf repräsentiert eine Tasse aus dem Grab von Žatec-Macerka 1 (Nr. 3). Die Verzierung besteht aus drei größeren Buckelreihen. Der unverzierte Bandhenkel ist über den Rand gezogen und am Hals von innen befestigt. Beim Bruchstück der unverzierten Tasse aus dem Depot von Stradonice (Nr. 4) läßt sich die Zugehörigkeit zur Variante I b anhand des abgerundeten Bruchstückes nur vermuten.

1. **Milavče**, Gde. Chrástavice, Bez. Domažlice; Hgl. C 1. – Aus Grabhügel mit Steineinbau und Brandschüttung. – Beschädigte Tasse, mit zwei horizontalen Buckelreihen verziert; Mündungsdm. ca 10 cm *(Taf. 1,1).* – Beifunde: fragmentierte Bronzeschale mit getriebener Verzierung (Nr. 35); Kesselwagen (Nr. 43); Vollgriffschwert vom Typ Riegsee; Bruchstücke einer mit Leder bezogenen Holzscheide; Messerfragment; Dolchstück; zweischneidiges Rasiermesser mit Endring (vgl. PBF VIII, 1 [Jockenhövel] 43 Nr. 9); vier Bruchstücke von Nadeln mit plastisch gegliedertem Kopf; flacher Bronzekragen, von Buckeln und Nägeln gesäumt, und Fragmente von zwei Scheiben mit ähnlichen Buckeln und Nägeln (Bruchstücke eines Lederpanzers mit angenieteten Bronzebeschlägen); bronzeverziertes Lederstück; Knopf mit Öse; Nagel mit flachem Kopf, auf Leder befestigt (Schildbuckel?); Lederstreifen, mit Riemen und Bronzedraht benäht; vier Scheiben aus porösem Material (Bimsstein?) mit Delle; bronzenes, rechteckiges Prisma; tordiertes Stäbchen; zylindrischer Blechbeschlag mit Nagel verbunden (vom Wagen?); senkrecht kanneliertes Tassenbruchstück; Fragmente von zwei Amphoren mit horizontaler Kannelur auf der Schulter; weitere Keramikscherben (Taf. 26; 27, B). – Datierung: frühe Milavče-Stufe (Lažany II). – Mus. Praha (110967). – J. Smolík, Pam. Arch. 12, 1882–84, 385 ff. Taf. 17; F. Lang, ebd. 14, 1887–89, 377 ff.; Píč, Starožitnosti I/2, 144 Taf. 27; O.

Kytlicová/V. Vokolek/J. Bouzek, PM Hradec Králové 7, 1964, 144 ff. Abb. 1, 1–4; Jockenhövel, PBF VIII, 1 (1971) 43 ff.; Kytlicová, Arch. Rozhl. 40, 1988, 306 ff.
2. **Merklín**, Bez. Plzeň-Süd. – Grabfund aus Hügel. – Henkel und Bruchstücke einer unverzierten Tasse; teilweise geschmolzen *(Taf. 1,2).* – Beifunde(?): Griffzungenmesser vom Typ Baierdorf; zweischneidiges Rasiermesser mit Endring; flacher Nadelkopf (Taf. 28, D). – Datierung: frühe Milavče-Stufe (Lažany II). – Mus. Praha (13411–13413). – Píč, Starožitnosti I/2, 143 ff. Taf. 1,12.13.
3. **Žatec**, Bez. Louny; Flur „Macerka 1". – Aus Brandschüttungsgrab mit Steinpackung, angeblich unter Hügel. – Gedrungene Tasse; teilweise beschädigt; mit drei Perlreihen verziert; H. 48 mm; Mündungsdm. 148 mm *(Taf. 1,3).* – Beifunde: Bronziste mit Leisten-Buckel-Verzierung und Holzformresten (Nr. 44); zweischneidiges Rasiermesser mit ausgeschnittenem Blatt und Vollgriff (vgl. PBF VIII, 1 [Jockenhövel] 152 Nr. 287); Messer mit Griffangel und Niet; Amphore mit zylindrischem Hals, waagerechtem Rand und hufeisenartig umrahmten Buckeln am Unterteil; Schüssel mit tordiertem Rand und Innenverzierung; Etagengefäß; kleines doppelkonisches Gefäß; sechs geritzte und kannelierte Tassen (Taf. 29, C). – Datierung: ältere Knovízer Stufe (Suchdol II). – Mus. Žatec (1427). – H. Preidel/M. Wurdinger, Sudeta 4, 1928, 104 ff. Abb. 2.3; Böhm, Základy 116 ff. Abb. 52.53;

O. Kytlicová, Pam. Arch. 50, 1959, 135 ff. Abb. 6–9; H. Thrane, Acta Arch. 33, 1962, 144 ff.; Jockenhövel, PBF VIII, 1 (1971) 152 ff.

4. Stradonice, Bez. Kladno. – Depotfund. – Tassenoberteil mit Hals und ausladendem Rand *(Taf. 1, 4)*. – Beifunde: zwei Lanzenspitzenfragmente; zwei Messerfragmente; Dolchbruchstück; mittelständiges Lappenbeil und Bruchstücke von drei weiteren; elf Zungensichelfragmente; Falerenteil mit nachgehämmertem Rand; Nadel mit geripptem Kopf und Bruchstücke von zwei weiteren; Bruchstücke einer Armspirale aus Bronzeblech mit gepunztem Ornament; zwei unverzierte Armringe; 20 Fragmente von Arm-, Fuß- und tordierten Halsringen (Taf. 35. 36). – Datierung: Stufe Suchdol II. – Mus. Slaný (366). – V. Moucha, Arch. Rozhl. 21, 1969, 492 ff.; O. Kytlicová, Pam. Arch. 52, 1961, 241; dies., Arb.-Forschber. Sachsen 16–17, 1967, 146.

Variante II (Friedrichsruhe/Nied/Osternienburg-Dresden)

Die Tassen dieser Variante unterscheiden sich von den vorausgegangenen durch ihr konisches Unterteil, das eine Bodendelle und einen hochliegenden Umbruch aufweist. Der Hals sitzt entweder unmittelbar auf der größten Bauchweite (Variante II a und b – Friedrichsruhe und Nied) oder er setzt sich deutlich von der einziehenden Wölbung ab (Variante II c – Osternienburg-Dresden).

Aus Böhmen ist bisher nur die Variante II c bekannt und durch die Tassen von Středokluky (Nr. 5) und Jenišovice (Nr. 6) vertreten. Während die Tasse von Středokluky einen auffällig kurzen Hals und eine breite, von plastischen Leisten umgrenzte Bodendelle aufweist, hat die wesentlich kleinere Tasse von Jenišovice einen auffällig langen Hals und einen ungewöhnlich breiten, fast waagerecht ausladenden Rand. Beide Tassen besitzen einen den Gefäßrand überragenden Bandhenkel, der an beiden Enden mit je einem Niet befestigt ist. Der untere Niet ist von innen mit einem Verstärkungsplättchen unterlegt. Der Tassenhenkel von Středokluky ist von zwei Rillen umrandet; die gleichen Rillen säumen von beiden Seiten auch das schmale Plättchen. Der unverzierte Henkel der Tasse von Jenišovice ist an beiden Enden leicht verbreitert.

5. Středokluky, Bez. Praha-Západ. – Depotfund. – Beschädigte Tasse; Teil vom Henkel abgebrochen; H. 60 mm; Mündungsdm. 145 mm *(Taf. 1, 5)*. – Beifunde: Bronzesieb (Nr. 40); Griffangelmesser; zweischneidiges Rasiermesser mit ausgeschnittenem Blatt und Rahmengriff (vgl. PBF VIII, 1 [Jockenhövel] 103 f. Nr. 144); Kalottenfalere; Gürtelhaken; Lederreste mit Bronzebuckelbesatz; zwei gegossene Knöpfe; Halsring; Spirale; herzförmiger Anhänger; 28 kleine Ringe; 16 Spiralröllchen imitierende Blechröhrchen und drei echte Spiralröllchen; Glasperle (Taf. 38. 39). – Datierung: Stufe Středokluky. – Mus. Roztoky (23138). – O. Kytlicová, Pam. Arch. 50, 1959, 125 ff. Abb. 1–5; H. Thrane, Acta Arch. 33, 1962, 146 ff. 172; v. Brunn, Hortfunde 87 ff.; Jockenhövel, PBF VIII, 1 (1971) 103 ff.

6. Jenišovice, Gde. Býkev, Bez. Mělník. – Depotfund. – Tasse; H. 36 mm; Mündungsdm. 98 mm; Bodendm. 22 mm *(Taf. 1, 6)*. – Beifunde: 14 Tassen vom Typ Jenišovice (Nr. 11–18. 22–27); Messer mit durchbohrter Griffangel, Niet und verzierter Klinge; zwei Zungensicheln; Kalottenfalere; gegossene Falere mit plastisch gegliederter Mitte; Bronzestange; eine weitere mit breitgehämmertem Schild in der Mitte (Werkstück für eine Blattbügelfibel); unfertige verzierte Blattbügelfibel; beschädigte Fibel; Brillennadel; zwei Oberarmspiralen; Kollier aus sieben tordierten Halsringen; zwei Armbergen mit gepunzten Manschetten; sechs Fingerringe mit Endspiralen; vier gelochte Schieber; 78 halbkugelige Knöpfe, 40 Spiralröllchen; 59 kleine Bronzeringe; ein kleiner Eisenring (Taf. 40–47). – Datierung: Stufe Jenišovice. – Mus. Praha (16136). – J.L. Píč, Pam. Arch. 17, 1896–97, 693 ff. Taf. 82; A. Stocký, Čechy v době bronzové (1928) Taf. 46–49; Böhm, Základy 99 ff. 112. 118. 123; Schránil, Vorgeschichte 165; Filip, Popelnicová pole 66 ff.; zu den Bronzegefäßen: Sprockhoff, Handelsgeschichte 62 ff.; O. Kytlicová, Pam. Arch. 50, 1959, 146 ff.; V.G. Childe, Acta Arch. 20, 1949, 264; H. Thrane, ebd. 33, 1965, 172; v. Merhart, Studien 337 ff.

Zugehörige, doch keiner Variante zuweisbare Tassen:

Von den Tassen Nr. 7 (Starý Ples) und Nr. 8 (Nezvěstice) haben sich Hals- und Randteile mit nur einem kleinen Rumpfteil erhalten, so daß eine Rekonstruktion des Profils unmöglich ist. Auf Tasse Nr. 7 ist noch eine Buckelreihe zu sehen; ihr Verlauf dicht unterhalb des Halses läßt vermuten, daß die Tasse ursprünglich mit zwei bis drei solcher Reihen verziert war. Am Hals blieb ein Niet mit einem kleinen, von außen befestigten Henkelbruchstück haften. Die zeichnerische Rekonstruktion des Oberteils der Tasse Nr. 8 wurde durch den mitgefundenen Lehmabguß des Henkels ermöglicht. Das dreieckig verbreiterte Henkelende ist mit zwei Nieten von innen befestigt und die Nietplatte mit zwei Reihen kleiner Buckel verziert, von denen eine Reihe beide Niete verbindet. Die Ränder des Henkels selbst sind schräg gestrichelt, durch die Mitte verläuft eine Buckelreihe.

7. Starý Ples, Bez. Náchod. – Depotfund. – Tassenrandstück mit Niet und von außen befestigtem Henkelteil; verziert mit Perlreihen; Mündungsdm. ca. 130 mm *(Taf. 1, 7)*. – Beifunde: Fragment eines mittelständigen Lappenbeiles mit Grübchenverzierung an den Seiten; Spirale, verziert mit schrägen Rillenbündeln; Armring und Bruchstück eines weiteren, mit Querrillenbündeln verzierten Armringes *(Taf. 27, A)*. – Datierung: Stufe Kosmonosy. – Mus. Hradec Králové (o. Nr.). – O. Kytlicová, Acta Univ. Carol. Phil. et Hist. 8, 1981, 111 ff. Taf. 10.

8. Nezvěstice, Bez. Plzeň-Süd; Flur „Podskalí"; Hgl. 1.

– Aus Urnengrab mit hallstattzeitlicher Bestattung. – Tassenbruchstücke mit verziertem Henkel *(Taf. 1, 8)*. – Beifunde: Unterteil eines dunklen, mit ungleichmäßigen vertikalen Riefen verzierten Vorratsgefäßes; Unterteil einer dunklen Schüssel mit graphitierter und ritzverzierter Innenseite (Taf. 29, B). – Datierung: ältere Milavčer Stufe (Suchdol II). – Mus. Plzeň (25690). – Unveröffentlicht (nach: F.X. Franz, Grabungsberichte 1890 [Originalzeichnungen und Handschrift im Staatsarchiv Mnichovo Hradiště, Abschrift im Arch. Inst. Prag Ber. Nr. 1943, 314 ff. Taf. 69]).

Herstellungstechnik: Die Tassen wurden aus einem gegossenen, schüssel- oder scheibenförmigen Rohling in Treibarbeit gefertigt.[2] Bei den Tassen von Žatec (Nr. 3) und Středokluky (Nr. 5) ist das abgesetzte Gefäßunterteil durch feine, mit einer scharfen Punze durchgeführte Einstiche, die von der anderen Seite nicht sichtbar sind, betont. Dieses Verfahren wurde bei der Herstellung der Friedrichsruhe-Tassen allgemein angewandt und ist für diesen Typ charakteristisch.[3] Das Blech der Tassen von Žatec, „Macerka"-1 (Nr. 3) und Milavče C 1 (Nr. 1) ist außerordentlich dünn und biegsam, bei den Bruchstücken von Starý Ples (Nr. 7) und den Tassen von Středokluky (Nr. 5) oder Jenišovice (Nr. 6) stärker und fester. Die Buckelreihen verlaufen bei den Tassen von Milavče (Nr. 1) und Žatec (Nr. 3) ohne Unterbrechung, bei denjenigen von Starý Ples ist der Zierstreifen an den Henkelansatzstellen unterbrochen. In allen Fällen wurde der Henkel aus wesentlich stärkerem Blech als das eigentliche Gefäß verfertigt, um so seine Handhabung zu gewährleisten. Die mühsamere Gestaltung des stärkeren Blechs läßt den Eindruck erwecken, als sei der Henkel im Vergleich zur ganzen Tasse weniger fachmännisch gearbeitet worden. Sein Ausbrechen verhinderte das Verstärkungsplättchen, mit dem in der Regel der untere Niet von innen unterlegt wurde. Bei der Tasse von Středokluky (Nr. 5) war das Plättchen – ähnlich wie der Henkel – von zwei Seiten mit einer Doppellinie verziert, und war vielleicht ein Abfallprodukt von dem zur Herstellung des Henkels bereitgelegten Blechstreifen. Beim Gefäß von Merklín (Nr. 2) war im Unterschied zur sonst üblichen Praxis auch der obere Niet mit einem Verstärkungsplättchen unterlegt.

---

[2] z.B. von Riesa-Gröba: Sprockhoff, Handelsgeschichte Taf. 23; Malhostovice: Podborský, Mähren Taf. 7, 11; Ehingen: Müller-Karpe, Chronologie Taf. 168, 20. 23; Pšov (Nr. 62): Gußform für Blechscheiben (R. Pleiner/A.Rybová [Hrsg.], Pravěké dějiny Čech [1978] 548 f. Abb. 167, 4).

[3] z.B. Gundelsheim: Müller-Karpe, Chronologie Taf. 128, C; Hart a.d. Alz: ders., Bayer. Vorgeschbl. 21, 1956, 46 ff.; Dresden-Laubegast 5: W. Coblenz, Arb.-Forschber. Sachsen 2, 1952, 135 ff.

Funktion: Vier Tassen (Nr. 1–3. 8) stammen aus Gräbern, davon ist nur eine nicht näher bestimmbar (Nr. 8). Die übrigen Tassen, sowie das Tassenfragment aus dem Brucherzdepot (Nr. 4), gehören der Variante I an. Zur Variante II zählen mit Sicherheit beide Tassen aus den Depots mit unbeschädigtem Inventar, in dem Schmuckgegenstände überwiegen (Nr. 5. 6).

Grabhügel C 1 von Milavče (Nr. 1), der in seinen Maßen alle anderen des Hügelgräberfeldes überrag-te, barg die Bestattung eines Mannes, der offenbar ehemals einer gesellschaftlich übergeordneten Schicht angehört hatte und auch auf kultischem Gebiet eine Sonderstellung eingenommen haben muß. Neben einer Tasse und einem weiteren kleineren, verzierten Gefäß enthielt das Hügelgrab einen Kes-selwagen (Nr. 43), ein Schwert, einen Panzer und vielleicht auch einen Schild, Wagenteile[4] und weitere reiche Bronzebeigaben, unter denen auch typisch männliche Gebrauchsgegenstände, wie Rasiermesser und Messer, nicht fehlten. Auch das Grab Nr. 1 von Žatec (Nr. 3) hebt sich durch seine mächtige Grab-kammer mit Steinpackung, die vielleicht einst unter einem Hügel lag, vom üblichen Knovízer Gräber-typ ab. Die Tasse wurde zusammen mit einem weiteren Bronzegefäß – einer Ziste (Nr. 44) – aufgefun-den. Auf das männliche Geschlecht des Verstorbenen lassen das beigegebene Rasiermesser und ein Messer schließen; seine übergeordnete soziale Stellung offenbart sich auch im Charakter der übrigen drei Gräber, namentlich von Grab 2 mit der Bestattung eines Pferdepaares und Hundes. Demgegenüber war der Grabhügel von Merklín (Nr. 2) klein und unterschied sich nicht von den anderen Grabhügeln des Hügelgräberfeldes (s. S. 12). Die einzige Grabausstattung waren hier typisch männliche Geräte – ein Rasiermesser und ein Messer. Auch das Hügelgrab 1 von Nezvěstice-Podskalí (Nr. 8) scheint ärm-lich ausgestattet gewesen zu sein. Wenn auch die Herkunft der Urnenbestattung aus diesem Grabhügel nicht mehr nachweisbar ist, so wären doch bei der Einlieferung der Tasse und Keramik ins Museum sicher auch weitere Beigaben, namentlich die wertvollen mithinterlegt worden. Laut anthropologi-schem Befund handelt es sich eher um eine männliche Bestattung.

Sämtliche Tassen vom Typ Friedrichsruhe aus Böhmen entstammen demnach Männergräbern, eine Erscheinung, die auf fast ganz Europa zutrifft; Bronzegefäße in Frauengräbern sind Ausnahmen. In den meisten Fällen war im Grab nur ein Gefäß, meist eine Tasse abgestellt. Gräber mit allein vorhan-denem Sieb, Amphore und Kessel, Ziste oder Kesselwagen, oder die Mitgabe einer größeren Anzahl von Bronzegefäßen in einem einzigen Grab sind eine Seltenheit. In einem solchen Fall treffen in der Regel Bronzegefäße unterschiedlicher Art und Funktion zusammen und bilden manchmal eine ganze Ge-schirrgarnitur. Solche Gräber mit größeren Bronzegeschirrmengen heben sich von den anderen reichen Männergräbern auch durch ihre gesamte Ausstattung und manchmal auch durch die Grabform ab. Es sind dies Anzeichen einer weiteren gesellschaftlichen Differenzierung auch innerhalb der sozial über-geordneten Schicht.[5]

Das Vorkommen von Bronzegefäßen in Depots ist für die Erkenntnis ihrer Funktion nicht immer ohne Bedeutung. In Fällen wie Starý Ples (Nr. 7) oder Stradonice (Nr. 4) besaßen die Gefäßbruchstücke nur noch Altmetallwert. Anders verhält es sich bei dem Depot von Středokluky (Nr. 5) und gewisser-

---

[4] A. Jockenhövel (PBF VIII, 1 [1971] 46) nahm aufgrund des mitgefundenen Bronzestäbchens an, daß es sich hier ur-sprünglich um ein Wagengrab handelte. Für eine solche Mög-lichkeit sprechen zwar die vorhandenen Blechbeschläge mit einem langen Nagel und die Tatsache selbst, daß der Grabhü-gel nicht vollständig ausgegraben wurde, so daß die übrigen Wagenreste unbeachtet bleiben konnten, doch darf auch nicht der regelmäßige Zusammenhang der tordierten Stäbchen (Henkel, Teile vom Wagengestell) bei den nordischen Kessel-wagen übersehen werden (Peckatel: R. Beltz, in: ERL X, 63; Skallerup: Thrane, Acta Arch. 33, 1962, 25 Abb. 25). Das Stäb-chen ist jetzt verschollen, seine Form ist nur aus einer nicht ganz glaubwürdigen Zeichnung bekannt.

[5] Bei der Auswertung der gesellschaftlichen Differenzie-rung innerhalb einer bestimmten Gruppe aufgrund der Grab-ausstattung muß der regionale Grabbrauch berücksichtigt werden.

maßen auch beim Depot von Jenišovice (Nr. 6). Das erstere ist ein Komplex unbeschädigter Gegenstände; eine Ausnahme bilden nur die Spirale[6] und das Rasiermesser mit beschädigtem Griff. Die rezent beschädigte Tasse und das Sieb bilden eine Einheit, die z. B. auch im reichen Grab von Falkenberg, Langengeisling, Gr. 4, oder in Hart a.d. Alz vorkommt.[7] Das sonstige Bronzeinventar des Depots von Středokluky läßt sich in zwei Ausstattungen, die eines Mannes und die einer Frau, aufteilen, wie man sie von den Knovízer Grabbeigaben kennt. Die Kombination Messer/Rasiermesser bildete eine männliche Ausstattung, wie in Třebušice, auch in Gräbern mit Bronzegefäßen, wie in Žatec (Nr. 3) und Merklín (Nr. 2), und ohne Rasiermesser in Velká Dobrá (Nr. 38).[8] Zur Frauenausstattung gehörten der Anhänger, die Glasperle und vor allem der tordierte Halsring. Ritzverzierte oder tordierte Halsringe mit verzierten oder auch unverzierten Enden sind im frühen Zeitabschnitt im Knovíz-Milavčer Gebiet ein bedeutsamer Bestandteil der weiblichen Schmuckgarnituren; nach dem erheblichen Rückgang der Bronzebeigaben in Gräbern stellte ein tordierter Halsring mit unverzierten Enden oft die einzige Beigabe in reichen Frauengräbern dar.[9] Bei den älteren weiblichen Schmuckgarnituren der Typen Stehelčeves und Kopisty zählt ein großer Knopf oder Zierbuckel zu den häufigen Ergänzungsstücken.[10] Im außerordentlich reichen Grab der mittleren Urnenfelderzeit von Třebíz[11] war ein Zierbuckel mit einem Armringpaar, Halsring, Gürtelhaken, Ringen und Spiralröllchen − also einer Ausstattung, die mit Ausnahme der Armringe mit dem weiblichen Ausstattungsteil im Depot von Středokluky (Nr. 5) übereinstimmt − vergesellschaftet. Im zeitgleichen Grab von Zbraslav[12] wiederholt sich das gemeinsame Vorkommen eines Gürtelhakens, kleiner Ringe und der Spiralröllchen. Die hier aufgeführten Gürtelhaken sind zusammen mit denjenigen aus dem Depot von Maškovice[13] (Stufe Jenišovice) die einzigen in Böhmen gefundenen Stücke und verkörpern den plötzlichen, ziemlich späten und einmaligen Vorstoß dieses Bekleidungszubehörs aus Südwestdeutschland in das Knovízer Gebiet. Aus dem Vorkommen der Gürtelhaken in Gräbern der Münchener Gegend und des Nordtiroler Urnenfelderbereichs[14] (vgl. Tabelle 5 und 6) ist zu ersehen, daß sie fast regelhaft mit kleinen, manchmal mit Zwingen verbundenen Ringen und mit Besatzbuckelchen, deren Form mit jenen von Středokluky übereinstimmt, vergesellschaftet waren. Alle drei Bronzegegenstände bildeten offenbar den metallenen Bestandteil des Ledergürtels.

In Středokluky (Nr. 5) hat sich ein Teil von einem solchen Ledergürtel erhalten. Der umgelegte Rand ist mit Besatzbuckelchen in regelmäßigen Abständen gesäumt. In beiden aufgeführten Modellgebieten, der Münchener Gegend und Nordtirol, fanden sich die Gürtel in Gräbern, die vielmehr als weiblich zu deuten wären.[15] In Böhmen sind die Gürtelhaken, Besatzbuckelchen und Ringe weder in

---

[6] Spiralen gleicher Form traten im Knovízer Gebiet bei Fibeln, Armbergen und Brillenanhängern auf. Zusammen lagen alle Formen z. B. in Jenišovice.

[7] H. Agde, Jahresschr. Halle 24, 1936, 173 ff.; H. Müller-Karpe, Bayer. Vorgeschbl. 21, 1956, 46 ff. 58.

[8] Velká Dobrá: Böhm, Základy 128 Abb. 61.

[9] Kytlicová, in: Studien zur Bronzezeit (Festschr. W. A. v. Brunn) (1981) 238.

[10] Hortfund von Bušovice: Kytlicová, ebd. Abb. 1; Grab von Zálezlice: ebd. Abb. 8; Grab von Obrnice: ebd. Abb. 10; Hortfund von Staré Sedlo: ebd. Abb. 11; Depotfund von Praha-Bubeneč 2: ebd. Abb. 15. − Es kann auf eine bestimmte Funktionsanalogie bei den Zierbuckeln und Gürtelhaken in böhmischen und süddeutschen Schmuckgarnituren geschlossen werden. Die Öse an der älteren Gürtelhakenvariante zeigt ihre Entwicklung aus den Zierknöpfen an.

[11] Ebd. Abb. 19.

[12] Böhm, Základy 111 Abb. 49.

[13] Richlý, Bronzezeit Taf. 20, 26.

[14] z. B. Grünwald Grab 1. 14. 16. 17. 18. 32. 38. − Unterhaching Grab 3. 8. 29. 32. 33. 37. 39. 42. 70. 88. − Gernlinden Grab 36. 46. 86. 104. 135. 151 (alle bei Müller-Karpe, Münchener Urnenfelder Taf. 6; 7; 8, F; 9, A. D. E; 10, A. B; 14, B. E; 17, A. C; 18, A. B; 20, A; 21, E; 24, A; 32, A; 33, A; 37; 40; 41, A. E. − Zu Vorkommen in Innsbruck-Mühlau und Innsbruck-Wilten vgl. K.-H. Wagner, Nordtiroler Urnenfelder (1943) Taf. 9. 11. 12. − Vgl. auch Jockenhövel, PBF VIII, 1 (1971) 177 und Kilian-Dirlmeier, PBF XII, 2 (1975) 45 ff. 50 f.

[15] Mit einem Rasiermesser vergesellschaftet waren sie nur im Grab Nr. 135 von Gernlinden und in Grab 15 von Mühlau. Mit Waffen wurden sie in den beiden Arbeitsgebieten in keinem einzigen Fall angetroffen.

FO Grab	Gürtelhaken	Ring	Besatzbuckel	Knopf	Zwinge	Literaturnachweis
Grünwald						
Gr. 1	×	×	×	–	–	MK Taf. 6. 7
Gr. 14	×	×	×	–	–	MK Taf. 8, F
Gr. 16	×	×	–	–	–	MK Taf. 9, A
Gr. 17	×	×	×	–	–	MK Taf. 9, D
Gr. 18	×	–	×	–	–	MK Taf. 9, E
Gr. 32	×	×	–	–	–	MK Taf. 10, A
Gr. 38	×	×	×	×	–	MK Taf. 10, B
Unterhaching						
Gr. 3	×	×	×	–	–	MK Taf. 14, B
Gr. 8	×	×	–	–	–	MK Taf. 14, E
Gr. 29	×	×	–	–	×	MK Taf. 17, C
Gr. 32, 33	×	×	×	–	–	MK Taf. 17, A
Gr. 37	×	×	–	–	–	MK Taf. 18, A
Gr. 39	×	×	–	–	–	MK Taf. 18, B
Gr. 42	×	×	×	–	×	MK Taf. 20, A
Gr. 70	×	×	×	–	–	MK Taf. 21, E
Gr. 88	×	×	–	–	–	MK Taf. 24, A
Gernlinden						
Gr. 36	×	–	–	–	–	MK Taf. 32, A
Gr. 46	×	×	–	–	–	MK Taf. 33, A
Gr. 86	×	×	×	–	–	MK Taf. 37
Gr. 104	×	×	×	–	×	MK Taf. 40
Gr. 135	×	–	×	–	×	MK Taf. 41, A
Gr. 151	×	–	×	–	–	MK Taf. 41, E
Mühlau						
Gr. 1	×	–	×	×	×	Wa Taf. 9
Gr. 5	×	–	×	–	–	Wa Taf. 11
Gr. 11	–	×	×	×	×	Wa Taf. 11
Gr. 15	×	–	–	–	–	Wa Taf. 12
Wilten						
Gr. 48	×	×	×	–	–	Wa Taf. 30

Tabelle 5. Vorkommen von Gürtelbestandteilen in Gräbern der Münchener Gegend und in den Nordtiroler Urnenfeldern. – Erläuterung der Abkürzungen im Literaturnachweis: MK = Müller-Karpe, Münchener Urnenfelder; Wa = K. H. Wagner, Nordtiroler Urnenfelder (1943)

	Gürtel-haken	Zier-scheibe	Ring	Besatz-buckel	Besatz-knopf	Spiral-röllchen
Třebíz (s. u.)	×	×	×	–	–	×
Zbraslav (s. u.)	×	–	×	–	–	×
Středokluky (Nr. 5. 40)	×	×	×	×	–	×
Jenišovice (Nr. 6. 11–18. 22–27)	–	×	×	–	×	×
Kamýk (Nr. 20)	–	×	×	–	×	×
Libkovice (Nr. 21)	–	×	×	–	×	–
Záluží (Nr. 19. 28)	–	–	×	–	×	–

Tabelle 6. Vorkommen von Gürtelbestandteilen in böhmischen Gräbern und Depots (Třebíz: vgl. J. Böhm, Základy hallstattské periody v Čechách [1937] 113 Abb. 50; Zbraslav: vgl. ebd. 110 f. Abb. 49)

Tassen vom Typ Friedrichsruhe

der frühen noch in der älteren Urnenfelderstufe nachgewiesen.[16] Das Fehlen von Besatzbuckeln und Ringen auch in den älteren Brucherzdepots sowie in Depots mit Schmuckgarnituren beweist, daß die mit Besatzbuckeln verzierten und vielleicht mit durchgezogenen Ringen kombinierten Ledergürtel in der Jungbronzezeit hier nicht bekannt waren. Erst nach ihrem Erscheinen in den erwähnten Gräbern der mittleren und jüngeren Urnenfelderzeit und im Depot von Středokluky beginnen auch in den reichen Depots der Jenišovicer Stufe als deren typischster Bestandteil Ringsätze, kleine, halbkugelige Besatzknöpfe und Spiralröllchen gemeinsam mit Zierscheiben regelmäßig aufzutreten.[17] In Anbetracht ihres ersten gemeinsamen Vorkommens mit den süddeutschen Gürtelhaken liegt die Annahme nahe, daß, wenngleich der Gürtelhaken allein im Knovízer Umkreis nicht Boden faßte und die Zierscheibe als Gürtelverzierung nicht ersetzte, der reich geschmückte süddeutsche Gürtel zumindest die Verzierungsweise im Knovízer Gebiet beeinflußte.[18]

Aus den obigen Ausführungen geht hervor, daß die im Depot von Středokluky (Nr. 5) vorhandenen Besatzbuckel, Ringe und vielleicht auch Spiralröllchen sowie die Falere Metallreste eines Gürtels oder vielleicht eines gleichzeitig als Trachtzubehör getragenen Brustschmucks sind. Hieraus ergibt sich die Geschlossenheit des Depots von Středokluky, das an eine reiche Grabausstattung von Mann und Frau denken läßt, deren bedeutsame soziale Stellung durch die beigefügte Trinkgarnitur unterstrichen wird. Das Depot von Středokluky entspricht in Bezug auf seine Zusammensetzung jenem von Jenišovice (Nr. 6), in dem Tassen vom Typ Jenišovice enthalten waren. Die dort vorkommende Tassenkollektion und Werkstücke für Schmiedeerzeugnisse bedürfen allerdings schon einer anderen Interpretation (s. S. 48 f.).

Zeitstellung: Variante I: Das Grab von Milavče C 1 (Nr. 1. 35. 36) ist der typische Repräsentant der westböhmischen, frühurnenfelderzeitlichen, mit einem Riegseeschwert[19] ausgestatteten Gräber. Die zeitliche Stellung des Grabes ist auch durch ein Baierdorf-Messer und ein Rasiermesser mit dreifach geripptem Griff vom Typ Kostelec gegeben; letzteres wollte A. Jockenhövel ausschließlich im Hügelgräber- und im frühurnenfelderzeitlichen Kreis bestehen lassen.[20] Dem gleichen Zeithorizont läßt sich auch der Grabhügel von Merklín (Nr. 2) zuordnen. Er wird durch ein Baierdorf-Messer datiert, das in Westböhmen in Milavče C4 und Tupadly mit einem Riegseeschwert vergesellschaftet war.[21] Im Grabhügel C 4 von Milavče fand sich wie in Merklín eine Petschaftkopfnadel mit Doppelknoten am Hals. Das im Grab hinterlegte Rasiermesser ist nach Jockenhövel dem Typ Gusen zuzuweisen.[22] Diese Form wurde von ihm bisher ausssschließlich in hügelgräberzeitlichen Gräbern festgestellt, so daß er für die mitgefundene Tasse eine Zeitstellung noch vor der Urnenfelderzeit vorschlug. Die im Grab von Gusen (Oberösterreich) mit einem Rasiermesser und Schwert deponierte Bronzetasse ist repräsentiv für den ältesten mitteleuropäischen Tassentyp, der bislang nur aus dem karpatisch-mitteldonauländischen Raum bekannt ist. Kennzeichnend sind wie beim Typ Friedrichsruhe, Variante I, ein gerundeter Rumpf und ein abgesetzter Rand, der jedoch dem Rumpf ohne eigens ausgebildeten Hals aufsitzt.[23]

---

[16] Im Grab von Praha-Pankrác XXI ist der Satz von acht Besatzbuckeln ein völlig außergewöhnliches Vorkommnis (Hrala, Knovízská kultura Abb. 7, 13–20).

[17] Kytlicová, in: Studien zur Bronzezeit (Festschr. W. A. v. Brunn) (1981) 240.

[18] An und für sich sind allerdings alle diese Bestandteile ohne chronologische Bedeutung und fanden weitgehende Verwendung. In den böhmischen Gräbern ist – im Vergleich zu den süddeutschen Gürteln – das regelhafte Auftreten von Spiralröllchen auffällig, die nur ein neues Trachtzubehör als Hals- oder Brustschmuck sein konnten, worauf die im Depot von Jenišovice vorhandenen Schieber hindeuten. Diese beiden

Möglichkeiten, wie auch die Verkleidung der Gürtel mit Spiralröllchen ließ v. Brunn (Hortfunde 190 ff.) ebenfalls zu.

[19] Gräber mit Riegsee-Schwertern in Westböhmen: Milavče, Hügel C 1 (Nr. 1) und C4 (Nr. 55); Tupadly (V. Šaldová, Arch. Rozhl. 13, 1961, 699 Abb. 245, 1–2); Svárec (Böhm, Základy 159 Abb. 80, 161 ff.).

[20] Jockenhövel, PBF VIII, 1 (1971) 45 ff.

[21] Šaldová a. a. O. (Anm. 19) 694 Abb. 244–246.

[22] Jockenhövel, PBF VIII, 1 (1971) 64 ff.

[23] P. Patay, Arch. Ért. 95, 1968, 66 ff. – Vácszentlászló: ebd. Abb. 1. – Aggtelek: ebd. Abb. 3. 4. – Felsőzsolca: ebd. Abb. 5. 6. – Ivanovce: Müller-Karpe, Handb. IV Taf. 331,E2. – Gu-

Die Variante I b der Tassen vom Typ Friedrichsruhe ist in Böhmen durch die einzige, voll rekonstru-
ierbare Tasse von Žatec-„Macerka-1" (Nr. 3) vertreten. Sie wurde u. a. zusammen mit einem einmal
genieteten Griffangelmesser und einem Rasiermesser mit Vollgriff gefunden, die das Grab an den
Übergang von der älteren zur mittleren Urnenfelderzeit datieren.[24] Den Inhalt des Brucherzdepots von
Stradonice (Nr. 4) bildeten neben einem Tassenbruchstück überwiegend Sicheln, mittelständige Lappenbeile und Fußringe, d.h. durchweg langlebige Formen der Stufe Lažany II und Suchdol II. Auf
einen jüngeren Abschnitt weist insbesondere das Bruchstück eines mit Rillenbündeln verzierten Lausitzer Armringes hin,[25] den W. A. v. Brunn in Mitteldeutschland in die Stufe Ha A 1 datierte.[26] Eine
solche Datierung und Zugehörigkeit zur Stufe Suchdol II wird auch dadurch bestätigt, daß im Depotfund von Stradonice späthügelgräberzeitliche Formen, die für die Depots der Stufe Lažany II kennzeichnend sind, durchweg fehlen.[27] Das einzige ostböhmische Depot, das außer einer Tasse vom Typ
Friedrichsruhe Bruchstücke von Gegenständen unterschiedlicher Provenienz enthielt, ist dasjenige von
Starý Ples (Nr. 7). Um eine einheimische Form handelt es sich bei den mit schrägen Rillenbündeln
verzierten, aus dem ostböhmisch-nordmährisch-schlesischen Lausitzer Kreis bekannten Armringen.[28]
In Ostböhmen bildeten sie den Hauptinhalt der Depots der Stufe Kosmonosy, deren Vergrabungszeit
durch das Depot von Svinárky in der älteren Urnenfelderzeit belegt ist. In diesem Depot lagen diese
Armringe zusammen mit Nadeln mit plastisch gegliedertem Vasenkopf und ostfranzösischen Armringen vom Typ Reventin-La Poype.[29] Daß die Depots der Stufe Kosmonosy bis in die Anfänge der mittleren Urnenfelderzeit vergraben wurden, bezeugt z.B. das schlesische Depot von Rohow, in dem diese
Armringe mit einer Tasse vom Typ Fuchsstadt vergesellschaftet waren.[30] Die Spirale mit dem charakteristischen Ornament an den äußeren Windungen stammt aus Knovíz-Milavčer Werkstätten und ist
ebenfalls keine Stütze für die genaue Datierung. Solche Spiralen erscheinen auf Armbergen mit längsgerippter Manschette, die zum charakteristischen Inventar der Depots der Stufe Lažany II gehörten.[31]
Mit der älteren Urnenfelderstufe beginnend traten gleichartig verzierte Spiralen auf der spezifisch böhmischen Brillennadelform auf, die offenbar über eine längere Zeit im Gebrauch blieb;[32] der jüngste
Fund stammt aus Jenišovice (s. S. 52). Die Hauptstütze der Datierung des Depots von Starý Ples ist
das Bruchstück eines mitteldonauländischen Beils vom Typ Haidach, das E.F. Mayer[33] als eine markante Form der älteren Urnenfelderzeit herausstellte.

Die Bronzetasse aus dem möglicherweise im Grabhügel 1 von Nezvěstice-Podskalí angelegten Urnengrab (Nr. 8) wird nur anhand zweier Gefäßscherben datiert, die derart ausgeprägte Zierelemente
aufweisen, daß eine zuverlässige zeitliche Einordnung des Grabes verantwortet werden kann. Die auf
den Scherben der Urne zu beobachtende Riefelung wurde im ganzen Knovíz-Milavčer Gebiet auf doppelkonischen Gefäßen, Schüsseln, seltener auf anderen keramischen Formen angewandt, und ist ein
durchaus archaisches, für die frühe Urnenfelderzeit typisches Zeichen. Dieses Ornament wurde später
nurmehr vereinzelt im jüngeren Fundverband von Praha-Bubeneč wiedergefunden, den J. Hrala an den
Anfang der Stufe Ha A datierte.[34] In scheinbarem Gegensatz zur Urne ist der Boden der im Innern
graphitierten Schüssel von Nezvěstice-Podskalí ritzverziert. Die Innenverzierung der Schüsseln ist ein

---

sen: Prüssing, PBF II, 5 (1991) Nr. 1. – Bei den aufgeführten
Exemplaren ist die Variabilität in der Profilierung gut wahrnehmbar; sie deutet eine Weiterentwicklung des Typs Gusen
an. – Vgl. jetzt Patay, PBF II, 10 (1990) 49 f.; Novotná, PBF
II, 11 (1991) 11 ff.

[24] O. Kytlicová/V. Vokolek/J. Bouzek, PM Hradec Králové
7, 1964, 161; Jockenhövel, PBF VIII, 1 (1971) 152 ff.

[25] Kytlicová, Arb.-Forschber. Sachsen 16–17, 1967, 146.

[26] v. Brunn, Hortfunde 186 ff.

[27] Kytlicová, Jber. Inst. Vorgesch. Frankfurt 1975, 99 ff.

[28] Ebd. 110 ff.; dies., Acta Univ. Carol. Phil. et Hist. 8, 1981,
112 ff.

[29] Beck, PBF XX, 2 (1980) Taf. 54.

[30] Sprockhoff, Handelsgeschichte Taf. 13, b.

[31] Kytlicová a.a.O. (Anm. 27) 101 ff.

[32] Ebd.

[33] Mayer, PBF IX, 9 (1977) 151 ff.

[34] Hrala, Knovízská kultura 63 ff.

charakteristisches Merkmal während der ganzen Urnenfelderzeit, das noch in die Hallstattzeit überdauerte, in der die Riefelung durch Glättung und Graphitierung ersetzt wurde. Die Verzierung der Schüssel von Nezvěstice-Podskalí ist einmalig, weil der kegelstumpfartige, nach innen eingedrückte Boden (von unten ist die Delle abgerundet) in der Mitte einiger konzentrischer Riefen gleichmäßig, nur in einer Richtung schräg gerieft und innen bis zur erhaltenen Höhe mit konzentrischen Riefen versehen ist. Obgleich die Ausführung und das Ornament einen reifen Eindruck machen, ist doch wegen der Vergesellschaftung mit dem doppelkonischen Gefäß (Urne) mit gerieftem Unterteil ein späterer Zeitansatz als in die ältere Urnenfelderstufe nicht vertretbar.

Bei den Tassen vom Typ Friedrichsruhe betrachtete H. Müller-Karpe die Tendenz zur gedrungenen Form als eine der Ausdrucksweisen des Zeitgeschehens.[35] Dies bezieht sich auf den gedrungenen Körper der Tasse von Žatec (Nr. 3), wie auch auf die Profilbildung bei der Tasse von Stradonice (Nr. 4), welche demnach der jüngeren Gruppe der Variante I b entsprächen. Die größte Konzentration der Tassen mit etwas höherem Körperbau (I a) wird aus dem Nordischen Kreis gemeldet, wo sie durchweg in die Periode III datiert wurden.[36] Die nordische Periode III ist nur zum Teil mit der frühen, überwiegend jedoch mit der älteren Urnenfelderstufe zu synchronisieren.[37] Das gemeinsame Vorkommen solcher Tassen und derjenigen der Variante II a im Depot von Simons Mose,[38] die in der frühen Urnenfelderstufe bislang nicht nachgewiesen sind, dafür aber in die mittlere Stufe übergreifen, ist ein Beweis dafür, daß die höheren, rundlichen Tassen im Norden in unveränderter Form über eine längere Zeit im Umlauf blieben. Unter den Tassen der Variante I a ist die verzierte Tasse von Očkov von höherem Bau; sie wurde von J. Paulík[39] bereits in die ältere Urnenfelderstufe datiert. Einen höheren, gerundeten Körper hat auch die Tasse von Enns, deren tordierter Querhenkel einerseits Verbindungen mit dem Nordischen Kreis aufweist,[40] andererseits aber im Hinblick auf die Profilierung auch dem karpatisch-mitteldanubischen Typ Blatnica nahesteht. Die Zugehörigkeit der gedrungenen, unverzierten Tasse von Velatice zur älteren Urnenfelderstufe ergibt sich aus dem sie begleitenden Dreiwulstschwert.[41] In dieselbe Stufe datierte Müller-Karpe den kärntnerischen Fund von Haidach[42] und die Tasse aus dem Grab von Hart a.d. Alz,[43] welche im Hinblick auf ihren gewölbten Körper mit der Variante I vergleichbar ist. Einer solchen Datierung entsprechen auch die oberfränkische Tasse von Gundelsheim, Grab 1 (aufgrund des Griffdornmessers mit einem Niet und des Dreiwulstschwertes) und der westlichste Fund der Variante I von Pfaffenhofen (Elsaß).[44] Einige südwestdeutsche Tassen aus dem Übergang von der frühen zur älteren, meist jedoch aus der älteren Urnenfelderzeit lassen eine abweichende Profilierung (Variante II a) erkennen.

Variante II: Beide der Variante II zuweisbaren Tassen (Nr. 5. 6) gehören eher ihrer Untergruppe (c) an. Der Inhalt des Depotfundes von Středokluky (Nr. 5) ist aus chronologischer Sicht nicht völlig einheitlich. Der herzförmige Anhänger mutet archaisch an, war jedoch auch in seinem Hauptverbreitungsgebiet, dem Karpatenbecken, eine durchgehende Form.[45] Der süddeutsche Gürtelhaken trat überwiegend in der älteren Urnenfelderstufe auf.[46] In Böhmen erschienen die süddeutschen Gürtelhaken erstmals in einer kurzen Zeitspanne in der mittleren Urnenfelderzeit. Entsprechend alt sind im Depot

[35] Müller-Karpe, Bayer. Vorgeschbl. 21, 1956, 46 ff.
[36] Sprockhoff, Handelsgeschichte 51 ff; Thrane, Acta Arch. 33, 1962, 109 ff.
[37] Müller-Karpe, Chronologie 185.
[38] Thrane, Acta Arch. 33, 1962, 121 ff.
[39] Paulík, Slov. Arch. 10, 1962, 5 ff.
[40] Müller-Karpe, Jber. Inst. Vorgesch. Frankfurt 1975, 20 ff. Abb. 1, 4.

[41] J. Říhovský, Pam. Arch. 49, 1958, 67 ff.
[42] Müller-Karpe, Chronologie 110 ff.
[43] Vgl. Anm. 35.
[44] N.K. Sandars, Bronze Age cultures in France (1957) Taf. 4, 1.
[45] Furmánek, PBF XI, 3 (1980) 28 ff.
[46] Müller-Karpe, Chronologie 153.

von Středokluky die Kalottenfalere[47] − sonst nur in Begleitung der Tassen vom Typ Jenišovice bekannt
(s. S. 51 f.) −, die entwickelte Form des tief ausgeschnittenen Rasiermessers mit Rahmengriff und
Quersteg[48] und das Messer mit scharf abgesetzter Griffangel. Die Tasse von Středokluky findet in bezug auf ihre Profilierung direkte Entsprechungen in einigen unverzierten Exemplaren des großen Geschirrfundes von Dresden-Laubegast.[49] Der Zusammenhang beider Depotfunde wird auch durch das
jeweils vorhandene Sieb von gleicher Form wie jenes aus dem Grab von Falkenberg unterstrichen.[50] In
beiden Fällen wurden die Siebe zusammen mit Fuchsstadt-Tassen gefunden. Auch ein weiteres mittel-
deutsches Exemplar, dasjenige von Thale 3, aufgrund der Profilierung[51] zur Variante II c gehörig und
das gleiche Unterteil wie die Tasse von Středokluky aufweisend, war mit einer Fuchsstadt-Tasse und
einer weiteren Tasse vom Typ Jenišovice vergesellschaftet. Letztere und die unverzierte Tasse von Jenišovice ziehen die obere Vorkommensgrenze der Tassen vom Typ Friedrichsruhe.

Das Verhältnis zwischen den in Böhmen nachgewiesenen Varianten der Tassen vom Typ Friedrichsruhe I a, I b und II c ist zeitlich bestimmt. Es erfaßt die Entwicklung von den höheren, rundlichen
Formen über die gedrungenen bis zu den Ausprägungen mit konischem Unterteil und hoch gelegener,
stark gewölbter größter Bauchweite.[52] Für diese repräsentativ sind die früher als einmalig oder als Nebenformen des Typs Fuchsstadt gedeuteten Tassen (Středokluky [Nr. 5], Jenišovice [Nr. 6]); sie besitzen jedoch alle die Hauptmerkmale des Typs Friedrichsruhe. Chronologische Merkmale sind gewissermaßen auch die Befestigungsart des Henkels (bei den Tassen und anderem gleichzeitigen Geschirr) und
dessen Verzierung. Die Entwicklung verlief nicht geradlinig, es ergeben sich laufend Überschneidungen
und Berührungen zwischen älteren und progressiven Merkmalen. Bei den frühurnenfelderzeitlichen
Tassen wurde das obere Henkelende konsequent von der Außenseite des Halses befestigt, in der älteren
Stufe begann eine neue Befestigungsart von innen, die mit der vorausgehenden Schritt hielt, und in der
mittleren Stufe war das Befestigen des Henkels von außen eine Ausnahme. Die Entwicklung in der
Henkelverzierung verlief auf die Weise, daß der für die ältesten Formen (Bz D) charakteristische, unverzierte oder mit schrägen Randstrichen versehene Henkel nur ausnahmsweise bis in die mittlere Urnenfelderstufe (Ha A 2) überdauerte; die Randverzierung des Henkels mit Längsstrichelbändern erschien erstmals in der älteren Stufe (Ha A 1) und gewann in der mittleren Stufe völlig die Oberhand;
das Buckelornament lief von der frühen bis zur mittleren Stufe durch. Das Motiv der Längsstrichbün-
del wurde manchmal an Henkeln mit verbreiterten und mit Nietpaaren befestigten Enden angewandt,
womit der Einsatz einer neuen Henkelform für die nachfolgenden, noch in den Werkstätten der Friedrichsruhe-Tassen in der älteren Urnenfelderstufe gefertigten Tassentypen (Fuchsstadt, Jenišovice, Stillfried-Hostomice) belegt ist.

Die Relation der Varianten I und II a sowie II b sowie die Relation der Gruppen der Varianten II a,
II b und II c zueinander scheint ein regionales, mit den unterschiedlichen Werkstätten zusammenhän-
gendes Anliegen zu sein. Ihre Unterschiedlichkeit ist durch die Beliebtheit der getriebenen Verzierung
und deren Stils bedingt. Der auf dem böhmischen frühurnenfelderzeitlichen Geschirr festgestellte
Übergang von kleinen zu großen Buckeln in der nachfolgenden Stufe war offenbar mit einem Fortschritt in der Treibtechnik verbunden.

---

[47] Kytlicová, Pam. Arch. 50, 1959, 130 ff.; v. Brunn, Hortfunde 101.
[48] Jockenhövel, PBF VIII, 1 (1971) 103 ff.
[49] W. Coblenz, Arb.-Forschber. Sachsen 2, 1950−51, 135 ff.
Abb. 8. 9. 14. 15
[50] v. Brunn, Hortfunde Taf. 163, 3.

[51] Tasse von Jenišovice als zum Typ Fuchsstadt gehörend:
Sprockhoff, Handelsgeschichte 70 ff. Taf. 19; Thrane, Acta
Arch. 36, 1965, 205 ff.; V.G. Childe (ebd. 20, 1949, 257 ff.) verwies als erster auf den Zusammenhang mit den Friedrichsruhe-Tassen.
[52] Thrane, ebd. 33, 1962, 162 ff. Fig. 30. 31.

Verbreitung und kulturelle Stellung: Die Tassen vom Typ Friedrichsruhe sind im allgemeinen vom Rheinland über Südwestdeutschland und Bayern, das böhmische Knovíz-Milavčer Gebiet bis zum mitteldanubischen Velatice-Baierdorf Bereich verbreitet, wo sie mit der verwandten, für den ostalpin-karpatischen Kreis charakteristischen Tassenform vom Typ Gusen[53] und Blatnica in Berührung treten. Im Norden greifen sie über Böhmen und das mitteldeutsche Elbgebiet bis nach Norddeutschland und Dänemark aus.

Die unterschiedliche räumliche Verteilung der Varianten und deren Untergruppen ist auf die allmählich eintretende Entstehung einzelner, selbstständig arbeitender Werkstätten zurückzuführen.

Im Verbreitungsgebiet dieses Typs ist die Variante I vorwiegend in seinem östlichen Teil vertreten. Ihre westliche Grenze bilden die Tassen von Milavče C 1 (Nr. 1), Merklín (Nr. 2), Žatec-Macerka 1 (Nr. 3) und vielleicht auch diejenigen von Stradonice (Nr. 4), Nezvěstice-Podskalí (Nr. 8) und Starý Ples (Nr. 7). Im ostalpinen Raum sind zu nennen die Tassen von Bingula Divoš,[54] Großmugl,[55] Haidach[56] und Enns,[57] welche durch den tordierten Querhenkel schon dem Typ Blatnica nahesteht. Zum letzteren Typ dürften auch die Bruchstücke von Přestavlky gehören.[58] Aus dem Velaticer Kernbereich sind sonst nur die Tasse aus dem Grab von Velatice I[59] und aus dem östlichen Randgebiet der Velaticer Ökumene die auffallend hohe, verzierte Tasse von Očkov[60] mit weiteren Bruchstücken bekannt. Ob im karpatisch-siebenbürgischen Raum neben den heimischen Formen Gusen und Blatnica auch dem Typ Friedrichsruhe nahestehende Tassen verbreitet waren oder ob die Fragmente von Uioara de Sus[61] oder Vîlcele[62] nur zu Ausnahmefunden zählen, wird erst nach Aufarbeitung der toreutischen Ware aus diesem Raum zu erkennen sein. Der Variante I schließen sich im mitteldeutschen Elbgebiet die Bruchstücke aus Weißig[63] und Coswig[64] und die meisten Tassen aus Mecklenburg und Dänemark an (Slate, Weitgendorf, Granzin, Ruchow, Præstø, Vester Børsting, Ålborg, Simons Mose).[65] Alle Tassen im Nordischen Kreis gehören der Variante I a an, gedrungene, niedrige Formen gibt es nicht. Auffallend ist hier die Funddichte im Vergleich zu den Streufunden in Mitteleuropa; der Grund dafür liegt vielleicht in den unterschiedlichen Niederlegungsriten oder in der abweichenden sozialen Schichtung oder in den allgemein günstigeren Bedingungen für die Erhaltung der Funde.

Die Einförmigkeit der Tassen vom Typ Friedrichsruhe gab in der letzten Zeit Anlaß zu Überlegungen, nach welchen Merkmalen man die spezifischen Ausdrucksarten der lokalen mitteleuropäischen und nordischen Werkstätten auseinanderhalten könnte. Müller-Karpe wies in diesem Zusammenhang auf die außergewöhnlich kleinen, getriebenen Perlen auf den nordischen Tassen und auf den Unterschied zwischen den einfachen mitteleuropäischen und dem an den Enden verbreiterten und mit zwei Nieten befestigten nordischen Tassenhenkeln hin.[66] W. A. v. Brunn kartierte verschiedene Varianten der mit Buckelreihen verzierten Henkel, woraus sich weitere Unterschiede ergaben.[67] Bei eingehenden Untersuchungen wenig bekannter Bruchstücke böhmischer Tassen und Siebe und bei ihrem Vergleich mit dem übrigen gleichzeitigen Bronzegeschirr stellten wir fest, daß zwischen den mitteleuropäischen und den nordischen Tassen mehr Ähnlichkeit besteht als angenommen wurde, und daß viele, dem Nordischen Kreis zugeschriebene Elemente auch in Mitteleuropa schon seit der frühen Urnenfelderzeit bekannt waren. So erscheinen z. B. die außergewöhnlich kleinen, dem Norden zugerechneten Buckel in

[53] P. Patay, Arch. Ért. 95, 1968, 66 ff.

[54] Vinski-Gasparini, Urnenfelderkultur Taf. 84, 1.

[55] W. Angeli, MAGW 88–89, 1959, 127 ff. Abb. 1, 1.

[56] Vgl. Anm. 42.

[57] Vgl. Anm. 40.

[58] Přestavlky: Řihovský, PBF VII, 1 (1972) Taf. 32, 15. 18; Nekvasil/Podborský, PBF II, 13 (1991) Nr. 2–4.

[59] Vgl. Anm. 41.   [60] Vgl. Anm. 39.

[61] Petrescu-Dîmbovita, PBF XVIII, 1 (1978) Taf. 190, 720.

[62] Dem Typ ähnelt auch der neu publizierte Fund von Vîlcele: T. Soroceanu, PZ 56, 1981, 249 f. Abb. 1, 6.

[63] v. Brunn, Hortfunde Taf. 25, 13; 193, 1–13.

[64] Ebd. Taf. 193, 1–13.

[65] Thrane, Acta Arch. 33, 1962, 162 f. Fig. 30.

[66] Vgl. Anm. 35.

[67] v. Brunn, Hortfunde Karte 6.

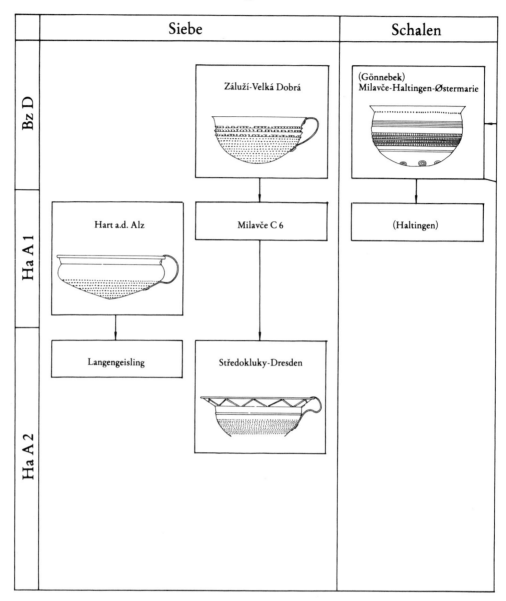

Abb. 1. Entwicklung der ältesten Bronzegefäße: Typenfamilie Friedrichsruhe und gleichzeitige karpaten-
ländische Tassen

Reihen auf der ältesten mitteleuropäischen Tasse von Milavče C 1 (Nr. 1) und im Wechsel mit getriebenen Leisten auch auf den Sieben von Velká Dobrá (Nr. 38) und Záluží (Nr. 39). Die aus der älteren
Urnenfelderzeit stammenden Tassen sind schon mit wesentlich größeren Buckeln verziert. Dieser Wandel ist auf eine technologische Entwicklung der Produktion zurückzuführen. Noch bemerkenswerter
sind die Übereinstimmungen in der Form und Verzierung des Henkels, namentlich bei den als nordisch betrachteten Elementen. Einen mit Schrägstrichen an den Rändern und einer Perlreihe in der
Mitte verzierten Henkel besitzen sowohl das Sieb von Hart a.d. Alz als auch dasjenige von Velká Dobrá (Nr. 38), vielleicht auch das von Záluží (Nr. 39, mit einer Buckelreihe verziertes Verstärkungsplättchen) und die etwas jüngere Tasse von Nezvěstice-Podskalí (Nr. 8). Bei der erwähnten Tasse und dem
Sieb von Velká Dobrá ist überdies der Henkel oben verbreitert und mit zwei Nieten befestigt; diese

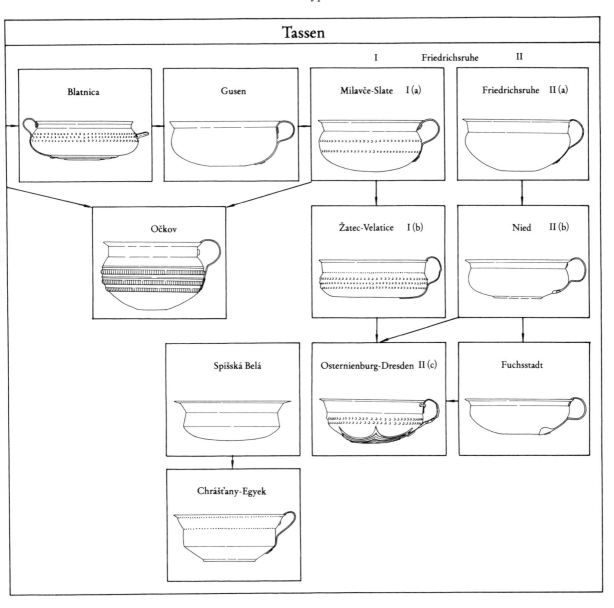

Form- und Befestigungsneuheit wird wiederum dem Nordischen Kreis zugeschrieben.[68] Sie tritt vereinzelt auf den älterurnenfelderzeitlichen Tassen vom Typ Friedrichsruhe in Mittel- und Südwestdeutsch-
land (Elsterwerda, Grünwald, Frankfurt-Nied, Wollmesheim), auf Henkelfragmenten einer Tasse von
Očkov (Slowakei) und häufig auf den gleichzeitigen Eimern vom Typ Kurd zutage. Die umschriebene
Form und Verzierung sind also nicht eindeutig „nordisch". Der Henkel des Siebes von Velká Dobrá ist
im Unterschied zu den anderen dreifach befestigt: mit zwei Nieten am Hals und einem am Rumpf.
Diese Eigenart wurde in Europa nur in ganz seltenen Fällen (Sieb von Hart a.d. Alz und bei größeren
Gefäßen) angetroffen; sie ist kennzeichnend für den ägäischen Kreis, dessen Gefäßhenkel praktisch alle

---

[68] Ebd. Liste 11.

vertikal angebracht sind und mitunter ein scheibenförmig verbreitertes unteres Ende wie der Siebhen-
kel von Velká Dobrá aufweisen. Sein „mykenisches Gepräge" (vgl. auch S. 68 ff.) wird eben durch die
Buckelreihe betont, die an eine Reihe plastischer, reich gegliederter oder einfacher halbkugeliger Fortsätze denken läßt, mit denen die Henkel der Bronze- und Goldgefäße des östlichen Mittelmeerraumes
verziert zu sein pflegen.[69] Ein weiteres beliebtes Zierelement des ägäischen Kreises, die Längsrippung
oder Kehlung des Henkels, ist im übrigen Europa vorläufig nur bei den nordischen Tassen bekannt.

Die erwähnten, für die Henkel der ältesten Bronzegefäße verwendeten Form- und Zierelemente sind
freilich weder in Mittel- noch in Nordeuropa beheimatet. Sie sind ebenso wie die Befestigungsart des
Henkels von außen ein Nachhall auf den vom ägäischen Kreis ausgegangenen Impuls zur Entstehung
der europäischen Toreutik. Der höhere Anteil des einen oder anderen Elementes ist nur das Ergebnis
einer ungleichmäßigen Fundverteilung bzw. anderweitigen Stilausprägung der lokalen Werkstätten.
Bislang blieb unbeachtet, daß im Norden neben den Henkeln mit „nordischen" Merkmalen ebenso
auch einfache, von beiden Seiten mit je einem Niet befestigte Bandhenkel geläufig waren, die, umgekehrt, den mitteleuropäischen Werkstätten zugeschrieben werden. Die Tasse aus Grabhügel 9, Bestattung 5 von Slate und zwei Exemplare von Simons Mose zeigen eine einmalige Henkelverzierung, gebildet aus einer mit Halbbögen gesäumten, längs der Ränder verlaufenden Linie.[70] Die einzige Analogie
dazu gibt die böhmische Tasse von Merklín ab (Nr. 2). All diesen Gefäßen gemein ist ein interessantes
technisches Detail, ein „Kniff", der sonst nicht angewandt wurde: an dem von außen angebrachten
Henkel ist der obere Niet ebenfalls mit einem Verstärkungsplättchen unterlegt. Dadurch entsteht der
Eindruck, als stammten diese Erzeugnisse von ein und demselben Meister. Die Ähnlichkeit zwischen
der ältesten böhmischen und nordischen toreutischen Ware wird durch das Goldgefäß von Gönnebek
und dessen bronzene, im Grabhügel C 1 von Milavče mit einem Kesselwagen (Nr. 43) gefundene Imitation (Nr. 35) unterstrichen; zu diesem Wagen liegen aus dem damaligen Europa die einzigen Analogien
wiederum nur im Norden vor, wenngleich er offenkundig das Produkt einer anderen Werkstatt ist.

Die Tassen vom Typ Friedrichsruhe traten in Europa ganz plötzlich und schon als ausgeprägter Typ
(Variante I a) in zwei voneinander entfernten Gebieten in Erscheinung, im Norden im Ballungsraum
von Mecklenburg und Dänemark, in Böhmen mit Verbreitungsschwerpunkt im westböhmischen Milavčer Kreis. In beiden Gebieten macht sich gerade bei den ältesten Exemplaren der ursprüngliche Impuls der Hochkulturen in Form, Verzierung und Befestigungsart des Henkels geltend; unverkennbar
ist jedoch vor allem die direkte Abhängigkeit von der karpatisch-mitteldanubischen Toreutik, und
zwar nicht nur in der Herstellungstechnik, sondern auch in der Tektonik der Variante I a, die an den
karpatisch-mitteldanubischen Typ Blatnica und den Typ Gusen unmittelbar anknüpfte. Die eigentliche Entwicklung des Typs Friedrichsruhe verlief aber außerhalb des karpatischen Raumes, doch die
Region seines ersten Vorkommens ist schwer zu bestimmen. Die Produktion nur in einem und der
Import in das zweite Gebiet ist schon wegen der Eigenart des Bronzegeschirrs (böhmische Siebe, nordische Tassen der Variante I a) und der anderen in den Werkstätten der Friedrichsruhe-Tassen entstandenen Toreutik auszuschließen. In beiden Gebieten dürften ungefähr die gleichen Voraussetzungen für
ein schon am Ende des vorausgehenden Zeitalters sich abzeichnendes Aufkommen der Bronzetoreutik
vorhanden gewesen sein: das Bestehen intensiver Kontakte mit dem mitteldanubischen Kreis und das

---

[69] Vgl. die Henkelform und Befestigungsart mit drei Nieten (zwei oben, einer unten) von außen bei den Bronzegefäßen
des östlichen Mittelmeeres. Durch das hohe Alter der böhmischen Siebe sind der Einfluß der Hochkulturen auf die auf-
kommende Herstellung mitteleuropäischer Bronzegefäße und
das frühe Vorkommen der Henkel mit verbreiterten Enden

und zwei Nieten im Nordischen Kreis erklärt. Vereinzelt ist
der Henkel, wie beim böhmischen Sieb, sogar am Unterende
zu einer Scheibe verbreitert (Matthäus, PBF II, 1 [1980] Taf 30,
241).
[70] Müller-Karpe, Handb. IV Taf. 514, J 6; 521, B1. 5.

durch diesen bedingte Entstehen der heimischen Goldtoreutik. Letztere hatte einen unbestrittenen Anteil an der bodenständigen Entwicklung der Bronzetoreutik (s. S. 61 ff.). In Böhmen kam noch die hier seit dem Ende der mittleren Bronzezeit nachgewiesene Metallbildnerei und -schlägerei anderer Bronzegegenstände und -geräte hinzu. Die zwischen den ältesten böhmischen und nordischen Tassen bestehende, bis in die kleinsten ornamentalen und technologischen Details gehende Ähnlichkeit ist ohne die Existenz direkter Kontakte zwischen beiden Werkstätten nicht vorstellbar.[71] Diese Verbindungen sind umso verständlicher, als doch die Bronzetassen nicht den einzigen Beweis der wechselseitigen Beziehungen bieten. Zahlreiche Importe und namentlich die offenkundige Beeinflussung der heimischen metallurgischen Werkstätten bezeugen, daß der Nordische Kreis nicht nur mit dem mitteldanubisch-karpatischen, sondern auch mit dem Urnenfelderkreis nördlich der Alpen und dem böhmischen Knovíz-Milavčer Kreis in heute schon gut belegter Verbindung stand. Diese war im nordischen Inventar bereits am Ende der Periode II wahrnehmbar, und vom Beginn der Periode III sind die Belege dafür noch häufiger, sogar solche für Fundzusammenhänge mit Bronzegeräten, wie z.B. das mit einem Baierdorf-Messer ausgestattete Grab 5 im Hügel 9 von Slate.[72] Angesichts der sicher auch bestehenden Handelsbeziehungen, die gelegentlich vielleicht noch eine Migration der Metallurgen zur Folge hatten (Entstehung sekundärer Zentren, in denen einige charakteristische Bronzeformen nachgebildet wurden), ist das Bestehen direkter Kontakte zwischen einzelnen Werkstätten durchaus begreiflich. Zugleich erscheint es wahrscheinlich, daß die Metallschläger, wichtigen Verkehrswegen folgend, als Wanderhandwerker umherzogen und in wirtschaftlich und sozial bedeutenden Gebieten neue Werkstätten gründeten. Allem Anschein nach fand erst in diesen neuentstandenen, unabhängig arbeitenden Werkstätten eine weitere Entwicklung der Tassen, allerdings in ungleichmäßigem Ablauf, statt. Einige der scheinbar spezifischen Merkmale der einen oder anderen Werkstatt bedeuten nur eine Bevorzugung oder Weiterentwicklung von Elementen, die bereits am ältesten Geschirr angewandt wurden und im wesentlichen allgemein bekannt waren. Selbst im Nordischen Kreis waren die Tassen nicht an einen eng begrenzten Zeithorizont gebunden und ihre Laufzeit in der Periode III entspricht der mitteleuropäischen frühen und älteren Urnenfelderzeit; das Fortbestehen einiger Merkmale (höherer Rumpf, kleine Buckel) zeigt nicht ein höheres Alter an, sondern eine gewisse Verzögerung gegenüber der laufenden Entwicklung der böhmischen Tassen. Soweit sich bei der Bruchstückhaftigkeit des böhmischen Materials ein Vergleich ziehen läßt, so entsteht der Eindruck, als weise das nordische Geschirr eine größere Formenvariation auf, denn neben der Variante I treten vereinzelt Tassen auf, die ebensogut zur Variante II gehören könnten (höhere Wölbung, konisch einziehendes Unterteil − II a). Bislang wurde nur bei den nordischen (dänischen) Gefäßen eine Verzierung des Henkels durch mehrere Perlreihen festgestellt. Aus dem Nordischen Kreis stammen ferner Einzelformen wie die Nachbildung der Holzgefäße von Østermarie, die zwar im Profil und Ornament der Schale von Milavče C 1 (Nr. 35) ähnelt, doch der eigentlichen Friedrichsruhe-Tasse zeitlich vorausging und zu diesem Typ in keiner direkten genetischen Beziehung gestanden haben dürfte, oder auch das getriebene Gefäß mit den gleichen Ziermotiven von Vinding Folkehøj.[73]

Die räumliche Ausbreitung der nordischen toreutischen Ware und deren formale Variationsbreite deuten sowohl auf größere Verwendungsmöglichkeiten als auch auf einen weiten Abnehmerkreis hin, der von mehreren Werkstätten versorgt werden mußte. Hingegen blieben die Erzeugnisse der böhmi-

---

[71] Vgl. Messer vom Typ Riegsee oder Deinsdorf-Nadeln im Nordischen Kreis (K. Randsborg, Acta Arch. 39, 1968, 1 ff.), das Sekundärzentrum der Nadeln vom Typ Henfenfeld in Mecklenburg oder die gleiche Form der tordierten Halsringe mit Kerbung auf der Außenseite der Windungen in Mecklen-

burg und Böhmen (v. Brunn, Hortfunde 167 ff.; Kytlicová, in: Studien zur Bronzezeit [Festschr. W. A. v. Brunn] [1981] 213 ff.).

[72] Müller-Karpe, Handb. IV Taf. 514, J 7.

[73] Ebd. Taf. 513, A 1; 521, A 1. 2.

schen Werkstätten zunächst fast ausschließlich auf das westböhmische Milavče Gebiet begrenzt, und
erst im Laufe der älteren Stufe läßt sich ein Vordringen der Toreutik auch in das Knovízer Gebiet erkennen. Ihr Spezifikum sind die Siebe (s. S. 72 f.), die sich in Knovízer Gebiet bis in die mittlere Urnenfelderstufe weiterentwickelten. Vom hohen künstlerischen Können der älteren Werkstatt zeugt
Grab C 1 von Milavče, dessen Goldware imitierendes Gefäß, Kesselwagen und Kompositpanzer, entstanden in Abhängigkeit und durch Einwirkung der frühen Hochkulturen und des benachbarten karpatischen Kreises, eigenartige Merkmale aufweisen.

Die Varianten II b und c (Osternienburg-Dresden) sind durch Tassen mit leicht konisch verengtem
Unterteil vertreten; sie sind im Vergleich zu den nordischen (Variante II a) gedrungener. Sie setzten
schon am Ende der frühen Urnenfelderstufe ein, dauerten die ganze ältere Stufe hindurch und reichten
in Einzelfällen bis in die mittlere Urnenfelderstufe. In der älteren Urnenfelderstufe war die Variante
II b ausschließlich in Südwestdeutschland verbreitet.[74] Nach der auffallenden Einförmigkeit der durchweg unverzierten Tassen zu schließen, dürfte die Anfertigung der betreffenden Stücke in selbständig
arbeitenden, entwicklungsfreudigen Werkstätten stattgefunden haben; hier wurde zu Beginn der mittleren Urnenfelderzeit die Fuchsstadt-Tasse in die Welt gerufen. Davon zeugt nicht nur das gleiche Verbreitungsgebiet der Variante II b und der Tassen vom Typ Fuchsstadt, sondern auch die volle Form-
übereinstimmung der beiden zeitlich aufeinanderfolgenden Gefäße. Das einzige abweichende Element
ist bei den Fuchsstadt-Tassen der Standring; der an den verbreiterten Enden mit je zwei Nieten befestigte und wie beim vorausgehenden Typ mit Längsliniengruppen verzierte Henkel wurde beibehalten,
und die oberen Niete wurden mit konischen Köpfen versehen.[75]

Das Verbreitungszentrum der Tassen der Variante II c liegt im mitteldeutschen Elbgebiet. Sie erschienen hier jedoch erst am Anfang der mittleren Urnenfelderzeit.[76] Ihre Form schwankt manchmal
zwischen gerundeten Ausprägungen mit hochsitzender Wölbung und denjenigen mit höherem
Rumpf.[77] Im Gegensatz zu den süddeutschen Tassen macht sich bei den mitteldeutschen eine auffallende Vorliebe für den getriebenen Dekor bemerkbar. Außer dem spezifischen Stern über dem Boden wiederholen sich hier praktisch alle bekannten Ziermotive, die manchmal auch nur gelegentlich bei den
älteren Tassen der Variante I und II, bei den karpatisch-siebenbürgischen Tassen oder auch bei anderer
Ware Verwendung fanden.[78] Durch die Zusammensetzung der Zierelemente bildete sich eine neue, ei-

---

[74] Ältere Urnenfelderstufe: Grünwald, Gr. 1 (Müller-Kar-
pe, Chronologie Taf. 183, 1); Ergolding (ebd. Taf. 128, B); Gun-
delsheim (ebd. Taf. 208, F). – Mittlere Urnenfelderstufe:
Eschborn (ebd. Taf. 184, 10); Acholshausen (Ch. Pescheck,
Germania 50, 1972, 29 ff. Abb. 4, 1); Wollmesheim (Müller-
Karpe, Chronologie Taf. 208, C). Die Einordnung des Tassen-
bruchstücks von Stockheim (ebd. Taf. 156, 44) ist fraglich, die
Tasse von Viernheim zeigt eine abweichende Profilierung (vgl.
Thrane, Acta Arch. 33, 1962, 163).

[75] Einen Henkel wie die Fuchsstadt-Tassen besitzt bereits
das Exemplar von Grünwald, Grab 1, von Müller-Karpe in die
Stufe Ha A 1 datiert. Diese Tasse sowie diejenige von Frankfurt-Nied sind im Grunde Übergangsformen, die eine heimische Entwicklung, doch zugleich eine Beeinflussung durch die
nordischen Tassen vermuten lassen.

[76] Kytlicová, Pam. Arch. 50, 1959, 134 ff. 156; v. Brunn,
Hortfunde 156 ff.

[77] Gedrungen mit hochsitzender Wölbung: Braunsbedra –
zwei Tassen (v. Brunn, Hortfunde Taf. 18, 1. 2); Dresden-Laubegast 5 – zwei Tassen mit Sternmuster, eine mit Stierhörner-

henkel (W. Coblenz, Arb.-Forschber. Sachsen 2, 1952, 135 ff.);
Falkenberg (Agde, Jahresschr. Halle 24, 1936, 182 ff. Abb. 6, a);
Osternienburg, Gr. 11 (Sprockhoff, Handelsgeschichte, Taf.
11, g – das mitgefundene Becken mit Dreiecksattaschen
spricht nicht für ein höheres Alter [vgl. Grab von Acholshausen: (Pescheck a.a.O. [Anm 7])]; Osternienburg, Gr. 29
(Sprockhoff, Handelsgeschichte Taf. 12, f). – Mit höherem
Rumpf: Dresden-Laubegast 5, restliche Tassen; Königswartha
(ebd. Taf. 16, f).

[78] Tassen mit Sternmuster: Dresden-Laubegast 5 (sechs
Tassen); Osternienburg, Gr. 29; Viernheim (Herrmann, Ur-
nenfelderkultur Taf. 144, A). – Sternmuster auf älteren getrie-
benen Gegenständen: Schale von Østermarie (Thrane, Acta
Arch. 33, 1962, 112 ff. Fig. 6; 7, a); Helm aus Ungarn (Hampel,
Bronzkor I Taf. 66, 5). Besonders häufig kommt der Sternde-
kor auf getriebenen Zierbuckeln im Ostalpenbereich vor, die
K. Vinski-Gasparini (Urnenfelderkultur Abb. 3, 18) zu den
Leitformen der Phase II der nordkroatischen Urnenfelder
(späte Bz D- und Ha A 1-Stufe) zählte: Veliko Nabrđe (ebd.
Abb. 44, 5); Brodski Varoš (ebd. Abb. 57, 5); Gornji Slatinik

gen geartete Auffassung heraus, die zur flächenfüllenden Verzierung des ganzen Gefäßes führte. Die Zierbuckel sind häufig ungewöhnlich groß und dicht angeordnet, die ausgesparten Flächen noch mit weiteren über und unter den Buckelreihen gesetzten Buckelgruppen ausgefüllt. Neben den reichverzierten Tassen fehlen jedoch auch nicht solche mit nur einer Buckelreihe verzierte oder unverzierte Exemplare. Mit der Bezeichnung Osternienburg-Dresden ist demnach nicht ein bestimmter, ausgeprägter Tassentyp gemeint, sondern sie bezieht sich auf die jüngsten Werkstätten, in denen Tassen des Typs Friedrichsruhe verschiedener Form und Verzierung hergestellt wurden. Die neuen Werkstätten lagen am Elbweg,[79] der eine wichtige Rolle in der Verbindung des Nordens mit dem übrigen Europa spielte, und den die Handeltreibenden, sowohl aus Südwest als aus Südost kommend, nahmen. Diese Werkstätten pflegten offenkundig intensive Kontakte mit allen zeitgleichen, Tassen herstellenden Produktionsstätten, so daß sich in den Tassen von Osternienburg-Dresden die charakteristischen Merkmale aller gleichzeitig gefertigten Waren widerspiegeln. Die Kontakte mit den süddeutschen, urnenfelderzeitlichen Werkstätten zur Zeit der Gestaltung des Fuchsstadttyps machen sich in der Profilierung einiger Exemplare bemerkbar. Eine der Tassen mit Sternmuster im Geschirrfund von Dresden-Laubegast 5 weist bereits einen Standring auf.[80] In diesem Verband, wie auch in denjenigen von Braunsbedra und Thale 3, befanden sich zugleich Tassen vom Typ Fuchsstadt.[81] Unter den in Südwestdeutschland gefundenen Tassen dürften einige aus mitteldeutschen Werkstätten stammen.[82] Die Beziehungen zu nördlichen Werkstätten äußern sich in der Perlverzierung der Henkel.[83] Der Einfluß der karpatisch-siebenbürgischen Werkstätten, vielleicht durch die böhmischen Werkstätten vermittelt, machte sich durch die Verstärkung des Tassenunterteils mit konzentrischen, den Boden säumenden Leisten geltend.[84]

(ebd. Abb. 69, 13); Budinšćina (ebd. Abb. 79, 4). – Ein Blechbruchstück mit getriebenem Stern und gestempelten Kreisaugen wie sie auf kroatischen Buckeln vorkommen, fand sich auch im Depot von Přestavlky zusammen mit einem Prägestock zum Stanzen der Kreisaugen (A. Rzehak, Jb. Altkde. 1, 1907, 105; vgl. jetzt die Neuvorlage durch P. Macala, Slov. Arch. 33, 1985, 165 ff. Taf. 11, 3). – Mit Querrippen verzierte Leisten besitzen die Tasse von Dresden-Laubegast 5 (v. Brunn, Hortfunde Taf. 56, 1), die Bruchstücke einer Schale aus dem Grabhügel C 1 von Milavče (Nr. 35) und die Tasse von Očkov (Paulík, Slov. Arch. 10, 1962, 5 ff. Abb. 23. 24) – ein typisches Ornament der Goldschmiedeware (s. S. 62). Das Leisten-Buckel-Ornament tritt auf der Tasse von Königswartha (vgl. Anm. 77), früher schon auf den Sieben von Záluží (Nr. 39) und Velká Dobrá (Nr. 38), den Zisten vom Typ Žatec (Nr. 44) und auf der Kalottenfalere von Středokluky (Nr. 5) auf.

[79] Coblenz, Arb.-Forschber. Sachsen 2, 1952, 135 ff.

[80] v. Brunn, Hortfunde Taf. 54, 2.

[81] Ebd. Taf. 17, 1–3; 19; 55, 3; 165, 1. – Es ist nicht auszuschließen, daß die westliche Form des Eimers vom Typ Kurd im Geschirrfund von Dresden-Laubegast 5 südöstlicher Herkunft ist (vgl. Patay, in: Studien zur Bronzezeit [Festschr. W. A. v. Brunn] [1981] 317 ff.).

[82] Sternmustertasse von Viernheim (Herrmann, Urnenfelderkultur Taf. 144, A). Mit Recht wertete Peschek (Germania 50, 1972, 29 Taf. 8) die Tasse von Acholshausen als einen Zugang aus Mitteldeutschland; aus böhmisch-mitteldeutschen Werkstätten dürfte auch das Becken mit Dreiecksattaschen stammen.

[83] v. Brunn, Hortfunde Karte 6; von den drei hier aufgeführten Henkelverzierungen ist wohl diejenige mit einer ein-

zigen Buckelreihe und schrägen Randstrichen bei den Tassen von Friedrichsruhe und Coswig, auf dem Sieb von Hart a.d. Alz und auf dem frühurnenfelderzeitlichen Sieb von Velká Dobrá (Nr. 38) die älteste. Sie scheint eher eine archaische Verzierungsweise als eine örtliche Eigenart zu sein. Als ein spezifisch lokales, nordisches Merkmal ist schon eher die Verzierung mit mehreren Buckelreihen und auch die unter Einfluß einer der beiden Varianten entstandene Verzierung mit einer einzigen Buckelreihe, die bei den späten Tassen von Osternienburg-Dresden noch von Leisten gesäumt ist, anzusehen.

[84] Tassen der Werkstätten Osternienburg-Dresden: Dresden-Laubegast 5 (eine Sternmustertasse); Königswartha (vgl. Anm. 77); bei den früh- und älterurnenfelderzeitlichen Tassen des Typs Blatnica im karpatisch-siebenbürgischen Raum sind je nach Gefäßform und Dellengröße die konzentrischen Leisten entweder in größeren Abständen oder dicht um die kleine Delle herum angebracht (Uioara de Sus: Petrescu-Dîmbovița, PBF XVIII, 1 [1978] Taf. 190, 720; 191, 733); Vîlcele (vgl. Anm. 62); Kisapáti: Patay, Arch. Ért. 95, 1968, 80 ff. Abb. 10; Felsőzsolca – Leisten oberhalb vom Standring (ebd. Abb. 6); Očkov (vgl. Anm. 78); in Mähren nur Bruchstücke einer großen Tasse im Depot von Přestavlky (vgl. Anm. 78); in Böhmen die unverzierte Tasse von Středokluky und das Sieb von Milavče C6; aus dem Rheinland Tasse von Pfaffenhofen, und aus dem nordischen Kreis zwei unverzierte Tassen und eine Tasse vom Typ Blatnica von Simons Mose (Thrane, Acta Arch. 33, 1962 Abb. 17–19).

An der Entstehung der mitteldeutschen Werkstätten waren jedoch in erster Reihe die böhmischen beteiligt; die geringe Fundzahl zeitgleicher Tassen in Böhmen, vertreten durch das einzige unverzierte Exemplar von Středokluky (Nr. 5) und die etwas jüngere Tasse von Jenišovice (Nr. 6), läßt sogar vermuten, daß sich die alten böhmischen Werkstätten nordwärts verschoben hatten, oder daß ein einheitlicher Produktionskreis entstanden war, in dem ein einzelner oder eine Gruppe von Wanderhandwerkern wirkte. Der Anteil der böhmischen Werkstätten kommt insbesondere durch die Vorliebe für den getriebenen Dekor und die stärkere Wölbung des Oberteils, wie sie häufig bei den mitteldeutschen und auch bei den böhmischen Tassen erkennbar ist, zum Ausdruck. Am deutlichsten zeigen sich der Anteil der alten böhmischen Werkstätten und die einheitliche Entwicklung in der mittleren Urnenfelderzeit an einem Nebenprodukt, dem Sieb der Variante Středokluky (Nr. 40), das in beiden Gebieten völlig gleich ist und an die alten Traditionen der böhmischen Siebe mit plastisch abgesetztem, gelochten Unterteil (Nr. 38. 39. 41) anknüpfte.[85] Mit ihm werden aus dem Südosten auch die stilisierten Stierköpfchen vermittelt, die wir von einigen Tassen und einem Sieb in Mitteldeutschland kennen.[86] In beiden Gebieten ist das jüngste mitteleuropäische Vorkommen der Tassen vom Typ Friedrichsruhe belegt, die hier noch bis zum Erscheinen der Tassen vom Typ Jenišovice bestanden.

Den besten Beweis für das Bestehen gleichzeitiger Kontakte im böhmisch-sächsischen Grenzbereich und für das Übergreifen Knovízer Einflüsse auf Sachsen liefert die Siedlung Dresden-Laubegast mit ihren fünf Depots.[87] Mit Ausnahme des Geschirrfundes (Depot 5) läßt die Zusammensetzung der übrigen Depots auf Metallgießereien schließen, die außer Rohmaterial eine Menge neuer Erzeugnisse von Knovízer Gepräge umfaßten. Am zahlreichsten vertreten sind die bislang auf mitteldeutschem Boden völlig fremden Zungensicheln. Zum Knovízer Formenreichtum gehören auch der Blattbügel vom Fibelwerkstück aus dem Depot 3 von Dresden-Laubegast[88] und beide Fußringe aus dem Depot 2, während die heimische Herkunft nur bei den tordierten Fußringfragmenten aus dem Depot 3 vorauszusetzen wäre. Das Herstellungszentrum in Dresden-Laubegast wurde offenbar nicht nur von den Metallgießern, sondern, wie das Depot 5 besagt, auch von Toreuten aus verschiedenen Gebieten aufgesucht: im Inventar befanden sich außer den unter unmittelbarer Einwirkung der böhmischen Werkstätten entstandenen Bronzegeräten auch Tassen vom Typ Fuchsstadt und solche Gefäße, die die Formmerkmale der beiden unterschiedlichen Produktionszentren aufweisen. Im Gegensatz zu Mitteldeutschland ist im Knovíz-Milavčer Gebiet bislang keine einzige Fuchsstadt-Tasse gefunden worden.

Zusammenfassung: Ausschlaggebend für das Entstehen der Bronzegefäße und die Entfaltung der heimischen Produktion in Mitteleuropa waren zwei Faktoren: der Einfluß der Hochkulturen des östlichen Mittelmeeres und das jeweilige Niveau der bodenständigen mitteleuropäischen Bronze- und Goldtoreutik. Die Tassen vom Typ Friedrichsruhe folgten unmittelbar auf die ältesten mitteleuropäischen Tassen des mitteldanubisch-karpatischen Raumes, vertreten durch die Typen Gusen und vielleicht auch Blatnica, an die sie in der Herstellungstechnik und Formgestaltung direkt anknüpften. In der Verbreitung der Tassen vom Typ Friedrichsruhe sind einige zeitlich aufeinanderfolgende Entwicklungsstufen faßbar. Die feinen Unterschiede in der Gestaltung der Tassen hängen mit der Entwicklung und den spezifischen Eigenarten einzelner Werkstätten zusammen.

Das erstmalige Vorkommen der Tassen vom Typ Friedrichsruhe ist in der frühen Urnenfelderkultur in Westböhmen und am Anfang der Periode III in Mecklenburg und Dänemark nachgewiesen. Nach den Begleitgegenständen zu schließen, handelte es sich offenbar um selbständig tätige Werkstätten,

---

[85] Siebe von Dresden-Laubegast 5 und Falkenberg.

[86] Siebe von Milavče, Grabhügel C6 (Nr. 41), Falkenberg und zwei Tassen von Dresden-Laubegast.

[87] v. Brunn, Hortfunde Taf. 43–57.

[88] Kytlicová, Arb.-Forschber. Sachsen 16/17, 1967, 163 Abb. 13, 1.

wenn auch zwischen den Tassen beider Produktionsbereiche eine auffallende Ähnlichkeit besteht. Die Herkunftsregion des eigentlichen Typs, die offenbar westlich außerhalb des karpatischen Bereichs liegt, ist nicht eindeutig bestimmbar, obgleich gleichzeitige Kontakte beider Gebiete nachgewiesen sind.

Am häufigsten vertreten und am weitesten verbreitet war der Typ Friedrichsruhe erst in der älteren Urnenfelderstufe, in der sich die toreutischen Kenntnisse vertieften und neue lokale Zentren entstanden. In Böhmen waren die Variante I und anderes Bronzegeschirr außer im Milavčer auch im Knovízer Gebiet neu; von da gelangten einige Tassen vielleicht als Import in den Lausitzer Raum Sachsens sowie nach Nordostböhmen, wo ihre Fragmente durchweg in Brucherzdepots gefunden wurden.

Kennzeichnend für die böhmischen Werkstätten ist das getriebene, wenn auch nicht folgerichtig angewandte Dekor. In der älteren Urnenfelderzeit erschienen die Friedrichsruhe-Tassen, ausschließlich der Variante I, im mitteldanubisch-ostalpinen Raum. Im Norden trat dieser Typ während der ganzen Periode III auf, wobei die Variante I a vorherrschte und einzelne, in der Tektonik der Variante II (II a) nahestehende Exemplare streuten.

Die westliche Variante II b entstammte einem neu gegründeten lokalen Produktionskreis in Südwestdeutschland. Aus den durchweg unverzierten, in den süddeutschen Werkstätten hergestellten Tassen bildete sich der heimische Typ Fuchsstadt heraus.

Zu Beginn der mittleren Urnenfelderzeit, als in den größten Teilen Mitteleuropas die Tassen vom Typ Friedrichsruhe verschwanden oder durch neue Typen ersetzt wurden, hielt nur in Böhmen die Produktion der Tassen mit Formmerkmalen des Typs Friedrichsruhe weiter an. Die später, in den Werkstätten Středokluky-Osternienburg-Dresden entstandenen Tassen vom Typ Friedrichsruhe (II c) zeichnen sich durch eine erhebliche Variabilität und Vorliebe für eine reiche, mitunter auch flächenfüllende, getriebene Verzierung aus.

EINE TASSE VON CHRÁŠŤANY

Die Tasse von Chrášťany (Nr. 9) hat einen langen, konisch ausladenden Hals mit abgesetztem, leicht abgeschrägtem Rand und einen gedrungenen Körper mit tief sitzendem, weichem Bauchknick. Die Stelle, wo der Hals vom Körper ausbiegt, ist durch von außen getriebene Punkte betont. Der Gefäßboden ist als Standring ausgebildet. Die Ritzverzierung am Rand besteht aus einer Reihe von Punkten und Halbbögen. Der Bandhenkel ist nur am oberen Ende leicht verbreitert und von innen her mit zwei engständigen Nieten befestigt. Das untere Ende des Henkels ist zugespitzt und mit einem Niet versehen. Die Verzierung des Henkels stimmt mit dem Halbbogendekor des Gefäßrandes überein.

9. Chrášťany, Bez. Rakovník. – Aus Hockergrab(?). – Tasse mit Bauchknick und verziertem Rand; H. 43 mm; Mündungsdm. 105 mm; Bodendm. 47 mm *(Taf. 2, 9).* – Beifunde: zwei tordierte Halsringe, davon einer mit geraden, glatten, der andere mit zu Ösen eingerollten Enden; Bruchstücke einer Blattbügelfibel mit ruderförmiger, ritzverzierter Nadel; ein beidseitig stark abgewetzter Fußring. – Datierung: Mittlere bis jüngere Urnenfelderstufe (Středokluky-)Jenišovice. – Mus. Praha (3374). – J. Smolík, Pam. Arch. 11, 1878–81, 178. 663; M. Grbić, ebd. 35, 1927, 380; Böhm, Základy 122; J. Filip, Pam. Arch. 41, 1936–38, 51; Sprockhoff, Handelsgeschichte Taf. 19; O. Kytlicová, Pam. Arch. 50, 1959, 144 ff. Abb. 10; H. Thrane, Acta Arch. 36, 1965, 172.

Funktion: Das Grab von Chrášťany (Nr. 9) ist angesichts der Bronzebeigaben, insbesondere der Halsringe, wohl eines der seltenen Frauengräber, die mit Bronzegeschirr ausgestattet sind (s. S. 103). Die Bestattung hebt sich vom üblichen Knovízer Grabbrauch durch die relativ reichen Beigaben und die Körperbeisetzung ab und gehört zu einer kleinen Gruppe ähnlich ausgestatteter Knovízer Körpergräber, die offenbar Angehörigen einer gesellschaftlich höhergestellten Schicht vorbehalten waren (s. S. 16).

Die Bronzeausstattung des Grabes von Chrášťany ähnelt stark dem Inhalt einiger Depotfunde der Jenišovicer Stufe, in denen gleichfalls Bronzetassen vorhanden sind (vgl. Kamýk [Nr. 20]); Záluží [Nr. 19]).

Zeitstellung: Die Ausstattung des Grabes von Chrášťany läßt wegen des schlechten Erhaltungszustandes der chronologisch bedeutsameren Gegenstände keine genaue zeitliche Einstufung zu. Von der Blattbügelfibel blieben nur die Enden und die Endspiralen erhalten; nur eines der Bruchstücke läßt Reste der Verzierung erkennen. Blattbügelfibeln, wie auch andere Fibelarten, waren im Knovíz-Milavčer Gebiet während der frühen als auch älteren Urnenfelderzeit praktisch unbekannt. Die nur ausnahmsweise in Gräbern oder Depots angetroffenen Fibeln sind durchweg als Importstücke zu betrachten.[1] Erst in der Jenišovicer Stufe bürgerten sich die Fibeln im Knovíz-Milavčer Gebiet ein und schon ihre eigenartige Ausgestaltung läßt eine lokale Herstellung erkennen.[2] Die aus Rillenbündeln am Rande und Einzellinien in einigem Abstand bestehende Verzierung auf einem Blattbügel der Fibel von Chrášťany ist bei den böhmischen Fibeln vom Typ Jenišovice eine häufige Erscheinung.[3] Auf die Zugehörigkeit zu diesem Typ verweist auch die Verzierung der ruderförmigen Nadel; die gleiche Ausführung zeigen die Fibelnadeln von Vrcovice, Záluží und Jenišovice.[4] Der fein tordierte Halsring mit Ösenenden verbindet das Grab von Chrášťany auch mit den Depots der Jenišovicer Stufe. Obgleich ähnliche Halsringe in verschiedenen Gebieten (Karpatenbecken, Mittel- und Norddeutschland) schon viel früher nachgewiesen sind,[5] fiel im Knovízer Gebiet Böhmens ihr erstes Vorkommen gerade mit dem Jenišovicer Zeitabschnitt zusammen. Die zweite in Chrášťany vertretene Halsringvariante mit glatten, geraden Enden kann hingegen in Böhmen auf eine alte Tradition[6] zurückblicken und ist in Depots der Jenišovicer Stufe schon nicht mehr belegt. Durch seine feine und dichte Torsion unterscheidet sich dieser Halsring von den alten Exemplaren. Die Fußringe mit rundem Querschnitt wie der von Chrášťany sind im Knovíz-Milavčer Gebiet eine alte, lokale Form, die von der Frühstufe Milavče/Lažany II bis in die Jenišovicer Stufe in Gebrauch war.[7] Die für den Zeitansatz entscheidende Verzierung hat sich am Exemplar von Chrášťany nicht erhalten. Starke Abriebspuren mit sekundärer Kantung, wie beim Ring von Chrášťany, begegnen uns nur bei den jüngeren Funden.

Auf das jüngere Alter der Tasse von Chrášťany (Nr. 9) und damit auf die Gleichzeitigkeit mit (oder den nicht allzugroßen Zeitabstand zu) den Tassen vom Typ Jenišovice deutet der gut ausgebildete Standring hin. Die Tasse von Chrášťany steht einigen donauländischen Exemplaren sehr nahe, die von M. Novotná als Typ Spišská Belá (bzw. früher auch als Typ Hajdúsámson bezeichnet) zusammengestellt wurden.[8] Die Tasse von Egyek[9] ist das nächste Vergleichsstück, gefolgt von den Tassen und Tassenfragmenten von Aluna,[10] Hajdúsámson,[11] Spišská Belá,[12] Moigrad,[13] Keszőhidegkút.[14] Die Tassen-

---

[1] Holašovice: Böhm, Základy Abb. 84; Suchdol II: L. Zotz, Vom Mammutjäger zu den Wikingern (1944) Abb. 48; Rýdeč: O. Kytlicová, Arb.-Forschber. Sachsen 16–17, 1967, 149 Abb. 5, 1; Praha-Dejvice 2: ebd. 156 Abb. 8, 1.

[2] Betzler, PBF XIV, 3 (1974) 59 ff.

[3] Jenišovice (Nr. 6); Záluží (Nr. 19); Vrcovice: Stocký, La Bohême Taf. 50, 1; Brozánky: ebd. Taf. 50, 3; Kundratice: nicht publizierter Teil, Nationalmus. Praha; Maškovice: Richlý, Bronzezeit Taf. 21, 33–35.

[4] Vgl. Anm. 3.

[5] v. Brunn, Hortfunde 167 ff.

[6] Ebd. 100 ff.; Kytlicová a. a. O. (Anm. 1) 213 ff.

[7] Vgl. Anm. 3.

[8] Novotná, Musaica 17, 1984, 101 ff.; dies., PBF II, 4 (1991) Nr. 9–11. – E. Sprockhoff (Handelsgeschichte Taf. 19, 31) ordnete sie dem Typ Fuchsstadt zu. Autorin führte sie zu-

nächst (Kytlicová, Pam. Arch. 50, 1959, 156 ff.) als eine einmalige, typologisch und chronologisch zwischen den Typen Fuchsstadt und Jenišovice stehende Form auf. H. Thrane (Acta Arch. 36, 1965, 172. 205) verband sie mit den Tassen von Aluna, doch wies er alle übrigen Tassen der hier behandelten Art dem Typ Fuchsstadt zu . Auf die Eigenart dieser Tassen wies erstmals P. Patay (Arch. Ért. 95, 1968, 80 ff.) in seiner zusammenfassenden Arbeit über ungarische Tassen hin (vgl. jetzt Patay, PBF II, 10 [1990] 65).

[9] Ders., Arch. Ért. 95, 1968, 80 ff. Abb. 27, 5; 28, 5.

[10] D. Srejović, Starinar 11, 1960, 47 ff. Abb. 1. 9. 10.

[11] Patay a. a. O. (Anm. 8) 80 ff. Abb. 20, 3; 21, 3.

[12] Novotná, Musaica 4, 1964, 19 ff. Taf. 7.

[13] Petrescu-Dîmbovița, PBF VIII, 1 (1978) Taf. 234, 6.

[14] Patay a. a. O. (Anm. 8) Abb. 11. 12.

gruppe wird aufgrund der Depotfunde von Aluna, Spišská Belá, Keszőhidegkút und Szentes-Nagyhegy[15] in die Stufe Ha A 2 datiert und erreichte nach P. Patay aufgrund ihrer Vergesellschaftung mit Tassen vom Typ Jenišovice in den Horten von Hajdúsámson, Moigrad, Egyek und Poznań-Wielka Starołęka[16] noch die Stufe Ha B 1, so daß wir die Variante Egyek-Chrášťany als zeitgleich mit dem Typ Jenišovice ansehen.

Verbreitung: Der Typ Spišská Belá (bzw. Hajdúsámson) und seine Variante Egyek-Chrášťany ist regional eng begrenzt und überwiegend im Karpatenbecken verbreitet. Die Tassen von Hajdúsámson, Szentes, Keszőhidegkút und Spišská Belá bilden den Verbreitungsschwerpunkt in Ungarn und der Slowakei; in Siebenbürgen gehört diesem Typ das Tassenbruchstück von Moigrad an. Den südlichsten Fundpunkt bilden die beiden Tassen aus dem ostserbischen Depot von Aluna. Die nördliche Vorkommensgrenze zieht die Tasse von Poznań-Wielka Starołęka. Die Tasse von Chrášťany (Nr. 9) ist der am westlichsten gelegene Fund dieser Art und wohl ein Importstück aus dem Karpatenbecken.

EINE TASSE VON TRˇTEˇNO

Aus Böhmen ist keine einzige echte Fuchsstadt-Tasse[1] bekannt; diesem Typ steht nur die beschädigte Tasse von Trˇteˇno (Nr. 10) nahe, deren Grundform jedoch gedrungener ist und die keinen Standring besitzt.[2] Der Henkel war antik abgebrochen und wieder angesetzt worden. Von der ursprünglichen Befestigung hat sich am Rand ein Kegelniet erhalten. Der neu angesetzte Henkel greift an einem Ende tief in das Gefäßinnere über den Rand hinaus, wo er mit zwei Flachnieten zusammen mit dem äußeren, anderen Ende befestigt ist. Das Bruchstück einer ovalen Platte (Nr. 57) mit zwei Nieten dürfte von Reparaturen der Tasse während ihres Gebrauches stammen.

10. Trˇteˇno (vorm. Krˇteˇno), Bez. Louny. – Depotfund. – Stark beschädigte Tasse; H. etwa 45 mm; Mündungsdm. 135 mm (*Taf. 2, 10*). – Beifunde: Dose (Schale mit Deckel?), zusammengesetzt aus einer Schale mit Leisten-Buckel-Verzierung und einer weiteren mit Standring und hängenden, schraffierten Dreiecken unterhalb des Randes (Nr. 36. 37); ovales Bronzeblech (Nr. 57); drei Lappenbeile mit Ösen; drei Zungensicheln; 500 kleine Ringe; Trensenknebel-Paar mit quergestellten Öffnungen; Schelle mit Befestigungsöse mit Enden in stilisierter Vogelkopfgestalt; getriebene Falere mit Buckelverzierung und ausgebrochenem, angegossenem Mittelteil; drei Ringe mit kombiniertem geritztem und gestempeltem Ornament; zwei unvollständige Sätze konzentrischer Ringe; vier Arminge; vier Armbänder; zwei Armringe mit übergeschlagenen Enden; sechs Armspiralen mit Zickzackverzierung (zwei gerillt, zwei gestempelt in Punkt-Strichmanier) und Bruchstücke von weiteren; Gußkuchen (Taf. 55–59). – Datierung: Stufe Trˇteˇno (Hostomice). – Mus. České Budějovice, ehem. Slg. Ohrada (1004). – J.N. Woldřich, MAGW 13, 1883, 27 ff. Taf. 3–8; Richlý, Bronzezeit 80 ff. Taf. 10–12; zu den Bronzegefäßen: Sprockhoff, Handelsgeschichte Taf. 19, 29; 17, 12; v. Merhart, Studien 42 ff. Karte 8 Taf. 13, 8; O. Kytlicová, Pam. Arch. 50, 1959, 147 ff. 156 ff. Taf. 15–17; H. Thrane, Acta Arch. 36, 1965, 205 ff.

Zeitstellung: E. Sprockhoff setzte die Laufzeit der Tassen vom Typ Fuchsstadt zwischen diejenige der Friedrichsruhe- und Jenišovice-Tassen.[3] H. Müller-Karpe führte sie als Leitform der süddeutschen Stu-

[15] Ebd. 66 ff. 75 f. Abb. 22. 23
[16] Szafrański, Skarby Taf. 17, 191.

[1] Die von E. Sprockhoff (Handelsgeschichte Taf. 19, 28. 34) dem Typ Fuchsstadt zugeordneten Tassen von Kamýk (Nr. 20) und Libkovice (Nr. 21) gehören zum Typ Jenišovice, die unverzierte Tasse von Jenišovice (Nr. 6) ([Jenschowitz] ebd. Taf. 19, 30) zum Typ Friedrichsruhe IIb, und die Tasse von Chrášťany (Nr. 9) ([Kroschau] ebd. Taf. 19, 31) zu den karpatenländischen Formen (vgl. O. Kytlicová, Pam. Arch. 50, 1959, 144 ff.; gleichfalls H. Thrane, Acta Arch. 36, 1965, 205 ff.; die Tasse von Jenišovice führte er übereinstimmend mit Sprockhoff als dem Typ Fuchsstadt zugehörig auf).
[2] Auf der ursprünglichen Zeichnung (vgl. Richlý, Bronzezeit Taf. 12, 23) erscheint bei der Rekonstruktion irrtümlich die mit der Wölbung nach außen gesetzte Delle als ein ungenau wiedergegebener Standring.
[3] Sprockhoff, Handelsgeschichte 67 ff.

fe Ha A 2 auf.[4] Das Inventar des Depots von Třtěno steht zu einer solchen Datierung in krassem Widerspruch.[5] Beide darin enthaltenen Schalen (Nr. 36. 37), eine als Nebenform der Tassen vom Typ Stillfried-Hostomice, und ausnahmslos auch alle übrigen Gegenstände des umfangreichen Depots bilden einen zeitlich einheitlichen Komplex der Stufe Třtěno (Hostomice).

Von der langen Laufzeit der Tasse von Třtěno (Nr. 10) zeugt der neu angesetzte Henkel. Die Art seiner erneuten Befestigung unter Verwendung derselben Niete wurde auch bei der Tasse von Haslau-Regelsbrunn angewandt. Das besser erhaltene Ende des wieder aufgesetzten Henkels im Inneren des Gefäßes unterscheidet sich in seiner Form deutlich von den dreieckigen bis fächerartigen Henkelenden der Tassen der Typen Fuchsstadt und Jenišovice. Er ist waagerecht in die Seiten ausgezogen wie bei den Hostomice-Tassen. Hieraus ergibt sich, daß die Tasse nicht allzulange vor ihrer Vergrabung gebraucht und repariert wurde. Über die Herstellungszeit der Tasse gibt es noch keine völlige Klarheit. Durch ihre gedrungene Form und einfache Delle ohne Standring unterscheidet sie sich jedenfalls vom Typ Fuchsstadt und steht der Tasse von Wollmesheim, Grab 3, nahe, die Müller-Karpe[6] in die Stufe Ha B 1 datierte und nicht dem engeren Fuchsstadt-Typ zuwies. Im übrigen traten in der Spätbronze- und Hallstattzeit vereinzelt einfache Tassen auf, die mehr oder minder den alten Fuchsstadt-Tassen ähnelten. An diesen Typ gemahnt beim Exemplar von Třtěno vor allem der noch erhaltene, ursprünglich eingeschlagene Kegelniet. Allerdings tauchten seit der Spätbronzezeit (Ha B 3) die konischen Nietköpfe als Zierelement wieder auf und bestanden auch in der Hallstattzeit fort.[7]

Verbreitung: Falls die Tasse von Třtěno (Nr. 10) mit den Fuchsstadt-Tassen in direkten Zusammenhang gebracht werden kann, wäre sie das einzige diesem Typ nahestehende Exemplar auf böhmischem Boden. Deren Verbreitungsschwerpunkt liegt in Südwestdeutschland, von wo sie weiter nach Mittel- und Norddeutschland, Dänemark und vereinzelt auch in den schlesisch-polnischen Raum vordrangen.[8] Es fällt auf, daß sich die Kerngebiete der Typen Fuchsstadt und Jenišovice gegenseitig ausschließen und daß eine Kontaktaufnahme oder auch ein gemeinsames Vorkommen in einem Verband nur in den nördlichen Teilen Europas,[9] wie dies bereits früher beim Typ Friedrichsruhe beobachtet wurde, erfolgte.

TASSEN VOM TYP JENIŠOVICE

Typbestimmend ist ihre kräftige Profilierung. Die Tassen vom Typ Jenišovice haben einen doppelkonischen Rumpf mit hoch sitzendem, scharfem Schulterknick dicht unterhalb des abgesetzten, schrägen Halses und eine ebenfalls scharf abgesetzte, ausladende Mündung. Charakteristisch ist ferner die Verzierung, bestehend aus Buckelreihen im Wechsel mit Punktreihen, die sog. Punkt-Buckel-Verzierung. Den Henkel schmücken Längslinien, die manchmal mit einem komplizierten Ritzornament ergänzt sind. Seine Enden sind mit je zwei, stets flachen Nieten befestigt. Die Verzierung und Gestaltung des Unterteils oberhalb der Delle ist uneinheitlich. Die Tassen Nr. 21–26 und 28 haben einen unechten

[4] Müller-Karpe, Chronologie 158 ff.

[5] Kytlicová a. a. O. (Anm. 1) 156.

[6] Müller-Karpe, Chronologie 176 ff. Taf. 208, C.

[7] Vgl. die Amphore von Lžovice (Nr. 47).

[8] Vgl. Verbreitungskarte bei Sprockhoff (Handelsgeschichte Taf. 19); hier wird das tatsächliche Verbreitungsbild durch die falsche Einordnung der Funde aus Böhmen verzerrt (vgl. Anm. 1). Auf der ergänzten und korrigierten Karte von Thrane (Acta. Arch. 36, 1965, 163 Fig. 4) gehören einige der ungari-

schen Funde (Nr. 27. 28) zum erst in jüngster Zeit herausgestellten Typ Spišská Belá; hinzugenommen wurden auch die unverzierte Tasse von Jenišovice (vgl. Anm. 1) und einige böhmische und polnische Fundorte verwechselt (Nr. 34. 31. 33).

[9] Basedow (Sprockhoff, Handelsgeschichte Taf. 15, b. d); Thale 3 (Klewe) (ebd. Taf. 10,g.h; vgl. v. Brunn, Hortfunde Taf. 164, 2; 165, 1).

Standring, der im wesentlichen nur durch das stufenartig abgesetzte und kegelförmig verbreiterte Unterteil oberhalb des Bodens entstanden ist. Bei den Tassen Nr. 11–13 befindet sich unmittelbar oberhalb des Bodens ein Streifen konzentrischer Leisten. Bei den meisten böhmischen Tassen (Nr. 14–21) sind beide Merkmale vereint: oberhalb des unechten Standringes läuft ein gerippter Streifen. Bedeutende Größenunterschiede (vgl. Nr. 23 und 17), ein ungleiches Verhältnis zwischen Breite und Höhe, das gedrungene, mehr schüsselartige Formen gegenüber höheren und damit tieferen Tassen (vgl. Nr. 23 und 17), entstehen läßt, und schließlich eine gerade Wandung oder eine konkave Abrundung des Unterteils, dies alles gehört zur Variationsbreite der handgefertigten Gefäße. Die Anzahl der Buckelreihen im Punkt-Buckel-Ornament schwankt meist zwischen zwei und drei, und ebenso ist die Zahl der Rippen oberhalb des Bodens durch die Gefäßgröße und Tendenz zur größtmöglichen Flächendeckung gegeben; die außerordentlich großen Tassen weisen bis zu vier Reihen auf (Nr. 17 und 25). Häufig, doch nicht regelmäßig wurde der Gefäßhals mit einer einzigen Buckelreihe verziert.

Von der üblichen Verzierungsweise weichen vier Tassen aus Jenišovice ab: bei Nr. 13, 18 und 23 besteht die untere Reihe aus Gruppen von zwei bis vier Buckeln, und bei der Tasse Nr. 26 sind diese Gruppen von einer doppelten Punktreihe eingefaßt. Bei den Tassen Nr. 16 und der Nebenform Nr. 27 läuft das Ornament auch unter dem Henkel durch, während es bei den übrigen in Henkelhöhe unterbrochen ist; der Zierstreifen der Tassen Nr. 13, 18 und 26 endet in einer Punktreihe. Der Henkel ist meist nur mit Längslinien an den Rändern, gelegentlich auch nur mit einer einzigen Linie in der Mitte verziert. Bei der Tasse Nr. 13 ist das Henkeldekor durch ein eingeritztes, liegendes Kreuz, bei den Exemplaren Nr. 16, 18 und 23 durch Tannenzweigmuster und bei Nr. 26 durch gegenständige Sparren ergänzt.

Verzierte Form:

11.–18. Jenišovice, Gde. Býkev, Bez. Mělník. – Vgl. Nr. 6 (dazu Taf. 40–47). – Tasse; zwei Buckelreihen am Körper, eine weitere am Hals; gewölbte Wandung; um die Bodendelle fünffacher Leistenstreifen; H. 47 mm; Mündungsdm. 117 mm (Taf. 2, 11). Tasse mit gewölbter Wandung, dreifachem Leistenstreifen um die Delle, zwei Buckelreihen am Körper und einer weiteren am Hals; an zwei Stellen alt repariert mit angenietetem Blechstreifen; H. 57 mm; Mündungsdm. 120 (Taf. 2, 12). Tasse mit gerader Wandung und vielfachem Streifen aus Leisten oberhalb der Delle; am Gefäßkörper drei Buckelreihen, darunter Gruppen von je drei Buckeln; Buckelreihe am Hals; H. 61 mm; Mündungsdm. 147 mm (Taf. 2, 13). Tasse mit gerader Wandung und zwei Buckelreihen; zwei Leisten oberhalb des abgesetzten Unterteils; H. 55 mm; Mündungsdm. 196 mm (Taf. 2, 14). Tasse mit gewölbter Wandung und drei Leisten oberhalb des abgesetzten Unterteils; zwei Buckelreihen am Körper, eine weitere am Hals; unteres Henkelende von innen und außen mit vernieteten Streifen repariert; H. 55 mm; Mündungsdm. 123 mm (Taf. 3, 15). Tasse mit leicht gewölbter Wandung, zwei Leisten oberhalb des abgesetzten Unterteils und drei Buckelreihen am Körper; H. 78 mm; Mündungsdm. 143 mm (Taf. 3, 16). Tasse mit gewölbter Wandung, sechs plastischen Leisten oberhalb des abgesetzten Unterteils und vier Buckelreihen am Bauch; H. 80 mm; Mündungsdm. 160 mm (Taf. 3, 17). Tasse mit nach innen gewölbter Wandung, zwei Leisten oberhalb des abgesetzten Unterteils, zwei Buckelreihen am Bauch, vier Gruppen von je vier Buckeln und eine Buckelreihe am Hals; H. 54 mm; Mündungsdm. 254 mm (Taf. 3, 18). – Nationalmus. Praha (16140. 164141. 164143. 16138. 16139. 16142. 16144. 16145).

19. Záluží, Bez. Roudnice. – Depotfund in fingerverstrichenem Vorratsgefäß. – Tasse mit gerader Wandung, drei Leisten oberhalb des abgesetzten Unterteils, einer Buckelreihe am Hals und zwei weiteren am Bauch; H. 63 mm; Mündungsdm. 129 mm (Taf. 3, 19). – Beifunde: unverzierte Tasse (Nr. 28); Diadem aus Blechstreifen mit Punkt-Buckel-Verzierung und gegossenem Ring am eingerollten Ende; drei tordierte Halsringe mit Ösenenden; Spiralarmband mit Zickzackverzierung; 15 Armringe mit eingeritzter Verzierung; Blattbügelfibel; 46 halbkugelige Knöpfe mit Öse; 115 gegossene kleine Ringe; Vorratsgefäß (Taf. 48–50). – Datierung: Stufe Jenišovice. – Verbleib unbekannt. – E. F. Neustupný, Pam. Arch. 56, 1965, 97 ff. 206; H. Thrane, Acta Arch. 36, 1965, 206 ff.

20. Kamýk, Bez. Litoměřice. – Depotfund. – Tasse mit

fast gerader Wandung, drei Leisten oberhalb des abgesetzten Unterteils und zwei Buckelreihen am Körper; H. 70 mm; Mündungsdm. 111 mm *(Taf. 3, 20).* – Beifunde: gegossene Falere mit stufenförmig gegliederter Mitte und Mitteldorn; fünf Armringe mit eingeritzter Verzierung; tordierter Halsring; 28 halbkugelige Knöpfe; fünf Spiralröllchen; 16 gegossene kleine Ringe (Taf. 51). – Datierung: Stufe Jenišovice. – Mus. Teplice (1691). – Sprockhoff, Handelsgeschichte Taf. 19, 28; Böhm, Základy 123 Abb. 55; O. Kytlicová, Pam. Arch. 50, 1959, 146f. Abb. 12, 3; 14, 1; H. Thrane, Acta Arch. 36, 1965, 206; R.R. v. Wienzierl, TBT 1904–05, 37 Abb. 9.

21. Libkovice pod Řípem, Bez. Litoměřice. – Depotfund in Gefäß. – Tasse mit gerader Wandung, vier plastischen Leisten oberhalb des abgesetzten Unterteils und zwei Buckelreihen; beschädigt; H. 62 mm; Mündungsdm. 135 mm *(Taf. 4, 21).* – Beifunde: gegossene Falere mit plastisch gegliederter Mitte und Mitteldorn; stufenförmig gegliederte Falere mit Mitteldorn; gegossene Falere mit nachgearbeitetem Rand; neun große unverzierte Knöpfe; 500 kleine, halbkugelige Knöpfe; 69 gegossene kleine Ringe; doppelkonisches Vorratsgefäß mit fingerstrichverziertem Unterteil. – Datierung: Stufe Jenišovice. – Mus. Praha (111668). – Pam. Arch. 1887–89, 659. 663; ebd. 15, 1890–92, 779; O. Kytlicová, ebd. 50,

1959, 146. 157; H. Thrane, Acta Arch. 36, 1965, 206; J. Hralová, Acta Univ. Carol. Phil. et Hist. 8, 1981, 119ff. Taf. 12. 13.

22.–26. Jenišovice, Gde. Býkev, Bez. Mělník. – Vgl. Nr. 6 (dazu Taf. 40–47). – Tasse mit gewölbter Wandung und abgesetztem Unterteil; zwei Buckelreihen am Rumpf und eine am Hals; H. 50 mm; Mündungsdm. 114 mm *(Taf. 4, 22).* Tasse mit gewölbter Wandung und abgesetztem Unterteil; am Rumpf zwei Buckelreihen, darunter eine Reihe von vier Buckelpaargruppen; ein Buckeldrilling unterhalb des Henkels und eine Buckelreihe am Hals; H. 42 mm; Mündungsdm. 110 mm *(Taf. 4, 23).* Tasse mit fast gerader Wandung, abgesetztem Unterteil und drei Buckelreihen; H. 55 mm; Mündungsdm. 122 mm *(Taf. 4, 24).* Tasse mit gewölbter Wandung, abgesetztem Unterteil und vier Buckelreihen; H. 70 mm; Mündungsdm. 148 *(Taf. 4, 25).* Tasse mit gerundetem Unterteil; eine Buckelreihe am Hals, zwei Buckelreihen am Rumpf, darunter Buckelpaare, gesäumt von Doppelpunktgirlanden; die unverzierte Partie unterhalb des Henkels durch eine Zickzacklinie getrennt; Rand mit Henkel abgebrochen; H. 67 mm; Mündungsdm. 134 mm *(Taf. 4, 26).* – Mus. Praha (Nr.22: 16137; Nr. 23: 16137a; Nr. 26: 16146); Mus. Mělník (Nr. 24 u. 25: ohne Invnr.).

Nebenform:

27. Jenišovice, Gde. Býkev, Bez. Mělník. – Vgl. Nr. 6 (dazu Taf. 40–47). – Schlanke konische Tasse mit fast gerader Wandung und angedeutetem Umbruch unterhalb des schrägen Halses; Bodendelle nicht abgesetzt; Punkt-Buckel-Verzierung aus zwei Reihen kleiner Buckel; Henkel aus dünnem Blech mit drei Buckelreihen, an den Enden leicht verbreitert und mit je zwei engständigen Nieten befestigt; ein oberer Niet mit großem Halbkugelkopf, zweiter flach; untere Niete mit einem Blechstreifen von innen unterlegt; H. 52 mm; Mündungsdm. 98 mm *(Taf. 5, 27).* – Mus. Praha (16147).

Unverzierte Formen:

28. Záluží, Bez. Roudnice. – Vgl. Nr. 19 (dazu Taf. 48–50). – Tasse mit gerundeter Wandung und einfacher Standkante; H. 42 mm; Mündungsdm. 130 mm *(Taf. 5, 28).* – Verbleib unbekannt.

29. Kněževes, Bez. Praha-západ oder Rakovník(?). – Einzelfund. – Tasse mit gerundeter Wandung und abgesetztem Unterteil; beschädigt; H. 50 mm; Mündungsdm. etwa 140 mm *(Taf. 5, 29).* Datierung: Stufe Jenišovice. – Mus. Praha (111718). – Unpubliziert.

Herstellungstechnik: Die erhebliche Fundzahl der Jenišovice-Tassen in Böhmen bietet eine Reihe von Erkenntnissen zum Herstellungsvorgang. Besonders aufschlußreich ist die Kollektion von 14 Tassen aus dem Depot von Jenišovice (Nr. 11–18. 22–27). Abweichungen von der üblichen Punkt-Buckel-Verzierung bei vier Tassen (Nr. 13. 18. 23. 26) sowie die in gleicher Weise ausgeführte Flickung der während der Herstellung entstandenen Risse lassen erkennen, daß zumindest ein Teil der Tassen von Jenišovice, vielleicht auch alle, vom gleichen Handwerker stammen.

Besonderes Gewicht wurde auf die getriebene Verzierung gelegt, deren größere Flächen einnehmende Streifen genaues Augenmaß erforderten. Auf der Tasse von Záluží (Nr. 19) blieb in der Mitte des Gefäßinneren ein Punkt nach Art eines Zirkelpunktes erhalten, der die Regelmäßigkeit des Ornamentes gewährleistet hatte. Auf derselben Tasse befinden sich in den Spitzen der Rippen, die die Bodendelle säumen, fein eingeschlagene Punkte, mit denen ihr Verlauf vorgezeichnet worden war. Auch das mit einer von Punktreihen gesäumten Buckelreihe verzierte Diadem aus demselben Depot zeigt diese Markierungen, die bis in die unverzierten Teile reichen. Demgegenüber waren auf der Tasse von Libkovice (Nr. 21) die konzentrischen Leisten schlecht ausgemessen worden, und der Fehler mußte durch schräge, Windungen nachahmende Bindelinien behoben werden. Bei der Verzierung des Rumpfes sind offensichtlich vorerst die Punktreihen mit einer spitzen Punze so dicht eingeschlagen worden, daß sie mitunter eine Leiste bildeten. Zwischen die so entstandenen Linien wurden dann in vorher markierte Felder die Buckel getrieben. Dieses Verfahren beobachten wir bei der Tasse von Kamýk (Nr. 20), deren Punktreihen geschlossen verlaufen, wogegen die Buckelreihen am Henkelansatz unterbrochen sind. Der gesamte Herstellungsvorgang läßt sich bei zwei Tassen von Jenišovice (Nr. 12. 15) rekonstruieren, an denen während der Treibarbeit Risse entstanden waren. Die Tasse Nr. 12 ist an zwei Stellen ausgebessert worden: auf die Schadstelle wurden von außen und innen kleine Blechbänder aufgelegt und diese mit flachen Nieten vernietet. Bei längeren Rissen, die vom Hals bis an die Rippenverzierung oberhalb der Bodendelle reichten, waren die Blechstreifen mit drei Nieten, bei kürzeren mit zwei Nieten befestigt. In letzterem Fall ist die ausgebesserte Stelle durch den schräg darüber gesetzten Henkel verdeckt worden. Daraus wird ersichtlich, daß die Reparatur noch vor dem Ansetzen des Henkels durchgeführt wurde; ein den Flickstreifen haltender Nietkopf sitzt noch unmittelbar unter dem unteren Henkelende. Die Punkt-Buckel-Verzierung respektiert die Reparaturstellen und ist in beiden Fällen unterbrochen. Erst die nachträgliche Verzierung ist durch den in die verbreitete Nietplatte getriebenen Buckel erkennbar. Bei der Tasse Nr. 15 ist der Riß gleichfalls von innen und außen mit einem Blechstreifen überzogen und mit zwei Nieten befestigt worden. Auch hier wird die Reparaturstelle teilweise durch den Henkel verdeckt. In beiden Fällen ist demnach der gleiche Herstellungsvorgang nachgewiesen: zunächst wurden die Schadstellen repariert, dann der Henkel aufgesetzt und erst nachträglich die bereits fertige Tasse mit getriebenem Dekor versehen. Auch die Tassen Nr. 17, 24 und 26 sind erst nach der Befestigung des Henkels verziert worden. Die Buckelverzierung wurde nicht unterbrochen und sogar in das schmälere Henkelende getrieben.

Bei den meisten Tassen von Jenišovice ist die Verzierung an den Henkelansatzstellen unterbrochen und mitunter auch der Zierstreifen durch einen querlaufenden Streifen abgeschlossen. Bei vielen Tassen läßt sich allerdings nicht unterscheiden, ob der Henkel vor oder erst nach dem Anbringen der Verzierung aufgesetzt wurde. Letztere Machart bezieht sich auf die Tassen Nr. 18 und 23, denn hier wird vom unteren Henkelende das Ornament teilweise verdeckt. Ein durchlaufendes Ornament weisen die Tassen Nr. 16 und 27 auf, doch dies ist bei den böhmischen Tassen eine Ausnahmeerscheinung. Im Arbeitsgang bestanden demnach weder feste Regeln noch Gepflogenheiten, die Henkel wurden nach Belieben vor oder nach der Verzierung angebracht. Beim Fund von Jenišovice ist anzunehmen, daß sogar ein und derselbe Meister beide Macharten praktizierte. Bei den Tassen, die besondere Merkmale desselben Herstellers tragen, ist einmal der Henkel vor Anbringen der Verzierung (Nr. 26), ein anderes Mal (Nr. 23) erst nachher befestigt worden. Dies spricht klar gegen die Theorie, die Henkel seien in anderen

---

[1] H. Thrane, Acta Arch. 36, 1965, 170. — Wirklich henkellose Tassen haben im Unterschied zum echten Jenišovicer Typ immer einen waagerechten Standring, kräftig ausladenden Rand und eine (bei Tassen nicht üblich), höchstens zwei Buckelreihen; die Verzierung ist immer durchlaufend. Solche Gefäße sind als Nebenformen – Schalen – zu deuten. Der Hen-

Gebieten aufgesetzt worden als dort, wo die Tassen hergestellt wurden.[1] Soweit überhaupt erwogen werden könnte, daß der Metallschläger nicht selbst die Henkel aufsetzte, so käme einzig eine Arbeitsgruppe mit eng begrenzter Tätigkeit, jedoch in ein und derselben Werkstatt in Frage.

Die Henkel wurden wie bei den älteren Tassenformen aus Funktionsgründen aus wesentlich stärkerem Blech als die Tassen angefertigt. Eine Ausnahme bildete einzig die Nebenform des Jenišovicer Typs (Nr. 27). Ein neues Element stellen die mit einem Nietpaar befestigten verbreiterten Enden dar. Durch die Verteilung der Spannkraft auf eine große Fläche festigte sich der Halt des Henkels, so daß man vom Unterlegen der Niete am unteren Ende mit einem Verstärkungsplättchen absah. Eine Ausnahme bildete wiederum die einmalige Tasse von Jenišovice (Nr. 27), bei der wegen des geringen Abstandes beider Niete noch eine Unterlage nötig war. Am oberen Henkelende hat einer der beiden Niete einen kleinen Kopf, und anstelle des zweiten Nietes fand offensichtlich ein Besatzbuckel mit großem, halbkugeligem Kopf ersatzweise Verwendung. Zwecks Erleichterung der Arbeit wurden für die Tassen von Záluží (Nr. 19) Kupferniete benutzt.

Das Anbringen der Henkel mit verbreiterten Enden erforderte einen neuen Vorgang. Die Nietplatten wurden nach ihrem Befestigen mit dem Treibhammer am Amboß der Tassenwölbung angepaßt. Beim Schmieden verflachten sich die Enden, und die Nietplatte nahm eine unregelmäßige, bis fächerförmige Form an. Die Stärke des Henkels und die so entstandenen ungleichen Enden stechen manchmal von der fein getriebenen Tasse ab. Bei der unverzierten Tasse von Záluží (Nr. 28) sind die Henkelenden durch Nachschmieden der Tassenform noch nicht angepaßt worden; daher handelt es sich um ein unvollendetes Erzeugnis, das erst verziert und am Unterteil entsprechend geformt werden sollte, und nicht um eine unverzierte Variante.

Funktion: Mit Ausnahme des Einzelfundes von Kněževes (Nr. 29) kommen alle Tassen vom Typ Jenišovice aus Depots. Dies entspricht ihrem gesamteuropäischen Fundbild. Dabei ist nicht zu verkennen, daß die ausnahmsweise in Gräbern vorkommenden Tassen oft zu den verwandten Nebenformen zählen.[2] Die Zusammensetzung der Depots, die auch Jenišovice-Tassen enthielten, ist für die Erkenntnis der Funktion der letzteren nicht ohne Bedeutung. Sie bestehen in der Regel aus vollständigen Schmuckgarnituren, so daß sie den reich ausgestatteten Frauengräbern gleichen. So ist z. B. das Inventar des Depots von Kamýk (Nr. 20) mit dem zeitgleichen Frauengrab von Chrášťany vergleichbar, in dem sich auch eine Tasse (Nr. 9) befand. Das Depot von Quedlinburg enthielt sogar eine reiche Männer- und Frauenausstattung, wie wir sie in bescheidenerer Zusammensetzung bereits aus dem Depot von Středokluky (Nr. 5) kennen.[3] Von diesen Depots weicht gewissermaßen der Fund von Jenišovice (Nr. 6. 11–18. 22–27) ab. Er enthielt zwar gleichfalls zahlreiche Schmuckgegenstände, die Spuren längerer Laufzeit aufweisen, wie der meiste Schmuck in Depots dieses Typs; ihr Zusammenhang mit der Produktion kommt hier jedoch durch die Kollektion von 15 Tassen und die gleichzeitige Deponierung von Rohmaterial und Halbfabrikaten – durchweg Fibeln – zum Ausdruck (vgl. Tabelle 7).

---

kel bei den zwei Schalen von Corcelettes (ebd. Abb. 8, c. e) ist als eine Ausnahme zu werten; er entspricht dem Stil der üblichen Jenišovice-Tassenhenkel und könnte auch nachträglich angebracht worden sein. Seine gleichmäßige Form mit scharfen Kanten erinnert an die Henkel der Hostomice-Tassen, die mit Hilfe eines Eisengerätes befestigt wurden (s. S. 56). Damit stellt sich auch die Frage hinsichtlich der Lebensdauer der Jenišovice-Tassen und ihrer in Randgebieten auftretenden Nebenform, der Schalen. Als Beispiel sei hier die Schale von Saint-Martin-sur-le-Pré genannt, die mit einer Hostomice-Tasse vergesellschaftet war (s. S. 56).

[2] Die einzige dem hier behandelten Typ völlig entsprechende Tasse ist diejenige von Milovice (J. Říhovský, Pam. Arch. 57, 1966, 459 Abb. 7, A 3). Eine weitere Tasse aus dem Grab von Klentnice in Mähren (ebd. 47, 1956, 262 ff.) und die mittelfränkische Tasse von Altensittenbach (Müller-Karpe, Chronologie Taf. 207, L) sind unverziert (vgl. auch Thrane a. a. O. [Anm. 1] 172).

[3] v. Brunn, Hortfunde Taf. 128. 134. Hier kommt das gleiche Trachtzubehör vor wie in den Jenišovicer Depots: Halsringe, Spiralröllchen und Mengen kleiner Ringe.

Die Tassen vom Typ Jenišovice wurden häufig in größerer Anzahl deponiert, fanden sich entweder allein oder zusammen mit weiterem Inventar,[4] nicht selten mit anderen toreutischen Produkten.[5] Im Karpatenbecken und dessen Einflußgebieten stieg die Produktion toreutischer Ware stark an und beschränkte sich nicht nur auf Tassen. Der reichen Bronzegeschirrskala gehörten hier neue Typen von Eimern, Becken, Bronzesieben, die ältesten Amphoren und Schutzwaffen an, mit denen auch entfernte Gebiete versorgt wurden. Demgegenüber sind in Böhmen sowie in den westlichen Teilen des Verbreitungsgebietes der Jenišovice-Tassen diese die einzige belegte Bronzegeschirrform. In Böhmen verschwand sogar das charakteristische Sieb. Die mit der Fertigung toreutischer Ware ausgelasteten Werkstätten stellten nurmehr Trinkgefäße und höchstens einige spezifische Formen getriebenen Schmucks her. Davon zeugen nicht nur durch die im Depot von Jenišovice nachgewiesenen Fibeln, sondern auch einige einmalige, getriebene Schmuckgegenstände, die immer nur im Verband mit Jenišovice-Tassen gefunden wurden. Es sind dies die Kalottenfaleren mit Blechfessel, Stirnbänder mit getriebenen Buckelreihen oder die getriebenen Armbergen von Jenišovice (s. S. 51 f.).

Aus der Herstellungstechnik der Jenišovice-Tassen schließen wir auf die große Handfertigkeit und den hohen Entwicklungsstand, den die Toreutik des Bronzegeschirrs erreicht hatte. Allem Anschein nach büßten aber die nunmehr serienmäßig hergestellten Tassen ihre frühere Exklusivität ein, gelangten vielleicht auf die gleiche Stufe mit dem mühsamer gefertigten Schmuck und „bürgerten" sich gewissermaßen ein. In der Beschränkung auf bloße Trinkgefäße spiegelt sich ein bestimmter Wandel in den kultischen Vorstellungen und Sitten, doch vor allem auch in der gesellschaftlichen Struktur, die eine gewisse Nivellierung aufweist, wider. Damit dürfte das gleichzeitige völlige Ausbleiben der mit Waffenbeigaben ausgestatteten Gräber gesellschaftlich höhergestellter Männer im böhmischen Knovíz-Milavčer Gebiet zusammenhängen, wie es wohl in der vorausgehenden und folgenden Zeitstufe üblich war. Die wie die Depots der Jenišovicer Stufe mit Bronzegegenständen reich ausgestatteten Gräber sind durchweg Frauenbestattungen (s. S. 16).

	Fibel	Zier-scheiben/ -knöpfe	Knöpf-chen	Kleine Ringe	Spiral-röllchen	Tordierte Halsringe mit Ösen-enden	Arm-spira-len	Arm-ringe	Armringe mit Winkel-band	Weiterer Schmuck	Sonstiges
Jenišovice (Nr. 6. 11–18. 22–27)	2 +1 Werk-stück	2	78	59	40	7	2	–	–	6 Fingerringe 2 Bergen 4 Schieber 1 Brillennadel	1 Messer 2 Sicheln 1 Bronzestange 1 Eisenring
Kamýk (Nr. 20)	–	1	28	16	5	1	–	3	2	–	–
Záluží (Nr. 19. 28)	1	–	46	115	–	3	1	15	–	Diadem	Keramik
Libkovice (Nr. 21)	–	12	500	69	–	–	–	–	–	–	Keramik
Třebíz (Grab; s. unten)	–	1	–	9	×	Halsring mit glatten Enden	–	2	–	Gürtel-haken	–

Tabelle 7. Depotfunde mit Tassen vom Typ Jenišovice; zum Vergleich Ausstattung des Grabes von Třebíz (s. S. 50 mit Anm. 10 sowie S. 16 Anm. 25)

---

[4] Vgl. Thrane a. a. O. [Anm. 1] 206 Appendix B.

[5] Dresden-Laubegast 5 (v. Brunn, Hortfunde Taf. 52 ff.); Braunsbedra (ebd. Taf. 17 ff.); Thale 3 (ebd. Taf. 164, 2; 165, 1); Středokluky (Nr. 5).

Zeitstellung: Die Depotfunde mit Jenišovice-Tassen sind alle gut datierbar. Da sie überwiegend Schmuckgarnituren enthielten, sind sie auf vielerlei Art und durch Querverbindungen mit anderen Depots wie Maškovice[6] und Kundratice[7] vergleichbar. Eine Synchronisierung mit der heimischen Entwicklung ist auch durch die erhaltenen Tongefäße, in denen die Depots von Libkovice (Nr. 21) und Záluží (Nr. 19) verwahrt worden waren, ermöglicht.

Im doppelkonischen Gefäß von Libkovice mit graphitiertem Hals, fingerstrichverziertem Körper und weichem Umbruch, sah J. Hrala das ausgereifte Knovízer Doppelkonus-Gefäß, das er seiner Stufe III der entwickelten Knovízer Kultur (Ha A 2) zuwies.[8] Nach J. Bouzek hingegen ist es aber nicht der allerjüngsten Form, sondern seiner klassischen Phase (V. Stufe) zugehörig, die er mit der Stufe Ha B 1 parallelisierte.[9] Ähnlich datieren beide Autoren das amphorenartige Vorratsgefäß, in dem sich das Depot von Záluží (Nr. 19) befand. Es hat seine unmittelbare Entsprechung im Grab von Třebíz, dessen Bronzeausstattung in vielem eine Synchronisierung mit allen Jenišovice-Tassen enthaltenden Depotfunden ermöglicht.[10] Gewisse Beziehungen schon zur mittleren Urnenfelderstufe deutet hier die jüngere Form eines Gürtelhakens an, die H. Müller-Karpe der Stufe Ha A 2 zuwies.[11] Das Grab von Třebíz enthielt ebenso wie die Depots mit Jenišovice-Tassen kleine Gürtel- und Trachtbestandteile, bestehend aus den üblichen kleinen Ringen und Spiralröllchen. Diese in allen vier Depots (Jenišovice, Záluží, Kamýk, Libkovice) vorkommenden Gegenstände werden noch durch kleine Knöpfe ergänzt. Auch wenn dieses Trachtzubehör an sich keinen chronologischen Anhaltspunkt bietet, war es in Böhmen erst in der jüngeren Depotgruppe eine typische Begleiterscheinung. Sein erstes Auftreten ist im Depot von Středokluky (Nr. 5) nachgewiesen und seine Laufzeit hielt bis in die Spätbronzezeit (Ha B 3) an (s. S. 27 ff.).

In Jenišovice, Kamýk, Libkovice sowie im Grab von Třebíz fanden sich noch gegossene Zierknöpfe mit schwach gerippter Mittelpartie. W. A. v. Brunn setzt diesen Knopftyp (Thale-Jenišovice) in die Stufe Ha B 1.[12] Für die Datierung des Grabes von Třebíz ist die darin enthaltene, an die heimische Entwicklung anknüpfende Schmuckgarnitur nicht ohne Bedeutung. Der glatte, ritzverzierte, in jungknovízer Fundzusammenhängen nur selten vorkommende Halsring unterscheidet sich von den älteren Formen durch die Stärke und das Ornament. Er bildete zusammen mit den Armringen vom herkömmlichen Typ Nezvěstice eine Garnitur (s. S. 16). Bei den Armringen von Třebíz machen sich die Auflösungserscheinungen des ursprünglichen Ornamentes bemerkbar; an die Stelle des Leitermotivs traten Querstrichgruppen mit Fransensaum. Diese Zierelemente beobachten wir auch an den Fußringen von Kamýk und Záluží und denen von Maškovice, Kundratice und Žehušice.[13] Im Depot von Záluží (Nr. 19) sind solche Fußringe auch von typischen, mit unterschiedlich starken, alternierenden Rillenbündeln verzierten, ostböhmischen Lausitzer Ringen begleitet. Letztere sind in zahlreichen ostböhmischen Depots ausschließlich in der älteren und mittleren Urnenfelderstufe belegt. In Kamýk (Nr. 20) sowie in Kundratice und Žehušice hingegen bildeten die Fußringe mit fransengesäumten Querstrichgruppen und die Armringe mit schraffierten Winkelbändern eine ganze Garnitur. Diese weitverbreitete Armringform, zugleich auch ein markanter Vertreter der Stufe Ha B 1, diente vielfach den Synchronisierungen in verschiedenen europäischen Gebieten.[14]

[6] Richlý, Bronzezeit 104 ff. Taf. 19 ff.

[7] Plesl, Lužická kultura Taf. 56 ff.; nicht publizierter Teil im Nationalmus. Praha (80367–80414).

[8] Hrala, Knovízská kultura 93 ff.

[9] O. Kytlicová/V. Vokolek/J. Bouzek, PM Hradec Králové 7, 1964, 177.

[10] Böhm, Základy Abb. 50; Kytlicová, in: Studien zur Bronzezeit (Festschr. W. A. v. Brunn) (1981) Taf. 19.

[11] Müller-Karpe, Chronologie 152. 155. 160 f.

[12] v. Brunn, Hortfunde 197 f.

[13] Richlý, Bronzezeit 150 f. Taf. 46. 47.

[14] Müller-Karpe, Chronologie 204; v. Brunn, Hortfunde 100.

Im Depotfund von Jenišovice ist der Herstellungsvorgang der Blattbügelfibeln, vom Rohmaterial bis hin zum Endprodukt, erfaßt. Sie sind der erste lokale Fibeltyp im Knovízer Gebiet. Weitere Funde (Bruchstücke dreier Fibeln in Maškovice und andere im Depot von Kundratice) lassen ihre besonderen Merkmale erkennen, vor allem die rhombische Form mit mehr oder minder gerundeten Kanten. Die Reichhaltigkeit und Vielfalt ihrer Verzierung wird bedingt durch ihre Größe, die zwischen kleinen und außerordentlich großen Formen schwankt und offenbar von der Beschaffenheit des zu ihrer Fertigung verwendeten Bronzestäbchens abhing. Deshalb darf die kleine Fibel von Záluží mit ihrer wesentlich bescheideneren Verzierung nicht von den Jenišovicer Exemplaren getrennt behandelt werden.[15] In einem direkten Zusammenhang mit dieser Fibel dürfte auch der Blattbügel aus dem Brucherzfund 3 von Dresden-Laubegast stehen,[16] der ebenso wie beide vorausgehenden Depots vom selben Fundort, welche tordierte Fußringe, Lappenbeile und hochgewölbte Zungensicheln bargen, mit beiden Befunden von Kundratice und Maškovice inhaltlich übereinstimmen. Zwei gleiche Sicheln enthielt auch das Depot von Jenišovice. W. A. v. Brunn datiert diese junge Sichelform (Typ 3) bereits in die Stufe Ha B 1.[17] Ihre Entwicklung aus den böhmisch-bayrischen Sicheln der frühen und älteren Bronzezeit ist fließend, das Aufkommen der jüngeren, in den oben aufgezählten Befunden erwähnten Form läßt sich schwer fassen, zumal in Böhmen und in nächster Umgebung praktisch keine Depotfunde aus dieser Zeit bekannt sind. Eine Ausnahme bildet vielleicht das Depot 2 von Velké Žernoseky.[18] Die in den Depots von Jenišovice (Nr. 6. 11–18. 22–27), Kamýk (Nr. 20) und Záluží (Nr. 19) und auch im Grab von Chrášťany (Nr. 9) vorkommenden dünnen, tordierten Halsringe mit Ösenenden verdrängten in der Jenišovicer Stufe die bodenständige, massive Form mit geraden Enden. Ihr Entstehen ist auf die auffallend verstärkten Kontakte zum Lausitzer Kreis, insbesondere zu dessen mitteldeutschem Zweig zurückzuführen.[19] Das Bestehen enger Beziehungen zu diesem Kreis offenbart sich auch durch das Auftreten von Armspiralen in den Depots von Jenišovice, Záluží und Maškovice. W. A. v. Brunn setzte die Anfänge ihrer Laufzeit noch in die Stufe Ha A 2, auch wenn er den Schwerpunkt ihres Vorkommens in der nachfolgenden Stufe vermutete.[20] Auf enge Zusammenhänge mit den Jenišovice-Tassen deuten das Stirnband aus dem Depot von Záluží und ein ähnliches mährisches Exemplar aus dem Depot 4 von Štramberk-Kotouč hin.[21] Nach ihrer Ausführungsweise zu schließen, dürften sie Nebenprodukte der mit der Herstellung von Tassen beschäftigten Werkstätten gewesen sein. Noch deutlicher ist dies bei den Kalottenfaleren erkennbar, die bisher ausnahmslos nur im Verband mit Bronzetassen gefunden wurden.[22] Auf unmittelbare Zusammenhänge mit der Bronzegeschirrproduktion weist die besondere Befestigungsart des Blechfessels mit einem Niet hin, eine Technologie, die bisher ausschließlich beim

---

[15] Vgl. Betzler, PBF XIV, 3 (1974) 55 f.

[16] v. Brunn, Hortfunde Taf. 45 ff.

[17] Ebd. 51 Abb. 5, 5.

[18] Böhm, Základy 104 Abb. 44. – Aufgrund des hier vorhandenen älteren Inventars wurden ziemlich widersprüchliche Datierungen vorgenommen: J. Böhm setzte das Depot in die Stufe Třebíz-Velvary, wies aber zugleich auf ein jüngeres Fundaufkommen der Keulenkopfnadel hin; A. Jockenhövel (PBF. VIII, 1 [1971] 187) führte den Depotfund in der Stufe Suchdol II auf; Hrala hielt wegen des gerippten Armbandes sogar die Stufe Bz D für richtig; dieser Armreiftyp war allerdings während der ganzen jüngeren Bronzezeit geläufig und bestand bis in die Jenišovicer Stufe fort, z.B. im Depot von Žehušice (Richlý, Bronzezeit Taf. 47, 5); v. Brunn (Hortfunde 304) datierte das Depot von Velké Žernoseky aufgrund der Sichel als einziger erst in die Stufe Ha B 1. Das übrige Inventar ist von ziemlich einheitlichem Gepräge der Vor-Jenišovicer

Depots. Keulenkopf- oder Nagelkopfnadeln führende Depots sind im Knovíz-Milavčer Gebiet fast ausschließlich aus Bouzeks III. und IV. Phase der Knovízer Kultur bekannt (Kytlicová/Vokolek/Bouzek a.a.O. [Anm. 9] 151 ff.). Da die entwickelte Sichelform in den Depots der Stufen Lažany II und Suchdol 2 nicht mehr auftritt, ist anzunehmen, daß sich in Böhmen die Sicheln bereits in der Stufe Středokluky herausbildeten.

[19] Kytlicová, in: Studien zur Bronzezeit (Festschr. W. A. v. Brunn) (1981) 240.

[20] v. Brunn, Hortfunde 182 f.

[21] Podborský, Mähren Taf. 19, 7.

[22] Křenůvky (ebd. Taf. 75, 2. 3); Štramberk-Kotouč (ebd. Taf. 75, 1); Biskupice (Z. Durczewski, Grupa górnośląsko-małopolska kultury łużyckiej w Polsce [1948] Taf. 104, 14). – Zu Kalottenfaleren vgl. G. v. Merhart, Jb. RGZM 3, 1956, 34. 44.

Anbringen der Henkel an Tassen angewandt wurde. Die Falere von Jenišovice unterscheidet sich von den nordmährisch-schlesisch-polnischen Exemplaren von Křenůvky, Štramberk-Kotouč 2 und Biskupice nicht nur durch ihre außerordentlichen Maße sondern auch durch ihre Verzierung: die Buckelreihen sind mit Leistengruppen ergänzt. Damit reicht sie in die Nähe der kleineren Falere von Středokluky (Nr. 5), des ersten Fundes dieses Typs, mit dem offenbar seine Laufzeit begann. Als ein Nebenerzeugnis des Metallschlägers, der die Jenišovicer Tassen herstellte, kann das einmalige Armbergenpaar mit Buckelverzierung angesehen werden. Auf das vereinzelte Überdauern dieses Schmuckstückes hügelgräberzeitlicher Abstammung verwies bereits v. Brunn im Zusammenhang mit dem ganz besonders großen Bergenpaar von Žehušice,[23] dessen feines Ritzornament Stilelemente der Fibeln vom Typ Jenišovice aufweist. Im Depot von Jenišovice sind noch weitere Formen enthalten, die auf ein langes Fortbestehen alten, heimischen Schmuckes hindeuten. Es ist dies nicht bloß ein Wiederaufleben hügelgräberzeitlicher Fingerringe, von denen sich die Jenišovicer Exemplare lediglich durch die tordierte äußere Windung unterscheiden, sondern auch des Brillenschmuckes, der offensichtlich als Nadel verwendet wurde. Die Anfänge dieses ausgeprägten Knovíz-Milavče-Schmuckes lassen sich in der Stufe Lažany fassen, in der das charakteristische Ornament, bestehend aus Schrägstreifen oder Zickzacklinien in feinen Rillen, wie auf den Spiralen der Armbergen vom Typ Staré Sedlo, erstmals in Erscheinung trat.[24] Das Schmuckstück von Jenišovice unterscheidet sich von den alten Vorlagen nur durch eine zweiteilige Konstruktion: die Nadel entspringt nicht der Windung, sondern sie ist mit einem Niet befestigt. An ältere Vorbilder knüpft auch das Griffangelmesser mit einem Niet an, das Müller-Karpe im Hinblick auf die ausgeprägte Klingenform seiner Stufe Ha B 1 zuwies.[25]

Im Depotfund von Jenišovice sind stärker als in den übrigen Befunden ältere Formtraditionen vorhanden, auch an den Tassen selbst. G. v. Merhart wies in diesem Sinne auf den getriebenen Stern oberhalb des Bodens einer Jenišovice-Tasse (Nr. 26) und im Zusammenhang mit der Punkt-Buckel-Verzierung auch auf einen Eimer vom Typ Kurd aus dem Depot 5 von Dresden-Laubegast hin.[26] Die auf der Nebenform von Jenišovice (Nr. 27) und auf dem Eimer in gleicher Manier ausgeführte Verzierung ist auffällig; die Profilbildung der Tasse und ihre ungewöhnlich hohe, schmale Form lassen sie eher als einen verkleinerten Eimer erscheinen. Verbindungen mit den allerjüngsten böhmisch-mitteldeutschen Werkstätten machen sich gleichfalls bei der unverzierten Tasse (Nr. 6) bemerkbar, die im Hinblick auf ihre Form und Henkelbefestigungsweise noch dem Typ Friedrichsruhe (Variante II c) zugewiesen werden konnte. Desgleichen stimmen einige typenmäßig voll entsprechende Tassen aus dem Depot von Jenišovice durch die Anordnung der Zierbuckel mit mehreren Tassen von Dresden-Laubegast 5 überein.[27] Andererseits zeugt die für den Typ Jenišovice bei einigen Exemplaren ungewöhnliche Rippenbildung um die Delle, ohne „Standringabsatz", von einer direkten Anknüpfung an die Spätformen des Typs Friedrichsruhe und somit von der Herkunft dieses Zierelementes der Jenišovice-Tassen. Die Verwendung all dieser alten Merkmale am neuen Tassentyp ist ein eindeutiger Beweis dafür, daß die Fertigung der Gefäße des Typs Jenišovice auf die Produktion des älteren Typs in denselben Werkstätten nahtlos folgte. Es stellt sich allerdings die Frage, ob diese Erscheinung nur lokal oder auch chronologisch bedingt ist.

E. Sprockhoffs Datierung des Typs Jenišovice-Kirkendrup als jüngster der drei ältesten mitteleuropäischen Tassentypen, wurde allgemein akzeptiert.[28] Müller-Karpe und v. Brunn bewerteten überein-

---

[23] Vgl. Anm. 19.

[24] Kytlicová, in: Jber. Inst. Vorgesch. Frankfurt 1975, 101 f. Abb. 5, 7.

[25] Müller-Karpe, Chronologie 139.

[26] Merhart, Studien 40 f.

[27] W. Coblenz, Arb.-Forschber. Sachsen 2, 1952, Abb. 4. 5. 6. 12.

[28] Sprockhoff, Handelsgeschichte 57 f.

stimmend mit ihm die Jenišovice-Tassen als Leittyp der Stufe Ha B 1.[29] Einige wenige Fundverbände,
wie die von Liptovský-Mikuláš(-Ondrašová),[30] Riesa-Gröba oder Saint-Martin-sur-le-Pré[31] bezeugen das
vereinzelte Überdauern dieses Typs noch bis in die Anfänge der Spätbronzezeit. Ob auch mit einem
einmaligen Auftreten in seinem weiten Verbreitungsraum zu rechnen ist, muß dahingestellt bleiben.
H. Thrane deutete die Möglichkeit einer Gliederung der Jenišovice-Tassen aus typologischer Sicht an.[32]
Die Tassen mit Standring, die er vom Typ Fuchsstadt ableitete, führte er als typologisch älter auf.
Einen geraden, funktionellen Standring besitzt nur die Nebenform der Tassen vom Typ Jenišovice –
die Schale. Die serienmäßige Herstellung dieser Schalen erfolgte anscheinend erst in den sekundären
Produktionszentren, im Nordischen Kreis und in der Schweiz, verlief doch die Entwicklung des Typs
Jenišovice außerhalb des Zentrums und des Entstehungsgebietes des Fuchsstadt-Typs, und beide Typen
schließen sich in den größten Teilen ihres Verbreitungsgebietes gegenseitig aus. Eine engere Berührung
fand nur auf mittel- und norddeutschem Boden statt. Hier war außer dem gemeinsamen Vorkommen
später Friedrichsruhe-Tassen (Gruppe Osternienburg-Dresden) und Tassen vom Typ Fuchsstadt in den
Depots von Braunsbedra und Dresden-Laubegast 5, im Geschirrfund von Thale 3 mit beiden oben erwähnten Tassentypen auch eine Tasse vom Typ Jenišovice vergesellschaftet.[33]

Im Karpatenbecken gehört die Mehrzahl der dem Fuchsstadt-Typ zugerechneten Tassen zur heimischen Form vom Typ Spišská Belá.[34] Im Depot von Hajdúsámson selbst wurde eine solche Tasse zusammen mit einer Schale vom Typ Jenišovice und einer unverzierten Tasse aufgefunden, deren Profilierung dem Typ Jenišovice durchaus entspricht. Die Kontinuität mit der voraufgehenden Entwicklung
ergibt sich aus der Rippung, die um die Delle ohne „Standringabsatz" läuft, und aus dem Henkel ohne
verbreiterte Enden.[35] Auch im Geschirrfund von Egyek lag eine Tasse vom Typ Spišská Belá mit Jenišovice-Tassen beisammen, die formal schon nicht mehr vom geläufigen Typ abweichen. Der auf die Jenišovice-Tassen im Karpatenbecken seitens des Typs Spišská Belá ausgeübte Einfluß spiegelt sich in der
spezifischen Henkelverzierung der Jenišovice-Tassen dieses Gebietes wider.[36] Es ist nicht auszuschließen, daß auch die kräftige Profilierung der alten karpatischen Tassen bei der Entstehung des Typs Jenišovice mitgewirkt hatte.

Angesichts des Auftretens der Tassen vom Typ Jenišovice in älteren Fundzusammenhängen und des
Vorkommens älterer Formmerkmale an einigen Exemplaren (Jenišovice, Thale 3, Hajdúsámson,
Egyek), muß mit der Herausbildung des Typs Jenišovice und dessen eigentlichem Beginn noch vor seinem massenhaften Erscheinen, noch während der Laufzeit der Tassen vom Typ Fuchsstadt und dessen
verwandten lokalen Typen Středokluky/Osternienburg-Dresden und Spišská Belá gerechnet werden.

Verbreitung: Der Schwerpunkt des Vorkommens des Typs Jenišovice liegt im Ostteil Mitteleuropas.
Die Westgrenze hierzu bilden die Flußläufe der Moldau und Elbe, die östliche das Theißgebiet. Im
Süden verläuft die Grenze entlang der Donau, während im Norden die Tassen bis Jütland nachgewie-
sen sind. Einige vielfach nur dem Typ nahestehende Streufunde aus Südwest- und Nordwestdeutsch-
land und einzelne Ballungsgebiete in der Schweiz und in Nordtirol stellen die Verbindung mit dem
Hauptkern dar.[37]

---

[29] Müller-Karpe, Chronologie 157 ff.; v. Brunn, Hortfunde
87.

[30] V. Furmánek, Slov. Arch. 18, 1970, 451 f.; Novotná, PBF
II, 4 (1991) Nr. 35–42. 44. 52).

[31] G. Gaucher, Sites et cultures de l'âge du bronze dans le
Bassin Parisien (1981) Fig. 19, V3.

[32] Thrane, Acta Arch. 36, 1965, 159 f.

[33] Vgl. Anm. 6.

[34] Thrane a.a.O. (Anm. 32) 205 Appendix A: Szentes-
Nagyhegy, Hajdúsámson, Poznań-Wielka Starołęka, Moigrad
(eine der Tassen).

[35] P. Patay, Arch. Ért. 95, 1968, 72 Abb. 20, 1. 2.

[36] Zu diesem lokalen Merkmal karpatischer Tassen vom
Typ Jenišovice vgl. v. Brunn, Hortfunde 157.

[37] Zur Verbreitung vgl. V.G. Childe, PPS 14, 1948, 177 ff.
194; ergänzt und kartiert von Thrane, Acta Arch. 36, 1965, 206

Im Vergleich zur Verbreitung der älteren Tassentypen deckt sich die Ausdehnung der Tassen vom Typ Jenišovice mit derjenigen der Friedrichsruhe-Tassen, Variante I, und des karpatischen Typs Blatnica. Berücksichtigt man deren Verbreitung innerhalb dieses Bereiches, ist das Tassenvorkommen wesentlich dichter und die neue Fundausbeute zeugt von der allmählichen Ausweitung der Metallbildnerei und der toreutischen Kenntnisse, sowie vom Entstehen neuer lokaler Zentren.

Im böhmisch-mitteldeutschen Bereich ist die Fundverteilung der Jenišovice-Tassen mit dem räumlichen Vorkommen der späten Ausführungen der Tassen vom Typ Friedrichsruhe (Středokluky/Osternienburg-Dresden) ungefähr deckungsgleich. Trotzdem sind gegenüber dem vorausgehenden Zeitabschnitt bestimmte Abweichungen erkennbar. In Böhmen liegen die Funde im Abschnitt vom Zusammenfluß Elbe-Moldau nordwärts dicht an der Elbe, doch sie fehlen im Kerngebiet des Knovízer Siedlungsraumes.[38] Obzwar ihre Konzentration längs der Elbe als ein Beweis für das Bestehen enger Kontakte mit dem mitteldeutschen Elbgebiet gedeutet werden könnte, zeigt das häufige Vorkommen der Nebenform des Jenišovicer Typs – der Schale, die in ganz Mitteldeutschland vorherrscht – deutlich den unterschiedlichen Charakter der mitteldeutschen Werkstätten und deren enge Beziehungen zum norddeutschen Kreis.[39]

Innerhalb des Lausitzer Kreises häuft sich das toreutische Geschirr erstmals im nordmährisch-schlesisch-polnischen Gebiet. Die Funddichte, die spezifisch örtliche Nebenform der Jenišovice-Tassen (Štramberker Gefäße) und Funde von Halbfabrikaten lassen hier das Bestehen eines eigenständigen, lokalen Zentrums vermuten.[40] Auf enge Kontakte dieser Werkstätten mit den böhmischen oder auf ihre Beeinflussung durch die alten böhmischen Werkstätten weisen einige verwandte Formen hin, die zu Nebenprodukten zählen und nur den böhmischen oder Lausitzer Werkstätten eigen sind. Es handelt sich vor allem um die bereits erwähnten Kalottenfalerenform Středokluky-Jenišovice-Křenůvky-Štramberk-Biskupice sowie die Stirnbänder von Záluží und Štramberk-Kotouč (s. S. 51). Diese Beziehungen gründen auf den ersten engeren Kontakten zwischen der Knovízer und Lausitzer Kultur, die vielleicht im Zusammenhang mit dem Verschieben der ersteren ostwärts in die alte lausitzische Ökumene Ostböhmens erfolgten.[41]

Die karpatische Gruppe ist vor allem in der Slowakei und in Ungarn vertreten, in Siebenbürgen kommen die zugehörigen Tassen nur noch sporadisch vor. Eine örtliche Herstellung der karpatischen Tassen ist vor allem durch die eigenartige Henkelverzierung mit geritzten Halbbögen (S. 53), durch das häufige Vorkommen unverzierter Tassen und Nebenformen sowie durch das vereinzelte Auftreten einer gedrungeneren Tasse mit echtem Standring bezeugt (S. 53). Diese Nebenform ist für die mitteldeutschen, nordischen und schweizerischen Tassen typisch. Über ihre Herstellung in eigenständigen Zweitzentren und über das Bestehen bestimmter Beziehungen zwischen diesen voneinander entfernten, sekundären Zentren gibt es keine Zweifel.

Fassen wir zusammen, so dürfen wir wohl den Schwerpunkt des Vorkommens der Jenišovice-Tassen im Werkstattkreis der östlichen Teile Mitteleuropas suchen (Varianten Typ Friedrichsruhe I und II

Appendix B Fig. 9. Auf der Karte sind einige böhmische und mährische Fundorte falsch lokalisiert (Klentnice, Kamýk). Zugehörig sind: Lúčky (Sborník MSS 15, 1910, 33, Abb. 4); Dubnica (J. Eisner, Slovensko v pravěku [1933] Taf. 39, 2); Štramberk-Kotouč 4 (Podborský, Mähren Taf. 10); Bredmose (Thrane, Acta Arch. 47, 1976, 168 ff. Fig. 2. 3).

[39] Der einzige Fund kommt von Kněževes, ungewiß ob im Bez. Rakovník oder Bez. Prag-West. Im ersteren Fall würde die Gemeinde nur einige Kilometer von Chrášťany (Nr. 9)

entfernt, im anderen etwa 3 km vom Fundort des Tassendepots von Středokluky (Nr. 5) liegen; in beiden Fällen wäre ein gewisser Zusammenhang nicht auszuschließen.

[40] Die Tassen von Quedlinburg, Riesa-Gröba und vielleicht auch die beschädigte Tasse von Thale gehören zur Nebenform (Schale).

[41] Štramberk, Depot 4 (Podborský, Mähren Taf. 19, 1–4); Malhostovice (ebd. Taf. 7, 16. 11).

[42] Bouzek, PM Hradec Králové 11, 1967, 17 ff.

[Středokluky/Osternienburg-Dresden]). Vom Fortbestehen der älteren Typen abgesehen, scheinen sich, nach der Funddichte in neuen Gebieten zu urteilen, die toreutischen Kenntnisse weiter vertieft zu haben und einige selbstständige Werkstätten entstanden zu sein. Zwischen dem Verbreitungszentrum der älteren Tassen vom Typ Fuchsstadt in Süddeutschland und dem eigentlichen Bereich der Jenišovice-Tassen verläuft eine scharfe Grenze; die Enklave der Jenišovice-Tassen, namentlich der Nebenform (Schalen) im „Pfahlbaubereich", ist wohl auf die bestehenden Kontakte mit dem norddeutsch-nordischen Kreis zurückzuführen.

DIE TASSEN VOM TYP STILLFRIED-HOSTOMICE

Die Tassen des hier behandelten Typs haben einen doppelkonischen Rumpf mit hochsitzender, gerundeter Schulter und kurzem, zylindrischem, mit einem geritzten Band schraffierter Dreiecke verziertem Hals. Der Boden ist zum Standring ausgestaltet. Das obere Ende des breiten, hochgezogenen Bandhenkels ist von innen, das untere von außen unterhalb der Schulter befestigt. Beide Griffenden sind rechteckig ausgezogen und leicht halbmondförmig durchgebogen oder es wurden gesondert Nietplättchen angefertigt (Nr. 30. 31), welche die Henkelenden überdecken und mit zwei bis drei Nieten befestigt wurden, zwischen denen noch eine Reihe von Scheinnieten verläuft.

Beide Tassen von Hostomice (Nr. 30. 31) weisen auf der Schulter eine Punkt-Buckel-Verzierung auf, doch nur bei einer Tasse (Nr. 30) sind auch noch der Rand und der Henkel ritzverziert. Das Henkelornament besteht aus Randlinien, die von Strichbündeln in Halbbögen gesäumt sind. Bei der zweiten Tasse (Nr. 31) ist der unverzierte Henkel nur leicht verbreitert und mit einem Nietloch versehen; die Nietplatte hat sich nicht erhalten. Der Henkel der Tasse von Lžovice (Nr. 32) ist mit gegenständigen, schraffierten Dreiecken verziert. Oberhalb des kräftig gestalteten, schmalen Standringes läuft ein gerauhter Streifenabsatz.

30. 31. Hostomice, Bez. Teplice. – Grabfund? – Ziemlich beschädigte Tasse; H. 116 mm; Mündungsdm. 108 mm *(Taf. 5, 30).* Beschädigte Tasse; Mündungsdm. 114 mm; H. 205 mm *(Taf. 5, 31).* – Beifunde: Becken-Tasse (Nr. 33); Bruchstücke einer Bronzeamphore (Nr. 46); Vollgriffschwert vom Typ Tachlovice; Schwertscheide; drei eiserne Lanzenspitzen; Eisendolch; Bronzemesser mit abgesetztem Griffdorn; Bruchstücke von Eisenmessern; verziertes Lappenbeil mit Querschneide; Tüllenmeißel; vier Bronzepfeilspitzen; fünf Pfrieme; Nadel vom Typ Ervěnice; ein Bronzekettchen; sechs kleine Ringe; Brustscheiben (vom Lederpanzer); zwei Zierplatten; Doppelknöpfe; zwei Knebel; Bruchstücke von zwei Keramikamphoren und -schalen (Taf. 52–54). – Datierung: Stufe Třtěno bzw. Hostomice-Štítary. – Mus. Teplice (13696. 13639). – R. R. v. Weinzierl, TBT 1905–06, 44 Abb. 13; Böhm, Základy 138. 69 f. Anm. 156; v. Merhart, Studien 19 Taf. 12, 1; O. Kytlicová, Pam. Arch. 50, 1959, 149 ff. Abb. 29, 2.

32. Lžovice, Bez. Kolín. – Einzelfund(?) aus befestigter Siedlung (vgl. auch Nr. 47). – Tasse; H. 106 mm; Mündungsdm. 202 mm *(Taf. 6, 32).* – Datierung: Stufe Lžovice-Slezské Předměstí. – Mus. Praha (793). – V. Diviš, Pam. Arch. 26, 1914, 8 ff; Stocký, La Bohême à l'âge du fer (1933) Taf. 9, 12; O. Kytlicová, Pam. Arch. 50, 1959, 147 ff. Abb. 21.

Herstellungstechnik: Die Tassen vom Typ Hostomice (Nr. 30–32) sind im Vergleich zu den älteren Typen aus wesentlich stärkerem Blech getrieben; dies ist offensichtlich durch ihre Größe und Kapazität bedingt. Die Verstärkung des Gefäßes sollte auch durch das vorsätzliche Aufrauhen des Unterteils (vgl. Nr. 32) erzielt werden, wobei ein Treibhammer mit schmaler, stumpfer Schlagfläche benutzt wurde.

Gegenüber den älteren Tassen der vorausgehenden Typen macht sich auch ein Unterschied in der Ausarbeitung der Henkel, insbesondere deren Enden bemerkbar, die erstmals sorgfältig gestaltet und dem Gesamtstil des Gefäßes angepaßt wurden. Dieser Fortschritt hing offensichtlich mit der ersten Verwendung von Eisengeräten bei der Herstellung getriebenen Bronzegeschirrs zusammen. Die nach dem Ansetzen durch Schmieden an die Gefäßform angepaßten, verbreiterten Henkelenden, wurden nun zusätzlich mit einem Eisengerät zurechtgeformt, die Ungleichmäßigkeiten wurden weggeschnitten. Am Henkel der Tasse von Lžovice (Nr. 32) ist zwischen dem verbreiterten Ende und dem Henkelband ein vom eisernen Werkzeug herrührender Einschnitt deutlich erkennbar. Wegen der Vereinfachung der Gestaltung der Zierenden wurden des öfteren spezielle Querbänder oder Plättchen angefertigt und über den Henkelabschluß gelegt. Bei der einen Tasse von Hostomice (Nr. 31), deren Plättchen abgebrochen ist, war der Henkel an der Tasse nur mit dem mittleren Niet befestigt, während beide äußeren Niete nur das Plättchen mit dem Gefäß verbanden.

Durch die neu eingeführte Verwendung von Eisengeräten bei der Herstellung der Bronzegefäße setzte sich in höherem Maße die Ritzverzierung mit Stecheisen durch. Auf die Verwendung von Stecheisen deuten die feinen, scharfen und tiefen Rillen hin, die sich von den breiteren Flachrillen der Randborten an älteren Becken oder Tassen vom Typ Spišská Belá deutlich unterscheiden.

Funktion: Die Tassen von Hostomice (Nr. 30. 31) und das Exemplar von Lžovice (Nr. 32) stammen aus unterschiedlichen Fundverbänden, die jedoch bestimmte gemeinsame Elemente aufweisen. Das Grab von Hostomice ist eine typische Männerbestattung – die eines Kriegers. Dieses Grab und das zeitgleiche Grab von Luh bei Most[1] sind die beiden einzigen Gräber dieser Art im Gebiet der Knovízer Kultur. Die außerordentlich umfangreiche und prunkvolle Ausrüstung des Bestatteten, dessen Status durch die beigegebene Garnitur von vier Bronzegefäßen noch stärker verdeutlicht wird, verweist dieses Grab in die Gruppe der bedeutendsten mitteleuropäischen Gräber der Spätbronzezeit (Ha B 3), deren Ausstattung einen Wandel in der gesellschaftlichen Struktur und das Entstehen einer neuen, übergeordneten Schicht am Anfang der Hallstattzeit erkennen läßt.[2] Die wirtschaftlichen und sozialen Verhältnisse dieser Zeit verdeutlicht uns auch die befestigte Siedlung von Lžovice, die einen Goldschatz, unzählige Bronzefunde und wenigstens sieben Depots barg. Auffallend ist das Übergewicht des Schmuckes, doch auch ein Schwertbruchstück vom gleichen Typ wie in Hostomice kam hier zutage. Die Siedlung war offenbar ein Produktions- und Verwaltungszentrum.[3] Die Bronzegefäße erscheinen wie üblich in einer bestimmten Kombination; hier wiederholt sich die Zusammensetzung der Tassen des Typs Stillfried-Hostomice mit einer Bronzeamphore (Nr. 30. 31. 46. – 32. 47). Beim Vergleich der Tassen des Stillfried-Hostomice-Typs mit den weiter oben behandelten Tassen fällt auf, daß es sich bei ersteren schon nicht mehr um die, früher fast serienmäßig hergestellten, kleinen Trinkgefäße handelt. Tassen vom Typ Stillfried-Hostomice bilden durch ihre Größe und daher auch durch ihr Fassungsvermögen eher eine Parallele zu den Becken, die wohl als Vorlage dienten.[4] Die Formabweichungen innerhalb der Tassenfamilie Hostomice-Třtěno sind eher funktional als chronologisch bedingt.[5] Wir dürfen nicht übersehen, daß die Nebenform – die doppelkonische Tasse vom Typ Baumgarten – durchweg klein ist, und daß die unterschiedliche Funktion der kleinen Schalen, wie die von Třtěno, sich aus ihrer Vergesellschaftung mit der zweiten – die als Deckel diente – ergibt (s. S. 66).

---

[1] E. Storch, Pam. Arch. 29, 1917, 4 ff. Abb. 9; J. Hrala, ebd. 49, 1958, 415 ff. Abb. 4; Müller-Karpe, Vollgriffschwerter 83 ff. Taf. 68, 1–3; J. Bouzek/D. Koutecký/E. Neustupný, The Knovíz Settlement of North-West Bohemia (1966) 67.

[2] Müller-Karpe, Chronologie 217 ff.; A. Jockenhövel, Germania 52, 1974, 46 ff.

[3] Im ostböhmischen Bereich der Lausitzer Kultur gibt es als Parallele die befestigte Siedlung Práčov, in der gleichfalls mehrere Depots gefunden wurden (V. Diviš-Čistecký, Pam. Arch. 14, 1887–89, 45 ff.).

[4] v. Merhart, Studien 15 ff.

[5] Vgl. die Tassen von Haslau-Regelsbrunn, Floth, Słupy (ebd. Taf. 13, 5. 7. 10). Von den zum engeren Typ gehörigen Tassen unterscheidet sich durch die außerordentlich kleinen Maße eine der beiden Tassen von Saint-Martin-sur-le-Pré (ebd. Taf. 12, 9) und auch die Tasse von Stillfried selbst (ebd. Taf. 12, 8); letztere steht mit ihrem schlichten Griffende und dessen Befestigungsweise auch einer Nebenform näher.

Zeitstellung: J. Böhm stellte die Bronzegarnitur von Hostomice (Nr. 30. 31) und das Grab von Štítary als typische, repräsentative Verbände der jüngeren Phase der Knovízer Kultur, Stufe Štítary-Hostomice heraus.[6] Die Gleichzeitigkeit beider Gräber ist durch die erhaltenen Tonscherben mit der charakteristischen horizontalen, haardünnen Ritzverzierung nachgewiesen. Im Grab von Hostomice lag auch eine Nadel vom Typ Ervěnice mit kleinen Löchern im Kopf, die für die jüngste Phase der Štítary-Stufe bezeichnend ist.[7] Das Messer mit einem durch einen Wulst gegliederten Griffdorn datierte J. Říhovský[8] in Mähren bereits in die Stufe Klentnice II und verfolgte seine weitere Entwicklung bis in die Stufe Brno-Obřany. Das Schwert vom Typ Tachlovice setzte H. Müller-Karpe[9] eindeutig in die Stufe Ha B 3. Sein Erscheinen in der befestigten Siedlung Lžovice und das Auftreten der Amphore mit Leisten-Buk-kel-Ornament in Hostomice sowie Lžovice legen für den Fund der böhmischen Hostomice-Tassen den gleichen Zeitansatz nahe. Aufgrund des Schwertes vom Typ Tachlovice läßt sich das Grab von Hostomice mit dem zweiten Knovízer Kriegergrab von Luh bei Most synchronisieren, dessen Zugehörigkeit in die Urnenfelderzeit auch aus der alten einteiligen Trensenform (Gebißstücke) hervorgeht. Auf die Gleichzeitigkeit beider Gräber verweist schließlich das oberständige Lappenbeil mit Querschneide. Es handelt sich dabei um die einzige Beilform mit Lappen, die mit Sicherheit als Streitbeil zu deuten ist, und die in die Gräber mitgegeben wurde. Von den Arbeitsbeilen unterscheidet sie sich durch die reiche Ritzverzierung, die dieser im allgemeinen seltene Typ oft schon von Anfang an aufweist.[10] Von seiner gleichzeitigen Herstellung mit den Nadeln vom Typ Ervěnice und den Messern mit abgesetztem Griff-dorn zeugt das große Gußformen-Depot von Zvoleněves.[11] Im Gegensatz zu dem zeitlich einheitlichen Charakter der meisten Bronzefunde im Hostomicer Grab, sind die Becken-Tassen (s. S. 59 f.) nur aus rein hallstattzeitlichen Verbänden bekannt. Desgleichen finden die mit Ziernieten auf einer organischen Unterlage befestigten Buckel Entsprechung nur in den Bylaner Gräbern.[12] Von hallstattzeitlichem Gepräge ist auch die kleine, vielfach die Hallstatt-Fibeln ergänzende Bronzekette;[13] aus der Urnenfelderzeit sind keine solchen Funde bekannt. Die Ähnlichkeit mit den hallstattzeitlichen Gräbern wird noch verstärkt durch die vorhandenen Bruchstücke von mindestens drei eisernen Lanzenspitzen, durch ein großes Messer und einen Dolch. In dieser Hinsicht ist das Grab von Hostomice wiederum mit dem Grab von Luh bei Most vergleichbar, bei dem es wegen der eisernen Klinge eines Tachlovicer Schwertes Widersprüche in der Datierung gab.[14] Im Grunde ist das Vorkommen kleiner Eisengegenstände, jedoch auch von Waffen, in späturnenfelderzeitlichen Fundzusammenhängen bereits belegt.[15] Das Vorhandensein von Eisengegenständen in beiden Knovízer Gräbern und ihre hohe Zahl im Grab von Hostomice ließe sich durch die Sonderstellung beider Gräber erklären, in denen die wertvollsten Gegenstände, zu denen ohne Zweifel eiserne Waffen gehörten, niedergelegt worden waren. Das Grab

---

[6] Böhm, Základy 130 ff.

[7] Bouzek, Sborník ČSSA 2, 1962, 247 ff.

[8] Říhovský, PBF VII, 1 (1972) 69.

[9] Müller-Karpe, Vollgriffschwerter 83 ff.

[10] Mit geritzten und gestempelten Kreisaugen verzierte Beile aus Depot- oder Einzelfunden: Kleedorf, Depot der Stufe Ha B 1 (geritzte konzentrische Kreise): Müller-Karpe, Chronologie Taf. 140, A; Oberaichbach (gestempelte Kreisaugen und Fransenornament): ebd. Taf. 140, B; Černovice (gestempelte Kreisaugen): H. Preidel, Heimatkunde des Kreises Komotau (1935) 115 Taf. 8, 1. – Grabfunde: Hostomice (gestempelte Kreisaugen); Luh bei Most (unverziert): vgl. Anm. 1; Měník (unverziert): Pam. Arch. 15, 1890–92, 291 ff.; Engelthal, Hügel 5, Gr. 1 (gestempelte Kreisaugen): Hennig, Grab- und Hortfunde Taf. 54, 7.

[11] Richlý, Bronzezeit Taf. 44. 45.

[12] Hradenín (F. Dvořák, Acta Univ. Carol. Phil. et Hist. 1, 1938, Abb. 38, 15. 16). Die gesamte Ausstattung des Grabes von Hostomice, die paarweise Mitgabe der Buckel und deren technische Ausführung lassen vermuten, daß diese zusammen mit den Blechröhrchen ursprünglich einen Lederpanzer zierten (O. Kytlicová, Arch. Rozhl. 40, 1988, 306 ff. Abb. 7).

[13] Fibeln: Hallstatt, Gr. 174 (Kromer, Hallstatt Taf. 21, 5); Gr. 239 (ebd. Taf. 33, 4); Gr. 19/1938 (ebd. Taf. 211, 25). – Halsringe: Gr. 270 (ebd. Taf. 43, 12); Gr. 354 (ebd. Taf. 57, 9). – Tassen-Anhänger: Gr. 504 (ebd. Taf. 94, 5. 13).

[14] Vgl. Anm. 1.

[15] Müller-Karpe, Vollgriffschwerter 83 ff.; vgl. W. Kimmig, Fundber. Bad.-Württ. 6, 1981, 93 ff.

von Hostomice ist chronologisch ein derart einheitlicher urnenfelderzeitlicher, mit der Ausstattung hallstattzeitlicher Gräber typenmäßig unvergleichbarer Komplex, daß weder die Eisenwaffen noch einige vorhandene jüngere Gegenstände die Zugehörigkeit zur Hallstattzeit rechtfertigen können. Die Unvereinbarkeit mit den zeitgleichen Depots dürfte mit der Unterschiedlichkeit der Fundquellen zusammenhängen; den verhältnismäßig zahlreichen späturnenfelderzeitlichen Depotfunden stehen hier die bisher einzigen zwei reichen Männergräber gegenüber. Die gegenseitige Berührung des ausklingenden bronzezeitlichen Formenbestandes mit den neu erscheinenden Ausprägungen, deren Hauptvorkommen und weitere Entwicklung bereits in die Hallstattzeit fällt, ist allerdings für die späturnenfelderzeitlichen Depots charakteristisch. Die Becken-Tasse vom Typ Hostomice selbst sowie die Amphore verkörpern eigentlich die Anfangsphase der hallstattzeitlichen Toreutik.

Die Tasse (Nr. 32) und die Amphore (Nr. 47) von Lžovice sind Einzelfunde; die Gewähr für ihre Datierung ist die völlige Gleichzeitigkeit des gesamten, in der befestigten Siedlung in den Depots oder einzeln gefundenen Bronzeinventars. Die Lage dieser Lausitzer Siedlung an der Grenze der Knovízer Ökumene und die wechselseitigen Beziehungen beider Kultureinheiten kommen im Bronzeinventar zum Ausdruck, das eine zuverlässige Synchronisierung der ostböhmischen Depotfunde des Lausitzer Gebietes mit denjenigen des Knovízer Siedlungsraumes und durch ihre Vermittlung auch mit dem breiteren Urnenfelderbereich nördlich der Alpen ermöglicht. Außer dem erwähnten Bruchstück eines Schwertes vom Typ Tachlovice datieren auch die getriebenen Faleren mit nachträglich eingegossener Mitte, die sich im einzigen vollständig erhaltenen Depot 7 fanden,[16] die Siedlung von Lžovice in die Späturnenfelderzeit. Der Inhalt dieses Depots, wie auch der meisten übrigen, bestand hauptsächlich aus grazilen, geschmiedeten ostböhmischen Armringen, die manchmal mit ähnlich schlanken Fußringen und Halsringen ganze Garnituren bildeten. Dies ist das typischste Inventar der ostböhmischen und nordmährischen Depots der Stufe Lžovice-Slezské Předměstí.[17] Die Ringe sind über die ganze Fläche mit dem sogenannten Fransenornament in verschiedener Anordnung verziert. Dieses fast interregional auftretende Ornament wurde als eine zeitgemäße Erscheinung auch bei anderen Ringen und Schaukelringen angewandt. Bei den ostböhmischen Armringen ist diese Verzierung nahezu ausschließlich mit einem eisernen Prägestock eingestanzt. Das so ausgeführte Fransenornament wurde zur typischen Verzierungsweise, die sich von Griechenland über die Ostalpen bis in den schlesisch-polnischen Lausitzer Raum ausweitete.[18] Die Zugehörigkeit dieser Verzierung in die Spätbronzezeit ist nicht nur durch das Begleitinventar der so verzierten Armringe belegt, sondern auch durch das Werkzeug selbst, mit dem das Ornament geprägt wurde und das ein östliches Gegenstück des eisernen Prägestempels für die Kreisaugen ist.[19] In Transdanubien gibt die befestigte Siedlung von Sághegy mit ihren reichen Bronzefunden eine gute Parallele zu Lžovice ab. Von dort stammen u.a. ein Depot von Armringen mit Fransenornament aus geritzten und gestempelten Linien und auch ein Depotfund dreier Tassen vom Typ Stillfried-Hostomice.[20]

---

[16] V. Diviš, Pam. Arch. 26, 1914, 8 ff. – Zu den getriebenen Faleren vgl. G. v. Merhart, Jb. RGZM 3, 1956, 28 ff.

[17] Hradišt'ko, Mus. Kolín; Dolany (Diviš a.a.O. [Anm. 16] 168 ff.; B. Svoboda, Pam. Arch. 39, 1933, 66 ff.); Práčov (vgl. Anm. 3); Černilov (Filip, Popelnicová pole 156 ff.); Hradec Králové-Slezské Předměstí (L. Domečka, Pam. Arch. 39, 1933, 68 Taf. 1); Boskovice (Podborský, Mähren Taf. 29, 1–5); Rájec-Jestřebí (ebd. Taf. 33, 14); Štramberk-Kotouč 5 (ebd. Taf. 35, 6–11).

[18] Theben (Kilian-Dirlmeier, Jb. RGZM 27, 1980, 249 ff. Abb. 4, 16); Kamena Gorica (Vinski-Gasparini, Urnenfelderkultur 164 ff. Taf. 126, B 13 Abb. 6, 16); Adaševci (ebd. Taf. 130,

A 14); Šarengrad-Bašćine (ebd. Taf. 131, 17); Maria Rast (Müller-Karpe, Chronologie Taf. 110, 2. 3; 111, A 5; 113, 1. 2); Maribor (Marburg) (ebd. Taf. 118, 43).

[19] In gleicher Technik führte man auch die Zickzackverzierung an den Armspiralen aus (Sprockhoff, Hortfunde 172 ff. Abb. 49, 1. 4). – In den Depots von Hradišt'ko (vgl. Anm. 17) und Habartice (Píč, Starožitnosti I/2, 138 ff.) waren die mit gestempelten, abwechselnden Zickzacklinien und Kreisaugen verzierten Armspiralen enthalten.

[20] Für den Hinweis auf diesen Fundort gilt Frau Dr. A. Mozsolics mein aufrichtigster Dank. Demnach ist eine Fundauswahl von Sághegy auch unter dem Fundort Celldömölk

In Europa ist das Vorkommen der Tassen vom Typ Hostomice ausschließlich in der Spätuurnen-
felderzeit nachgewiesen. Die begleitenden doppelkonischen, halslosen Nebenformen vom Typ Baumgarten dürfen wir vom eigentlichen Typ nicht absondern, wurden sie doch typologisch in die frühe Entwicklungsstufe gesetzt.[21] Die Formverschiedenheit ergibt sich offensichtlich vielmehr aus den funktio-
nalen Unterschieden. Darüber hinaus beobachten wir in der Entwicklung der Tassen und des aus
einem einzigen Stück gefertigten Bronzegeschirrs schlechthin eine Tendenz zur Formvereinfachung,
die von den dreiteilig gegliederten Exemplaren (Rand-Hals-Rumpf) in der jüngeren Bronzezeit ausgehend, über die zweiteiligen Hostomice-Tassen bis zu den ungegliederten Formen wie den Becken-
Tassen und den verwandten, in der Hallstattzeit schon überwiegenden kleinen Tassenformen führt.

Verbreitung: Die Tassen vom Typ Hostomice sind beiderseits der Alpen verbreitet. Im Raum nördlich der Alpen deckt sich ihr Verbreitungsgebiet mit dem der Tassen des Jenišovicer Typs; sie sind demnach fast ausschließlich mit dem östlichen Teil Mitteleuropas verbunden. Kleinere formale Abweichungen, insbesondere in der Bodenbildung, sondern die in den italischen Werkstätten hergestellten Tassen
von den mitteleuropäischen ab.[22] Die geringe Fundzahl der dem Hostomicer Typ angehörenden Tassen, die Nebenformen inbegriffen, bietet keine Möglichkeit, die Erzeugnisse einzelner Werkstätten
auseinanderzuhalten. Die Tassen vom Typ Hostomice und ihre verwandten, funktional unterschiedlichen Nebenformen, bilden, von vereinzelten Funden in Nord- und Westeuropa abgesehen, im Raum
von Siebenbürgen an (Sîngeorgiu de Pădure, Fizeşu Gherlii), über das mitteldanubisch-ostalpine Gebiet
(Stillfried, Haslau-Regelsbrunn, Baumgarten, Sághegy), die böhmische Gruppe (Hostomice, Třtěno,
Lžovice) bis nach Polen (Bełdów, Floth, Słupy)[23] regional begrenzte Agglomerationen, die die Anfertigung der betreffenden Tasse in einer bestimmten Werkstatt erkennen lassen. Eine solche Annahme
stützt sich auf einige mitgefundene Bronzegefäße mit schon mehr lokalem Anstrich, wie z. B. die mit
dem Hostomicer Typ zusammenliegenden formgleichen Schalen, von denen diejenige von Třtěno ein
für das böhmisch-mitteldeutsche Gebiet charakteristisches getriebenes Ornament aufweist, während
die Schale gleicher Form von Fizeşu Gherlii eine für diese Gegend übliche Verzierung aufweist
(s. S. 66).

BECKEN-TASSEN

Diesen Typ charakterisiert ein größerer, halbkugeliger, mitunter eine kleine Bodendelle aufweisender
Körper. Der Bandhenkel ist mit dem oberen Ende in Gefäßrandnähe von innen mit zwei Nieten befe-
stigt; das andere Ende des auf der Außenseite bis an das Unterteil des Gefäßes herabreichenden Hen-
kels ist kleeblattförmig oder eckig verbreitert und am Gefäß mit drei Nieten angebracht. Entlang des
Randes verläuft eine breite, geritzte, aus unterschiedlichen Ziermotiven zusammengesetzte Borte. Die
Verzierung der Becken-Tasse Nr. 33 besteht aus einem schlichten Streifen schraffierter Hängedreiecke.
Der Henkel war noch zur Zeit des Gebrauchs abgebrochen, der Rand mit angenieteten Blechunterla-
gen ausgebessert und in diese zwei neue Nietlöcher geschlagen worden. Das Unterteil des Gefäßes hat
sich nicht erhalten und vom Henkel ist nur noch das rechteckige Griffende mit gerundetem, unteren
Abschluß und drei Nietlöchern übriggeblieben.

---

veröffentlicht worden (Müller-Karpe, Chronologie Taf. 141);
Mozsolics, Folia Arch. 1–2, 1939, 1 ff.

[21] v. Merhart, Studien 19 ff.; Müller-Karpe, Chronologie
Taf. 141, A.

[22] Jockenhövel, Germania 52, 1974, 35 ff.

[23] v. Merhart, Studien 67 ff.; Jockenhövel a. a. O. (Anm. 22)
wies auf vereinzelte Stillfried-Hostomice-Tassenfunde mit

niedrigem Standfuß hin; daß es sich hierbei um Funde außerhalb des eigentlichen Vorkommenszentrums – die nordische
Tasse von Barum und die französische von Saint-Martin-sur-
le-Pré – handelt, dürfte kein Zufall sein.

33. Hostomice, Bez. Teplice. − Vgl. Nr. 30 (dazu Taf. 52−54). − Becken-Tasse; nur Oberteil und Henkelende
erhalten; Mündungsdm. 226 mm *(Taf. 6, 33)*. − Mus. Teplice (1364).

Zeitstellung: Das Grab von Hostomice datieren wir noch in das Ende der späten Urnenfelderzeit, in die
jüngste Phase der Štítary-Stufe (vgl. oben) und somit auch die Becken-Tasse. Von G. v. Merhart wurde
dieser Typ zwar als ausschließlich hallstattzeitlich bezeichnet, er wies jedoch gleichzeitig darauf hin,
daß es in Hinblick auf die mit dem Typ Stillfried-Hostomice völlig übereinstimmende Henkelform zu
einer gegenseitigen Berührung gekommen sein muß, so daß die Entstehung der Becken-Tassen an den
Anfang der Hallstattzeit zu verlegen sei.[1] Bei der Becken-Tasse von Hostomice (Nr. 33) wird die Ähnlichkeit mit den Tassen vom Typ Stillfried-Hostomice noch durch die aus einem Streifen hängender
Dreiecke gebildete Randborte erhöht; sie verdeutlicht gleichzeitig den altertümlichen Charakter dieses
Exemplares.

 Verbreitung: Die Becken-Tassen waren in der Hallstattzeit beiderseits der Alpen verbreitet − nördlich der Alpen, insbesondere im ostalpinen Bereich, und im Gräberfeld von Hallstatt.[2] In Böhmen ist
ein solches Gefäß außer von Hostomice (Nr. 33) auch aus dem Westen, von Švihov (Nr. 69) bekannt.[3]

 Die Becken-Tasse von Hostomice ist das einzige urnenfelderzeitliche Exemplar. Die mit den zusammen aufgefundenen Tassen vom Typ Stillfried-Hostomice übereinstimmende Verzierung, insbesondere
die Technik ihrer Ausführung, lassen vermuten, daß alle in ein und derselben Werkstatt angefertigt
wurden, in welcher zugleich eines der Kristallisationszentren der Becken-Tassen zu erblicken ist.

EIN BECKEN VON KLOBUKY

Die urnenfelderzeitlichen Becken sind in Böhmen durch ein einziges Bruchstück, das große Fragment
eines dickwandigen Beckens im Depot von Klobuky (Nr. 34), vertreten. Es hatte eine gerundete Wandung und ein Ornament aus schraffierten und punktierten Umlaufbändern, die mit Halbbögen gesäumt sind. Die dicht unterhalb des Randes liegenden zwei Nietlöcher deuten darauf hin, daß hier
ehemals Dreiecksattaschen angebracht waren.

34. Klobuky, Bez. Kladno. − Depotfund. − Beckenteil
mit Randstück *(Taf. 6, 34)*. − Beifunde: zwei Schwert-
bruchstücke; drei mittelständige Lappenbeile; Lanzenspitze mit getrepptem Querschnitt; drei Nadelfragmente
mit plastisch gegliedertem Kopf; zwei Brillenanhänger;
ein verzierter, massiver Armring; ein unverzierter, rund-
stabiger Armring; Fußring, verziert mit Strichbündeln
und Fransensaum; ein Stangenbarren und Brucherz (Taf.
37). − Datierung: Stufe Suchdol II/Středokluky. − Mus.
Slaný (3894). − V. Moucha, Arch. Rozhl. 21, 1969, 491 ff.

Zeitstellung: Auch wenn der Depotfund von Klobuky nicht als chronologisch einheitlicher Verband
bezeichnet werden kann, so zählt er doch inhaltsmäßig zu den alten Brucherzdepots, die in der frühen
und älteren Urnenfelderstufe in Böhmen geläufig waren. Davon zeugt das mitgefundene Griffzungenschwert vom Typ Nenzingen (Reutlingen).[1] In den böhmischen Brucherzdepots sind die Lanzenspitzen
mit getrepptem Querschnitt eine zeitlich durchlaufende Erscheinung; sie sind ebenso häufig in den
Stufen Lažany II und Suchdol II, selten in der Jenišovicer Stufe vertreten. Mittelständige Lappenbeile
sind in beiden Zeitstufen durchgehend vorhanden. Weniger häufig tritt die Variante mit tiefem Nak-

---

[1] 1 v. Merhart, Studien 15.
[2] Ebd. 65 ff. Karte 3.
[3] F. Leger, Pam. Arch. 13, 1885, 218 Taf. 9, 5; Píč, Starožitnosti I/2 Taf. 28, 7.

[1] J. D. Cowen, Ber. RGK 36, 1955, 63 ff.; Novák, PBF IV, 4
(1975) 21 ff.; Schauer, PBF IV, 2 (1971) 132 ff.

kenausschnitt (Typ Klobuky)[2] auf. Im Depot von Cheb war sie mit einer Armringgarnitur vom Typ Nezvěstice der Stufe Lažany II und im Depot von Staré Sedlo (Nr. 64) mit älteren Armbergenformen und jüngeren Vasenkopfnadeln vergesellschaftet.[3] Im letzteren Depot befand sich auch ein mit Strichbündeln und Tannenzweigmuster verzierter Fußring völlig gleicher Machart wie das Exemplar von Klobuky. Dieses Ornament ist allerdings eine chronologisch kaum aussagekräftige Erscheinung. Demgegenüber wurden die Strichgruppen mit Fransensaum, die den zweiten Ring von Klobuky zieren, häufiger auf den jüngeren Armringen beobachtet.[4] Das Fehlen jeglicher, für Depotfunde des Horizontes Lažany typischer späthügelgräberzeitlicher Formen zeugt von der Zugehörigkeit des Depots von Klobuky zur Stufe Suchdol II, vielleicht noch an den Anfang der Stufe Středokluky.

Die chronologische Stellung des Beckens von Klobuky (Nr. 34) bekräftigt unsere Annahme, daß es sich um ein Exemplar mit Dreiecksattaschen der Gruppe A nach G. v. Merhart handelt, der den Becken mit Kreuzattaschen (Gruppe B) vorausging.[5]

Verbreitung: Die Becken mit Dreiecksattaschen bilden zwei sich deutlich abzeichnende Ballungsräume, in denen die volle Variationsbreite des Typs vertreten ist. Die Gruppe im westlichen Teil des Karpatenbeckens umfaßt die Becken von Vácszentlászló, Komjatná, Piliny, Szombathely-Operint und Keresztéte.[6] Im ostbayrisch-mitteldeutsch-böhmischen Gebiet konzentrieren sich die Funde von Osternienburg (Grab 11), Acholshausen und Klobuky (Nr. 34). Diese Fundanhäufung und Vergesellschaftung mit lokalen Tassenformen schließt das Bestehen eines Zweitzentrums und die Möglichkeit nicht aus, daß diese Becken in örtlichen späten, Tassen des Typs Friedrichsruhe herstellenden Werkstätten (Středokluky-Osternienburg-Dresden) angefertigt wurden.

SCHALEN

SCHALE MIT ABGESETZTEM RAND UND GETRIEBENER VERZIERUNG
(TYP MILAVČE/HALTINGEN-RONGÈRES-GÖNNEBEK)

Ein hoher, gerundeter Rumpf mit ausladendem Rand, eine kleine Bodendelle und ein reiches, getriebenes Dekor sind gemeinsame Merkmale einiger Bronze- und Goldgefäße, die zusammen einen tektonisch und verzierungsmäßig voll ausgeprägten, bislang selten vertretenen Typ bilden. Die Verzierung besteht aus Zonen feiner Querrippen, Leisten und Reihen von Kreisaugen und Buckeln, die bei jedem Exemplar verschieden angeordnet sind. Im Hinblick auf die Profilierung unterscheiden wir zwei Varianten: die Bronzeschalen von Milavče C 1 (Nr. 35) und Haltingen[1] sowie die Goldschale von Rongères[2] haben einen scharf abgesetzten, mitunter ausladenden (Schräg-)Rand. Die unverzierte Schale von Geispolsheim[3] dürfte eine Nebenform dieser Variante sein. Die Gefäße der zweiten Variante weisen

[2] O. Kytlicová, Jber. Inst. Vorgesch. Frankfurt 1975, 97 ff.; dies., in: Studien zur Bronzezeit (Festschr. W. A. v. Brunn) (1981) 214 ff.
[3] Dies., Pam. Arch. 46, 1955, 52 ff.; v. Brunn, Hortfunde 302.
[4] Müller-Karpe, Chronologie 139.
[5] v. Merhart, Studien 3 ff. 63.
[6] Ebd. 63; ergänzend: Ch. Pescheck, Germania 50, 1972, 43 ff.; Neufund: Mezőnyárád (Patay, PBF II, 10 [1990] Nr. 4).

[1] W. Kimmig, Die Urnenfelderkultur in Baden (1940) 140 Taf. 4, B 5; 41, 13.
[2] Müller-Karpe, Handb. IV Taf. 461, D 2.
[3] Beck, PBF XX, 2 (1980) Taf. 3, 6.

einen eher beutelförmigen Rumpf mit nur angedeutetem Randabsatz auf. Hierher gehören die Goldschalen von Gönnebek[4] und Langendorf.[5] Von gleichem Bau ist auch die große, vielleicht mit einem
gegossenen Henkel versehene Bronzeschale von Østermarie.[6] Als eine Nebenform der zweiten Variante
betrachten wir die flachere, unverzierte Bronzeschale von Vinding Folkehøj,[7] die mit einer rippen-,
leisten- und buckelverzierten Kanne zusammenlag (oder ihr Unterteil war). Der Vollständigkeit halber
seien hier die Bruchstücke eines mit Kreisaugen verzierten, unpublizierten Bronzegefäßes unbekannter
Form aus einem österreichischen frühurnenfelderzeitlichen Gräberfeld erwähnt.[8]

Von der Schale von Milavče C 1 (Nr. 35) haben sich Teile vom Rand, der vom Rumpf durch eine
Buckelreihe getrennt ist, und verzierte und unverzierte Fragmente von Rumpf und Bodendelle erhalten. Aus den umherliegenden Lehmklumpen, die Abdrücke von verzierten Blechstücken aufwiesen,
ragten weitere Bronzeblechstreifen hervor. Die Rekonstruktion des Gefäßes erfolgte nach der angedeu-
teten Profilierung und Rundung der Rand- und Rumpfpartien, die Höhe und Abfolge der Zierbänder
wurden geschätzt und die Kreisaugen in den Unterteil gesetzt, in Anlehnung an die ähnliche Kombination von großen und kleinen Kreisaugen um den Boden der Goldschale von Gönnebek.

35. Milavče, Gde. Chrástavice, Bez. Domažlice; Hgl. C
1. – Vgl. Nr. 1 (dazu Taf. 26; 27, B). – Dünne Bronzeblechstücke einer verzierten Schale; Dellenteil von 20
mm Dm. *(Taf. 6, 35).* – Mus. Praha (11097).

Verzierung: Die Schalen dieses Typs sind die einzige Gattung der mittel- und nordeuropäischen Gefäße, die aus Bronze und Gold hergestellt wurden. Nach der Anordnung des Ornamentes und der Her-
stellungsart zu schließen, sind die Bronzeschalen als Imitationen der goldenen Exemplare anzusehen.
Das Ornament wurde über einen in das Gefäßinnere gelegten, mit einem modellierten Muster verseh-
nen Formamboß (Gesenk) gehämmert, wie dies auch auf den erhaltenen Gesenken mit Kreisaugen von
Stockheim,[9] Přestavlky[10] und der Tonscheibe von Wiesbaden-Schierstein[11] oder auf dem Rippenamboß
von Steinkirchen[12] praktiziert worden war. Alle auf den Schalen der Gruppe Milavče/Haltingen ange-
brachten Ziermotive waren während der Urnenfelderzeit in Mitteleuropa für Goldgegenstände, wie
Diademe[13] oder Goldkegel,[14] charakteristisch, kommen aber nur ausnahmsweise auf bronzenen
Toreutikerzeugnissen vor, für die sie erst in der Hallstattzeit zum typischen Dekorationsstil wurden.
Auf den goldenen Blecherzeugnissen hingegen blicken diese Ziermotive auf eine alte Tradition zurück.
Ihre Herkunft ist im ägäischen Raum zu suchen, wo gestempelte Kreisaugen mit Spirale und feiner
Strichelung goldene und bronzene Gefäße[15] und andere mykenische Blecherzeugnisse – vor allem
Masken, Diademe und Goldscheiben – zierten.[16] Das Auftreten der Goldscheiben in Mittel-, Nord-
und Westeuropa gab zu mancherlei Erwägungen über die Einflüsse des ägäischen Kreises auf das übrige
Europa Anlaß. In den Goldscheiben und ersten Goldgefäßen aus der älteren und mittleren Bronzezeit

---

[4] K. Kersten, Zur älteren nordischen Bronzezeit (1936) Taf.
21, 2.

[5] Ders., Die Funde der älteren Bronzezeit in Pommern
(1958) Taf. 18, 239.

[6] Müller-Karpe, Handb. IV Taf. 513, A 1.

[7] Ebd. Taf. 521, A 1. 2.

[8] Für den frdl. Hinweis danke ich Frau Z. Benkovsky-
Pivovarová.

[9] Müller-Karpe, Chronologie Taf. 156, 52.

[10] Říhovský, PBF VII, 1 (1972) Taf. 33, A 11. 12.

[11] Müller-Karpe, Handb. IV Taf. 412,F.

[12] Ders., Germania 47, 1969, 86 ff. Abb. 3.

[13] Paseky, Höfen, Rixheim, Binningen, Petterweil (Richlý,
Bronzezeit Taf. 25, 4; Müller-Karpe, Handb. IV Taf. 417, A 6;
432, F 1; 435, F 10; 446, A 6).

[14] Ezelsdorf-Buch, Schifferstadt, Avanton (ebd. Taf. 412, A;
439, C 3; 472, 11); jetzt P. Schauer, Die Goldblechkegel der
Bronzezeit (1986).

[15] Mykenai (Goldkanne und -becher), Knossos (Bronze-
kannen): Matthäus, PBF II, 1 (1980) Taf. 31, 252. 253; 74; 75,
3 – 5.

[16] z. B. die Funde aus Gräberrund A und B (Müller-Karpe,
Handb. IV Taf. 222 – 229).

im karpatischen Bereich wollte A. Mozsolics schon heimische, durch klassische Vorlagen inspirierte Erzeugnisse sehen.[17] Das Goldgefäß einmaliger Form von Biia ist bereits mit gestempelten Kreisaugen und Reihen großer Buckel verziert; Buckelreihen waren auch auf weiteren Goldgefäßen im Depot aus dem ehemaligen Komitat Bihar angebracht.[18] Die typischen Goldschmiedemotive wurden im Karpatenbecken auf den Goldscheiben auch nach der erheblichen Fundlücke im Horizont Kurd weiterhin verwandt.[19] Noch in der mittleren Bronzezeit entstanden – möglicherweise unter dem Einfluß der karpatischen Werkstätten – zwei bedeutende Goldschmiedewerkstätten, eine im Nordischen Kreis,[20] die andere in Westböhmen,[21] welche ähnliche, mit der „mykenischen" Spirale und allen erwähnten Mustern in verschiedener Anordnung verzierte Goldscheibentypen herstellten. In diesen beiden, voneinander entfernten Gebieten verlief die Entwicklung der Goldscheiben und später die der Bronzegefäße unter Anwendung von Goldschmiedeelementen auffallend parallel. Im Nordischen Kreis überschnitten sich sogar die Produktion der Goldscheiben und die der ältesten Gold- und Bronzegefäße mit gleichem Ornament. Ihr Entstehen in denselben Werkstätten bezeugt z. B. das getriebene Sternmuster über dem Boden der Bronzeschale von Østermarie, das mit den Sternmustern einiger nordischer Goldscheiben analog ist.[22] Zwischen den ortsansässigen Goldschmieden in beiden Gebieten gab es offenbar bei der Produktion der Bronzegefäße direkte handwerkliche Kontakte. In beiden Regionen erschienen gleichzeitig die ältesten Tassen vom Typ Friedrichsruhe und die Kesselwagen. Trotzdem ist der ursprünglich von den karpatischen Werkstätten aus erfolgte Anstoß zur Entstehung der alten Goldschmiedewerkstätten im übrigen Europa unverkennbar. E. Čujanová[23] stellte gerade in der ausgehenden mittleren Bronzezeit einen merklichen Zustrom von karpatischen und mitteldanubischen keramischen und bronzenen Formen fest, von denen einige in Gräbern mit Goldscheiben vergesellschaftet waren. Im übrigen stehen die Schalen vom Typ Milavče/Haltingen selbst durch ihre zweiteilige Form (Rumpf-Rand) den ältesten mitteleuropäischen Gusen-Tassen aus dem mitteldanubisch-karpatischen Raum am nächsten.[24] Die weitere Gold- und Bronzemetallbildnerei entwickelte sich dann schon unabhängig vom karpatischen Gebiet. Man merkt dies an der Verteilung der großen Goldscheiben, Gold- und Bronzeschalen, doch auch der Tassen vom Typ Friedrichsruhe und deren verwandter, in denselben Werkstätten gefertigter Formen. Von der Einwirkung der Goldschmiedearbeit auf die Bronzetoreutik zeugt auch die spezifisch böhmische Form der Bronzesiebe vom Typ Záluží (s. S. 68 ff.), welche durch ihre Profilierung und plastische Gliederung den Schalen vom Typ Milavče/Haltingen sehr nahe stehen.

Anders gestaltet sich die Frage der Parallelisierung der Goldschmiedearbeit und später der Bronzetoreutik im Nordischen Kreis und in Westböhmen. Die Ähnlichkeit der Erzeugnisse aus beiden Werkstätten ist auffallend; es wurde auf sie bereits im Zusammenhang mit den ältesten Tassen des Typs Friedrichsruhe hingewiesen. Diese Ähnlichkeit ergibt sich zwangsläufig nicht nur aus dem einheitlichen, ursprünglichen Anreiz der karpatischen Werkstätten, sondern auch aus den direkten Kontakten zwischen den nordischen und westböhmischen Werkstätten am Ende der mittleren und Anfang der jüngeren Bronzezeit (s. S. 36 ff.).

---

[17] Mozsolics, MAGW 94, 1964, 104 ff.; dies., Ber. RGK 46–47, 1965–66, 28 ff.

[18] Ebd.; Müller-Karpe, Handb. IV Taf 287, B. D.

[19] Várvölgy-Felsőzsid (Mozsolics, in: Studien zur Bronzezeit [Festschr. W. A. v. Brunn] 1981 229 ff. Taf. 13).

[20] Moordorf, Jægersborg, Trundholm (K.-H. Jacob-Friesen, Ipek 7, 1931, 25 ff. Taf. 1 Abb. 25–27). Auf ihr Verhältnis zu den alten irischen Scheiben wollen wir hier nicht weiter eingehen.

[21] Sedlec-Hůrka, Milínov-Javor, Nová Huť, Zelené (E. Čujanová-Jílková, Pam. Arch. 66, 1975, 74 ff. Abb. 4. 7. 11. 18).

[22] Jægersborg (Jacob-Friesen a. a. O. [Anm. 20]).

[23] Čujanová-Jílková a. a. O. (Anm. 21).

[24] Gusen, Ivanovce, Vácszentlászló (Müller-Karpe, Handb. IV Taf. 338, B 1; 331, E 2; 331, G 1).

In der Urnenfelderzeit erschien das Goldschmiedeornament auf anderen Bronzegefäßformen nur sporadisch und meist schon in gröberer Ausführung. Bei der Tasse von Očkov[25] machte sich der Einfluß der Milavče/Haltingen-Schalen durch die höhere Form geltend, wenngleich die Dreiteilung (Rumpf-Hals-Rand) eigentlich der verwandten Ausprägung des Typs Friedrichsruhe eigen ist. Die beiden mit Goldschmiedeornamenten versehenen, in den sächsischen Werkstätten der Stufe Ha A 2 angefertigten Tassen (Königswartha,[26] Dresden-Laubegast 5[27]) fügen sich in die lokale Ausprägung der jüngsten Friedrichsruher Tassen tektonisch ein. Im übrigen bezeugen die sächsischen Werkstätten mit ihrer Vorliebe für reiche, flächendeckende Verzierung und Sternmuster oberhalb des Bodens bei einigen Exemplaren gewissermaßen eine Erneuerung des alten Ornamentenstils.

Zeitstellung: Der Datierung des Exemplars von Milavče C 1 (Nr. 35) in die frühe Urnenfelderstufe liegen das Riegsee-Schwert, das Baierdorf-Messer sowie das übrige bronzene und keramische Inventar zugrunde. W. Kimmig datierte das badische Grab von Haltingen mit seiner Bronzeschale in die frühe Stufe Ha A.[28] Nur das nordische Grab von Østermarie gehört aufgrund des Dolches und der älteren Messerform noch an das Ende der Periode II, während die unverzierte Schale von Vinding Folkehøj der Jungbronzezeit zugewiesen wurde. Altertümlich mutet hingegen das Bronzeinventar aus dem Grab von Geispolsheim an, das u. a. eine unverzierte Schale enthielt; die Nadelform, Armringe und eine Armberge mit Blechmanschette stehen noch der Mittelbronzezeit näher.[29] Von den Goldschalen ist diejenige von Rongères noch mittelbronzezeitlich. Goldene Armringe mit gegenständigen Doppelspiralen wie der hier vorhandene sind bislang aus drei, in der Mittelbronzezeit an Gold reichen Gebieten bekannt – aus dem Karpatenbecken,[30] Böhmen[31] und dem Nordischen Kreis.[32] Im Karpatenraum erschienen sie in einer breiten Skala von Varianten und Typen bereits am Anfang der Mittelbronzezeit. Im Norden sind sie kennzeichnend für die Periode II und leiten in die Periode III über. Im Grab von Østermarie fand sich zusammen mit der Bronzetasse ein goldener, gedrehter Armring mit je drei Endspiralen.[33] In Böhmen konnten keine Goldarmringe anhand von Begleitfunden datiert werden. Ihre bronzenen Nachahmungen, die formenmäßig dem Exemplar von Rongères am nächsten stehen, sind erst für das Ende der Mittelbronzezeit typisch.[34] Die Goldschale von Gönnebek stammt aus einem Grab von der Wende der Periode II zu III.

Die hier umschriebenen Schalen gehören einem der ältesten europäischen, in Form und Verzierung schon völlig ausgeprägten Typ der getriebenen Gefäße an. Die Produktion der Schalen aus Goldblech setzte in der Mittelbronzezeit ein, als im Nordischen Kreis erstmals ihre bronzenen Nachahmungen erschienen (Østermarie). In Mitteleuropa traten sie erstmals in der frühen Urnenfelderzeit auf und ihre Laufzeit reichte nicht weit über den Anfang der älteren Urnenfelderstufe hinaus.

Verbreitung: Die Schalenfunde des Typs Milavče/Haltingen-Rongères-Gönnebek streuen in der westlichen Hälfte Mitteleuropas von Böhmen bis Frankreich und im Nordischen Kreis. Ihr Verbreitungsgebiet deckt sich demnach in groben Zügen mit dem des Typs Friedrichsruhe. Die erste Variante mit Schrägrand ist vorwiegend in Mittel- und Westeuropa, die zweite bislang nur im Norden nachgewiesen. Hinsichtlich ihrer Entstehung ist von Bedeutung, daß sie sowohl in Westböhmen als auch im

[25] J. Paulík, Slov. Arch. 10, 1962, Abb. 23.
[26] W. Coblenz, Arb.-Forscher. Sachsen 2, 1952, 135 ff. 152 f. Abb. 19.
[27] Ebd. Abb. 11; v. Brunn, Hortfunde Taf. 56, 1.
[28] Vgl. Anm. 1.
[29] Beck, PBF XX, 2 (1980) 69 f. 94. 111 ff.
[30] Mozsolics, Bronze- und Goldfunde 94 ff. Taf. 78. 79. 83. 84. 95. 96. 99–102.
[31] Minice bei Kralupy, Libčeves bei Bilina, Větrušice bei Žatec (Schránil, Vorgeschichte Taf. 23, 11; 25, 1. 6. 7).
[32] Kersten a. a. O. (Anm. 4) 53 ff.
[33] Müller-Karpe, Handb. IV Taf. 513, A 7.
[34] O. Kytlicová, Arch. Rozhl. 14, 1964, 547 Abb. 155, 15.

Nordischen Kreis belegt sind, also in beiden Gebieten mit eigenständigen, Goldscheiben herstellenden Goldschmiedewerkstätten. Die durch die Goldschmiedearbeit beeinflußte Bronzetoreutik läßt nur in diesen zwei Gebieten die ältesten europäischen Tassen vom Typ Friedrichsruhe erkennen. In Böhmen werden sie von den Sieben des Typs Záluží begleitet, die den umschriebenen Schalen in der Profilierung und Verzierung ähneln. Bei der Goldschale von Rongères bleibt die Herkunftsfrage ungeklärt. In Form und Verzierung unterscheidet sie sich deutlich von den alten westeuropäischen Goldgefäßen, die offensichtlich ägäischer Herkunft sind.[35] Sie dürfte bestimmt in einer der beiden genannten europäischen Werkstätten, die die großen Goldscheiben anfertigten, hergestellt worden sein. Aus Böhmen und dem Nordischen Kreis sind Armringe von ähnlicher Form wie der in Rongères mit der Goldschale gefundene bekannt, welche übrigens durch den kräftigen, abgesetzten Rand der Milavčer Schale näher steht. Aus Böhmen sind bislang keine Goldgefäßfunde gemeldet worden. Die Möglichkeit der Herstellung in einer westböhmischen Goldschmiedewerkstatt unterstützen einmal die Annahme P. Starys,[36] daß das böhmische Gold über Südwestdeutschland bis nach Frankreich transportiert wurde, zum anderen die Tatsache, daß die bronzene Imitation von Milavče zweifellos ein Erzeugnis heimischer Werkstätten ist. Ob aus diesen Werkstätten auch das jüngere Exemplar von Haltingen stammt, muß dahingestellt bleiben. Seine Laufzeit fällt mit dem Erscheinen der offenbar auf heimischem Boden unter dem Einfluß der böhmischen Werkstätten entstandenen Tassen vom Typ Friedrichsruhe zusammen. Hier kann auch angesichts der Funde goldener Diademe und Kegel der Einsatz der Goldschmiedekunst in der frühen Urnenfelderzeit vorausgesetzt werden.

DOPPELKONISCHE SCHALEN

Im Depot von Třtěno fanden sich zwei doppelkonische Schalen: die höhere mit geritzter Randborte (Typ Baumgarten [Nr. 36]) war mit einer umgestülpten flacheren, am Rumpf und Boden mit getriebenem Dekor verzierten Schale (Nr. 37) abgedeckt. Beide gehören völlig unterschiedlichen Typen an, auch wenn sie offenbar als ein ganzes – Schale mit Deckel – entworfen wurden.

Schale vom Typ Baumgarten

Die doppelkonische Schale mit Standring (Nr. 36) weist ein breit ausladendes konisches Unterteil und einen hochsitzenden Umbruch auf. Das obere, nur leicht abgeschrägte Teil ist mit einem Band geritzter, schraffierter Dreiecke verziert.

36. Třtěno (vormals Křtěno/Krendorf), Bez. Louny. – Vgl. Nr. 10 (dazu Taf. 55–59). – Doppelkonische Schale; H. 55 mm; Mündungsdm. 137 mm (*Taf. 6, 36*). – Mus. České Budějovice, ehem. Slg. Ohrada (1001).

Schale mit Leisten-Buckel-Ornament

Die gedrungenere Schale gleicher Form (Nr. 37) weist am Unterteil ein Leisten-Buckel-Ornament auf. Der breite Standboden ist durch konzentrische, die kleine Delle säumende Leisten gegliedert.

---

[35] z. B. Rillaton (Müller-Karpe, Handb. IV Taf. 475, C 1)

[36] Stary, in: K. Spindler (Hrsg.), Vorzeit zwischen Main und Donau (1980) 46 ff. besonders 56 f. 68 f.

37. Trtěno (vormals Křtěno/Krendorf), Bez. Louny. –   48 mm; Mündungsdm. 132 mm *(Taf. 6, 37)*. – Mus. Čes-
Vgl. Nr. 10 (dazu Taf. 55–59). – Schale (Deckel?); H.   ké Budějovice, ehem. Slg. Ohrada (1002).

Funktion: Im Depot bildeten beide Schalen (Nr. 36. 37) eine geschlossene Dose, in der ein Teil der Gegenstände deponiert worden war. Ihre aufeinander abgestimmten Maße sprechen gegen eine nur zufäl-
lige Verwendung zweier zusammenliegender Gefäße. Sie wurden offensichtlich schon als ein Behältnis
angefertigt. Beim Schließen dieses Behältnisses rastet das ganze Oberteil der flachen Schale (Deckel) bis
an die Leiste ihres Ornamentes im Oberteil der wesentlich höheren unteren Schale ein, so daß deren
Ritzverzierung gleichzeitig voll zur Geltung kommt. Eine ästhetische Wirkung sollte auch durch die
Verzierung des Bodens der flacheren Schale erzielt werden, welcher beim Umstülpen den Deckel-
scheitel bildete. Ein analoger Fall zweier ineinanderpassender Schalen liegt von Fizeșu Gherlii vor. Die
höhere von ihnen und die obere Trtěnover Schale (Nr. 36) gehören zu den vier von G. v. Merhart als
Nebenform der Tassen vom Typ Stillfried-Hostomice[1] bezeichneten doppelkonischen Schalen. Die flachere Schale (Nr. 37) hat ebenfalls eine reiche, getriebene Verzierung. Ein weiteres Exemplar, das von
Baumgarten,[2] ähnelt durch seine gedrungene Form und die getriebene Verzierung des Rumpfes und
Bodens mehr dem Deckel von Trtěno (Nr. 37). Es hat den Anschein, als bildeten die Hostomice-Tassen
und die mit ihnen zusammenliegenden, gedrungenen Exemplare mit getriebenem Dekor funktional
eine ausgeprägte Gruppe gleichzeitig gefertigter, als Dosen dienender Schalen mit Deckel. Die Teile
konnten jedoch ebensogut auch einzeln benutzt werden, wie die Schale von Baumgarten beweist.

Zeitstellung: G. v. Merhart[3] ließ die Möglichkeit zu, daß die doppelkonischen Schalen die Entwicklung der Tassen vom Typ Stillfried-Hostomice eingeleitet haben. Er stützte sich dabei auf das gemeinsame Vorkommen der Schale von Trtěno (Nr. 36) und der anderen Leisten-Buckel-verzierten Schale
(Nr. 37), die er anhand einer unvollständigen Zeichnung dem in dieser Manier verzierten mittel- und
norddeutschen Schalentyp zuordnete. Aufgrund des gleichzeitigen Auftretens der norddeutschen Schalen sogar noch mit den Jenišovice-Tassen setzte v. Merhart ihr Aufkommen und somit auch die Anfänge der Leisten-Buckel-Verzierung, die er ebenso wie E. Sprockhoff von nordischen Goldgefäßen ableitete, noch vor die späte Urnenfelderstufe. Später wurde mehrmals darauf hingewiesen, daß der Leisten-
Buckel-Stil den mitteleuropäischen Bronzetoreuten schon wesentlich früher bekannt war.[4] Im Grunde
ist nicht auszuschließen – und diese Möglichkeit scheint jetzt um so wahrscheinlicher zu sein – daß
dieses Zierelement tatsächlich von den Goldschmiedewerkstätten übernommen oder beeinflußt wurde,
werkstätten wurde dieser Zierstil bereits von der frühen Urnenfelderzeit an mit Vorliebe angewandt,
wie dies aus seiner ununterbrochenen Laufzeit, die mit der frühbronzezeitlichen Schale von Milavče
allerdings viel früher, und zwar schon in der Hügelgräberzeit (s. S. 63 f.). In den böhmischen Toreutik-
(Nr. 35) und den beiden zeitgleichen Bronzesieben von Velká Dobrá (Nr. 38) und Záluží (Nr. 39) be-

---

[1] v. Merhart, Studien 19 ff. 67 ff. Taf. 13, 8. 9; Petrescu-Dîmbovița, PBF XVIII, 1 (1978) Taf. 256, B; Hampel, Bronzkor III
Taf. 219, 15. 16. – Weitere siebenbürgische doppelkonische
Schalen von Sîngeorgiu de Pădure bei: v. Merhart, Studien 67
und Petrescu-Dîmbovița a. a. O. 261, 3; sie besitzen weder die
charakteristische Verzierung noch einen Standring und sehen
wie unfertige Ware aus. Die zwei mitgefundenen Schalen mit
gerundeter Wandung muten auf der Abbildung wie Halbfabrikate an. Ähnliche Schalen – vielleicht auch Rohlinge –
waren im Geschirrfund von Fizeșu Gherlii II enthalten.

[2] v. Merhart, Studien Taf. 13, 6.

[3] Ebd. 41 ff. Abb. 4. Diese Schalen unterscheiden sich von
denjenigen aus Trtěno (Nr. 36. 37) durch eine auffallend klei-

ne Delle, ein breites Oberteil und vor allem durch den kurzen, ausgebogenen Rand. Formenmäßig können ihnen weder
die Schale von Biesenbrow noch die Tasse von Königswartha
beigeordnet werden. Zu den nordischen Schalen vgl. Sprockhoff, Handelsgeschichte 80 ff. – In Saint-Martin-sur-le-Pré
war die Tasse vom Typ Jenišovice mit Tassen vom Typ Hostomice vergesellschaftet (G. Gaucher, Sites et cultures de l'âge
du bronze dans le Bassin Parisien [1981] Fig. 19). Die Form
dieser Jenišovice-Tasse hebt sich schon deutlich vom eigentlichen Typ ab und bezeugt eher sein Überdauern als ein höheres Alter des Typs Hostomice.

[4] O. Kytlicová, Pam. Arch. 50, 1959, 137 ff.; A. Jockenhövel,
Germania 52, 1974, 39 Anm. 91.

gann und sich über die älterurnenfelderzeitliche Ziste von Žatec (Nr. 43) bis in die Jenišovicer Zeitstufe fortsetzte, zu ersehen ist. In den Werkstätten, die Bronzegeschirr herstellten, entstanden auch die gleichartig verzierten Faleren aus den Depots von Středokluky (Nr. 5) und Jenišovice (Nr. 6). Zu diesem Zeitpunkt, da sich zwischen den böhmischen toreutischen Werkstätten und den neuentstandenen, mitteldeutschen Werkstätten von Osternienburg-Dresden und später auch mit denen, die Jenišovice-Tassen verfertigten, direkte Kontakte anbahnten, bürgerte sich der Leisten-Buckel-Stil auf mitteldeutschem Boden ein und breitete sich von dort aus später weiter nach Norddeutschland und Polen aus. In der Spätbronzezeit, als seine Beliebtheit den Höhepunkt erreichte, erhielt er sich als selbständiges Ornament nur auf dem böhmischen Bronzegeschirr und auf den Schalen Mittel- und Norddeutschlands. Auf dem in polnischen Werkstätten hergestellten Bronzegeschirr und auf den norddeutschen, hallstattzeitlichen Kännchen trat er nur als Bestandteil oder Ergänzung des komplizierten Ornamentes auf.

Die Gleichzeitigkeit der Schale mit Leisten-Buckel-Ornament aus dem Depot von Trtěno (Nr. 37) und beiden so verzierten böhmischen Amphoren (Nr. 46. 47), sowie der Tassen vom Typ Stillfried-Hostomice (Nr. 30–32) ergibt sich aus der zeitlichen Stellung des Depots selbst. Es ist dies ein typisches Depot der Spätbronzezeit, das durch das gemeinsame Auftreten der ausklingenden Urnenfelderindustrie und der völlig neuen, den aufkommenden formalen Reichtum der Hallstattzeit darstellenden Formen gekennzeichnet ist. Ersteres ist im Depot von Trtěno durch das typische, spätbronzezeitliche Nackenlappenbeil mit Öse, durch die bereits mit einer Eisenpunze verzierten Armspiralen sowie die geschmiedeten Armringe mit Kanten oder D-Profil vertreten. Zu den erstmals in der Späturnenfelderzeit erscheinenden Formen zählen die eingebogenen Trensenknebel, eine Schelle und vor allem die typisch böhmischen, schweren Ringe, deren Kreisaugenornament mit einer Eisenpunze eingeschlagen worden ist.[5] Der neue Hallstatt-Stil kommt auch im Dekor zum Ausdruck. H. Müller-Karpe setzte den Beginn der gestempelten Kreisaugenzier in die Stufe Ha B 3.[6] Im Knovízer Gebiet wurde diese zum bodenständigen, bei unterschiedlichen örtlichen Formen angewandten Ziermotiv, obzwar dort ihre Entwicklung aus den geritzten, konzentrischen Kreisen nicht belegt ist. Mit dem Kreisaugenmuster wurden sowohl einzelne, gegossene Ringe als auch ganze Garnituren konzentrisch angeordneter Ringe verziert,[7] und manchmal, wie auf Armspiralen[8] und Streitbeilen mit quergestellter Schneide,[9] noch Zickzacklinien hinzugefügt. Besonders auffällig ist die häufige Anwendung der Kreisaugenzier auf dem Griff und dem Klingenoberteil der Schwerter vom Typ Tachlovice, die sich durch den geritzten und gestempelten Dekor von den zeitgleichen, verwandten Auvernier- und Mörigen-Schwertern unterscheiden.[10] Im Depot von Rymáň waren schwere gegossene, mit Kreisaugen verzierte Ringe mit ebenso

[5] Die gleichen waren in den Depots von Rymáň und Patřín (Richlý, Bronzezeit Taf. 27, 1–4; 32).

[6] Müller-Karpe, Chronologie 130 ff.

[7] J. Axamit, Tetín (1924) 1 ff. Die Art ihrer Verzierung deutet darauf hin, daß die Ringgarnituren ursprünglich mit einer Schnur oder einem Riemen verbunden waren, während ähnliche spätere Hallstattringe durch gegossene, bronzene Zwischenglieder zusammengehalten wurden. Die Ringe von Tetín haben einen rhombischen Querschnitt wie die unverzierten, gleichfalls aus spätbronzezeitlichen Depots stammenden Ringe aus Mähren: Rájec-Jestřebí (Podborský, Mähren Taf. 33, 13), Štramberk-Kotouč (ebd. Taf. 35, 1), Vícemĕřice (ebd. Taf. 37, 13). Die Ringe der Garnitur von Trtěno besitzen den gleichen runden Querschnitt wie alle übrigen zeitgleichen Ringe aus Böhmen: Habartice (V. Šaldová, Pam. Arch. 56, 1965, 59 ff.), Gußform von Zvolenĕves (Richlý, Bronzezeit Taf. 44, 10).

[8] Habartice (vgl. Anm. 7); Hradišťko (Mus. Kolín).

[9] Vgl. Anm. 14.

[10] Die Tachlovicer Schwerter weisen die typische Kombination von Kreisaugen mit Rillenbündeln und Halbbögen auf, die auch auf anderen, zeitgleichen Gegenständen erscheinen; Rillenbündel schmücken sowohl die Ervĕnicer Nadeln als auch die Knebel von Hostomice, und mit Halbbögen ist der Henkel der Hostomice-Tasse (Nr. 30) verziert. – Verzierte Schwerter vom Typ Tachlovice: Hostomice, Most, Velké Žernoseky (Müller-Karpe, Vollgriffschwerter Taf. 68, 7), Tachlovice (ebd. Taf. 69, 2), Rymáň (ebd. Taf. 69, 6), Steinsittenbach (ebd. Taf. 69, 3), Lžovice, Mus. Čáslav, Humes (ebd. Taf. 69, 7). – Im Unterschied zu den böhmischen Schwertern ist die Griffverzierung plastisch und die Kreisaugen sind eingeritzt.

verzierten Schwertern vom Typ Tachlovice vergesellschaftet.[11] Ein Schwert vom Typ Tachlovice fand sich auch im Grab von Hostomice (Nr. 30. 31), ein weiteres stammt aus der Lžovicer Siedlung (Nr. 32); dank ihrer können der Depotfund von Třtěno und die darin enthaltenen Schalen (Nr. 36. 37) mit den Tassen vom Typ Stillfried-Hostomice und Amphoren mit Leisten-Buckel-Ornament aus dem Grab von Hostomice (Nr. 30. 31) und der befestigten Siedlung Lžovice (Nr. 32) zeitlich verglichen werden.

Verbreitung: Die doppelkonische Schale mit Leisten-Buckel-Verzierung (Nr. 37) ist eine einmalige Form. Das andere Teil des Behälters, die Schale vom Typ Baumgarten (Nr. 36), findet ihre Analogien im ostalpinen Fund von Baumgarten,[12] im karpatisch-siebenbürgischen Raum in der Schale von Fizeșu Gherlii und im unverzierten Exemplar von Sîngeorgiu de Pădure.[13] Beide Schalen weisen demnach ungefähr dasselbe Verbreitungsgebiet wie die Tassen vom Typ Hostomice (Nr. 30–32) und deren kleinere Nebenform auf, welche sich von den Schalen lediglich durch das Vorhandensein eines Henkels unterscheiden (s. S. 59). Eine genaue Entsprechung zur Dose aus Třtěno (Nr. 36. 37) gibt nur der Gefäßsatz von Fizeșu Gherlii ab. Das getriebene Ornament der flacheren, als Deckel dienenden Schale besteht dort aus frei zusammengestellten Punkten und Buckeln. Dies bedeutet, daß das Behältnis in einer anderen Werkstatt als dasjenige von Třtěno hergestellt wurde.[14] Damit ist eine Grundlage zur Annahme gegeben, daß nicht nur die Schalen, sondern auch die gesamte Typenfamilie der Stillfried-Hostomice-Tassen nur eine von verschiedenen, allgemein bekannten Geschirrsorten war, die in verwandten Werkstätten des östlichen Teils Mitteleuropas voneinander unabhängig hergestellt wurde. Von der Ausbreitung der einschlägigen Kenntnisse zeugt die Tatsache, daß die Tassen vom Typ Stillfried-Hostomice auch zur Produktion der italischen Werkstätten gehörten.

SIEBE

SIEBE MIT SCHMALEM RAND UND PLASTISCH ABGESETZTEM UNTERTEIL (TYP ZÁLUŽÍ)

Diesem Typus wurden zwei stark beschädigte Bronzesiebe mit gerundeter Wandung von Velká Dobrá (Nr. 38) und Záluží (Nr. 39) zugeordnet. Bei keinem ist das Unterteil erhalten. Die gelochte Partie wird bei beiden Exemplaren mit je zwei Leisten und einer Buckelreihe begrenzt; die Buckel sind aus den Leisten herausgeschlagen worden. Das Fragment von Velká Dobrá besitzt drei Buckelreihen in unterschiedlicher Höhe; die ersten zwei sind auf Leisten angebracht, von denen die eine höher liegt, darunter verläuft die dritte, schlichte Buckelreihe. Beim Bronzesieb von Záluží sind die Buckel in die zwei gleich hohen Leisten in größeren Abständen gesetzt. Zugleich wurden auch von außen zwischen den Leisten Punkte eingeschlagen. Die Reihe unterhalb der Leisten besteht aus etwas größeren Buckeln. Der Randabsatz wird durch leicht eingestochene Punkte betont. Der Henkel ist nur noch am Sieb von Velká Dobrá erhalten. Sein Oberende ist dreieckig verbreitert und unterhalb des Randes auf der Gefäßaußen-

---

[11] Ebd. 123 Taf. 69, 6.

[12] Vgl. Anm. 2.

[13] Vgl. Anm. 1.

[14] Das Ornament knüpft an die Punkt-Buckel-Verzierung an; die Ausweitung der alternierenden Punkt- und Buckelreihen auf kompliziertere Ornamente bzw. die Kombination von Buckeln verschiedener Größe ist auf die Ornamentik der Eimer von Hajdúböszörmény zurückzuführen; sie fand beiderseits der Alpen auf verschiedenen Gefäßtypen und Streitbeilen Anwendung. Aus Böhmen ist kein einziger Fall bekannt.

seite mit zwei Nieten befestigt. Das untere Henkelende läuft in eine Scheibe aus, die nur mit einem einzigen Nietstift vernietet ist. Die Henkelverzierung besteht aus Schrägstrichen an den Kanten und einer Buckelreihe in der Mitte. An den durch die Glut deformierten Bruchstücken von Záluží konnte zwar kein Henkel festgestellt werden, doch das mitgefundene, rechteckige, mit zwei Reihen kleiner Buckel verzierte und mit einem Niet in der Mitte versehene Blechstück dürfte das Verstärkungsplättchen sein, mit dem man den unteren Niet von innen zu unterlegen pflegte.

38. Velká Dobrá, Bez. Kladno; Hgl. 24. – Brandschüttung am Grabhügelboden und eine sekundäre Körperbestattung in der oberen Schicht. – Bruchstücke einer Siebtasse *(Taf. 7, 38)*. – Beifunde: Griffzungenmesser mit Ringende; Nadel mit Rippen und Knotung; Radanhänger; etwa elf Gefäße (verschollen) (Taf. 29, A). – Datierung: Stufe Modřany. – Mus. Praha (48277). – J. L. Píč, Pam. Arch. 15, 1890–92, 481 ff.; ders., Starožitnosti I/2, 159 Taf. 6; Müller-Karpe, Chronologie 157; J. Hrala, Arch. Stud. Mat. 11, 1973, 56 ff.

39. Záluží, Gde. Kotovice, Bez. Plzeň-Süd. – Urnenbestattung (unter Grabhügel?). – Oberteil eines Siebes; H. ca. 70 mm; Mündungsdm. ca. 140 mm *(Taf. 7, 39)*. – Beifunde: gekanteter Armring mit Sanduhrmuster; Bruchstücke eines tordierten Halsringes; Unterteil eines amphorenartigen Vorratsgefäßes; doppelkonisches Gefäß mit waagerechten Kanneluren am Umbruch und senkrechten Rillenbündeln am Unterteil; Tasse mit kantigem Henkel; beschädigte Tasse; konische Schale mit waagerechten Lappen unterhalb des Randes; Bruchstücke einer großen Schüssel (Taf. 28, C). – Datierung: Stufe Svářeč. – Mus. Plzeň (3047. 3051). – Unpubliziert.

SIEB MIT GERUNDETER WANDUNG, BREITEM RAND UND PLASTISCH ABGESETZTEM UNTERTEIL (VARIANTE STŘEDOKLUKY)

Das Sieb von Středokluky (Nr. 40) unterscheidet sich von den oben beschriebenen Exemplaren vor allem durch seinen breiten, leicht abgeschrägten und mit getriebenen, im Zickzack angeordenten Leisten verzierten Rand. Die Randlippe ist umgelegt und somit verstärkt. Das gelochte Unterteil wird oben von einer plastischen Leiste begrenzt. Der mit seinem oberen Ende über den Rand greifende Bandhenkel ist an beiden Enden mit je einem Niet befestigt. Der Boden hat sich nicht erhalten.

Dieser Variante gehören auch zwei mitteldeutsche Siebe an. Eines stammt aus dem Geschirrfund 5 von Dresden-Laubegast,[1] das andere aus Falkenberg, Grabhügel II.[2] Das Sieb von Dresden-Laubegast 5 ist das einzige Exemplar mit erhaltenem Unterteil, Rundboden und kleiner Delle in der nicht gelochten Mitte. Beim Vergleich mit dem böhmischen Sieb sind nur geringe Abweichungen feststellbar: die gelochte Partie wird von zwei Buckelreihen begrenzt, der Henkel ist von außen befestigt. Das Sieb von Falkenberg weist am Rand zwei durch eine plastische Leiste getrennte Zickzacklinien auf. Der von innen befestigte Henkel ist mit hörnerartigen Fortsätzen verziert. Ein breites Randstück mit Zickzackverzierung und ein Fragment des gelochten Gefäßteiles aus der Siedlung von Velem St. Vid[3] stammen offensichtlich von einem Sieb des hier behandelten Typs.

40. Středokluky, Bez. Prag-West. – Vgl. Nr. 5 (dazu Taf. 38. 39). – Sieb; H. ca. 7 cm; Mündungsdm. 18 cm *(Taf. 7, 40)*. – Mus. Roztoky (23139).

Vom Sieb aus Grabhügel C 6 von Milavče (Nr. 41) ist der Rand nicht erhalten, so daß seine Zugehörigkeit zu einem der beiden Typen unsicher ist. Nach der Biegung des ursprünglich über den Rand

---

[1] W. Coblenz, Arb.-Forschber. Sachsen 2, 1952, 135 ff.; v. Brunn, Hortfunde 316 ff.

[2] H. Agde, Jahresschr. Halle 24, 1936, 173 ff.; v. Merhart, Studien 24 f. Abb. 2, 2.

[3] K.F. v. Miske, Die prähistorische Ansiedlung Velem St. Vid (1908) Taf 53, 44. 61.

gezogenen Henkeloberteils zu schließen, war der Gefäßrand breit. Das sonst gut erhaltene Sieb hat eine gerundete Wandung. Die nicht gelochte Bodenmitte hat eine mit einem plastischen Ring eingefaßte kleine Delle. Am unteren Ende des Bandhenkels ist der Niet mit einem Verstärkungsplättchen unterlegt. Das obere Ende trägt ein Ansatzstück mit hornartigen Fortsätzen. Der Henkel und die stilisierten Stierköpfchen sind mit Rillen- und Punktreihen verziert.

41. Milavče, Gde. Chrástavice, Bez. Domažlice; Hgl. C 6. – Urnenbestattung. – Fragmentiertes Bronzesieb; H. 45 mm; Mündungsdm. 130 mm *(Taf. 7, 41).* – Beifunde: Beilschneide; zwei Trensen; zwei Gußkuchen; Tonsieb; eiförmiges Gefäß mit Ritzverzierung und drei Henkeln; kleine Tasse; breite, halbkugelige Schüssel mit hochgezogenem Henkel (Taf. 28, A). – Datierung: Ältere Milavče-Stufe. – Mus. Plzeň, vorher Mus. Domažlice (3111). – F. Lang, Pam. Arch. 17, 1896–97, 625 ff.; J. Bouzek, Arch. Rozhl. 14, 1962, 188. 192 (zur Keramik); O. Kytlicová/V. Vokolek/J. Bouzek, PM Hradec Králové 7, 1964, 174.

Ein Bronzesieb unbekannten Typs von Slaný

42. Slaný, Bez. Kladno; Slánská Hora. – Einzelfund, angeblich nahe einer Knovízer Siedlung. – Verbogenes Siebbodenteil mit konzentrisch angeordneten Löchern *(Taf. 7, 42).* – Mus. Slaný (2252). – Unpubliziert.

Herstellungstechnik: Alle Siebe sind aus sehr feinem Blech gehämmert; trotzdem bestehen zwischen ihnen bestimmte Unterschiede. Das Blech, aus dem das Sieb von Velká Dobrá (Nr. 38) gefertigt ist, war bis zur Folie ausgehämmert, so daß es zum Großteil zerfallen ist. Auch bei den Leisten sind Unterschiede in der Blechtreibtechnik unverkennbar. Die Form und Ausführung der Leisten bei den Sieben von Velká Dobrá (Nr. 38) und Záluží (Nr. 39) legen den Gedanken nahe, daß die Leisten von innen her mit der stumpfen Spitze eines Metallwerkzeuges in eine Unterlage aus Hartholz herausgeschlagen und die Kanten der Leisten durch nachträgliche Schläge ausgestaltet wurden.[4] Beim Sieb von Záluží wurde so auch die Rinne zwischen beiden Leisten durch von außen geführte Schläge nachgearbeitet. Bei der scharf abgesetzten Leiste am Exemplar von Středokluky (Nr. 40) kann auf einen andersartigen Arbeitsvorgang geschlossen werden. In das Sieb wurde ein bronzenes Gesenk mit modellierter Rippe hineingelegt und diese von der Außenseite mit einem Hammer aus Hartholz herausgetrieben.[5] Auf ein solches Verfahren deutet die Gleichmäßigkeit der Leisten an den einzelnen, abschnittsweise getriebenen Zickzacklinien der Randverzierung hin; die Ecken stoßen nicht nahtlos aufeinander. Am Siebrand wurde der Rippenamboß beim Treiben der Zickzacklinie jeweils von unten her angelegt.

Unterschiedlich ist die Ausführung und Größe der Löcher in den Sieben. Bei denjenigen von Velká Dobrá (Nr. 38) und Milavče (Nr. 41) sind die Löcher winzig. Beim letzteren Sieb, dessen gelochtes Unterteil sich vollständig erhalten hat, bilden die Löcher ungleichmäßige Gruppen, stellenweise fehlen sie gänzlich oder ist das Blech nur angebohrt und nicht durchbrochen. Demgegenüber sind beim Sieb von Středokluky (Nr. 40) und beim Bruchstück von Slánská Hora (Slaný [Nr. 42]) die verhältnismäßig großen Löcher zu Reihen angeordnet. Beim Durchschlagen wurde das Blech wahrscheinlich auf einen Am-

---

[4] Der gleiche Arbeitsvorgang ist bei einigen gegossenen, nachgeschmiedeten Zierbuckeln belegt. Am Zierbuckel von Stradonice (Nr. 4) ist an der Innenseite eine Reihe eingeschlagener Punkte sichtbar; am Exemplar von Staré Sedlo (O. Kytlicová, Pam. Arch. 46, 1955, Abb. 4, 10) wurde die Leiste durch dichte schräge Meißelschläge herausgetrieben, welche auf der Innenseite Spuren hinterlassen haben.

[5] Ein Amboß mit drei Rippen ist aus dem Grab von Steinkirchen erhalten. Nach H. Müller-Karpe (Germania 47, 1969, 86 ff. Abb. 3) fand er bei der Herausarbeitung von Leisten bei Eimern vom Typ Kurd Verwendung.

boß gelegt, da keines der Siebe eine durch die Durchschläge verursachte Verziehung des Bleches aufweist und an den Löchern keine Blechreste sichtbar sind; diese wurden nach Beendigung der Arbeit
entfernt.

Die Henkel der Siebe gleichen in Form und Befestigungsart den Henkeln der gleichartigen Tassen
(s. S. 25). Der plastische, einen stilisierten Stierkopf darstellende Aufsatz am Sieb von Milavče (Nr. 41),
wurde im Überfangguß auf den für den Henkel bestimmten Blechstreifen nachträglich angegossen. Der
Rohguß mit geraden Fortsätzen wurde dann nachgearbeitet, die Fortsätze in vierkantige Hörner aufgebogen und nach Ausgestaltung des Henkels dieser vor dem Anbringen am Sieb, zusammen mit dem
stilisierten Stierköpfchen, mit feinen Rillen und Punkten verziert. In gleicher Weise ist der Aufsatz mit
Stierhörnern am Sieb von Falkenberg ausgeführt. Bei den Tassen von Hajdúsámson und Aluna[6] wurde
ein ähnlicher Aufsatz gesondert gegossen und mit zwei Nieten am Tassenrand, oberhalb des Henkels
befestigt. Bei der Tasse mit hornartigen Fortsätzen von Dresden-Laubegast 5 sind die Hörner unmittelbar aus dem Henkelblech herausgetrieben worden.[7]

Funktion: Drei der fünf böhmischen Siebe stammen aus Gräbern (Velká Dobrá [Nr. 38], Záluží [Nr.
39] und Milavče [Nr. 41]). Sie sind zusammen mit den Sieben von Hart a.d. Alz,[8] Langengeisling, Grab
4[9] und Falkenberg, Grabhügel II, die einzigen in Gräbern gefundenen mitteleuropäischen Siebe. In den
Gräbern von Hart a.d. Alz und Falkenberg waren Krieger mit ihren Waffen bestattet. Auch der Reiter-
bestattung(?) im Grabhügel C 6 von Milavče (Nr. 41) waren u.a. ein Trensenpaar und ein Beil mitgegeben worden. Weniger aussagekräftig ist das Grab von Velká Dobrá (Nr. 38). Es beinhaltete ein Messer,
einen Anhänger und eine Nadel. Im Knovíz-Milavčer Gebiet gehört das Messer zum üblichen Begleitinventar bedeutender Männergräber, während es in Gräbern mit Schmuckgarnituren nur ausnahmsweise vorkommt, auch wenn wir im breiteren Urnenfelderkreis Messer in Frauengräbern viel häufiger
antreffen. Dagegen begegnen die in Böhmen seltenen Anhänger im allgemeinen öfter in Frauengräbern,
doch sind sie vereinzelt auch in Kriegergräbern nachgewiesen.[10] Eine einzelne Nadel tritt in der Regel
häufiger in Männergräbern auf. Selbst Grab 4 von Langengeisling bietet keinen eindeutigen Hinweis
auf das Geschlecht des Bestatteten: die einzige Beigabe war ein Armring. Obgleich auch Männer Bron-
zearmringe in geringerer Anzahl trugen, dürfte es sich hier im Hinblick auf das zeitgleiche, reiche Kriegergrab 6 im selben Gräberfeld[11] um die Bestattung einer Frau in besonderer Stellung handeln, die mit
dem Kriegergrab in gewissem Zusammenhang steht. Nur das mit einem Arm- und Halsring ausgestattete Grab von Záluží (Nr. 39) ist eindeutig eine Frauenbestattung.

Ein komplettes Trinkgeschirr, das die Benutzung von Bronzesieben bei der Zubereitung der Getränke-
ke als unvermeidlich erscheinen läßt, hat sich nur im Wagengrab von Hart a.d. Alz erhalten. Im Geschirrfund 5 von Dresden-Laubegast wiederholt sich die Vergesellschaftung von Eimer, Sieb und Tasse;
hier ist auch die Verwendung eines Schöpfers nachgewiesen, mit dem das Getränk aus dem größeren
Gefäß — im gegebenen Fall aus dem Eimer — durch das Sieb in das Trinkgefäß gegossen wurde. Komplette Gefäßgarnituren waren Geschenke von Hinterbliebenen. Möglicherweise wurden sie auch eigens
für Personen außerordentlichen Ranges hergestellt, wie es ohne Zweifel der Krieger aus dem Wagengrab von Hart a.d. Alz war. Daß man die Siebe bei der Zubereitung von Getränken verwandte, wobei
offenbar das Sieb in die Tasse gesetzt wurde, bestätigen die Befunde in den Gräbern von Falkenberg

[6] Hajdúsámson: v. Merhart, Studien 24 f. Abb. 2, 1; P. Patay, Arch. Ért. 95, 1968, 72 ff. Abb. 20, 3. – Aluna: D. Srejović,
Starinar 11, 1960, 47 ff. Abb. 1, 9. 10.

[7] v. Brunn, Hortfunde Taf 56, 2.

[8] Müller-Karpe, Bayer. Vorgeschbl. 21, 1956, 46 ff. Abb.
3, 2.

[9] E. Press, ebd. 207 ff. Abb. 30, 2.

[10] Ockstadt: Müller-Karpe, Vollgriffschwerter 99 f. Taf. 28,
B 12.

[11] Vgl. Anm. 9.

und im Depot von Středokluky, in denen jeweils eine Tasse (Nr. 5) und ein Sieb (Nr. 40) lagen. Die Zusammensetzung des letzteren Depots gleicht einer kompletten Grabausstattung (s. S. 27). In allen drei böhmischen Gräbern (Velká Dobrá, Záluží, Milavče C 6) wurden die Siebe gesondert, ohne Begleittasse, vielleicht als Symbolgabe beigegeben. Das Mißverhältnis im Vorkommen einzelner Teile der Geschirrgarnituren läßt sich dadurch erklären, daß diese vielfach aus Bronze- und Tongefäßen bestanden. Im Grab von Žatec (Nr. 45) fand sich neben einer Bronzeamphore und einer größeren Anzahl von Tontassen auch ein Sieb aus Ton. Der Grabhügel C 6 von Milavče (Nr. 41) enthielt ein eiförmiges Tongefäß von einmaliger Form, dessen Maße denjenigen der Bronzeeimer nahestehen, und außer einem Bronzesieb auch ein Exemplar aus Ton. Hieraus ist zu ersehen, welche Bedeutung den Sieben im Knovíz-Milavčer Gebiet beigemessen wurde. Nach ihrem europäischen Vorkommen zu schließen, dürfte der Gebrauch der Siebe lokal und zeitlich bedingt gewesen sein, was mit ihrer unterschiedlichen Funktion und der Zubereitung von Getränken oder mit der Wahl der Getränke als solchen zusammenhängen könnte.

Zeitstellung: Das Sieb von Velká Dobrá (Nr. 38) datierte H. Müller-Karpe aufgrund des mitgefundenen, dem Typ Baierdorf nahestehenden Messers in seine Stufe Bz D,[12] ebenso wie J. Hrala, der das Grab seiner Stufe I der Knovízer Kultur zuwies.[13] Das Baierdorf-Messer erscheint in gesicherten Fundzusammenhängen, besonders in Westböhmen, wo es in Gräbern zusammen mit Schwertern vom Riegsee-Typ gefunden wurde.[14] Einer solchen Datierung widerspricht auch nicht die Nadel mit profiliertem Kopf und Knotung am Hals. Sie ist bereits in den Depots der Stufe Plzeň-Jíkalka belegt und kommt häufig im Depothorizont Lažany II vor. In der Stufe Suchdol II weisen die profilierten Nadeln bereits Formabweichungen auf. Die Rippung verliert an Schärfe, der Knoten ist gerundet bis vierkantig.[15] Aus typologischer Sicht bildet die Nadel von Velká Dobrá den Übergang von den ältesten Formen zu den fortschrittlicheren. Die Zugehörigkeit des Grabhügels 24 von Velká Dobrá zur frühen Urnenfelderstufe ergibt sich auch aus der auf der Hügelsohle ruhenden Brandschüttungsbestattung, die in Westböhmen ein charakteristisches Merkmal eines von der Hügelgräberzeit noch in die frühe Urnenfelderstufe überdauernden Grabbrauches ist. Die Verknüpfung der urnenfelderzeitlichen Grabhügel von Velká Dobrá mit dem westböhmischen Milavčer Kreis zeigt sich deutlich nicht nur in ihrem Aufbau, sondern auch in ihrem Bronzeinventar (s. S. 15). Im Urnengrab von Záluží (Nr. 39) ist der starke, tordierte Halsring mit glatten Enden chronologisch unbrauchbar. Der geschmiedete, kantige Armring gehört im böhmischen Knovíz-Milavčer Gebiet zu einer ausschließlich hügelgräberzeitlichen Form, deren jüngstes Auftreten in die Stufe Plzeň-Jíkalka[16] fiel; vereinzelte urnenfelderzeitliche Funde sind allesamt fremder Provenienz. Der Armring von Záluží kommt offenbar aus dem süddeutschen Urnenfelderbereich, wo die Entwicklung gekanteter Armringe ununterbrochen bis in die Urnenfelderzeit anhielt. Durch sein in gepunkteten Bogenlinien ausgeführtes Sanduhrornament ähnelt er dem Typ Allendorf, den I. Richter nur in der frühen Urnenfelderstufe festzustellen vermochte, und den sie zur Synchronisierung der Stufe Wölfersheim mit dem Formenkreis von Riegsee benutzte.[17] Im Gegensatz zum Allendorfer Typ hat der Armring von Záluží allerdings keine petschaftartig verbreiterten Enden. Die Zuweisung des Grabes von Záluží in die frühe Urnenfelderzeit gründet auf der chronologisch auswertbaren Keramik. Die konische Schüssel mit waagerechten Lappen unterhalb des Randes knüpft an die vorausgehende Hügelgräberzeit an. Desgleichen weist das kräftig profilierte, doppelkonische Gefäß archai-

---

[12] Müller-Karpe, Chronologie 157.
[13] Hrala, Knovízská kultura 56 ff.
[14] Tupadly, Gr. 5: Šaldová, Arch. Rozhl 13, 1961, 694 ff. Abb. 245, 1. 2; Milavče C 4.

[15] Kytlicová, in: Studien zur Bronzezeit (Festschr. W. A. v. Brunn) (1981) 233 ff.
[16] Dies., Arch. Rozhl. 16, 1964, 516 f.
[17] Richter, PBF X, 1 (1970) 102 ff. Taf. 35, 609. 612.

sche Merkmale auf und stellt sich den ältesten doppelkonischen Gefäßen der Stufe Vrhaveč an die Seite.[18] Die Siebe von Záluží (Nr. 39) und Velká Dobrá (Nr. 38) sind demnach die ältesten Mitteleuropas. Mit ihnen kann in chronologischer und formaler Hinsicht nur das Bronzesieb von Peschiera in Zusammenhang gebracht werden,[19] dessen Zweiteilung (Rumpf-Rand) und Körperbau auf eine gemeinsame Herkunft hindeuten.

Die Datierung der Siebvariante Středokluky (Nr. 40. 41) stützt sich auf den zeitlich uneinheitlichen Depotfund von Středokluky (Nr. 5. 40), welcher zwischen die Stufen Suchdol II und Jenišovice datiert (s. S. 32). Diese Datierung entspricht derjenigen der beiden mitteldeutschen Siebe derart, daß sie aus ein und derselben Werkstatt stammen könnten. Beide mitteldeutschen Siebe sind durch die Tassen des Fuchsstadt-Typs eindeutig datiert.

Die Datierung des Grabes C 6 von Milavče (Nr. 41) gründet sich mehr auf das Gesamtgepräge der Bestattung und das keramische Inventar als auf die Bronzebeigaben. Das Fragment einer Beilschneide und das Trensenknebelpaar sind chronologisch nicht aussagekräftig. Letzteres fällt durch die quergestellten Löcher in die Kategorie der urnenfelderzeitlichen Trensen, die nördlich der Alpen in der Frühstufe erschienen.[20] Die Beisetzung des Leichenbrandes in einer Urne auf der Hügelsohle ist im Milavčer Kreis typisch für die namentlich in der älteren Stufe (Ha A 1) geübten Bestattungssitten. Dem älteren Bestattungsritual gemäß datierte J. Bouzek das keramische Grabinventar an den Übergang seiner Stufen II und III der Milavčer Kultur, also an die Wende von der frühen zur älteren Urnenfelderstufe.[21]

Die Datierung des Bronzesiebes von Milavče (Nr. 41) ist typologisch nicht so eindeutig; das Fehlen des Randes läßt eine sichere typologische Einordnung nicht zu. Sein außerordentlich dünnes Blech und die unregelmäßige Perforation rücken es in die Nähe des Exemplars von Velká Dobrá (Nr. 38). Eine Ähnlichkeit mit dem Sieb von Středokluky (Nr. 40) ist nur durch die Leiste gegeben, die das gelochte Unterteil vom Rumpf abtrennt, obgleich dieses Element nicht als zeitbestimmend aufzufassen ist. In direktem Zusammenhang mit der Variante Středokluky und den Produkten der jungen Werkstätten Středokluky-Osternienburg-Dresden ist das Sieb von Milavče durch die hornartigen Fortsätze zu sehen, die in gleicher Machart auf zwei Tassen im Geschirrfund von Dresden-Laubegast 5 und auf dem Sieb von Falkenberg angebracht worden sind. Solche hornartige Fortsätze sind auch aus dem karpatischen Raum und dem Ostalpenbereich bekannt, wo sie auf Bronzegefäßhenkeln lokaler Typen vorkommen. Im Depot von Žaškov war der Henkel einer schüsselförmigen Tasse vom Typ Blatnica mit solchen Fortsätzen verziert. M. Novotná datierte den gesamten Fund in die Stufe Bodrog, die sie mit der älterurnenfelderzeitlichen Stufe Ha A 1 synchronisierte, und für die sie das Zusammentreffen älterer und jüngerer Formen als charakteristisch bezeichnete.[22] Das Vorhandensein hornartiger Fortsätze deutet jedoch nicht auf ein höheres Alter hin, zumal diese in der frühen Urnenfelderstufe bisher in keinem einzigen Fall festgestellt wurden. Dafür wurden sie auf zwei Tassen vom Typ Spišská Belá angetroffen: An einem Exemplar von Aluna[23] aus der Stufe Ha A 2 und auf der Tasse von Hajdúsámson,[24] die mit einer Jenisoviče-Tasse vergesellschaftet war (s. S. 53). Die Funde aus dem Karpatenbecken zeigen, daß dieses Zierelement nicht eng an einen einzigen Zeithorizont gebunden ist; der zuverlässig datierte Fund von Žaškov erhärtet die zeitliche Zuweisung des Bronzesiebes von Milavče C 6 (Nr. 41) in

[18] Böhm, Základy 153 ff. Abb. 76; E. Čujanová-Jílková, Pam. Arch. 68, 1977, 74 ff. Abb. 10, 5; 12, B 6; 13, 1.

[19] Müller-Karpe, Chronologie Taf. 105, 2.

[20] G. Kossack, Jb. RGZM 1, 1954, 111 ff.; Kytlicová, Pam. Arch. 46, 1955, 52 ff.; H. Thrane, Aarbøger 1963, 50 ff. (mit Verbreitungskarte).

[21] Bouzek, Arch. Rozhl. 14, 1962, 183 ff.

[22] Novotná, Musaica 4, 1964, 21 ff. Abb. 3.

[23] Vgl. Anm. 6

[24] Ebd.

die ältere Urnenfelderstufe. Damit ist zugleich der fließende Übergang der Siebe der Variante Středokluky zu den älteren westböhmischen Sieben bewiesen.

Die hornartigen Fortsätze stellen einen stilisierten Stierkopf dar, der am besten am Sieb von Milavče
C 6 zu erkennen ist, bei dem die Hörner einem plastischen Aufsatz entwachsen. Erstmals wird hier die
symbolische Verbindung eines Stieres mit einem Bronzegefäß geboten und somit eine Parallele zur
Kombination Wasservogel-Gefäß hergestellt. Die Idee der z.T. symbolisierten Stierkopfdarstellung
bleibt gegenüber den Vogelprotomen oder getriebenen Vogelsymbolen auf den urnenfelderzeitlichen
Bronzegefäßen deutlich zurück. Sie setzte sich erst bei den hallstattzeitlichen Gefäßen durch, als die
hörnerartigen Fortsätze oder auch vollständige Protomen auf den Gefäßhenkeln beiderseits der Alpen
erschienen. G.v. Merhart wies als erster auf ihre vorhallstattzeitliche Tradition und auf Zusammenhänge mit den urnenfelderzeitlichen, aber auch ähnlichen Hörnern aus dem östlichen Mittelmeergebiet
hin.[25] Bei dem von v. Merhart erwähnten Fund vom Kerameikos in Athen handelt es sich um ein aus
einem protogeometrischen Grab stammendes, deformiertes Bruchstück.

Mit der Problematik des Stiersymbols auf den Bronzegefäßen im kretisch-mykenischen Gebiet befaßte sich vor wenigen Jahren H. Matthäus. Er interpretierte die zwei waagerechten Henkel mit Stier-
köpfchenaufsatz von Mouliana in gleicher Weise wie die Lekanai-Henkel und neigte zu ihrer Datierung in SM III C, d.h. die Zeit des ersten Vorkommens der mitteleuropäischen stilisierten Köpfchen.[26]
Auch den italienischen Depotfund von Tolfa mit einem stierverzierten Bronzegefäß hielt er nicht für
wesentlich jünger und datierte ihn in das 11. Jh., indem er ihn mit ägäischen Einflüssen verband. In
diesem Bereich traten Stierdarstellungen auch auf Tongefäßen und Dreifüßen auf. Die bisher sporadischen Funde dieser Art im ägäischen Kreis und ihre nicht völlig geklärte Datierung gestatten bislang
keine eindeutigen Schlußfolgerungen. Im übrigen lassen die aus dem ägäischen Raum bekannten stilisierten Stierköpfchen ebenso wie der erwähnte italienische Fund in stilistischer und bildnerischer Hinsicht einen Vergleich mit den groben mitteleuropäischen Exemplaren nicht zu. Die starke Stilisierung
nach Vorlagen aus dem Bereich der Hochkulturen ist auch für einige mit Vogelprotomen verzierte Gegenstände belegt.[27] Die Uneinheitlichkeit in der Auffassung und gesamten Ausführung selbst bei den in
Mitteleuropa, mit Sicherheit im selben Produktionskreis entstandenen Exemplaren — wie jenen von
Falkenberg und Dresden-Laubegast 5 — bezeugt, daß dem Symbol allein mehr Bedeutung als der Stili-
sierungsweise beigemessen wurde. Infolgedessen liegt der Gedanke nahe, daß die Idee der Verbindung
des Stiersymbols mit dem Bronzegefäß aus dem Bereich der Hochkulturen nach Mitteleuropa vorge-
drungen ist. Dafür spricht ihre plötzliche Verbreitung und fast gleichzeitige Anwendung auf verschiedenen, lokalen Bronzegefäßtypen und auch der Umstand, daß gleichzeitig mit dem ersten Vorkommen
der stilisierten Stierköpfchen einzelne Bronzegefäße erschienen, die das Bestehen intensiver Kontakte
zwischen den toreutischen Werkstätten des östlichen Mittelmeergebietes und Mitteleuropas bezeugen.
In diesem Zusammenhang wies Müller-Karpe auf ein Siebbecken mit Doppelvogelmotiv in Punktrei-
hentechnik auf dem Rand aus dem Grab von Ano Englianos-Pylos hin, das er wegen seiner tordierten
Querhenkel mit den mitteleuropäischen toreutischen Erzeugnissen in Zusammenhang brachte.[28] Matthäus verband das Becken von Pylos mit den cyprischen Siebtassen mit gerundetem Boden und breit
ausladendem Rand. Auch diese haben drei tordierte Querhenkel.[29] Mit den cyprischen Sieben läßt sich
formenmäßig auch ein einmaliger Fund aus dem Karpatenbecken verknüpfen, der ein schon viel frühe-

---

[25] v. Merhart, Studien 24 ff.
[26] Matthäus, PBF II, 1 (1980) 274 ff.
[27] Ders., in: Studien zur Bronzezeit (Festschr. W. A. v.
Brunn) (1981) 277 ff. Abb. 1.

[28] Müller-Karpe, Jber. Inst. Vorgesch. Frankfurt 1975, 19 ff.
Abb 1, 3.
[29] Matthäus, PBF II, 1 (1980) 292 ff.

res Bestehen ähnlicher Formen belegt. A. Mozsolics veröffentlichte den Fund eines „Löffels" aus dem Depot von Lengyeltóti 4.[30] Es handelt sich um eine gedrungene Schale mit gerundetem Boden, breitem, ritzverziertem Schrägrand und einer doppelten Buckelreihe darunter. Die Ähnlichkeit mit den cyprischen Sieben und dem Becken von Pylos bekräftigt ein tordierter Querhenkel, der gleichfalls inmitten des breiten Randes mit zwei Nieten befestigt ist. Beide Funde sind entweder zeitgleich, oder das Becken von Pylos ist nur wenig älter. Matthäus datierte den Fund von Pylos in das SH III B oder SH III C. Mozsolics deutete den Fund von Lengyeltóti als ein ausgeprägtes Depot des Horizontes Kurd (v. Brunns Stufe Kisapáti-Lengyeltóti bzw. Stufe Ha A 1). Auch für die cyprischen Siebe setzte Matthäus den Anfang ihrer Laufzeit noch in der Bronzezeit voraus. Auffallende Ähnlichkeiten bestehen zwischen dem Schalengefäß von Lengyeltóti und den Sieben der Variante Středokluky nicht nur durch die gedrungene Form und plastische Verzierung unterhalb des Randes, sondern vor allem durch den breiten, mit einer Zickzacklinie verzierten Rand, welche beim ungarischen Exemplar eingeritzt ist. K.F. v. Miske[31] fand in der Siedlung Velem St. Vid unter Blechbruchstücken aus unterschiedlichen Zeitabschnitten auch das Fragment eines Bronzesiebes und offenbar vom selben Exemplar ein bereits durch Umlegung verstärktes Randstück. Die getriebene Zickzacklinie am Rand ist bis zu den kleinsten Details identisch mit der Randverzierung des Siebes von Středokluky (Nr. 40). Beim Bruchstück von Velem St. Vid ist das Ornament an der Stelle unterbrochen, wo das Loch eingeschlagen wurde. Der Henkel saß also am Rand wie beim Sieb von Lengyeltóti oder bei den Tassen mit stilisierten Stierköpfchen von Hajdúsámson oder Aluna. Es ist daher nicht auszuschließen, daß die Entwicklung des böhmischen Siebes in eine Form mit breitem Rand durch die engeren Kontakte Mitteleuropas mit den Hochkulturen erfolgte, deren Einfluß nach Böhmen vielleicht über das mittlere Donaugebiet gelangte und dorthin auch gleichzeitig das Stiersymbol auf den Gefäßhenkeln vermittelte.

Zusammenfassend kann gesagt werden, daß die beiden Bronzesiebe vom Typ Záluží (Nr. 38. 39) aus der frühen Urnenfelderzeit stammen. Die weitere Entwicklung dieses Typs in der älteren Urnenfelderstufe kommt durch das Exemplar von Milavče C 6 (Nr. 41) zum Ausdruck. Die entwickelte Form mit breitem Rand (Variante Středokluky [Nr. 40]) gehört schon voll in die mittlere Urnenfelderzeit. Mit dieser Ausprägung klingen im größten Teil Mitteleuropas die Bronzesiebe aus.

Verbreitung: Der Typ Záluží ist nur im westlichen Knovízer Randgebiet (Velká Dobrá [Nr. 38]) und in Westböhmen (Záluží [Nr. 39]) nachgewiesen. Aus Westböhmen stammt auch das Sieb aus Grabhügel C 6 von Milavče (Nr. 41), dessen Zugehörigkeit zu einem der beiden in Böhmen vertretenen Typen nicht gesichert ist. Der Středokluky-Variante gehören außer dem mittelböhmischen Sieb von Středokluky (Nr. 40) die beiden mitteldeutschen Exemplare aus Grab 2 von Falkenberg und aus dem Geschirrfund von Dresden-Laubegast 5 an. Zu ihnen zählt auch das Siebfragment von Velem St. Vid.[32] Das Bruchstück eines Siebes unbekannter Form von Slánská Hora (Nr. 42) stammt aus Mittelböhmen.

Im Hinblick auf die gesamteuropäischen Fundverhältnisse bilden die fünf böhmischen Siebe zusammen mit den beiden mitteldeutschen Exemplaren die dichteste Konzentration dieser Bronzegeschirrart in Europa. Es ist schwer zu entscheiden, ob zum allgemein seltenen Vorkommen der Siebe, die im Vergleich zum sonstigen Bronzegeschirr schlechteren Erhaltungsbedingungen beigetragen haben. Die Tatsache, daß nach Ablauf der „Středokluker Ära" die Siebe auch aus Böhmen und Mitteldeutschland verschwanden, scheint eher darauf hinzudeuten, daß bei ihrer Herstellung und Benützung auch jene Faktoren eine Rolle spielten, die auf ihre örtliche Beliebtheit Einfluß nahmen. Wegen des nur sporadischen Auftretens der Bronzesiebe wurde dieser Geschirrart bisher nicht die gebührende Aufmerksam-

---

[30] Mozsolics, MMK Somogy 2, 1975, 5 ff. Taf. 4, 10. [32] Vgl. Anm. 1 – 3.
[31] Vgl. Anm. 3.

keit geschenkt, auch wenn die bisher beschränkte Anzahl der Funde eine bestimmte Auswertung ermöglicht und neue Erkenntnisse über die Entwicklung der regionalen toreutischen Werkstätten erschlossen hat.

Aus dem kretisch-mykenischen Bereich mit der größten Dichte an bronzezeitlichen Geschirrfunden führte Matthäus[33] nur fünf Bronzesiebe und dazu noch fragmentierte Exemplare auf, also die gleiche Fundzahl wie in Böhmen. Im Rahmen des reichen Vorkommens des Bronzegeschirrs im karpatisch-siebenbürgischen Raum sind aus der jüngeren Bronzezeit nur wenige Bruchstücke bekannt, die jedoch keine Vorstellung über ihre einstige Form vermitteln.[34] Eine Ausnahme bildet vielleicht nur die erwähnte Schale von Lengyeltóti.

Das gut erhaltene Sieb von Tiszavasvári stammt schon aus der jüngeren Urnenfelderzeit; das genaue Gegenstück liegt aus dem nordischen Kostræde vor.[35] Diese hohen Siebe mit spitz zulaufendem Boden gleichen im Oberteil und Ornament den Eimern vom Typ Hajdúböszörmény, die offensichtlich in denselben Werkstätten hergestellt wurden und mit denen sie gemeinsam eine Geschirrgarnitur bildeten. Möglicherweise wurden sie noch zu anderen Zwecken als die älteren böhmischen Siebe benutzt.

Im Raum südlich der Alpen ist die Verwendung der Siebe bereits seit der frühen Urnenfelderzeit belegt. Den Beweis dafür liefert das Sieb von Peschiera.[36] Nördlich der Alpen, aus Süddeutschland, sind ein Sieb aus dem Grab von Hart a.d. Alz und ein zweites aus Langengeisling, Grab 4[37] bekannt. Ihre gemeinsame, sich von der Typengruppe Záluží-Středokluky unterscheidende Form deutet auf das Bestehen eines lokalen, bayerischen Siebtyps hin, der sich der östlichen Tassenproduktion anpaßte. Der Henkel des jüngeren der beiden Siebe, desjenigen von Langengeisling, das mit einer Tasse vom Typ Fuchsstadt gefunden wurde, hat verbreiterte Enden, die am Gefäßhals mit je zwei Kegelnieten befestigt waren. Beide in lokalen Werkstätten entstandenen Siebe zeugen vom Bestehen und vom gewissermaßen unabhängigen Charakter der süddeutschen Werkstätten sowie von der direkten Entwicklung der Tassen vom Typ Friedrichsruhe, Variante IIb, zum Typ Fuchsstadt (s. S. 38).

Die Eigenständigkeit der heimischen Produktion kommt noch markanter zum Ausdruck, wenn wir einen Vergleich zwischen den Friedrichsruher Tassen und den Sieben zunächst in Böhmen, dann in Mitteldeutschland ziehen. Beide Bronzegeschirrarten – die Tasse und das Sieb – treten in Böhmen gleichzeitig, schon in der frühen Urnenfelderzeit auf; für beide ist das Treibornament bezeichnend. In der Frühstufe und auch noch zu Beginn der älteren Stufe ist das Vorkommen beider Bronzegeschirrarten fast ausschließlich auf Westböhmen begrenzt, wo mit einer Tätigkeit der lokalen, böhmischen Werkstätten zu rechnen ist. Mit dem Sieb von Milavče, C 6 (Nr. 41) und der Tasse von Nezvěstice (Nr. 8) verlieren sich die Spuren der toreutischen Werkstätten in Westböhmen, doch das Aufkommen von Tassen und Sieben in Mittel- und Nordwestböhmen, und in der mittleren Urnenfelderstufe auch in Mitteldeutschland, läßt die ununterbrochene Tätigkeit der Werkstätten und ihre Verlagerung nach Norden deutlich erkennen.

[33] Matthäus, PBF II, 1 (1980) 306 ff.
[34] Uioara de Sus: Petrescu-Dîmbovița, PBF XVIII, 1 (1978) Taf. 190, 705; 191, 731; Pamuk: Mozsolics a.a.O. (Anm. 30) Taf. 7, 17.
[35] Thrane, Acta Arch. 36, 1965, 198 ff. Fig. 23; 24, a. b.
[36] Vgl. Anm. 19. Dieses in der Form dem Typ Záluží nahestehende Sieb läßt nur durch das Fehlen des Treibornamentes auf seine Herkunft aus einer anderen Werkstatt schließen.

[37] Vgl. Anm 8 und 9. Beide Siebe weisen durch ihre Form und Dreiteilung (Rumpf-Hals-Rand) auf eine Ableitung von der lokalen Tassenform hin. Die Randverstärkung beim Sieb von Hart a.d. Alz verrät den Einfluß der Eimer vom Typ Kurd und vielleicht auch seine Herkunft aus derselben Werkstatt wie die des mitgefundenen Eimers. Von der Variante Středokluky unterscheidet sie auch der tiefere, zugespitzte Boden.

KESSELWAGEN

Der Kesselwagen aus Grabhügel C 1 von Milavče (Nr. 43) ist aus zwei separat hergestellten Teilen zusammengesetzt: dem Kessel (bzw. Becken) aus getriebenem Blech und dem gegossenen, vierrädrigen Fahrgestell. Der Kessel ist von kugeliger Form mit gerundetem Boden, leicht trichterförmig ausladendem Hals und abgesetztem, mit drei Buckelreihen verziertem Rand. Das Fahrgestell besteht aus einem gegossenen Ring mit dreieckigem Querschnitt, auf dem zwei gegenständige, trapezförmige Platten aufliegen, die mit plastischen Rippen aus zwei durch einen Steg getrennten Sparren verziert sind. Beide Platten sind von hohen Leisten umrandet, die in vier kantige, die Wagenachsen bildende Stäbe übergehen. Die Achsen sind am Ausgang rechtwinklig nach oben gebogen, so daß das Oberteil des Fahrgestells in gleicher Höhe mit dem oberen Rand der Räder zu liegen kommt. Am unteren Ende verjüngen sie sich in spitze Stäbe mit rundem Querschnitt, biegen rechtwinklig nach außen ab und bilden somit die Radachsen. Die aus vier Speichen bestehenden, korrodierten Räder sind unbeweglich. Aus dem kreisförmigen Rahmen des Fahrgestells laufen radial zur Wagenachse vier Fortsätze mit Nieten aus, an die der Kessel befestigt war.

43. Milavče, Gde. Chrástavice, Bez. Domažlice; Hgl. C 1. – Vgl. Nr. 1 (dazu Taf. 26; 27, B). – Bronzekessel auf gegossenem Fahrgestell mit vier Rädern; Kessel: H. 250 mm; Mündungsdm. 415 mm; Untersatz: L. 300 mm; Br. 220 mm; Dm. des mittleren Ringes 137 mm; Dm. der Räder 127 mm *(Taf. 8, 43; 9, 43).* – Mus. Praha (111672. 111673).

Herstellungstechnik: Der Kessel (Nr. 43) ist aus einem einzigen dünnen Blechstück gehämmert, das Fahrgestell zusammen mit dem plastischen Ornament und den vier geraden, aus den Ecken der breiteren Trapezseiten laufenden Stäben in einschaliger Form gegossen worden. Die Oberfläche des Fahrgestells blieb unbearbeitet; nach Beseitigung des Gußzapfens wurde die in der Mitte des einen Trapezes befindliche Eingußstelle nur oberflächlich nachgeschmiedet. Gegenüber dem im Rohguß belassenen Oberteil des Fahrgestelles ist die ganze untere Konstruktion eine sorgfältige Schmiedearbeit: die Wagenachsen wurden abgewinkelt, in gleichmäßige, vierkantige Stäbe geschmiedet und ihre unteren, zum Aufsetzen der Räder bestimmten Teile zu dünnen, spitzen Stäbchen zugerichtet. Ebenso wurden die hohen Leisten in Abschnitten, wo sie in eine selbständige Konstruktion übergehen, in Vierkantform geschmiedet, ihr Mittelteil jedoch im Rohzustand belassen. Die flachen Räder goß man in zweischaliger Form (Kokille) und setzte sie auf die zugespitzten Achsenden; sie wurden weder mit einem Achsnagel noch durch zurückgebogene oder breitgeschlagene Achsenden gesichert.

Funktion: Der Funktion der Kesselwagen sind bereits unzählige Studien, Aufsätze und Erwägungen gewidmet worden. Außer der profanen Auffassung ihrer Zweckbestimmung wurde immer die Meinung über ihre Verwendung auf kultischem Gebiet vertreten, die schließlich die Oberhand gewann.[1] Den Berichten Antigons von Karystos aus dem 3. Jh. v. Chr. zufolge wurde in Zeiten der Dürre bei Bittgängen ein Gefäß auf einem Wagen gefahren, um von der Gottheit Regen zu erflehen. Die Bedeutung, die den Kultwagen beigemessen wurde, ist auch aus den Münzen mit Darstellungen von Kesselwagen zu ersehen.[2] Nach J. Bouzek[3] dürfte die Verwendung der Kesselwagen zu gleichen Zwecken in Mitteleuro-

---

[1] Profane Auslegung: H. Seger, Altschlesien 3, 1931, 202 ff.; M. Hoernes/O. Menghin, Urgeschichte der bildenden Kunst in Europa von den Anfängen bis um 500 v. Chr. (1925) 508 ff. – Kultische Interpretation: W. Kimmig, in: Studien aus Alteuropa [Festschr. K. Tackenberg] (1964) 267 ff.; Ch. Pescheck, Germania 50, 1972, 50 ff.; E. Simon, in: Acta of the 2nd International Colloquium on Aegean Prehistory 1972, 161 ff.; J. Bouzek, Arch. Rozhl. 29, 1977, 198 ff.; H. Matthäus, in: Studien zur Bronzezeit (Festschr. W. A. v. Brunn) (1981) 285 ff.

[2] Pescheck a.a.O. (Anm. 1) 54; Bouzek a.a.O. (Anm. 1) 200; Matthäus a.a.O. (Anm. 1) 286.

[3] Bouzek a.a.O. (Anm. 1).

pa durch das trockene Klima begründet gewesen sein, das nach den neuesten klimatologischen Erkenntnissen am Anfang der Urnenfelderzeit herrschte. Die Kenntnis und Benützung der Kesselwagen
ist außerdem bereits seit dem 13. Jh. aus dem Bereich der Hochkulturen – insbesondere in Zypern –
belegt, von wo sie sich nach Griechenland und in den Orient ausbreiteten. Sie sind ferner von Origina-
len und Tonmodellen auf dem Balkan, in Italien, Mittel- und Nordeuropa bekannt.[4] Die in Thessalien
ermittelten Kulthandlungen knüpften demnach unmittelbar an alte Traditionen an. Ein Zusammenhang mit dem altherkömmlichen Kult ergibt sich auch aus den Vogelprotomen, die für die Kesselwagen
bezeichnend sind. Die Ausbreitung dieses Symbols, dessen Ursprung immer noch diskutiert wird,[5] ist
eine der äußeren Ausdrucksweisen bestimmter religiöser Vorstellungen. Sie erfaßten den mitteleuropäischen Raum nicht gleichzeitig und wirkten sich dort nicht überall gleich aus. In Gebieten, in denen
sich ununterbrochene Kontakte mit dem Donaubecken und durch dieses auch der Einfluß des östlichen Mittelmeerraumes geltend machten, war die Beeinflussung der religiösen Vorstellungen und
Äußerungen begreiflicherweise stärker. Für das Knovíz-Milavčer Gebiet ist dies nicht voll nachweisbar.
Deshalb vermissen wir hier vielleicht bislang in der gesamten Urnenfelderzeit sowohl die Symbolik der
Vogelprotomen als auch die getriebenen Vögel und Vogelbarken auf den Bronzegefäßen.[6] Das Fehlen
von Vogelprotomen am Kesselwagen von Milavče (Nr. 43) könnte bedeuten, daß hier bestimmte kultische Äußerungen und Bräuche übernommen wurden, auch wenn der eigentliche Inhalt der sie motivie-
renden religiösen Vorstellungen allmählich schwand. Im Nordischen Kreis hingegen, wo die engen, tra-
ditionellen Kontakte mit dem Donaugebiet in den auf mythischen Vorstellungen beruhenden Kunst-
werken Ausdruck fanden, überrascht das Vorkommen von Kesselwagen mit Vogelplastik nicht.[7]
Südöstliche Einflüsse und die von ihnen getragene Symbolik machten sich auch im Urnenfelderbereich
Süd- und Südwestdeutschlands bemerkbar. Vogelprotome erscheinen nicht nur am Zeremonialgefährt
von Acholshausen,[8] sie fanden sich auch am Wagen mit einer Männerbestattung samt Schwert und
außerordentlich reicher Beigabenausstattung in Hart a.d. Alz und auf den Wagenbeschlägen von Hader
und Staudach.[9] Es ist schwer zu entscheiden, inwieweit diese Symbole auf den Wagen schlechthin oder
auf den Bestatteten und seinen Status bezogen werden können.

   Die Anwendung des Vogelsymbols auf zwei funktional so unterschiedlichen Gegenständen – dem
Wagen und dem Bronzegefäß – ist kein Zufall. Der Leichenzug mit Wagen und das Trinkgelage sind

---

[4] Pescheck a.a.O. (Anm. 1) 50 ff.; Matthäus a.a.O. (Anm.
1) 285 ff.; I. Kilian-Dirlmeier, Arch. Korrbl. 4, 1974, 394 ff. mit
Literaturhinweisen.
   [5] Zur Frage der danubischen Herkunft des Vogelmotivs:
Kossack, Symbolgut 62 ff.; Kimmig a.a.O. (Anm. 1) 220 ff. –
Zu neuen Erkenntnissen über die ältere Entwicklung im östlichen Mittelmeerraum und in Vorderasien: H. Müller-Karpe,
in: Studien zur vor- und frühgeschichtlichen Archäologie.
Festschr. J. Werner I (1974) 51 f.; ders., Jber. Inst Vorgesch.
Frankfurt 1975, 20 ff.; Matthäus a.a.O. (Anm. 1) 277 ff.
   [6] Die karpatisch-nordische Strömung als Träger der Vogelsymbolik berührte in Böhmen nur den böhmischen Lausitzer
Kreis. Im Zusammenhang stehen die Beschläge in Form von
Wasservögelköpfchen am Kultwagen von Svijany (Pam. Arch.
1, 1856, 93 f. mit Abb.), beide Fibelfunde mit Vogelprotomen
von Střelec (J. Filip, Dějinné počátky Českého Ráje [1947]
282 f. Taf. 31) und der Elbfund bei Velké Žernoseky (M. Zápo-
tocký, Pam. Arch. 40, 1969, 277 ff.). Bei allen aus dem Fluß gehobenen Gegenständen ist das karpatische Gepräge unverkennbar. Nur das zweischneidige Rasiermesser (vgl. Jocken-

hövel, PBF VIII, 1 [1971] 132 ff. Taf. 19, 222) weist keinerlei
Wasserpatina auf und wurde diesem Fundverband offenbar
aus Versehen beigegeben. Die Bedeutung der Vogelsymbolik
im ostböhmischen Lausitzer Kreis äußert sich in den tönernen
Vogelgefäßen, die im Knovíz-Milavčer Gebiet fremd sind.
   [7] Skallerup, Peckatel, Ystad: Sprockhoff, Handelsgeschichte 124 ff.; H. Thrane, Acta Arch. 33, 1962, 152 ff. Abb. 25. 26.
32. – Zum danubischen Kulturstrom vgl. v. Brunn, Hortfunde 257 ff.
   [8] Pescheck a.a.O. (Anm. 1) 50 ff.
   [9] Müller-Karpe, Bayer. Vorgeschbl. 21, 1956, 58 ff. Die Vogelsymbolik erscheint weitgehend sowohl an Kesseln der
Kultwagen wie auch am Fahrgestell selbst. Der Zusammenhang zwischen dem Vogelsymbol und dem Wagen selbst verdeutlichen u.a. die Beschläge von Svijany (vgl. Anm. 6) oder
von Zsujta (Müller-Karpe, Vollgriffschwerter Taf. 28, A 13) sowie einige Einzelfunde von Vogelprotomen wie die aus Stockheim oder Ackenbach (ders., Chronologie Taf. 156, 44; Matthäus a.a.O. [Anm. 1] 287 Abb. 8, 2. 6). Sie dienten wahrscheinlich als Achsnägel.

Bestandteile des Sepulkralkultes, der bei den Bestattungsriten sozial hervorragender Persönlichkeiten geübt wurde. Seine Wurzeln reichen zu den Hochkulturen des östlichen Mittelmeergebietes. Die Verbindung dieser beiden Bestandteile bestand in der Hallstattzeit fort und ist dort nicht nur durch Funde, sondern auch durch Szenen auf den verzierten Situlen belegt, wobei in der Regel auf einer Zierzone das Trinkgelage, auf der anderen die von Pferden gezogenen Wagen dargestellt sind.[10] Außer ganzen Trinkgeschirrgarnituren, die aus Gefäßen zum Austragen und Aufbewahren der Getränke bestanden (Situlen, Zisten, Eimer, Schöpfer und Trinkschalen), sind auch große Gefäße nachgewiesen, in denen die Getränke zubereitet und gewürzt wurden; einige von ihnen haben Untersätze, die manchmal mit Vogelsymbolen verziert sind und an Wagengestelle erinnern. Vielleicht ist es auch kein Zufall, daß der Kultwagen von Milavče (Nr. 43) mit weiteren Bronzegefäßen (Nr. 1. 35) zusammenlag, die zu dem in Hart a.d. Alz mit dem Wagen deponierten Trinkgeschirr gewissermaßen eine Parallele bilden; wahrscheinlich diente er als Kessel bzw. Becken.

Das äußerst seltene Vorkommen solcher Geschirrgarnituren (sowie jeder Art von Großgefäßen) in urnenfelderzeitlichen Gräbern, verglichen mit dem viel häufigeren Antreffen einer einzelnen Tasse, eines Siebes oder des Tasse-Sieb-Satzes, deutet auf eine soziale Differenzierung, auf den höheren Rang des Verstorbenen hin. Eine gewisse übergeordnete Stellung der in den Gräbern mit Trinkgeschirr Beigesetzten in Bezug auf die nur mit Tassen ausgestatteten Toten ergibt sich auch aus anderen mit der Grablegung verbundenen Begleiterscheinungen. Es handelt sich ausschließlich um Männergräber, die in der Regel mit Waffen und oft mit einer großen Anzahl bronzener und keramischer Beigaben ausgestattet wurden. Von den lokalen Grabbräuchen und der äußeren Grabform abgesehen, ruhten die Bestattungen in eingetieften oder ebenerdigen, großen Grabkammern aus Steinblöcken oder Holzbalken. Dadurch weisen die mit Trinkgeschirr und großen Bronzegefäßen ausgestatteten Gräber ein bestimmtes gemeinsames Element auf, das sie von der Mehrzahl der nur mit einer Tasse ausgestatteten Bestattungen unterscheidet; viele von den letzteren unterlagen indes den geläufigen lokalen Bestattungssitten. Zu ihnen zählen auch einige Frauengräber. Die Unterschiede zwischen den Gräbern mit Trinkgeschirr und denen mit nur einer Tasse oder einem Sieb machen sich noch durch andere Zeichen bemerkbar, z.B. durch die Wahl der Lage des Grabes im Gräberfeld, dessen Dimensionen usw.

Aus dem oben Aufgeführten geht hervor, daß der im Grabhügel C 1 von Milavče auf dem Wagengestell angebrachte Kessel (Nr. 43) ein Gefäß war, in dem das Getränk während der Bestattungsfeierlichkeiten gemischt wurde, oder daß er als Geschenk der Hinterbliebenen für die Totenfeier bestimmt war. Das Grab von Milavče C 1 gehört zu den reichsten mitteleuropäischen Gräbern der frühen Urnenfelderzeit.

Zeitstellung: Der Kesselwagen aus dem Grabhügel C 1 wird aufgrund des Riegsee-Schwertes, einer älteren Rasiermesserform und der Tasse vom Typ Friedrichsruhe, Variante Ia (Nr. 1), mit Sicherheit in die frühe Urnenfelderzeit datiert (s. S. 29). Er ist zeitgleich mit den nordischen Kesselwagen, die aufgrund der Begleitfunde in die Periode III gesetzt wurden; das Exemplar von Skallerup gehört noch in ihre ältere Phase. Beim Kessel von Peckatel setzte H. Thrane ein etwas jüngeres Alter voraus (Ha A 1).[11] Die Langlebigkeit des Kesselwagens auf europäischem Boden bezeugt das Modell eines Kesselwagens von Acholshausen. Die Beifunde, wie das Messer mit umgeschlagenem Griffdornende, ein Becken mit Dreiecksattaschen und vor allem die Armringbruchstücke mit schraffierten Bandwinkeln, sprechen für die Zugehörigkeit des Grabes an die Wende von der mittleren zur jüngeren Urnenfelderstufe.[12] Der

[10] Vgl. z.B. W. Lucke/O.-H. Frey, Die Situla in Providence (Rhode Islands) (1962) Taf. 73. 75.

[11] Thrane, Acta Arch. 33, 1962, 152 ff.

[12] In Mitteleuropa wurde dieser Armring bislang als charakteristischer Schmuck der Stufe Ha B 1 gedeutet (Müller-Karpe, Chronologie 127 ff.; v. Brunn, Hortfunde 100).

formenkundlich nahestehende Kesselwagen von Orăştie war angeblich bereits mit hallstattzeitlichen Bronzen vergraben worden.[13]

Das Aufkommen der Kesselwagen in Mitteleuropa fällt in groben Zügen mit deren erstem Auftreten im Ostmittelmeerraum zusammen. Von der langen Lebensdauer der Kesselwagen zeugen der bereits erwähnte Bericht aus Thessalien, jedoch auch einige Funde aus Italien, deren Herkunft alten, mykenischen Einflüssen zuzurechnen ist.[14]

Verbreitung: Die Kenntnis der Kesselwagen als spezifischer Kultgegenstand ist vom Ostmittelmeerraum bis nach Nordeuropa[15] nachgewiesen. Die Bronzekesselwagen Mittel- und Nordeuropas zeigen trotz der einmaligen Ausführung eines jeden Exemplars, bestimmte gemeinsame Züge, durch die sie sich von der Funktion ihrer Gegenstücke im ägäischen Kreis unterscheiden. In der Gesamtkonzeption stehen dem Kessel von Milavče (Nr. 43) die nordischen Exemplare von Skallerup und Peckatel und wahrscheinlich auch der Kesseltorso von Ystad am nächsten. Alle sind durch einen großen, getriebenen, auf einem kleinen Wagengestell mit vier Rädern ruhenden Kessel gekennzeichnet. Der bayerische Fund von Acholshausen mit einem kleinen, gegossenen, plastisch gegliederten Bronzegefäß auf einem verhältnismäßig großen Wagengestell ähnelt mehr dem rumänischen Fund von Orăştie. Trotzdem weist das nur aus verbundenen Bronzestäben und ähnlich angeordneten Vogelsymbolen bestehende Fahrgestell mit den nordischen Exemplaren eine übereinstimmende Konstruktion auf.

Im Hinblick auf die toreutische Arbeit ist der Kessel von Skallerup insofern bemerkenswert, als er das älteste, aus zwei gesondert getriebenen Blechteilen vernietete Bronzegefäß nicht nur in Mittel-, sondern auch Nordeuropa darstellt. Seine einmalige Machart wird noch durch die eingepunzte Verzierung betont, die nur auf den situlenartigen Eimern des karpatisch-siebenbürgischen Kreises wiederkehrt.[16] Auf Zusammenhänge mit diesem deuten auch die Lanzettanhänger und tordierten Henkel hin, die auch der Kessel von Peckatel besitzt. Im Unterschied zum letzteren und zu allen übrigen nordischen und mitteleuropäischen Bronzegefäßen (außerhalb des karpatischen Kreises) sind beim Kessel von Skallerup diese Henkel und Anhänger am breiten, verstärkten und waagerecht ausgezogenen Rand von unten angenietet. Auf die gleiche Weise sind die tordierten Henkel am Gefäß von Ano Englianos-Pylos und am Sieb von Lengyeltóti befestigt. Diese Befestigungsart wurde im östlichen Mittelmeerraum, namentlich an den breitrandigen Wasserkrügen (Hydrien), angewandt; im Karpatenbecken war sie besonders beim Typ Spišská Belá beliebt, als man von der früheren Befestigungsweise von der Randoberseite aus abließ. In diesen formtechnischen und ornamentalen Elementen spiegeln sich die wechselseitigen Beziehungen der Hochkulturen zu Mitteleuropa, vor allem zum karpatischen Produktionskreis wider.

Der zeitlich folgende Kesselwagen von Peckatel (und sein getreues Gegenstück von Ystad) zeigt in der Grundkonzeption und in einigen bautechnischen Einzelheiten Zusammenhänge mit dem dänischen Wagen (das Gefäß ist auf einen Blechuntersatz gehoben, tordierte Henkel), wenngleich in der Gesamtausführung einige Unterschiede auffallen: die Vogelprotome auf dem gesondert angefertigten Wagengestell sind nur grob angedeutet und lassen den ursprünglichen Sinn der Vorlage als nicht verstanden erscheinen. Dafür entspricht der aus einem Stück geschmiedete und mit Reihen kleiner, weitständiger Buckel verzierte Kessel von Peckatel völlig dem Stil der Friedrichsruher Tassen, so daß sein Entstehen in den nordischen Werkstätten als sehr wahrscheinlich anzunehmen ist.

---

[13] Vormals Szászvárosszék: Hampel, Bronzkor I Taf. 58, 2.

[14] Pescheck a.a.O. (Anm. 1) 51; zu kretisch-mykenischen Einflüssen auf Stabiae: Müller-Karpe, Vom Anfang Roms (1959) 56 ff.

[15] Vgl. Anm. 4.

[16] T. Soroceanu/V. Buda, Dacia 22, 1978, 99 ff. Abb. 5. 6.

Die einheimische Herkunft des Kesselwagens von Milavče C 1 (Nr. 43) ist nicht nur durch das Fehlen der Vogelprotome, sondern auch durch die eigenartige Konzeption des Fahrgestells unverkennbar. Die plastische Rippenverzierung stimmt mit dem bei den böhmischen Bronzegefäßen bevorzugten plastischen Ornament überein.[17] In Anbetracht der deutlichen Konzentration der Bronzegefäße in Westböhmen in der frühen Urnenfelderzeit und bestimmter, auf das Bestehen lokaler Werkstätten hindeutender Merkmale, kann das Entstehen des Kesselwagens von Milavče in diesen Werkstätten nicht bezweifelt werden. Die ähnliche Konzeption des Kesselwagens von Milavče C 1 und der nordischen Exemplare ergibt sich aus der Verwandtschaft und vielleicht auch aus den Kontakten zwischen den lokalen Werkstätten beider Gebiete, die durch ihre bedeutsamsten Erzeugnisse, die ältesten Tassen vom Typ Friedrichsruhe am besten zum Ausdruck kommen.

ZISTE VOM TYP ŽATEC

Die Ziste von Žatec (Nr. 44) ist ein zylindrisches, mit Bronzeblech beschlagenes Holzgefäß. Die Enden (Manschetten) des um den Gefäßkörper gelegten Blechs waren an der einen Seite mit sechs Nägeln zusammengeheftet, die gleichzeitig auch das Blech am Gefäß festhielten. Der Blechmantel wurde durch Gruppen plastischer Leisten horizontal in sechs gleiche, mit großen Buckeln verzierte Felder gegliedert; an den Verbindungsstellen waren die Buckelreihen in einer Länge von 2 cm unterbrochen und in die Mitte jeder freien Fläche die rundköpfigen Nägel gesetzt worden. Die regelmäßig abwechselnden Rippenleisten betonten die Symmetrie des Ornamentes. Um die Gefäßmitte verläuft eine Dreiergruppe, daran anschließend auf beiden Seiten eine einzige Leiste. Die weiteren Gruppen sowie der Rand werden jeweils aus zwei Leisten gebildet.

44. Žatec, Bez. Louny; Flur „Macerka" 1. – Vgl. Nr. 3 (dazu Taf. 29, C). – Holzziste mit Bronzemantel; beschädigt; H. 134 mm; Mündungsdm. 161 mm *(Taf. 7, 44).* – Mus. Žatec (1427/4).

Herstellungstechnik: Von der Ziste (Nr. 44) blieb eine große Menge an Blech erhalten, namentlich von den Stellen, wo die Manschetten übereinandergelegt und mit Nägeln verbunden waren; letztere stecken zum Großteil noch heute in den Blechbruchstücken. Die Rekonstruktion des Gefäßes in seiner Gesamtheit und Höhe wurde durch einige große, patinierte Holzstücke ermöglicht, die vielleicht von der Verschalung der Grabkammer stammen. Am Holz, mit dem die Ziste in Berührung gekommen war, entstanden Abdrücke der Verzierung, so daß im Grunde genommen das ganze Oberflächen-Negativ erhalten ist, das den Verzierungsablauf und die Höhe des Gefäßes getreu wiedergibt.[1]

Dank der günstigen Bodenbedingungen und der konservierenden Einwirkung der Bronze haben sich auch Bruchstücke vom Holzgefäß selbst erhalten, die uns eine Vorstellung über die damalige Böttcherarbeit vermitteln. Das Holzgefäß war aus dünnen Brettern gefertigt worden, die mit Holzreifen zusammengezogen und mit Bastfasern umwunden oder nur verbunden worden waren. Die Zahl der Reifen entsprach offensichtlich derjenigen der Nägel, die das Blech mit dem Eimer verbanden. Unterhalb von

---

[17] Plastische Rippen kommen bereits auf frühurnenfelderzeitlichen, böhmischen Bronzesieben vor. Inwieweit die charakteristische, getriebene Zickzacklinie am Gefäß des jüngeren Středokluky-Typs von der gleichen, am Fahrgestell angebrachten Zickzacklinie abgeleitet werden kann, läßt sich nicht eindeutig entscheiden.

[1] O. Kytlicová, Pam. Arch. 50, 1959, 120 ff. 135 f. Abb. 7, 2.

zwei Nägeln haften noch mit Bast umwundene Reifenreste und an einem davon sogar ein Bastteil mit Knoten.[2] An allen Nägeln sind die Spitzen in gleicher Entfernung vom Kopf eingebogen und lassen somit die Stärke der Gefäßwandung samt Reifen, die 8 mm betrug, erkennen.

Funktion: Aufgrund des mitgefundenen Rasiermessers konnte die Bestattung mit Sicherheit als männlich bestimmt werden. Die hohe gesellschaftliche Stellung des hier Bestatteten geht aus den außerordentlichen Ausmaßen der steinernen Grabkammer, der reichen Keramikausstattung, aber auch aus den wesentlich kleineren Steinpackungsgräbern, die sich nahe dem Grab befanden, hervor.

Von anderen Fällen von Zistenbeigaben seien genannt: das Männergrab von Heldenbergen,[3] ausgestattet mit einer Lanzen- und einer Pfeilspitze, und das Hügelgrab von Očkov,[4] eines der südwestslowakischen Fürstenhügelgräber. Die in Žatec und Očkov mitgefundenen zahlreichen Bronzetassen bezeugen, daß die Zisten in Gräbern hochgestellter Persönlichkeiten, ebenso wie die Eimer oder Becken Bestandteile einer besonderen Geschirrgarnitur waren.[5] Funktional dürfte zwischen diesen größeren Gefäßen kein wesentlicher Unterschied bestanden haben, alle wurden vermutlich als Trinkgefäße verwandt; in der Zweckbestimmung und Größe stehen sich besonders die Eimer und Zisten nahe. Wir wissen nicht, wie die Anfertigung dieser ungleich großen Gefäßtypen auf einzelne Produktionskreise oder lokale Werkstätten verteilt war. Sicher jedoch ist, daß im Knovíz-Milavčer Gebiet der Eimer eine Fremdform war.

Zeitstellung: Das Grab von Žatec (Nr. 3. 44) wird durch ein Messer mit durchbohrter Griffangel, das Rasiermesser mit Vollgriff und Ringende und durch die Keramik in die ältere Urnenfelderzeit datiert (s. S. 30). In den gleichen Zeitabschnitt werden auch der Grabhügel von Očkov, das Grab von Heldenbergen, das durch ein Dreiwulstschwert datierte Depot von Rinyaszentkirályi,[6] das dem Horizont Kurd zugewiesene Depot von Bodrog-Keresztúr[7] sowie die kroatischen Depots von Veliko Nabrđe, Brodski Varoš und Budinščina[8] mit den darin enthaltenen zistenartigen Blechen gestellt.

Verbreitung: Zistenbruchstücke und kleinere Fragmente mit ähnlicher plastischer Verzierung streuen im Raum von Südwestdeutschland, über Böhmen, Westungarn bis in die ostalpinen und kroatischen Bereiche (Funde von Weidachwies, Heldenbergen, Lorscher Wald, Žatec-Macerka 1 und vielleicht auch Žatec-Macerka 2, Rinyaszentkirályi, Bodrog-Keresztúr, Rudnik, Popinci,[9] Očkov,[10] Dákonfalva,[11] Veliko Nabrđe, Brodski Varoš und Budinščina[12]). Die in Gräbern gefundenen Blechstücke stammen fast ausnahmslos von Zisten ähnlicher Form wie die von Žatec (Nr. 44). Bei den Depots im karpatisch-ostalpinen Raum, wo in toreutischen Werkstätten außer den Bronzegefäßen auch Schutzwaffen verfertigt wurden und getriebene, breite Gürtel besonders beliebt waren, ist die Bestimmung der darin enthaltenen kleinen Blechfragmente nicht immer eindeutig; es ist oft nicht auszuschließen, daß die gleichen Zierelemente auch an anderer toreutischer Ware zur Anwendung gelangten.

Laut G. v. Merhart[13] lag das Produktionszentrum der Zisten in Westungarn. In Anbetracht der intensiven Kontakte zwischen den toreutischen Werkstätten während der älteren Urnenfelderzeit und der Verallgemeinerung einiger formtechnischer und ornamentaler Elemente ist anzunehmen, daß auch die Herstellung von Zisten auf regionale Werkstattkreise überging. Eingehende Analysen zeigten bestimm-

[2] Ebd. Abb. 7, 4.

[3] G. Behrens, Germania 1, 1917, 147 ff.

[4] J. Paulík, Slov. Arch. 10, 1962, 5 ff. Abb. 25.

[5] Vgl. S. 127 ff.

[6] Hampel, Bronzkor III Taf. 215.

[7] Ders., Bronzkor I Taf. 96.

[8] Vinski-Gasparini, Urnenfelderkultur Taf. 44, 4; 57, 6; 79, 16.

[9] Zusammenfassend: Kytlicová a.a.O. (Anm.1) 136 Anm. 49–56.

[10] Vgl. Anm. 4.

[11] Jockenhövel, PBF VIII, 1 (1971) 154 ff. Anm. 6.

[12] Vgl. Anm. 8.

[13] v. Merhart, Studien 45 ff.

te Abweichungen in der Verzierung, in der Aufeinanderfolge der verzierten und unverzierten Felder, im Wechsel der Rippenleistenzahl wie auch in der Verbindungsart der eingerollten Blechenden oder im Randabschluß.[14]

AMPHOREN

EINE AMPHORE VON ŽATEC

Im Grab von Žatec „Am Keil" wurden Bruchstücke eines großen Bronzegefäßes (Nr. 45) gefunden. Boden und Fragmente der geraden, steilen Wandung weisen eine andere chemische Zusammensetzung als das Schulterteil mit Nietloch auf.[1] Demnach gehören die Bruchstücke zu einem aus zwei gesondert gegossenen, am Schulterumbruch mit Nieten verbundenen Teilen bestehenden Gefäß. Nach der Form, Bodengröße und Profilierung des Unterteils und Schulterknickes zu urteilen, dürfte es sich um eine ähnliche Amphore wie die von Mariesminde oder Bjersjöholm handeln.[2]

45. Žatec, Bez. Louny; Flur „Am Keil". – Steinpakkungsgrab mit Körper- (und Brand-?) bestattung, angeblich unter Hügel. – Boden- und Wandungsteile eines Bronzegefäßes; Bodendm. 90 mm; Dm. am Umbruch ca. 300 mm; H. des Randes 20 mm *(Taf. 10, 45).* – Beifunde: Vollgriffschwert; Messer mit durchlochter Griffangel; verglühte Bruchstücke eines weiteren Messers; Bronzering; Nadel mit Nagelkopf; Nadel mit doppelkonischem Kopf; Tasse mit geritztem Sparrenmuster aus Schrägstrichgruppen; Tasse mit horizontalen Rillengruppen; Tasse mit schraffierten Dreiecken; große Tasse mit horizontalen Kanneluren; konisches Tonsieb mit breitem Rand; Fragmente zweier amphorenartiger Vorratsgefäße. – Datierung: ältere/mittlere Stufe der Knovízer Kultur. – Mus. Žatec (1666). – Böhm, Základy 120 ff. Abb. 54; J. Bouzek/D. Koutecký/E. Neustupný, Font. Arch. Prag. 10, 1966, 73; Bouzek, Acta Univ. Carol. Phil. et Hist. 8, 1981, 123 ff. Taf. 14, 6–13; M. Wurdinger, Fundbericht (Handschrift im Mus. Žatec); Müller-Karpe, Vollgriffschwerter 28.

AMPHORE VOM TYP GEVELINGHAUSEN-VEJO-SEDDIN

Typbestimmend sind ein doppelkonischer Körper, ein kurzer zylindrischer oder leicht konisch ausladender Hals mit scharf abgesetztem, drahtversteiftem Rand, ein kegelförmiger Standfuß und zwei horizontale Stabhenkel. Die Amphoren sind jeweils aus drei gesondert gearbeiteten Blechteilen zusammengesetzt; die den Rumpf bildenden Teile sind am Umbruch mit weitständigen, flachen oder leicht gewölbten Nieten verbunden.

Im Grab von Hostomice fanden sich zahlreiche Blechbruchstücke (Nr. 46), die mit Sicherheit zu einer nicht mehr vollständig ergänzbaren Amphore gehören, die aber verläßlich zeichnerisch rekonstruiert werden konnte. Die Höhe der Amphore ist auf der Zeichnung nur schätzungsweise angegeben.

---

[14] Die Ziste von Očkov ist nur in Rippenleisten gegliedert und nur sie weist einen mit Draht verstärkten Rand wie die Eimer auf. Die überwiegende Mehrheit der karpatisch-ostalpinen, aber auch der süddeutschen Exemplare zeigt sonst Buckelreihen im Wechsel mit unverzierten Feldern; die Zahl der zu Gruppen zusammengefügten Rippenleisten ist immer die gleiche.

[1] Die Analyse wurde von J. Frána, Institut für Kernphysik der ČSAV Řež bei Prag durchgeführt.
[2] H. Thrane, Acta Arch. 36, 1965, 192 ff. Abb. 20–22.

Ihre Henkel haben sich nicht erhalten. Die Amphore weisen wir dem Typ der doppelkonischen Exemplare mit Standfuß zu. Das Treibornament bedeckte die ganzen Schultern oder den Großteil ihrer Fläche, das Unterteil war anscheinend unverziert. Die Verzierung bestand aus durch Rippenleisten getrennten Großbuckelreihen: nahe dem Umbruch verläuft eine einzige Leiste, mit der folgenden Buckelreihe alternieren zwei und mit der weiteren vier Leisten. Die Partie nach der dritten Buckelreihe, schon in der Halsnähe, hat sich nicht erhalten, so daß die Fortsetzung des Ornamentes und die abschließende Leistenzahl nur vermutet werden kann; der Kegelfuß endet in einem angesetzten breitspurigen Standring mit einer oberhalb verlaufenden Buckelreihe.

46. Hostomice, Bez. Teplice. – Vgl. Nr. 30 (dazu Taf. 52–54). – Blechstücke einer doppelkonischen Amphore; ein Fragment mit anhaftendem Flachniet; auf der Schulter Leisten-Buckel-Ornament; Dm. am Umbruch ca. 200 mm; H. des Halses 24 mm; Halsdm. 77 mm *(Taf. 10, 46).* – Mus. Teplice (13648).

AMPHORE VOM TYP LŽOVICE-GROSSEIBSTADT

Kennzeichnend für diesen Typ sind ein breiter, gedrungener Körper ohne Standfuß und ein hoher, kegelförmiger Hals mit ausladendem, umgeschlagenem oder drahtverstärktem Rand. Ähnlich wie beim oben behandelten Typ sind auch diese Amphoren aus zwei bis drei Blechteilen zusammengesetzt und mit zwei Stabhenkeln versehen. Sie gehören der weitverzweigten Kategorie der Amphoren mit gedrungener Gestalt an.

Bei der Amphore von Lžovice (Nr. 47) verbreitert sich das konische Unterteil von der angenieteten Delle mit Standring an stark, und der Bauchumbruch liegt relativ hoch. Das obere Teil mit flacher Schulter, drei Buckelreihen und je einer Leiste dazwischen ist am gerundeten Umbruch mit Kegelnieten befestigt. Der Leisten-Buckel-Fries ist an den gegenüberliegenden Stellen unterhalb der Stabhenkel unterbrochen und mit querstehenden Leisten begrenzt. Drei Leisten laufen um den unteren Teil des hohen, kegelförmigen Halses mit weit ausladendem Rand und umgebogenem Mundsaum.

47. Lžovice, Bez. Kolín. – Einzelfund oder Depot aus Siedlung (vgl. auch Nr. 32). – Amphore, verziert mit Leisten-Buckel-Ornament; H. 230 mm; Mündungsdm. 302 mm *(Taf. 11, 47).* – Datierung: Stufe Lžovice-Slezské Předměstí. – Mus. Praha (16275). – Pam. Arch. 11, 1878, 136. 432. 470; V. Diviš, ebd. 26, 1914, 8 ff.; A. Stocký, La Bohême à l'âge du fer (1933) Taf. 7, 3; v. Merhart, Studien Taf. 25, 5; O. Kytlicová, Pam. Arch. 50, 1959, 147 ff. 157 ff. Abb. 19, 3.

Zur Herstellungstechnik, Funktion, Zeitstellung und Verbreitung der Amphoren

Herstellungstechnik: Bei den Amphoren wurde jedes der Teile aus einem schüssel- oder kegelförmigen Gefäßrohling gesondert getrieben.[3] Beim Oberteil wurde immer die Kegelspitze abgeschnitten. Bei der Amphore von Lžovice (Nr. 47) wurde auch mit dem Unterteil in gleicher Weise verfahren, der Boden

---

[3] Zur Herstellungstechnik vgl. A. Pietzsch, Arb.-Forschber. Sachsen 18, 1968, 237 ff.; A. Jockenhövel, Germania 52, 1974, 18 ff. (für Bronzetassen oder -schalen aus Riesa-Gröba oder für „Helme" von Ehingen wurden Gußscheiben oder gegossene Gefäßrohlinge benutzt); für Tassen oder die Štramberk-Gefäße von Malhostovice war ein kleiner kegelförmiger Gußrohling (Podborský, Mähren Taf. 7, 11) in Gebrauch; Rohlinge waren wahrscheinlich auch die unverzierten Schalen von Fizeşu Gherlii und Sîngeorgiu de Pădure (Petrescu-Dîmboviţa, PBF XVIII, 1 [1978] Taf. 256, B 6-8).

gesondert getrieben und auf dem Unterteil ohne Spitze aufgepaßt und noch mit Nieten befestigt. Nach
Fertigstellung und Verzierung beider Teile wurde der obere Teil auf den unteren überlappend aufge-
setzt. In dem dadurch entstandenen verstärkten Blechgürtel wurden mit den beiden Teilen zugleich
auch die Stabhenkel vernietet. Die Amphore von Žatec (Nr. 45) ist aus einem verhältnismäßig dünnen
Blech getrieben. Die Außenseite ist ziseliert, im Inneren sind die Treibspuren der schmalen und langen
Schlagfläche des Hammers gut zu erkennen, so daß sich der Arbeitsvorgang und die Herstellung der
Amphore rekonstruieren lassen. Die gleichmäßigen, eng aneinander gereihten Einschläge zeugen von
der Behendigkeit des Herstellers und einem durchdachten Arbeitssystem. Die großen, geraden Gefäß-
wände wurden durch dichte, horizontal ausgeführte Einschläge ausgetrieben, während oberhalb des
Bodens und am Umbruch Spuren von quer vorgenommenen Einschlägen deutlich sind. Dank der
schmalen Schlagfläche des Treibhammers wurde auch die Bördelung der Kanten ermöglicht. Die Innenseite des Gefäßbodens zeigt strahlenförmig zur Mitte verlaufende Schlagspuren.[4]

Funktion: Die Amphore von Žatec (Nr. 45) lag im Doppelgrab(?) bei der mit einem Schwert und
zwei Messern ausgestatteten Männerbestattung. Das aus vier Bronzegefäßen (Nr. 30. 31. 33. 46) bestehende Trinkgeschirr und die reiche Kriegerausrüstung rücken das Grab von Hostomice an die Seite
einiger außergewöhnlicher Gräber, die in Europa kurz vor der eigentlichen Hallstattzeit erschienen,[5] in
deren Frühstufe das Aufkommen einer stark differenzierten Gesellschaftsordnung erkennbar wird. Die
Amphoren waren offenbar für diese neu entstandene Gesellschaftsschicht bestimmt. Ein ähnliches
Zeugnis gibt die Amphore von Lžovice (Nr. 47) ab; in dieser befestigten Siedlung wurden zahlreiche
Bronze- und Goldhorte gefunden, die auf eine Anhäufung von Reichtum hindeuten.

Zeitstellung: Die Zeitbestimmung des Grabes von Žatec (Nr. 45) stützt sich auf das Dreiwulstschwert
vom Typ Högl, das H. Müller-Karpe mit dem süddeutschen Ha A 1- und Ha A 2- Formenkreis ver-
knüpfte; hinsichtlich des Žatecer Grabes neigte er zur Einstufung in die jüngere der beiden Stufen.[6] Die
Grabausstattung enthielt viele ältere Formen, die denjenigen aus dem unweit aufgedeckten Grab 1 von
Žatec-Macerka (Nr. 3) ähneln, dessen Zugehörigkeit in die ältere Urnenfelderzeit durch das keramische
und bronzene Inventar sichergestellt ist (s. S. 30). Gemeinsam sind beiden Gräbern vor allem die ge-
schweiften, mit schraffierten Dreiecken und Sparrenmuster verzierten Tassen. Auf bestimmte Zusammenhänge weist auch die in beiden Fällen mitgegebene Messerform mit durchlochter Griffangel hin.
Zwischen diesen beiden Bestattungen kann zeitlich nicht mehr als eine Generation gelegen haben.

In technologischer Hinsicht sind die aus zwei getriebenen Blechteilen zusammengesetzten Gefäße
Ausgangsformen der späteren Amphoren, wie die südskandinavische Amphore vom Typ Mariesminde.[7]

Das Zusammenfügen zweier Teile mit Nieten zu einem Bronzegefäß ist durch den nicht näher datierten Fund eines doppelkonischen Gefäßes, vielleicht einer Amphore, von Krčedin belegt.[8] Im Depot
von Keresztéte von der Wende von Ha A 2 zu B 1 befand sich ein doppelkonischer Krug, der aus zwei
Teilen ohne Vernietung gefertigt worden war.[9] Ähnlich zusammengesetzt sind auch die beiden doppelkonischen Gefäße von Štramberk-Kotouč;[10] nur ein Blechteil eines ähnlichen Gefäßes, begleitet von

---

[4] Ein ähnlicher Arbeitsvorgang ist an den Amphoren von
Gevelinghausen und Rørbæk (jetzt neu vorgelegt: Thrane,
Acta Arch. 49, 1978, 23 ff.) zu erkennen (Jockenhövel a.a.O.
[Anm. 3] Taf. 5, 2; 7, 2).

[5] Seddin: Sprockhoff, Handelsgeschichte 94 ff.; Jockenhövel a.a.O. (Anm. 3) 46 ff. (außer den reichen spätbronzezeitlichen „Adelsgräbern" sind einbezogen bescheidene Kriegergräber, wie das Grab Luh bei Most oder Gräber mit Bronzegefäßen und ärmlichem Bronzeinventar: Gevelinghausen [ebd.

16 ff.], Kirchehrenbach [Hennig, Grab- und Hortfunde Taf.
12], Engelthal, Hügel 5, Best. 1 [ebd. Taf. 54, 6–12]).

[6] Müller-Karpe, Vollgriffschwerter 28 ff.; zur Datierung
des Grabes vgl. auch J. Bouzek, Acta Univ. Carol. Phil. et
Hist. 8, 1981, 123 ff.

[7] Thrane a.a.O. (Anm. 2) 196.

[8] P. Patay, Arch. Ért. 95, 1968, 72 ff. Abb. 17.

[9] Ebd. Abb. 17. 18.

[10] Podborský, Mähren Taf. 10, 1–4.

einem Rohling, der für dessen Herstellung bestimmt war, wurde im Depot von Malhostovice gefunden.[11] Beide nordmährischen Funde, Spezifika einer lokalen Werkstatt, datieren anhand des Begleitinventars in die jüngere Urnenfelderzeit. Die Amphore von Žatec (Nr. 45) datiert somit das Entstehen der eigentlichen, dem Typ Mariesminde nahestehenden Amphoren, die als Vorbild der Amphoren vom Typ Gevelinghausen-Vejo-Seddin gelten.

Dieser ist unter den europäischen Amphoren der formenkundlich und chronologisch ausgeprägteste Gefäßtyp. In seiner jüngsten, erschöpfenden Bearbeitung gelangte A. Jockenhövel übereinstimmend mit E. Sprockhoff zum Schluß, daß dieser Typ schon voll dem 8. Jh. angehörte.[12] Als Ausgangspunkt für die Datierung standen ihm vor allem die beiden reichsten und zeitlich aussagefähigsten Gräber, das italische von Vejo und das nordische von Seddin zur Verfügung. Das Grab von Hostomice bestätigt den zeitlich einheitlichen Charakter dieses Typs. Der Typ Gevelinghausen-Vejo-Seddin ist somit die erste, weit in Europa verbreitete Amphorenform. Beide nordeuropäischen Amphoren, die von Seddin und von Unia,[13] bilden durch die abweichende Gestaltung des den Gefäßumbruch überbrückenden Bandhenkels eine Zwischenform und vielleicht zugleich eine Verbindung zu den ältesten bekannten Amphoren von Žatec (Nr. 45), Mariesminde und Bjersjöholm,[14] die dank ihres doppelkonischen Profils, ihres kurzen zylindrischen Halses und abgesetzten Randes, bis auf den fehlenden Standfuß, mit dem hier behandelten Typ völlig identisch sind.

Diese als gedrungene Amphoren bezeichneten Gefäße weisen gegenüber dem vorausgehenden Typ eine wesentlich breitere Variabilität und längere Laufzeit auf. Die Unterschiede im Bau der italischen und nordalpinen Amphoren erklärte G. Kossack durch die unterschiedliche Entwicklung der Keramik, von der dieser Typ offenbar abhängiger war als der vorausgehende.[15] Auch unter den nördlich der Alpen gefundenen Amphoren konnten keine zwei in Form und Verzierung gleiche Exemplare ausgemacht werden. Die Ursache hierfür liegt offensichtlich nicht nur in den regionalen, sondern auch in den zeitlichen Unterschieden ihres Vorkommens.

Die Amphore von Lžovice (Nr. 47) zeigt direkte Parallelen zu einigen keramischen Exemplaren, die J. Filip als Leitformen der Stufe II der Schlesisch-Platěnicer Kultur aufführte und in die Periode V setzte.[16] In die gleiche Zeit datierte er auch sämtliche Bronzefunde aus der Lžobicer Siedlung (s. S. 58). In diesem Fundkomplex sind dünne Armringe mit gestempeltem Fransenornament, ein Wendelring mit Drehungswechsel in der Mitte, eine Armspirale und Tüllenbeile enthalten, alles Gegenstände die in weiteren Fundverbänden innerhalb der Siedlung wiederkehren. Die im Depot 7 von Lžovice enthaltenen Blattbügelfibeln vom Typ Práčov-Gamów sind eine typische, nur im ostböhmisch-polnischen Bereich auftretende spätbronzezeitliche Form[17] und zeugen von der Wechselbeziehung der Werkstätten beider Gebiete untereinander. Aus Polen, von Przesławice, stammt auch die einzige Amphore, die ein

---

[11] Ebd. Taf. 7, 16; 11. – Der Zusammenhang zwischen den Gefäßen vom Typ Štramberk und dem Kännchen von Keresztéte äußert sich in der gleichen Art des Zusammenfügens beider Gefäßteile ohne Niete. Das Einschieben des Oberteils in das Unterteil, wie dies bei beiden Amphoren vom Typ Mariesminde und bei dem Kännchen von Keresztéte gehandhabt wurde, könnte als ein chronologisches Merkmal gedeutet werden. Bei den spätbronzezeitlichen und hallstattzeitlichen Amphoren wurde in der Regel das Oberteil über das Unterteil geschoben. Das Fragment mit erhaltenem Umbruch und Nietloch von Žatec dürfte deshalb vom Oberteil der Amphore stammen.

[12] Sprockhoff, Handelsgeschichte 92 ff.; Jockenhövel a. a. O. (Anm. 3) 28 f.

[13] Sprockhoff, Handelsgeschichte Taf. 24, a; 28, b.

[14] Vgl. Anm. 2.

[15] G. Kossack, Sibrium 3, 1956, 45 f.; ders., Gräberfelder der Hallstattzeit an Main und Fränkischer Saale (1970) 109.

[16] Březina, Gr. V (Filip, Popelnicová pole Abb. 30. 31); Skalice, Gr. VIII/1936 (ebd. Abb. 35, 17); Měník (ebd. Abb. 37, 6).

[17] Sprockhoff, in: Marburger Studien (1938) 216 ff.; die Fibel von Opatovice (V. Vokolek, Arch. Rozhl. 14, 1962, 266 f.) ist am Rand und an der Nadel mit einer Reihe hängender, schraffierter Dreiecke von gleicher Manier wie die der Hostomice-Tassen verziert. Ebenso geschmückt ist auch die Fibelnadel aus dem Depot von Práčov (Filip, Popelnicová pole 164).

ähnliches Profil wie das Exemplar von Lžovice aufweist. Auch sie besitzt Buckelreihen und Leisten, allerdings nur als ergänzendes Ziermotiv. Ihr kegelförmiger Standfuß verrät Kontakte mit Amphoren vom Typ Gevelinghausen-Vejo-Seddin.[18] Wegen der mitgefundenen Trinkhörner datierten Sprockhoff und Jockenhövel diese Amphore noch in die ausklingende Spätbronzezeit; dafür spricht übrigens auch ihr Profil. Sprockhoff stellte an einer weiteren polnischen Amphore ebenfalls einen Standfuß fest; es handelt sich um das im Leisten-Buckel-Stil verzierte Exemplar von Choryń,[19] dessen kugeliges Unterteil jedoch von der Grundform der vorausgehenden Amphoren abweicht; ihr Oberteil ist nicht erhalten. Einziger Beifund war ein Eimer vom Typ Kurd, den G. v. Merhart als urnenfelderzeitlich bestimmte.[20] Einer solchen Datierung entspricht auch die Verbindungsweise beider Amphorenteile, die mit halbkugeligen, in größeren Abständen gesetzten Nieten erfolgte und eben für urnenfelderzeitliche Amphoren typisch ist. Hallstattzeitliche Amphoren weisen indes immer den charakteristischen Stachelkranz aus dicht gesetzten Nieten mit hohem, spitzem Kopf auf; einen solchen hat schon die schlesische Amphore von Sułów,[21] deren hallstattzeitliche Herkunft auch aus der Verzierung und unterschiedlichen Profilierung hervorgeht. Von den Amphoren, die bereits der Hallstattzeit angehören, steht der Amphore von Lžovice (Nr. 47) nur diejenige von Großeibstadt aus dem reichen Wagengrab 1 nahe.[22] Die Amphore besitzt einen Stachelkranz und entspricht der Tektonik der hallstattzeitlichen Keramik. Auch die Anordnung der geometrischen Verzierung zeigt schon einen unterschiedlichen Stil.

Zusammenfassend stellen wir fest, daß der Typ Gevelinghausen-Vejo-Seddin die älteste formenmäßig ausgeprägte Amphorengruppe darstellt, die an die ältesten bekannten Exemplare der jüngeren Bronzezeit unmittelbar anknüpfte und ausschließlich mit der späten Urnenfelderstufe verbunden war. Hingegen läßt sich die Amphore von Lžovice (Nr. 47) in die Kategorie der Amphoren mit gedrungener Gestalt einordnen; diese Gruppe ist von ihrer Tektonik her mehr von den konstruktionstechnischen Eigenheiten der zeitgleichen, regionalen Keramiktypen abhängig. Ihr Aufkommen ist erst in der Späturnenfelderzeit nachgewiesen und bestand bis in die Hallstattzeit fort, in der ihre weiteren Varianten entstanden. Die Hauptunterschiede zwischen den hallstatt- und spätbronzezeitlichen Amphoren liegen im Stachelkranz und in einigen, ausgeprägt hallstättischen Ziermotiven, die allerdings nicht zur Regel gehörten.

Verbreitung: Die Amphore von Žatec (Nr. 45) ist ein Einzelfund und besitzt nur Analogien in den nordischen Exemplaren von Mariesminde und Bjersjöholm. Der Amphorentyp Gevelinghausen-Vejo-Seddin war beiderseits der Alpen verbreitet. Bei den Amphoren mit gedrungener Gestalt sind die Unterschiede in der Profilierung durch die Herstellung in italischen oder mitteleuropäischen Werkstätten gegeben.[23] Der Typ Lžovice-Großeibstadt ist im Grunde nur durch die Exemplare aus Böhmen und Ostbayern vertreten. Sie ähneln in der Tektonik der polnischen Amphore von Przęsławice und in der Verzierung vielleicht dem Torso von Choryń.

Die neun zum Typ Gevelinghausen gehörenden Amphoren streuen über ganz Europa, von Jütland bis nach Mittelitalien.[24] Die meisten stammen aus den nördlichen Teilen Mitteleuropas, wo sich ihre Funde in einem Streifen von Nordwestdeutschland (Gevelinghausen), Jütland (Rørbæk), Mittelelbegebiet (Seddin) an bis nach Nordpolen (Unia, Przęsławice) zusammenschließen lassen. Der böhmische Fund von Hostomice (Nr. 46) bildet die Verbindung mit dem Südteil Mitteleuropas, wo im Karpaten-

[18] Sprockhoff, Hortfunde I 244 ff.; Jockenhövel a.a.O. (Anm.3) 28 ff. Taf. 8 (mit weiteren Literaturhinweisen und Meinungen zur Datierung des Depotfundes von Przęsławice); v. Merhart, Studien Taf. 24, 7.
[19] Sprockhoff, Handelsgeschichte 94 f. Taf 28, a.

[20] v. Merhart, Studien 69; Sprockhoff, Handelsgeschichte 132.
[21] Ebd. 99.
[22] Kossack a.a.O. (Anm. 15) 109.
[23] Vgl. Anm. 15.

becken Amphorenbruchstücke in Budakalász und im Bereich der Ostalpen das unverzierte Gefäßunterteil von Dalj[25] auftraten. Aus dem Raum südlich der Alpen ist nur ein einziger Fund aus dem mittelitalischen Vejo bekannt.

Jockenhövel gelang es, nach der Ausführungsweise des Gefäßbodens, die technologischen Vorgänge zwischen den Erzeugnissen der italischen und der nordalpinen Werkstätten zu unterscheiden.[26] Damit bewies er die lokale Herstellung des ansonsten formal scharf ausgeprägten Typs. Selbst für die nördlich der Alpen entstandenen Amphoren läßt sich nicht voraussetzen, daß sie alle Erzeugnisse ein und derselben Werkstatt sind. Hinsichtlich der Amphore von Gevelinghausen, die sich in ihrer künstlerischen Ausführung von allen übrigen weit abhebt, war Jockenhövel der Meinung, daß sie in einer Werkstatt entstanden ist, deren sonstige Erzeugnisse bisher nicht bekannt sind. Ebenso wurde die Amphore von Seddin als das Produkt einer lokalen Werkstatt bewertet. Auch die beiden anderen nordeuropäischen Amphoren − diejenigen von Rørbæk und Unia − sollen in derselben Werkstatt entstanden sein. Diese beiden Amphoren verbindet überdies ihre in Punkt-Buckel-Manier ausgeführte Verzierung. Bei allen wiederholen sich ein aus zwei Buckelreihen bestehender Streifen am Unterteil und eine Flächenverzierung des Oberteils; die Punkt-Buckel-Reihen auf den Amphoren von Rørbæk und Unia[27] sind durch Ringbuckel ergänzt. Die Hand vielleicht desselben Meisters und ein gewisser lokaler Anstrich werden in weiteren Details deutlich: Die Amphoren von Rørbæk und von Seddin weisen beide anstelle des abgesetzten Randes einen trichterförmigen, drahtversteiften Hals auf. Die Amphoren von Seddin und von Unia unterscheiden sich vom behandelten Typ durch einen vertikalen Bandhenkel; dieses Detail könnte auch als Anzeichen ihrer unmittelbaren Anknüpfung an die nordischen Amphoren vom Typ Mariesminde gedeutet werden. An den nordpolnischen Amphoren von Choryń und Przęsławice ist die Verzierung ähnlich wie an den oben umschriebenen angeordnet, nur sind die Punktreihen, die die Buckelreihen voneinander trennen, durch Leisten ersetzt. G. v. Merhart stellte dieses Zierelement als ein Merkmal der regionalen Werkstätten heraus, die er in den norddeutsch-polnischen Raum lokalisierte.[28] Das gleiche Ziermotiv an beiden böhmischen Amphoren steht mit weiteren übereinstimmenden Formmerkmalen der böhmisch-polnischen Amphoren im Einklang. Die Amphoren von Przęsławice und Lžovice zeigen das gleiche Profil. Der Standfuß des Exemplars von Hostomice (Nr. 46) ist aus dem gleichen dünnem Blech verfertigt wie die ganze Amphore, und an seiner Basis mit einer Reihe getriebener Buckelchen verziert; die Basis ist leicht ausgestellt und bildet eine Art Standring, der die Stabilität gewährleistet. Ähnlich verziert ist auch der Kegelfuß mit leicht ausgestellter Standfläche der Amphore von Przęsławice.[29] Trotz der aufgeführten, übereinstimmenden Merkmale an böhmischen und polnischen Amphoren, zeigen beide böhmischen Exemplare in der Gesamtkonzeption ihrer Verzierung gewisse Gemeinsamkeiten, durch die sie sich von den Amphoren anderer Gebiete unterscheiden. So ist z. B. das Ornament im Unterschied zu den polnischen und auch anderen Exemplaren nur auf die Gefäßschulter beschränkt, die untere Hälfte ist unverziert. Bei der Amphore von Hostomice ist das Leisten-Buckel-Ornament eigenartig ausgeführt: die Buckelreihen sind mit Gruppen von Leisten unter-

---

[24] Jockenhövel a. a. O. (Anm. 3) 29 f. Abb. 5.

[25] v. Merhart, Studien Taf. 24, 9. − Nur das unverzierte Unterteil ist erhalten; es ist nicht ausgeschlossen, daß die Amphore ursprünglich auch nur am Oberteil wie beide böhmischen Amphoren verziert war.

[26] Jockenhövel a. a. O. (Anm. 3) 34 ff. Abb. 6.

[27] Rørbæk: Thrane, Acta Arch. 49, 1978, 123 ff.; Sprockhoff, Handelsgeschichte 94; Jockenhövel a. a. O. (Anm. 3) Taf. 6, 1; Unia: Sprockhoff a. a. O. 94; Seddin: ebd. Taf. 24, a; Jockenhövel a. a. O. (Anm. 3) Taf. 6, 2.

[28] v. Merhart, Studien 42 ff. Karte 8.

[29] Der Kegelfuß ist bei den meisten nordeuropäischen Gefäßen aus sehr starkem Blech, vielleicht nur aus einem leicht nachgeschmiedetem Rohling gefertigt (vgl. Boden mit Kegelfuß der Amphore von Rørbæk bei Jockenhövel a. a. O. [Anm. 3] Taf. 7, 2). Einen Standfuß mit gelegentlich auch gebördeltem, ausladendem Rand zeigen öfter die italischen Amphoren: Vejo (ebd. Abb. 4); Corneto-Tarquinia (Merhart, Studien Taf. 24, 4); Narce (ebd. Taf. 24, 8); Bologna, Gr. 39 (ebd. Taf. 25, 6); Vetulonia (ebd. Taf. 25, 9).

schiedlicher Anzahl eingefaßt. Das symmetrische Ornament an der Amphore von Lžovice (Nr. 47) ist wiederum von einer Dreiergruppe von Leisten am Halsansatz abgeschlossen. Auch an der Schale von Třteno (Nr. 37) sind die Buckelreihen durch zwei einfache Leisten und eine doppelte getrennt. Die auf mehreren, einander ablösenden Leisten-Buckel-Reihen beruhende optische Wirkung finden wir nur bei den mitteldeutschen Schalen von Riesa-Gröba, obgleich diese sonst in der Form den norddeutschen völlig gleichen.[30] Die Verzierung aus abwechselnden Leisten und Buckeln an getriebenem Bronzegeschirr entspringt den alten böhmischen Toreutenwerkstätten (Schale von Milavče C 1 [Nr. 35], Siebe [Nr. 38 – 41]). Die Verzierung der Amphoren Nr. 46. 47 knüpft demnach an alte Traditionen der heimischen böhmischen Werkstätten an, in denen zugleich Hostomice-Tassen verfertigt wurden, in deren Begleitung sich beide Amphoren auch befanden.

SCHÖPFER

EINTEILIGER, RUNDBODIGER SCHÖPFER

Bei dem einteiligen, rundbodigen Schöpfer von Lažany (Nr. 48) mit unmittelbar aus der Mündung herauswachsendem und unten mit einem Niet befestigtem Henkel handelt es sich um ein gewaltsam zusammengedrücktes Exemplar, dessen Henkel abgebrochen ist. Die ursprüngliche Rundung des Gefäßes ist aus der erhaltenen leichten Wölbung des in der Mitte stark verbogenen und am Rand beschädigten Blechs noch erkennbar. Ein Teil des Randes wurde beim Ausziehen umgebogen und stellenweise aufgerissen. Unter Einschluß der so entstandenen Lücken ließ sich der Durchmesser des Schöpfers verläßlich errechnen und seine Form rekonstruieren. Vom ausgebrochenen Henkel und Niet blieb ein Teil des ursprünglichen, von Blech gesäumten Nietloches erhalten.

48. Lažany, Gde. Hrušovany, Bez. Chomutov. – Depot II. – Schöpfer; Mündungsdm. jetzt 140 mm, urspr. 120 mm; H. jetzt 20 mm, urspr. 40 – 50 mm *(Taf. 11, 48).* – Beifunde: zwei Bruchstücke eines kreisförmigen Blechs (Nr. 60); Bruchstücke von Messern, einem einteiligen Rasiermesser, von Lanzenspitzen, eines Schwertes, eines Tüllenbeiles, von zahlreichen mittelständigen Lappenbeilen, Knopf- und Zungensicheln; Bruchstücke zweier Scheibenkopfnadeln mit Mitteldorn; zwei Nadeln vom Typ Henfenfeld; Nadel mit plastisch gegliedertem Kopf; Nadel mit doppelkonischem Kopf; Ösenkopfnadel (Aunjetitzer Typ); drei Zierknöpfe mit nachgehämmertem Rand; durchbrochene Anhänger; Fragmente von längsgerippten Armringen; Fragmente von ritzverzierten, hohlen und gegossenen Armringen; fragmentierte Armbergen mit breiter und schmaler längsgerippter Manschette vom Typ Staré Sedlo und ähnliche mit eingeritzter Verzierung; Bruchstücke von Stäbchenarmringen; Bruchstücke einer getriebenen Armspirale; Brucherz (Taf. 30 – 34). – Datierung: Stufe Lažany II. – Mus. Wien (47351), Mus. Teplice. – R.R. v. Weinzierl, TBT 1905 – 06, 42; Preidel, Heimatkunde Komotau 91 ff.; Böhm, Základy 89 ff.; O. Kytlicová/V. Vokolek/J. Bouzek, PM Hradec Králové 7, 1964, 177; Kytlicová, Jber. Inst. Vorgesch. Frankfurt 1975, 96 ff.

ZWEITEILIGER, RUNDBODIGER SCHÖPFER

Eine Röntgenaufnahme ermöglichte es, uns eine ziemlich genaue Vorstellung über die Form des Schöpfers aus Sovenice (Nr. 49) und die Befestigungsart seines Henkels zu machen. Das Gefäß hatte ehemals

---

[30] Sprockhoff, Handelsgeschichte Taf. 23,d.f.

eine flache Schalenform, war aus starkem Blech hergestellt und der Boden nicht gesondert angehängt worden. Beide Enden des heute nicht mehr vorhandenen Henkels liefen in rechteckigen, am Rand mit demselben flachköpfigen Nietpaar befestigten Nietplatten aus.

49. Sovenice, Bez. Mladá Boleslav. – Aus einem Urnengräberfeld(?). – Schöpfer; rekonstruierter Mündungsdm. ca. 180 mm; H. 60 mm *(Taf. 11, 49)*. – Beifunde?: Gemeinsam aufbewahrt mit: einer Doppelhenkelamphore, einem kleinen doppelkonischen Gefäß, einer Kanne mit Buckeln am Umbruch und einer konischen Tasse. Die Geschlossenheit des Fundes ist nicht gesichert. – Mus. Mladá Boleslav (443). – Schöpfer unpubliziert; zum Gräberfeld: J. L. Píč, Pam. Arch. 14, 1888, 163. 343 ff.; ders, Starožitnosti II/3, 286; J. Filip, Dějinné počátky Českého ráje (1947) 150 Taf. 28 – 30.

Zur Herstellungstechnik, Funktion, Zeitstellung und Verbreitung der Schöpfer

Herstellungstechnik: Der Schöpfer von Lažany II (Nr. 48) weist trotz gewaltsamer Deformation eine sorgfältige Treib- und Ziselierarbeit auf; der Rand ist gleichmäßig zugeschnitten. Das teilweise erhaltene Nietloch läßt noch die Befestigungsart des Henkels erkennen; kleine Blechteile auf der Innenseite bezeugen, daß der Niet die Gefäßwandung von außen durchstoßen hatte. Im Depot fanden sich auch zwei Bruchstücke eines mehrfach zusammengefalteten Blechs, an dem noch Gußrückstände hafteten (Nr. 60). Es dürfte kreisförmig gewesen und in einer Form gegossen worden sein, die der erhaltenen Gußform von Pšov (Nr. 62) ähnelt. Die mit dem Schöpfer vergleichbaren Maße und Stärke des Blechs lassen vermuten, daß es sich um einen Rohling handelt, aus dem solche Gefäße ausgetrieben wurden. Der Arbeitsvorgang war vielleicht folgender: zunächst wurde das Bronzeblech in Form einer Scheibe gegossen und dieser die Rundung durch Aushämmern nach Erhitzen des Werkstückes gegeben. Sollte diese Annahme richtig sein, so würde der Zusammenfund des Rohlings und der Fertigware bedeuten, daß der Schöpfer ein heimisches Produkt ist.

Der Schöpfer von Sovenice (Nr. 49) wurde anders hergestellt. Seine grobe Oberfläche, welche deutliche Einschläge eines Gerätes mit kurzer, abgerundeter Bahn aufweist und weder sauber verhämmert noch ziseliert ist, wirkt wie ein flüchtig bearbeitetes Halbfabrikat oder grober Abguß. Seine Form, der gewellte Rand und die Blechstärke stellen ihn den gegossenen Schalen von Riesa-Gröba an die Seite.[1] Auffallend ist, daß der toreutisch unvollendete Schöpfer mit einem Henkel versehen und dieser möglicherweise auch gebraucht worden ist.

Funktion: Die gerundete Wandung, der nicht separat eingesetzte Boden und die Ansatzstelle des Henkels geben zwar Hinweise auf die Funktion der beiden böhmischen Schöpfer (Nr. 48. 49), doch diese kann in keinem der beiden Fälle durch begleitendes Bronzegeschirr nachgewiesen werden. Schöpfer treten auch im östlichen Mittelmeerraum nur sporadisch auf, und H. Matthäus erklärte diesen Fundmangel durch die ungünstigen Erhaltungszustände des bronzenen Kleingeschirrs im ägäischen Kreis.[2] In Mitteleuropa sind Schöpfer und Kellen erst in der Hallstattzeit durch zahlreiche Funde belegt. Ihre Verwendung als Bestandteile des Trinkgeschirrs bestätigen die auf Situlen dargestellten Trinkszenen. Ihr völliges Fehlen in der Urnenfelderzeit wollte G. Kossack im Umstand sehen, daß im Unterschied zu den hallstattzeitlichen Trinkschalen, die zum Trinken bestimmte Tasse mit einem Henkel versehen war und daher zugleich zum Schöpfen diente.[3] In Gebieten, wo man das Getränk in die

---

[1] W. Coblenz, Arb.-Forschber. Sachsen 2, 1952, Taf. 42.
[2] Matthäus, PBF II, 1 (1980) 297 ff.
[3] G. Kossack, in: Varia archaeologica. Wilhelm Unverzagt zum 70. Geburtstag dargebracht (1964) 96 ff.

Tasse über ein Sieb zu gießen pflegte (Böhmen, Mittel- und Südwestdeutschland), war ein spezielles, zum Getränkeschöpfen dienendes Gefäß unerläßlich. Das seltene Vorkommen von Schöpfern läßt sich vielmehr durch die spärliche bzw. ausnahmsweise erfolgte Produktion kompletter Trinkgarnituren erklären. Im Geschirrfund von Dresden-Laubegast 5, in dem vielleicht alle zum Trinkgeschirr gehörenden Gefäßarten vertreten sind, sind auch Schöpfer enthalten. Einen indirekten Beweis für die Funktion der Schöpfer ergibt ihr unterschiedlicher Erhaltungszustand gegenüber den Tassen. Bei diesen nämlich, die man beim Trinken mit zwei Fingern griff und dabei den Boden mit den Handflächen stützte, haben sich die Henkel überwiegend erhalten; vielfach blieb von der Tasse gerade nur die durch die Vernietung des Henkels verfestigte Partie übrig. Hingegen ist bei keinem der vier bisher bekannten, sonst völlig einwandfreien Schöpfer der Henkel erhalten. Dies hängt offensichtlich mit der unterschiedlichen Handhabung zusammen, wurde doch der Schöpfer nur am Henkel gefaßt, so daß das ganze Gewicht auf dem Henkel und den Nieten, die ihn mit dem Gefäß verbanden, ruhte. An der Becken-Tasse von Hostomice (Nr. 33), die im gemeinsam deponierten Trinkgeschirr offenbar die Funktion des Schöpfers erfüllte, fehlte nicht nur der Henkel, sondern der mit Blech verfestigte Rand, ein Umstand der beweist, daß der Henkel wiederholt ausgebrochen und wieder befestigt worden war (s. S. 59).

Zeitstellung: Das Depot von Lažany II (Nr. 48) ist für die älteste Stufe der böhmischen urnenfelderzeitlichen Brucherzdepots repräsentativ. Es enthielt praktisch alle chronologisch aussagekräftigen Formen dieser Stufe, die das Endstadium des hügelgräberzeitlichen Formenschatzes darstellen und die Stufe Lažany II in der Regel nicht überdauerten. Bezeichnend für den Horizont Lažany ist das Fehlen von Bronzegefäßen, obzwar sie in diesem Zeitabschnitt am zahlreichsten in Gräbern vertreten sind. Diese Erscheinung läßt sich nur dadurch erklären, daß die Depots des Horizontes Lažany in einer Zeit vergraben wurden, in der ihre Fertigung gerade anlief. Zieht man die Bedeutung in Erwägung, die den Bronzegefäßen sicherlich zukam, ist nicht anzunehmen, daß sie nur kurzfristig benutzt und nach einer Beschädigung umgeschmolzen wurden. Vielleicht treffen wir deshalb die ersten Bronzegefäße in Brucherzdepots verhältnismäßig selten und häufiger erst in der Stufe Suchdol II an. Demnach dürfte die nurmehr als Rohmaterial deponierte Schale von Lažany II schon eine Zeitlang vor der Vergrabung des Depots hergestellt worden sein.

Der Schöpfer von Sovenice (Nr. 49) ist im Museum von Mladá Boleslav gemeinsam mit vier lausitzischen Gefäßen untergebracht, die aus einem unsachgemäß erforschten Lausitzer Gräberfeld der älteren Urnenfelderzeit stammen.

Verbreitung: Der Schöpfer von Lažany II fällt gänzlich aus dem Rahmen der alten mitteleuropäischen Bronzegefäße; dem Stil nach entspricht er durchaus einer guten kretisch-mykenischer Toreutiktradition.[4] Matthäus verwies in seiner Arbeit über die ägäischen Bronzegefäße auf den lückenhaften Stand der Fundquellen.[5] Dies gelte insbesondere für das Kleingeschirr, von dem einige Formen manchmal nur durch ein einziges Exemplar vertreten sind. Es nehme daher nicht wunder, daß zum Schöpfer von Lažany II im ägäischen Raum nur wenige Analogien vorliegen. Durch eine der flachbodigen Tassen von Mochlos, die in Form und Größe mit dem Exemplar von Lažany vergleichbar ist, sei das Auftreten ähnlicher Formen im ägäischen Raum im SM I A/SH I A nachgewiesen.[6] Die gleichen Henkel besitzen auch die großen Breitrandschalen, die laut Matthäus eher in minoischen Werkstätten entstanden sind, und von SM IA/SH IA bis SM III A/SH III A im Umlauf gewesen waren.[7] In die Stufen SM III A/SH III A fiel die Hauptgebrauchszeit des Kleingeschirrs mit ähnlicher Henkelausführung, doch auch die schlichten rundbodigen Kalottenschalen waren bis SM III C/SH III C häufig vertreten. Unter

---

[4] H. Müller-Karpe, Jber. Inst. Vorgesch. Frankfurt 1975, 19.   [6] Ebd. 219 ff.

[5] Matthäus, PBF II, 1 (1980) 59 ff.   [7] Ebd. 207 ff.

den mannigfaltigen, in SM III A 1, d.h. ans Ende des 14. bis 13. Jh., datierten Formen stellt der Schöpfer aus dem Kammergrab 14 von Zapher Papoura beinahe eine direkte, doch vielleicht gröbere Vergleichsform zu Lažany dar.[8]

Es ergibt sich somit die Frage, ob der Schöpfer von Lažany II (Nr. 48) als ein direkter Import aus dem ägäischen Raum anzusehen ist. Das Bestehen einer Produktion ähnlicher Formen in diesem Raum im Verlauf des 15. bis 13. Jhs. – und vielleicht noch länger – schließt diese Möglichkeit nicht aus. Im Depot II von Lažany, das eindeutig in das 13. Jh. datiert werden kann, war der Schöpfer nur noch als Altmaterial deponiert worden, und es ist nicht ausgeschlossen, daß er als solches nach Böhmen gelangte. Der Möglichkeit einer solchen Herkunft des Schöpfers von Lažany II steht auch nicht die Tatsache im Wege, daß er aus einer Zeit stammt, in der die Kontakte zwischen Mitteleuropa und dem ägäischen Kreis besonders eng waren und durch eine Reihe gemeinsamer Formen und gegenseitige Einwirkungen zum Ausdruck kamen.[9] Andererseits dürfen wir nicht außer acht lassen, daß der Schöpfer von Lažany zweifellos vor der mitteleuropäischen Verbreitung der Bronzegefäßproduktion und vor dem Entstehen der ältesten mitteleuropäischen Zweitzentren hergestellt wurde; letztere fertigten bereits die formal ausgeprägten Tassen vom Typ Friedrichsruhe und deren Nebenformen an. Noch sind an ihnen trotz der schon deutlich hervortretenden eigenen Ausdrucksweise der mitteleuropäischen Handwerker einzelne formale Elemente erkennbar, die ihr Entstehen unter direktem Einfluß der Hochkulturen nicht verleugnen (wie z.B. der auf der Wandung angenietete Henkel).[10] Möglicherweise war die mitteleuropäische Toreutik in ihren Anfängen in der Zeit vor dem 13. Jh. von den ägäischen Vorlagen wesentlich abhängiger als in der frühen Urnenfelderzeit. Getriebene Goldgegenstände, die eine auffallende Ähnlichkeit mit der Goldware aus dem östlichen Mittelmeerraum aufweisen, traten im Karpatenbecken schon wesentlich früher auf (s. S. 62 ff.), darunter auch Goldgefäße mit unmittelbar aus dem Rand herauswachsenden Henkeln.[11] Ob sie in mitteleuropäischen Zusammenhängen isoliert erschienen und die nachfolgende Gold- und Bronzeschmiedearbeit nicht beeinflußten, ist schwer zu entscheiden.

Die Schöpfer von Lažany II (Nr. 48) und Sovenice (Nr. 49) sowie die beiden ähnlichen, rundwandigen Gefäße von Dresden Laubegast 5 bezeugen, daß funktional ausgeprägte Formen in Mitteleuropa nicht fremd waren. Auf ihre heimische Herstellung in mitteleuropäischen Werkstätten weisen im Depot von Lažany II die mitgefundenen groben Blechabgüsse (Nr. 60), bei den beiden Schöpfern von Dresden-Laubegast 5 die plastischen Leisten unterhalb des Randes hin, die an die Profilierung und Gliederung der alten Schalen vom Typ Milavče-Haltingen und der Siebe vom Typ Záluží anknüpfen und dadurch ihr Entstehen in den Werkstätten Středokluky-Osternienburg-Dresden erkennen lassen (s. S. 73).

Aufs Ganze gesehen, gehören die Schöpfer in die Kategorie der Bronzegefäße, die in Mitteleuropa schon während der ganzen Urnenfelderzeit bekannt waren und verwendet wurden, jedoch nur durch die Exemplare von Lažany (Nr. 48), Sovenice (Nr. 49) und das Paar von Dresden-Laubegast 5 belegt sind. Die einteilige Form und der aus der Mündung herauswachsende Henkel des Schöpfers von Lažany II deuten auf eine direkte Abhängigkeit von der Toreutik des ägäischen Kreises hin, während die

---

[8] Ebd. 297 ff. Taf. 52, 449; H.W. Catling, Cypriot Bronzework in the Mycenaean World (1964) 185 Abb. 21, 14.

[9] Müller-Karpe a.a.O. (Anm. 4) 18 ff. Abb. 1, 3. Zum Bronzebecken von Pylos vgl. „Löffel" mit breitem Rand von Lengyeltóti IV (A. Mozsolics, MMK Somogy 2, 1975 Abb. 4, 10; Matthäus, PBF II, 1 [1980] 292 ff.). Zum eingerollten Randstück von Veľká Lomnica vgl.: M. Novotná, Sborník ČSSA 3, 1963, 137 f.; Matthäus a.a.O. 218.

[10] Ebd. 347.

[11] Depotfund mit Goldgefäßen aus dem ehem. Komitat Bihar (Mozsolics, Ber. RGK. 46–47, 1965–66, 10 ff. Taf. 4–10); Biia (ebd. Taf. 12). – Die gepunzten Perlreihen zeigen die Verzierung des späteren Bronzegeschirrs an.

halbkugelige Form und eigenartige Befestigung des Schlaufenhenkels bei den übrigen drei Schöpfern ihrer Funktion entsprechend schon Merkmale der einheimischen keramischen Produktion aufzeigen.

UNBESTIMMBARE GEFÄSSBRUCHSTÜCKE

Die Wölbung des Blechstückes von Milavče (Nr. 50) läßt auf den Teil eines kleinen Bronzegefäßes, am ehesten einer Tasse, schließen.

50. Milavče, Gde. Chrástavice, Bez. Domažlice; Grabhügelgruppe B. – Hügel mit dreifachem Steinmantel und eingetiefter Urne (1887). – Fein zisoliertes, gewölbtes Blechstück *(Taf. 12, 50)*. – Beifunde: Lanzenspitze; Messerfragment; Rasiermesser; zwei flache, hakenförmige Gegenstände; 50 Bruchstücke von ritzverzierten Armringen und Armbergen mit gerippter Manschette; zweiteiliger Schleifstein (Taf. 28, B). – Datierung: Frühstufe der Milavče-Kultur. – Mus. Praha (109885–109898). – F.

Das Bruchstück Nr. 51 stammt wahrscheinlich von einer Tasse der früh- bis jungurnenfelderzeitlichen Gruppen Friedrichsruhe-Fuchsstadt-Jenišovice.

51. „Dušník", Bez. Mělník oder Bez. Kladno.[1] – Einzelfund. – Halsteil mit abgesetztem Rand von einer Tasse *(Taf. 12, 51)*. – Mus. Karlovy Vary (A 22). – Unpubliziert.

Das Bruchstück von Nynice (Nr. 52) stammt mit größter Wahrscheinlichkeit von einer Becken-Tasse, von einem Becken oder von einem Helm. Das Randinnere – vielleicht die ursprüngliche Eingußstelle – zeigt Spuren unregelmäßiger Einschläge, die bei der Bördelung des Randes vorgenommen wurden.

52. Nynice, Bez. Plzeň-Nord; Grab 38. – Steinpackung mit Brandbestattung ohne Urne. – Deformiertes Randbruchstück eines Gefäßes mit gerundeter Wandung; Maße 60 x 30 mm; ehem. Mündungsdm. ca. 200 mm *(Taf. 12, 52)*. – Beifunde: hohe Amphore mit horizontal kanneliertem Kegelhals; Fragmente von sieben mit Horizontalrillen und Doppelgirlande verzierten Schüsseln und abgesetztem ausladendem Rand; höheres, ähnlich verziertes, schüsselartiges Gefäß. – Datierung: jüngere Phase der Stufe Nynice (Ha B 2/3). – Mus. Plzeň (16210). – V. Šaldová, Pam. Arch. 56, 1965, 11 ff. Abb. 2, 21.

Die stark gerundeten Blechbruchstücke von Červené Poříčí (Nr. 53) stammen von einem kleinen, halbkugeligen Gefäß.

53. Červené Poříčí (Tamachov, Kron-Poritschen), Bez. Klatovy. – Depotfund (der zweite Teil wurde nachträglich von Szombathy im Jahre 1888 ausgegraben). – Sechs (jetzt nur noch fünf) Bruchstücke eines Bronzegefäßes mit gerundeter Wandung und verstärktem, profiliertem Rand; Mündungsdm. ca. 10 cm *(Taf. 12, 53)*. – Beifunde: insgesamt 16 oberständige Lappenbeile mit Öse; Tüllenbeil; konische Tülle. – Datierung: Stufe Třtěno/Hostomice. – Mus. Wien (15138/2). – F. Leger, Pam. Arch. 19, 1887–89, 256 ff.; J. Szombathy, Annalen des K. K. Naturhist. Hofmus. III, 1888, 60 Taf. 1–5; Richlý, Bronzezeit 143 ff. Taf. 29, 1–4; W. Angeli, MAGW 88–89, 1959, 128 ff. Taf. 6. 7 (mit Literaturhinweisen).

---

[1] Der Fund stammt aus alten Museumsbeständen. Die Gemeinde Dušník ist in Böhmen heute unbekannt. Unter der Bezeichnung Dušníky gab es früher eine Gemeinde bei Mělník, und eine zweite dieses Namens bestand bis 1869 im Gerichtssprengel Smíchov, heute mit der Gemeinde Hořelice im Bezirk Kladno zur Gemeinde Rudná zusammengeschlossen. Unter dem Namen Dušníky sind heute weitere Gemeinden bekannt: Dušníky, Bez. Litoměřice nad Labem; Dušníky nad Vltavou (Gde. Všestudy, Bez. Mělník); Dušníky, Bez. Příbram, auch Daleké Dušníky, früher Dušníky bei Dobříš, und Trhové Dušníky, Bez. Příbram.

Obgleich beim Gefäß Nr. 53 die angedeutete Halsprofilierung ungewöhnlich ist, ordnen wir es aufgrund seines verstärkten Randes den halbkugeligen Tassen bzw. den Schöpfern mit Hebelgriff — einer Nebenform der Becken-Tasse — zu.[2] Diese Schwesterformen gehören schon in die Hallstattzeit, doch das Vorkommen der Becken-Tasse und zweier Hostomice-Tassen im Grab von Hostomice (Nr. 30. 31. 33) und vielleicht auch des Fragmentes im Grab 38 von Nynice (Nr. 52) zeugt von ihrem Entstehen bereits am Ende der Bronzezeit. Beide westböhmischen Funde Nr. 52 und 53 und ebenso die Neubesiedelung des westböhmischen Gebietes in der Nynice-Stufe verkörpern den eigentlichen Anfang der westböhmischen, hallstättischen Hügelgräberkultur und vielleicht auch das Aufkommen eines neuen Bronzeformenschatzes. Dafür spricht das unweit vom Depot in Červené Poříčí am Fuß der Anhöhe Tuhošť aufgedeckte, reich ausgestattete, hallstattzeitliche Hügelgrab. Es enthielt eine Geschirrgarnitur, bestehend aus einem Becken, einer Becken-Tasse, Amphore und vielleicht auch einer Ziste.[3]

54. Těchlovice, Bez. Děčín. – Depotfund. – Bandhenkelfragment, mit drei Längsrillenbündeln verziert; L. 20 mm; Br. 22 mm *(Taf. 12, 54)*. – Beifunde: Tüllenbeil mit Mittelgrat; kreisförmiges Rasiermesser mit Mittelloch; verzierter Bronzegriff von abgebrochenem Eisengerät; Blechring mit Buckelverzierung; Nadel vom Typ Erveni-ce; zwei Radanhänger; drei Schleifenringe; unverzierter Armring; Bruchstück eines anderen mit Sparrenmuster; Riemenschlaufe; 14 Spiralröllchen; sieben kleine Ringe. – Datierung: Stufe Třtěno/Hostomice. – Mus. Děčín und Mus. Praha (88312). – E. Neder, Heimatkunde des Elbgaues Tetschen (1923) 37 ff. 123 Abb. 16.

Der Henkel (Nr. 54) gehörte offensichtlich zu einer Tasse. Die schlichte Verzierung, bestehend aus Rillenbündeln längs des Randes und einfachen Linien in der Mitte, ist seit dem Tassentyp Fuchsstadt der häufigste Dekor auf den Tassenhenkeln. Bei den Jenišovice- und Hostomice-Tassen treten noch weitere, ergänzende Zierelemente hinzu. Die sehr feinen, dicht gesetzten und scharfen Rillen am Bruchstück von Těchlovice (Nr. 54) dürften schon mit einem Stecheisen ausgeführt worden sein. Dafür spricht auch die Zeitstellung des Depotfundes. Eine Ervěnice-Nadel war mit Hostomice-Tassen auch im Fund von Hostomice (Nr. 30. 31. 33. 46) vergesellschaftet. Die Zugehörigkeit zur Stufe Třtěno (Hostomice) ergibt sich ferner aus dem Tüllenbeil mit Mittelgrat, das zu E. Sprockhoffs Typ der junglausitzischen Beile gehört.[4] Für die böhmischen Depots der Stufe Třtěno (Hostomice) sind auch die Radanhänger und Schleifenringe typisch.[5] In Anbetracht der Ausführungsweise der Verzierung mit einem Eisengerät und der zeitlichen Stellung des Depots ist zu folgern, daß der Henkel von einer spätbronzezeitlichen Tasse, am ehesten einer vom Typ Stillfried-Hostomice oder vielleicht von einer Bekken-Tasse stammt, auf denen, ähnlich wie auf den mit ihnen verwandten halbkugeligen Tassen, die einfache Linienverzierung vereinzelt noch in der Hallstattzeit vorkam.

BLECHBRUCHSTÜCKE UND VERSCHOLLENE FRAGMENTE (VON GEFÄSSEN?)

Da die Blechbruchstücke von Milavče (Nr. 55) heute unauffindbar sind, kann auf sie nicht näher eingegangen werden. Angesichts ihrer Maße und der Bedeutung des Kriegergrabes sowie der gesamten Nekropole (vgl. Nr. 1) ist nicht auszuschließen, daß sie von einem Bronzegefäß stammen.

---

[2] v. Merhart, Studien 15 ff. 66 ff. Taf. 9, 5–13.
[3] Píč, Starožitnosti I/2, 147; Becken (ebd. Taf. 28, 6); Becken-Tassen (ebd. Taf. 28, 7. 10); Amphore mit Stachelkranz und Stabhenkel (ebd. Taf. 27, 12. 13); Ziste(?) (ebd. Taf. 28, 5). – Vgl. Nr. 69. 75. 90–93.
[4] Sprockhoff, PZ 34–35, 1949–50, 76 ff.
[5] Radanhänger: Světec (O. Kytlicová, Arb.-Forschber. Sachsen 16–17, 1967, 139 ff. Abb. 13); Tetín (J. Axamit, Tetín [1924] 20 ff. Abb. 3).

55. Milavče, Gde. Chrástavice, Bez. Domažlice; Hgl. C 4. – Brandschüttung. – Drei Bronzeblechstücke *(Taf. 12, 55)*. – Beifunde: Vollgriffschwert Typ Riegsee; Griffzungenmesser vom Typ Baierdorf; Lanzenspitze; Nadel mit Nagelkopf und Halsknoten; Nadelbruchstück mit Kugelkopf; zwei Bruchstücke eines gerippten Zylinders; Bronzeprisma. – Datierung: Frühstufe der Milavče-Kultur. – Mus. Domažlice (3097–3106); verschollen. – F. Lang, Pam. Arch. 14, 1887–89, 313 ff.; V. Šaldová, Arch. Rozhl. 13, 1961, 702 ff. Abb. 246, 1–8 Bleche Nr. 9.

Das Grabinventar von Žatec-„Macerka" (Nr. 56) ist heute unzugänglich. Der Beschreibung nach könnte es sich um eine Ziste gleicher Art wie die in Grab Nr. 1 desselben Gräberfeldes gefundene handeln (Nr. 44).

56. Žatec-„Macerka", Bez. Louny; Steinpackungsgrab 2. – Körperbestattung(?). – Flachbronzen mit Holz verbunden. – Beifunde: 20 Scherben von verschiedenen Gefäßen; Tierknochen. – Mus. Žatec (verschollen). – H. Preidel/M. Wurdinger, Sudeta 4, 1928, 104 ff.

Das ovale Plättchen von Třtěno (Nr. 57) diente offenbar als Unterlage bei der Reparatur einer Schadstelle an einem Bronzegefäß, wahrscheinlich einer Tasse (Nr. 10), die bereits mehrfach repariert worden war, wie der sekundär angebrachte Henkel belegt. Das Gefäß scheint erst nach der Vergrabung von neuem beschädigt worden und ausgebrochen zu sein.

57. Třtěno, Bez. Louny. – Vgl. Nr. 10 (dazu Taf. 55–59). – Ovales Plättchen aus starkem Bronzeblech, daran ein dünnes Blechstück, mit zwei Nieten befestigt *(Taf. 12, 57)*. – Mus. České Budějovice (ohne Inv. Nr.).

Das gegossene, starke, rechteckige Blechstück von Svinárky (Nr. 58) weist beidseitig deutliche Schlagspuren vom Treibhammer auf; die Einschläge wurden auf einer Seite der Länge nach, sonst über die gesamte Fläche quer vorgenommen. Sie geben ein gutes Beispiel für das beginnende Aushämmern gegossener Bleche und deren Verformung (quer gesetzte Einschläge). Ob es sich um das Werkstück eines anderen toreutischen Produktes handelt, läßt sich nicht bestimmen.

58. Svinárky, Gde. Svinary, Bez. Hradec Králové. – Depotfund. – Großes Bruchstück eines Halbfabrikates aus starkem Blech mit Schmiedespuren; Maße: 65 x 25 mm *(Taf. 12, 58)*. – Beifunde: Bruchstück einer Schwertklinge; Messerfragment; Bronzetülle; mittelständiges Lappenbeil und zwei Bruchstücke eines weiteren; zwei Bruchstücke einer Zungensichel; Nadelbruchstück mit großem, plastisch verziertem Vasenkopf; zwei beschädigte Armringe vom Typ Reventin-La Poype; zwei dünnere, ähnlich verzierte Armringe; zwei schadhafte mit Querstrichgruppen und Tannenzweigmuster verzierte Armringe; Bruchstücke tordierter Ringe; verschiedene fragmentierte Spiralscheiben; grobgeschmiedeter Nagel; Gußkuchen; drei Brucherzbrocken. – Datierung: Stufe Kosmonosy. – Mus. Hradec Králové (3597). – V. Domečka, Pam. Arch. 37, 1931, 93 ff. Abb. 27.

Das Depot von Svinárky (Nr. 58) stammt aus der älteren Urnenfelderzeit und wurde aus dem rheinländisch-nordalpinen Kreis importiert.[1] Deshalb kann nicht angenommen werden, daß das Werkstück von Svinárky mit der heimischen Toreutik des nordostböhmischen Lausitzer Kreises verbunden ist, wo das Depot gefunden wurde.

Das Blech von Plzeň-Jíkalka (Nr. 59) hatte wahrscheinlich zur Herstellung von Anhängern gedient, von denen einige im Depot enthalten sind.

59. Plzeň-Jíkalka. – Depotfund. – Großes, deformiertes Blech *(Taf. 12, 59)*. – Beifunde: zwei Schwertfragmente; drei Knopfsicheln; Bruchstücke zweier Zungensicheln und Fragmente weiterer Sicheln; böhmische Schei-

---

[1] O. Kytlicová, Jber. Inst. Vorgesch. Frankfurt (1975) 111; dies., Acta Univ. Carol. Phil. et Hist. 8, 1981, 112. – Analogien zu den Armringen vgl. Beck, PBF XX, 2 (1980) 112 ff. Taf. 79.

benkopfnadel; Nadelbruchstücke; zwei Scheibenanhänger mit Mitteldorn und Treibornament; röhrenförmiger Blechanhänger; Armringfragment; deformierter, gekanteter Armring mit Ritzverzierung; vier Brucherzbrokken. – Datierung: Stufe Plzeň-Jíkalka. – Mus. Plzeň (8249). – O. Kytlicová, Arch Rozhl. 16, 1964, 516 ff.

Die Maße und runde Form der Bruchstücke von Lažany II (Nr. 60) lassen auf ein Halbfabrikat, vielleicht einen Schöpfer oder ein anderes Bronzegefäß schließen.

60. Lažany, Gde. Hrušovany, Bez. Chomutov. – Vgl. Nr. 48 (dazu Taf. 30–34). – Zwei Bruchstücke eines verbogenen, ursprünglich wohl kreisförmigen Blechs mit Gußrückständen *(Taf. 12, 60)*. – Mus. Wien (17351).
61. Brdo, Gde. Manětin, Bez. Plzeň-Nord; Grab 97. – Urnenbestattung. – Zwei gewölbte Blechfragmente *(Taf. 12, 61)*. – Beifunde: Nadelbruchstücke, davon eines mit kleinem, doppelkonischem Kopf; Armringfragmente; Drahtspirale; Urnenunterteil; Teil eines Etagengefäßes. – Datierung: ältere Urnenfelderzeit. – Depositum im Arch. Inst. ČSAV Praha (ohne Inv. Nr.). – Unpubliziert.

Der Fund einer steinernen Gußform von Pšov (Nr. 62) ist der einzige Beleg für den Guß von kreisförmigen Blechplatten, aus denen vermutlich Bronzegefäße hergestellt wurden.

62. Pšov, Bez. Louny. – Einzelfund. – Flache, beidseitige, steinerne Gußform, teilweise beschädigt; auf einer Seite wurden Knopfsicheln und Anhänger, auf der anderen eine Scheibe von 80 mm Dm. gegossen *(Taf. 12, 62)*. – Datierung: mittlere bis jüngere Bronzezeit. – Mus. Chomutov (8). – R. Pleiner/A. Rybová (Hrsg.), Pravěké dějiny Čech (1978) Abb. 167, 4.

IN DER LITERATUR ERWÄHNTE BRONZEGEFÄSSFUNDE

63. Plešivec, Gde. Rejkovice, Bez. Příbram; Flur „U starých vrat". – Angeblich Depotfund in „Bronzekessel" aus befestigter Siedlung (1872). – Beifunde: Kurzschwert; zwei Lanzenspitzen; zwei Beile; vier Pfeilspitzen; mehrere Armringe; zwei Ringe u. a. – Das Depot wurde nach dem Auffinden eingeschmolzen. – B. Jelínek, MAGW 26, 1896, 215 f.; J. Maličký, Pam. Arch. 43, 1947–48, 22 f.
64. Staré Sedlo, Gde. Stádlec, Bez. Tábor. – Depotfund, angeblich in „Bronzegefäß", das sich nicht erhalten hat. – Beifunde: mittelständiges Lappenbeil; zwei vollständige und eine beschädigte Zungensichel; Haken mit gekanteter Tülle; große Vasenkopfnadel; Nadel mit turbanartigem Kopf und Halsknoten; zwei Armbergen-Paare mit verzierten Spiralscheiben und geripptter Bandmanschette; Fragment einer Armspirale mit getriebener Mittelrippe; drei Ringpaare mit Ritzverzierung; zwei tordierte Ringpaare; Doppelring aus gedrehten Halsringen; zwei Zierknöpfe; zwei durchbrochene Anhänger; Zwischenglied aus drei Ringen; vierkantiger Gürtelhaken; Trensenknebelpaar. – Datierung: Stufe Lažany-Suchdol. – Mus. Tábor (Rest des Depots). – F. Lískovec, Obzor Prehist. 14, 1950, 387; O. Kytlicová, Pam. Arch. 46, 1955, 52 ff. Abb. 1–4.

GEFÄSSE AUS ORGANISCHEM MATERIAL MIT BRONZEHENKEL

Es handelt sich um zwei Bandhenkel (Nr. 65. 66) aus sehr dünnem, gewölbtem Bronzeblech. Ihre Enden sind scharf nach außen gebogen und bilden so Nietplatten, die erkennen lassen, daß die Henkel nicht am Gefäßrand angebracht waren. Die Gefäße selbst haben sich nicht erhalten; die Stärke des organischen Materials wird nach der Länge der vorhandenen Niete auf 3–4 mm geschätzt.

65. Polepy, Bez. Kolín; Grab 100. – Hockerbestattung. – Henkel; an der längeren Nietplatte vier lange, schmale Niete; der fünfte durchbricht nicht das Henkelband, sondern ist an einem Plättchen unterhalb des Henkels befestigt. Es ist schwer zu bestimmen, ob er den Henkel oder den übereinandergelegten organischen Stoff des Gefäßes festigen sollte oder gar bei der Restaurierung des stark beschädigten Henkels falsch eingeschlagen wurde.

An der kürzeren Nietplatte sitzen drei Niete. Das am Außenrand beider Nietplatten angebrachte Nietpaar hat leicht gewölbte Köpfe, die übrigen Niete sind dermaßen flachgehämmert worden, daß ihre Köpfe kaum sichtbar sind. Auf der Rückseite der Henkel horizontale Spuren von Fasern, vielleicht von Rinde (Taf. 12, 65). – Beifunde: Ohrgehänge; kleines Gefäß mit vier waagerecht angeordneten Buckeln am Halsansatz. – Datierung: jüngere Phase der Aunjetitzer Kultur. – Mus. Kolín (9256). – F. Dvořák, Pam. Arch. 35, 1926–27, 22 ff. Taf. 9, 7. 8; V. Moucha, Arch. Rozhl. 39, 1986, 121 ff. Abb. 1.

66. Liběšovice, Bez. Louny; Grab 28. – Hockerbestattung. – Bruchstücke eines leicht gewölbten Blechbandes, davon eines mit ausgebogenem Ende und einem Niet *(Taf. 12, 66).* – Beifunde: profilierte Tasse; Halskette aus Bernsteinperlen, Bronzeblechröllchen und kantigem Draht; Schließe aus Bronzestäbchen; beidseitiger Bronzepfriem; verzierte Nadel vom Aunjetitzer Typ. – Datierung: jüngere Phase der Aunjetitzer Kultur. – Mus. Louny (ohne Inv.Nr.). – C. Streit, Sudeta 11, 1935, 65 ff.; V. Moucha/I. Pleinerová, Arch. Rozhl. 18, 1966, 515 ff.; Moucha, ebd. 39, 1986, 121 ff. Abb. 3.

Herstellungstechnik: In technologischer Hinsicht bemerkenswert ist das außergewöhnlich dünne, getriebene Blech, aus dem die Henkel (Nr. 65. 66) hergestellt wurden; dadurch unterscheiden sie sich grundsätzlich von den Henkeln der urnenfelderzeitlichen Bronzegefäße, die immer aus einem wesentlich stärkeren Blechband als das Blech des Gefäßes selbst bestehen. Damit bestätigen sich auch die an den jungbronzezeitlichen Gefäßen gemachten Beobachtungen, daß die älteren Exemplare aus einem dünneren Blech als die jüngeren gefertigt zu sein pflegten, war doch die Treibarbeit am dünneren Blech weniger anspruchsvoll.

Funktion und Zeitstellung: Ziehen wir die Beigabenausstattung in Betracht, so dürften beide Gräber mit den Bronzehenkeln (Nr. 65. 66) eher Frauenbestattungen sein. Beide gehören der Aunjetitzer Kultur an. Die Zugehörigkeit des Grabes 28 von Liběšovice (Nr. 66) der jüngeren Phase der Aunjetitzer Kultur ist durch die übrigen Beigaben (Aunjetitzer Nadel, klassische Tasse) hinlänglich überzeugend belegt, während für das Grab 100 von Polepy (Nr. 65) mit dem chronologisch weniger empfindlichen Gefäß aufgrund der Lage des Grabes im jüngeren Teil des Gräberfeldes ein späterer Zeitraum nahegelegt wird.[1]

V. Moucha, der neuerdings beide Bronzebänder als Henkel von Gefäßen aus organischem Material deutete,[2] vertrat die Meinung, daß es sich, ähnlich wie in Gánovce, um kleine, zylindrische Schöpfer aus Rinde (Birkenrinde?) gehandelt haben muß.[3] Die häufige Benutzung solcher Gefäße sei durch eine Reihe keramischer Imitationen bezeugt, bei denen die Stelle der übereinandergelegten und zusammengenähten Rinde durch eine vertikale Punktlinie angedeutet ist. Die Kombination solcher Schöpfer mit Bronze ist in Mitteleuropa neu. Aus dem ägäischen Gebiet läßt sich mit den Aunjetitzer Schöpfern nur der Humpen von Dendra vergleichen.[4] Wegen seines schlechten Erhaltungszustandes steht nicht fest, ob der hölzerne Humpen mit drei Reifen oder vollständig mit Bronzeblech beschlagen war. Sein Bronzehenkel ist von gleicher Form wie die Henkel an den Aunjetitzer Schöpfern aus Rinde. Der Humpen von Dendra ist etwas jünger; er wurde in die Stufe SH III A 1 datiert. Seine Form und die Kombination von Blech mit Holz erinnert an die späteren mitteleuropäischen Zisten vom Typ Žatec (Nr. 44), die sich möglicherweise aus ähnlichen Formen entwickelt haben.

Aufgrund einiger aus Mittel- und Westeuropa bekannter älterbronzezeitlicher Bronze-, Gold- oder Silbergefäße und gleichzeitiger keramischer Nachbildungen äußerte Moucha die Vermutung, daß die Anfänge der mitteleuropäischen Bronzegeschirrherstellung eben in diesem Zeitabschnitt liegen. Als ein weiteres Beispiel führte er die Tontasse von Louny an, deren Henkel durch seine eigenartige Befestigung und die mit Einstichen imitierte Nietung den Bronzehenkeln der Schöpfer aus Rinde ähnelt.

---

[1] V. Moucha, Arch. Rozhl. 39, 1986, 121 ff.
[2] Ebd.
[3] E. Vlček/L. Hájek, in: Bosch-Gimpera-Festschr. (1963) 427 ff.

[4] Matthäus, PBF II, 1 (1980) 25 Taf. 43, 359.

Ungeklärt bleibt immerhin die Frage, ob die Herstellung der mit einem Bronzehenkel versehenen Gefäße aus organischem Material eine spezifische aunjetitzische, zeit- und ortsgebundene Angelegenheit war, oder ob wir es hier schon mit den Zeugnissen des Aufkommens der heimischen, mitteleuropäischen Produktion getriebenen Geschirrs zu tun haben. Die weite Verbreitung voll ausgeprägter Bronzegefäßtypen in Mittel- und Nordeuropa seit Beginn der Jungbronzezeit bezeugt, daß die Anfänge ihrer Herstellung weiter zurückliegen. Ob die organischen Gefäße mit Bronzehenkel der Entwicklung der Bronzegefäße Pate gestanden hatten, konnte bislang nicht nachgewiesen werden.

ZUSAMMENFASSUNG

Chronologie und Chorologie

Bei der Entstehung der Bronzegefäße und der Entwicklung ihrer heimischen Produktion wirkten in Mittel- und Nordeuropa zwei Komponenten mit: der Einfluß der mediterranen Hochkulturen und der gleichzeitige Stand der mittel- und nordeuropäischen Metallurgie, namentlich die in der Bronze- und Goldtoreutik gewonnenen Erkenntnisse. Metallgefäße aus Gold und Silber sowie aus Bronze lernte Europa erstmals in der älteren Bronzezeit kennen. Es waren durchweg direkte Importstücke oder keramische Nachahmungen ägäischer Vorlagen aus West-, Nordeuropa und dem Karpatengebiet. Möglicherweise sind auch die Aunjetitzer Gefäße aus Rinde mit Bronzehenkel (Nr. 65. 66) aus der Kenntnis dieser Bronzegefäße hervorgegangen. Erst am Ende der mittleren und am Anfang der jüngeren Bronzezeit erschien in einigen Gebieten Mittel- und Nordeuropas Bronzegeschirr in größerer Auswahl und als schon voll ausgeprägte lokale Typen. Unmittelbare Nachbildungen ägäischer Vorlagen wie der Schöpfer von Lažany (Nr. 48) waren nunmehr seltene Erscheinungen. Der Einfluß des ägäischen Kreises äußerte sich bei den Gefäßen vor allem in der Form, der Befestigungsweise und mitunter auch in der Verzierung des Henkels.

Das mitteleuropäische Geschirr unterscheidet sich vom ägäischen durch seine Tektonik, kräftige Profilierung und Herstellungstechnik. Die Gefäße wurden aus dünnem Bronzeblech gefertigt. Ihre heimische Tradition ist unverkennbar. In den meisten Teilen Mitteleuropas ist die Metallbearbeitung durch die entsprechenden Geräte und Erzeugnisse selbst bereits seit der älteren Bronzezeit belegt. Seit dem Ende der Mittelbronzezeit sind schon zahlreiche Zubehörteile der Frauentracht bekannt (getriebene Blechgürtel, Arm- und Fußspiralen). Beachtenswert sind namentlich die großen Zierscheiben mit feinen Perlreihen, die offenbar der Verzierung der ältesten Bronzegefäße als Vorlage dienten. Eine bedeutende Rolle im Entwicklungslauf des Bronzegeschirrs hat zweifellos das Goldschmiedehandwerk gespielt. Vielleicht ist es kein Zufall, daß das älteste Bronzegeschirr gerade dort erschien, wo für die mittlere und namentlich späte Hügelgräberzeit bedeutende Goldschmiedewerkstätten nachgewiesen sind, aus denen die reich verzierten Goldscheiben hervorgingen − wie in Westböhmen und im mittel-danubisch-karpatischen und nordischen Gebiet. Von der engen Verbindung der Goldschmiedekunst mit der Bronzetoreutik und von deren Einfluß auf die Herstellung des Bronzegeschirrs zeugen die Gold- und Bronzegefäße gleicher Form mit typischem, ursprünglich auf den Goldscheiben angewandtem Ornament, vertreten durch die Schalen vom Typ Milavče/Haltingen-Østermarie/Rongères-Gönnebek (s. S. 61 ff.). Mit diesem Goldschmiedeornament wurden während der ganzen älteren Urnenfelderzeit gelegentlich Bronzetassen versehen; die Tasse von Očkov ist formenkundlich und verzierungsmäßig ein Beispiel des Ineinanderaufgehens der Schalen vom Typ Milavče-Haltingen und der Tassen vom Typ Friedrichsruhe.

Vom ersten Vorkommen des Bronzegeschirrs an unterschieden sich der Karpatenkessel und die angrenzenden Teile des Mitteldonaulandes durch bestimmte Bronzegefäßarten und -typen vom übrigen Mittel- und Nordeuropa. Das Karpatenland bildete sich allmählich zum Produktionszentrum der Metallschmiedeware heraus, wo besondere Tassentypen (Gusen, Blatnica), größere Gefäße wie Becken, Eimer und vielleicht auch Zisten sowie Bestandteile der Schutzrüstung gefertigt wurden. Die Auswahl der Bronzegeschirrarten und -typen in den übrigen europäischen Gebieten ist unverhältnismäßig geringer. Die Leitform ist hier die Tasse. Andere Gattungen, wie z.B. das Sieb, sind zeitlich und räumlich begrenzt, die größeren Gefäße traten im Verlauf der ganzen älteren Urnenfelderzeit selten auf und sind Eimer, vielleicht auch Zisten). Die älteste Tasse vom Typ Friedrichsruhe (s. S. 33 ff.) weist zwar verwandte Züge mit den karpatischen Tassen auf, doch sie ist vom Bau her schon ein selbstständiger, ausgeprägter Typ. Ihr Heimatort ließ sich bis jetzt nicht lokalisieren. Bereits für die Zeit ihres ersten Erscheinens, in der Stufe Bz D, zeichnen sich zwei Ballungsgebiete deutlich ab: im Norden und in Mitteleuropa mit dem Zentrum in Westböhmen. Gerade die ältesten Exemplare sind sich untereinander auffallend ähnlich; viele den besser erhaltenen norddeutschen und dänischen Tassen zugeschriebene Merkmale sind nämlich auch den westböhmischen Tassen eigen (feine Buckelreihen, Henkel mit Buckelstreifen und Halbbögen längs des Randes, mit verbreiterten Enden und Nietpaar). Die Ähnlichkeit beider Gebiete wird auch durch das Vorkommen gleichartiger einmaliger Formen wie der Kesselwagen (s. S. 77 ff.) oder der Schalen mit Verzierung in Goldschmiedetechnik betont (Milavče, Østermarie, Gönnebek). Die gleichen Bedingungen für das Entstehen heimischer toreutischer Werkstätten ergaben sich schon aus der Tätigkeit der früheren Goldschmiedewerkstätten, die ähnliche goldene – in Westböhmen in der jüngeren Phase der Stufe Bz C, im Norden in der Periode II belegte Zierscheiben herstellten. Die eigenartige Form der böhmischen Siebe (s. S. 76), die in der älteren Urnenfelderzeit auf nordischem Boden fehlten, oder die unterschiedliche Machart der Kesselwagen (s. S. 80) bezeugen, daß zu dieser Zeit in beiden voneinander entfernten Gebieten eigenständige Werkstätten arbeiteten. Die Erstrangigkeit der einen oder anderen Werkstatt und das Entstehungsgebiet des Typs Friedrichsruhe ließen sich bislang nicht bestimmen. Die auffallende Einheitlichkeit der ältesten Formen läßt sich nur durch die intensiven Kontakte erklären, die der Nordische Kreis nicht nur mit dem Karpatenkessel, sondern auch mit den Gebieten nördlich der Alpen, den böhmischen Raum inbegriffen, unterhielt. Den Beweis dafür lieferte das umfangreiche Inventar böhmisch-bayerischen Ursprungs, das in den reichen mecklenburgischen und dänischen Gräbern aufgedeckt wurde (Periode II: Nadel mit Trompetenkopf und drei schräg gerippten Wülsten; Deinsdorfer Nadel. – Periode III: Nadeln mit reich gegliedertem Kopf, Halsknoten, doppelkonischem Kopf; Nadel vom Typ Weitgendorf, gefertigt nach dem Typ Henfenfeld, doch schon mit echt nordischen Zierelementen wie Gittermuster am Hals, Goldplattierung). Aus den Kontakten des böhmisch-bayerischen Gebietes mit dem nordischen dürfte sich die plötzliche Vorliebe für Halsringe ergeben haben; so ist der massive, tordierte böhmische Halsring mit Leistenmusterornament an den glatten Enden und mit Einschnitten auf den Windungen den mecklenburgischen Ringen durchaus gleich. Als weiteres Beispiel sei das für die böhmischen Scheibenkopfnadeln kennzeichnende Ornament konzentrischer Streifen mit schraffierten Dreiecken erwähnt, das auf den nordischen Zierscheiben vorkommt, und umgekehrt die für die letzteren typische Laufspirale, die manchmal auf den böhmischen Scheibenkopfnadeln zu sehen ist. Die Infiltration urnenfelderzeitlicher Formen nördlich der Alpen ist durch das Vorkommen des Messers vom Typ Baierdorf in den nordischen Gräbern hinreichend bewiesen. Als anschauliches Beispiel wird das Grab 5 aus Grabhügel 9 von Slate mit einem Baierdorf-Messer und einer Nadel mit flachkugeligem Kopf und Halsknotung der

Grabausstattung von Merklín (Nr. 2) gegenübergestellt; die in beiden Gräbern vorhandenen Tassen vom Typ Friedrichsruhe ähneln sich überraschenderweise nicht nur in der Form, sondern hauptsächlich in einigen Details (Henkel mit Halbbögen gerändert, oberer Niet mit Verfestigungsplättchen unterlegt).

Von der älteren Urnenfelderzeit (Ha A 1) bzw. jüngeren Phase der Periode III an erfolgte eine gewisse Stagnation in der Entwicklung der Tassen vom Typ Friedrichsruhe. Anscheinend setzte im Nordischen Kreis der Fortgang der Formveränderung aus. Die böhmischen Tassen neigten nun zur Gedrungenheit (Variante Žatec-Velatice; s. S. 23 ff.), und es machten sich Anzeichen eines Wandels in der Herstellungstechnik bemerkbar. Das dünne, einer Goldfolie ähnliche, für die ältesten Tassen und Siebe benutzte Blech wurde durch ein stärkeres ersetzt, anstelle der feineren Buckelreihen traten nun gröbere, enger aneinander geordnete und aus dem Gefäßkörper scharf hervorragende Buckel.

Bereits in der älteren Urnenfelderzeit hatte sich das Verbreitungsgebiet des Bronzegeschirrs beträchtlich erweitert, was offensichtlich der Vertiefung der toreutischen Kenntnisse und dem Entstehen neuer Werkstätten zuzuschreiben ist. Die bedeutendste von ihnen war die süddeutsch-bayerische Werkstatt, die eine besondere Variante aus der Typenreihe der Friedrichsruher Tassen und der tassenförmigen Siebe herstellte. Mit ihrer eher unverzierten, leicht konischen Form, leitete die süddeutsche Tasse die Entwicklung der lokalen, für die Stufe Ha A 2 charakteristischen Ausprägung vom Typ Fuchsstadt (s. S. 38) ein. Zu dieser Zeit standen die böhmischen Tassen vom Typ Friedrichsruhe und die Siebe am Höhepunkt ihrer Entwicklung und regten sichtlich das Entstehen neuer Werkstätten in Mitteldeutschland an. Die mitteldeutschen Tassen (Variante Osternienburg-Dresden) (s. S. 38 ff.) weisen eine große Variabilität in Verzierung und Form auf, hielten jedoch in ihren Grundzügen immer noch am Typ Friedrichsruhe fest. Auch wenn die unverzierten Tassen keine Ausnahmen bildeten, so überwog die Tendenz zur reichen Verzierung, die nun die ganze Gefäßoberfläche zu bedecken bestrebt war; die Perlen sind größer, stoßen fast aneinander, oder ihre Reihen sind ober- und unterhalb noch mit Gruppen von Buckeln gesäumt. Die Tassen führen überdies alle alten bekannten mitteleuropäischen und karpatenländischen Zierelemente, vor allem das Sternmuster über dem Boden, der häufig von konzentrischen Leisten umrahmt ist. Auch das alte Goldschmiedeornament, bestehend aus Streifen vertikaler Rippen, erschien wieder. Das Bestehen von Beziehungen zu den süddeutschen Werkstätten kommt durch das häufige gemeinsame Auftreten bzw. die Kombination mit dem Fuchsstadt-Typ zum Ausdruck. Hingegen ging das Bestreben um eine dekorative Gestaltung offenkundig von den alten böhmischen Werkstätten aus. Ein Beweis dafür ist die gemeinsame Siebform Středokluky-Dresden (s. S. 69 ff.), die sich aus den alten böhmischen Sieben herausgebildet hatte (Typ Záluží). In den Werkstätten Osternienburg-Dresden entstanden die Tassen in der Zeit der engeren Kontakte des Knovíz-Milavčer Gebietes mit dem sächsischen Lausitzer Kreis. Davon zeugen vier Metallgießerdepots, die in der Siedlung Dresden-Laubegast in der Nähe des größten mitteldeutschen Geschirrfundes aufgedeckt wurden. Durch die Metallgießerdepots von Dresden-Laubegast ist eine lokale Produktion bewiesen, die unter dem direkten Einfluß der Knovízer Metallurgie stattfand, es sei denn, Knovízer Metallgießer selbst waren nach Sachsen emigriert (s. S. 45). Die Bedeutung des Elbweges in Böhmen kam erst später durch eine auffallende Konzentration der Depots vom Jenišovice-Typ im Elbgebiet zwischen Mělník und dem böhmisch-sächsischen Grenzland voll zum Bewußtsein. Hier sind auch die umfangreichsten Metallgießerhorte aus jener Zeit gefunden worden (Maškovice, Kundratice).

Das Aufkommen der Tassen vom Typ Jenišovice (s. S. 44 ff.) und des zeitgemäßen „Jenišovicer Ornamentstils" ist immer noch schwer zu bestimmen. Der Anteil der böhmisch-sächsischen Werkstätten Středokluky-Osternienburg-Dresden scheint nicht unwesentlich gewesen zu sein. Hier strebte man vor allem eine fast ganzflächige Verzierung der Tassen an, die dann zum Hauptkennzeichen der Jenišovice-

Tassen wurde. An die Stelle des ornamentalen „Chaos" tritt die stilistisch ausgeprägte Punkt-Buckel Verzierung. Ihre bisher älteste Anwendung ist von Erzeugnissen der mitteldeutschen Werkstätten bekannt (Eimer von Dresden-Laubegast). Einige Tassen aus dem Jenišovicer Depot selbst zeigen Abweichungen vom geläufigen Stil; es sind Remineszenzen an den alten mitteldeutschen Stil (Buckelgruppen unterhalb der Punkt-Buckel-Reihen, punktiertes Sternmuster über dem Boden, konzentrische Leisten oberhalb des Bodens, nicht betonter Standring). In diesem Depot sind mehrere ältere Gegenstände enthalten, wie auch durch die Form des Vorratsgefäßes, in dem sie deponiert waren, verdeutlicht wird. Der Anteil des Karpatenkessels an der Entwicklung des Punkt-Buckel-Stils kann erst nach eingehender Aufarbeitung der lokalen toreutischen Produkte und ihrer Synchronisierung mit Mitteleuropa geklärt werden. Jedenfalls wurde das Punkt-Buckel-Ornament das Hauptmotiv der Eimer und Becken; hingegen erschien hier die Jenišovice-Tasse häufiger als in Mitteleuropa unverziert, und die kräftige, für den Typ Spišská Belá (s. S. 42 f.) charakteristische Profilierung gilt als ihr wichtigstes Merkmal.

In Anbetracht der Fundzahl und der räumlichen Verbreitung ist die Jenišovice-Tasse das Spitzenprodukt der Bronzetoreutik in der Urnenfelderzeit. Der neue Stil beherrschte alle alten Werkstätten (mit Ausnahme der süddeutschen). Die jüngste Fundausbeute läßt auf das Entstehen weiterer (nordmährisch-schlesisch-polnischer, schweizerischer) Werkstätten schließen. Von der formalen und ornamentalen Gleichmäßigkeit sondern sich nur selten ausgeprägte, lokale Varianten ab (nordische und schweizerische „Jenišovice"-Schalen).

Die zeitliche Aufeinanderfolge der Tassentypen Friedrichsruhe-Fuchsstadt-Jenišovice ist nicht allgemein gültig. Angesichts der eigenständigen Entwicklung in den lokalen Zentren ist die Laufzeit der einzelnen Typen ungleich. Eine unmittelbare Abfolge der Typen Friedrichsruhe und Fuchsstadt ist im Grunde genommen nur im süddeutschen Urnenfelderbereich nachweisbar; die Jenišovice-Tasse gilt hier fast als eine Fremdform. Außerhalb ihres Heimatgebietes trifft die Fuchsstadt-Tasse mit der jüngsten Variante vom Typ Friedrichsruhe (Osternienburg-Dresden) und der Tasse vom Typ Jenišovice zusammen. Die Entwicklung des Typs Friedrichsruhe läßt sich demnach von der Stufe Bz D bis zur Stufe Ha A 2 verfolgen. Die Fuchsstadt-Tasse, deren Vorkommensschwerpunkt in der Stufe Ha A 2 lag, entwickelte sich auf heimischem Boden offenbar weiter (Eschborn, Grab 1), und auch die Jenišovice-Tasse scheint nicht auf einen engen Zeithorizont begrenzt gewesen zu sein. Ihr Entstehen fällt noch in die Laufzeit der jüngeren Friedrichsruhe- und Fuchsstadt-Formen (Ende Ha A 2), und die Funde von Riesa-Gröba oder Liptovský Mikuláš(-Ondrašová) zeugen vom Überdauern des Typs in den Anfang der Spätbronzezeit (Stufe Ha B 2/B 3).

In der Spätbronzezeit (Stufe Ha B 2/B 3) machte das Bronzegeschirr einen tiefgreifenden quantitativen und qualitativen Wandel durch. Die relativ geringe Fundzahl wird durch eine breitere Warenauswahl auch außerhalb des Karpatenbeckens ausgeglichen. Eine Reihe neuer Formen wie die Amphore (s. S. 83 ff.), kleine Trinkschalen, Krüge oder Becken-Tassen verkörpern schon die angehende Entwicklung des hallstattzeitlichen Geschirrs. Zugleich bildete sich auch eine weitere, durch den Typ Hostomice-Stillfried vertretene Tassenform (s. S. 55 ff.) heraus, deren Verbreitungszentrum im ostalpin-böhmischen Raum liegt. Durchweg außergewöhnlich große Maße lassen eine unterschiedliche Zweckbestimmung vermuten. Wenn auch das Auftreten der Bronzegefäße in den größten Teilen Europas auf eine weit verzweigte, toreutische Tätigkeit hinweist, so fällt der geringen Fundzahl wegen eine genaue Lokalisierung schwer. Sie kann nur durch die jeweils überwiegenden, in bestimmten Regionen bei verschiedenen Gefäßgattungen und anderer toreutischer Ware verwendeten Zierelemente erstellt werden.

Die Bergung von Bronzegeschirr ist mehr als bei anderen metallurgischen Erzeugnissen von günstigen Erhaltungsbedingungen abhängig. Letztere sind durch eine Reihe von Faktoren gegeben: durch die zeitlichen und örtlichen Produktionsumstände, durch die wirtschaftlichen, sozialen, rituellen, kultischen Hintergründe und nicht zuletzt durch die Bodenverhältnisse. Dies ist schon durch die Tatsache bewiesen, daß die meisten älterurnenfelderzeitlichen Funde (Bz D-Ha A 2) aus Gräbern stammen und daß erst später Depots und einzelne Geschirrfunde überwiegen. Der Mangel an spätbronzezeitlichen Funden ergibt sich aus der Seltenheit reich ausgestatteter Gräber und dem Rückgang einzelner Geschirrfunde.

Sozialgeschichtliche Deutung der mitteleuropäischen Grabfunde mit Bronzegeschirr

Wichtig für die Beurteilung der damals bestehenden sozialen Struktur sind vor allem die in Gräbern deponierten Bronzegefäße (vgl. Liste S. 125 ff.). Das hieraus gewonnene Bild ist allerdings durch das sukzessive Entstehen lokaler Werkstätten und die lokalen Abweichungen in den Bestattungsbräuchen, die sich wiederum in der Beigabenausstattung widerspiegeln, einigermaßen verzerrt. Ein gutes Beispiel dafür ist die Uneinheitlichkeit im Ritus der Beigabenausstattung zwischen dem westböhmischen Milavče auf der einen und dem Knovízer mittel- und nordwestböhmischen Gebiet auf der anderen Seite (s. S. 15 ff.).

Im mitteleuropäischen Raum vom Karpatenkessel bis zum Rheinland wurden an die fünfzig Gräber aus der Urnenfelderzeit aufgedeckt, die mit Bronzegefäßen ausgestattet worden waren. Die Deponierung von Bronzegefäßen im Grab ist an und für sich ein Zeichen dafür, daß ein gesellschaftlich übergeordnetes Individuum bestattet wurde. Da unter den mit Bronzegefäßen ausgestatteten Gräbern erhebliche Unterschiede festgestellt wurden und ein bestimmter Zusammenhang zwischen der Gefäßzahl und dem Bau, der Ausstattung und Lage des Grabes wiederholt auftrat, ist anzunehmen, daß auch innerhalb dieser sozial übergeordneten Schicht eine gewisse Differenzierung bestand. Eine nicht unbedeutende Rolle dürfte hier auch die unterschiedliche Vertretung der Gefäßtypen gespielt haben.

Aufgrund der Zahl und Typen der Gefäße gliedern wir die Gräber im Arbeitsgebiet in drei Gruppen.

Die erste Gruppe umfaßt Gräber mit drei und mehr Gefäßen, die in der Regel ein vollständiges Trinkservice bilden. Außer einer oder mehreren Tassen und einem weiteren, kleineren Gefäß (Sieb, Schale u.a.) ist hier immer ein größerer Trinkbehälter vertreten (Becken, situlenartiger Eimer, Kesselwagen, Amphore); seine Bedeutung beruht darin, daß es sich dabei um seltene Gefäße handelt, die importiert oder meist nach karpatenländischen Vorlagen hergestellt wurden. Alle auf diese Weise ausgestatteten Gräber bargen ausschließlich Männerbestattungen (Milavče, C 1 [Nr. 1]; Hart a.d. Alz; Acholshausen; Osternienburg, Gr. 11; Očkov; Hostomice [Nr. 30]). Sie besaßen eine Kammer, Steinpackung und in einigen Fällen eine Hügelaufschüttung. Sie hoben sich überwiegend von den lokalen Grabbräuchen ab. In anderen Fällen war die Bedeutung der Bestattung durch das Vorhandensein von Wagenbestandteilen betont (Hart a.d. Alz; Milavče; Osternienburg, Gr. 11? – Beschläge mit Vogelprotomen). Mit Ausnahme des Grabes von Osternienburg waren alle Gräber mit Schwertern und anderen Waffen, manchmal auch mit Bestandteilen der Schutzrüstung (Milavče C 1) und weiteren bronzenen sowie keramischen Beigaben ausgestattet.

Gräber mit zwei Bronzegefäßen sind seltener (vgl. Liste S. 125). Mit der ersten Gruppe läßt sich nur das Grab von Žatec-Macerka 1 (Nr. 3) vergleichen, das eine Tasse und eine Ziste enthielt. Die übrigen Gräber mit nur zwei Tassen oder einer aus Tasse und Sieb bestehenden Garnitur unterscheiden sich nicht von den Gräbern mit einer einzigen Tasse, sie sind relativ arm wie z.B. das Frauengrab 4 von Langengeisling.

Die zur dritten Gruppe gehörenden, eine einzige Tasse führenden Gräber weisen eine erhebliche

Variabilität in der Ausstattung und Bauart auf. Nur ein kleiner Teil steht der ersten Gruppe nahe. Es sind dies die mit Schwert und weiteren Beigaben ausgestatteten, oft in Kammern beigesetzten Männerbestattungen; diese Gräber sind jedoch kleiner als diejenigen mit Trinkgefäßgarnitur. Die übrigen, eine oder zwei Tassen, ein Sieb oder eine Garnitur von Sieb und Tasse enthaltenden Gräber sind durchweg Brandurnenbestattungen, die den üblichen lokalen Grabbräuchen entsprechen. Die Toten waren Männer, denen eine einzige Waffe (kein Schwert) oder eine prägnante männliche Beigabe (Rasiermesser) mitgegeben worden war. Es fehlt aber auch nicht an Frauenbestattungen mit reichen Schmuckbeigaben. Einen beträchtlichen Teil an Bestattungen bilden diejenigen ohne namhafte Bronzebeigaben oder solche, die überhaupt keine führen (vgl. Liste S. 126 f.).

Die sozialen Verhältnisse äußern sich auch durch die Wahl der Lage und Entfernung zu den anderen Gräbern, Gräbergruppen oder gleichzeitigen Gräberfeldern. Die bedeutendsten Männergräber mit Bronzegefäßen fanden sich entweder isoliert oder in der Nähe einer kleineren Gruppe reich ausgestatteter Gräber wie im Falle des Grabes von Žatec-Macerka 1 (Nr. 3), das mit zwei Bronzegefäßen ausgestattet war und nahe bei drei weiteren Gräbern ähnlicher Bauart lag, von denen eines die Bestattung eines Pferdepaares enthielt. Der Grabhügel C 1 von Milavče (Nr. 1) befand sich am Rande der reichsten westböhmischen Nekropole der frühen und älteren Urnenfelderzeit; hier wurden zwei weitere Gräber mit Schwert und andere mit Bronzegefäßen aufgedeckt. Über dem Grab 11 von Osternienburg war ein Hügel aufgeschüttet, der zwei weitere reiche Bestattungen barg, davon eine mit einer Tasse; in Wollmesheim war das Grab mit einer einzigen Tassenbeigabe das relativ ärmste von drei weiteren Gräbern, die jeweils von einem Steinkranz umgeben waren. Die Gräber mit einem einzigen Gefäß sind demnach gemeinsam mit einer weiteren reichen Bestattung getrennt angelegt worden oder sie liegen inmitten des gleichzeitigen Gräberfeldes (Merklín [Nr. 2], Langengeisling).

Außer dem Vorkommen von Bronzegefäße enthaltenden Gräbern und weiteren bedeutenden Gräbern, die zeitlich und räumlich mit den ersteren eng verbunden sind, gibt es auch Fälle von reichen Gräbern, die zeitlich auseinanderliegen, und einer Kumulation solcher Gräber in einer bestimmten Mikroregion. So liegt z. B. unweit der Nekropole C von Milavče mit ihren reichen Gräbern der frühen und älteren Urnenfelderzeit ein weiteres reiches Grab in der Gruppe B (Nr. 50), und im Raum von Domažlice (Taus) wurden die bedeutendsten Gräber Westböhmens aufgedeckt. Eine auffallend geringe Entfernung trennt die Gräbergruppen von Žatec-Macerka (Nr. 3), Žatec-Am Keil (Nr. 45) und das Grab mit Schwert von Čeradice; die zwischen ihnen liegende Zeitspanne entspricht etwa einer Generation. Ähnlich verhält es sich z. B. bei den Gräbern 1 und 2 von Eschborn. Schließlich befand sich das bedeutendste spätbronzezeitliche Grab Böhmens – Hostomice (Nr. 30) – unweit der weiteren reichen Bestattung mit Schwert und Pferdegeschirrteilen von Luh bei Most. Hieraus ergibt sich die Sonderstellung einiger Gebiete, die sich eine längere Zeit hindurch behaupteten und aus der auf das Bestehen von Siedlungsorten der herrschenden Schicht und deren Gefolge geschlossen werden kann. Der unmittelbare Zusammenhang zwischen diesen Regionen und dem Vorkommen der Bronzegefäße ist ein Anzeichen dafür, daß Metallbearbeiter bzw. hochspezialisierte Handwerker solche Gebiete aufsuchten und dort ihre Werkstätten gründeten.

Die Bedeutung des Bronzegeschirrs beruht auf seiner Funktion. Die vollständigen Trinkgefäßgarnituren bezeugen, daß das durch hallstattzeitliche Funde und auf Situlen dargestellte Szenen belegte Trinkzeremoniell auf heimischer, tief in der Urnenfelderzeit verankerter Tradition fußte. Dabei ist nicht zu verkennen, daß sich im Bronzegeschirr Mitteleuropas Einflüsse des östlichen Mittelmeers formal und funktional geltend machten.

ANHANG

ANITA SIEGFRIED-WEISS

HALLSTATTZEITLICHE BRONZEGEFÄSSE IN BÖHMEN

TASSEN

RUNDBODIGE TASSEN MIT HOCHGEZOGENEM, AM RAND INNEN FIXIERTEM HENKEL

Der eine Henkel von Kyšice (Nr. 67) besteht aus einem Bronzeblechband mit drei Längsrippen in der Mitte und Schrägkerben am Rand. Der untere Henkelabschluß ist durch zwei Horizontalrippen abgetrennt und durch weitere zwei Rippen in zwei Rechtecke mit je einem Nietloch unterteilt. Der obere Henkelabschluß ist abgebrochen, das Bronzeband war dort wahrscheinlich laschenförmig ausgehämmert. Der zweite im Grab gefundene Henkel (Nr. 68) besteht aus einem Bronzeblechband mit trapezförmig ausgehämmerter Attasche, die mit je zwei seitlich auslaufenden und zwei innen am Ende horizontal verbundenen Ritzlinien verziert ist. Beide Fragmente gehörten vermutlich ehemals zu einer rundbodigen Tasse mit hochgezogenem, am Rand innen fixiertem Henkel.

67. 68. Kyšice, Bez. Plzeň; Hügelgruppe 2, Hgl. 1. – Zerstörtes Brandgrab(?) – Gefäßhenkel; H. 72 mm; Br. 11 mm (*Taf. 13, 67*). Fragment eines weiteren Gefäßhenkels; H. 49 mm; Br. 9 mm (*Taf. 13, 68*). – Beifunde: Bernsteinperle. – Zeitstellung: Ha C. – Mus. Plzeň (11311. 11312). – Pam. Arch. 12, 1882–84, 298 Taf. 14, 16; Píč, Starožitnosti I/2, 142; M. Grbić, Pam. Arch. 35, 1926–27, 381; V. Šaldová, ebd. 59, 1968, 367 Abb. 25, 7; Schránil, Vorgeschichte 205.

Zeitstellung: Das Fehlen von datierbaren Beifunden läßt lediglich eine allgemeine Zuweisung in die Hallstattzeit zu.[1]

Verbreitung: Tassen mit gedelltem Boden und runder Wandung sind von Mittelitalien bis nach Süddeutschland verbreitet.[2]

BECKEN-TASSE

Unter dem Begriff „Becken-Tasse" ist eine Gruppe von rundbodigen Becken mit seitlich hochgezogenem Henkel zusammengefaßt worden, welcher sicher auch das Gefäß mit zugehörigem Henkel von Švihov (Nr. 69) zugerechnet werden muß.[1] Die Übereinstimmung mit ähnlichen Gefäßen besteht vor allem im Beckenrand,[2] der mit einem eingeritzten, nach unten mit einem Winkelband abgeschlossen

---

[1] v. Merhart, Studien 16.
[2] Ebd. 17 Taf. 9, 5–13 Karte 2.

[1] v. Merhart, Studien 15 f.
[2] Ebd. Taf. 8, 4–6.

Schachbrettmuster verziert ist. Der vermutlich dazugehörige Henkel ist mit einem geritzten Winkel-band- und Linienmuster verziert.

69. Švihov, Gde. Červené Poříčí, Bez. Klatovy. – Grab-hügel, Zentralgrab. – Randfragment einer rundbodigen Beckentasse aus getriebenem Bronzeblech; H. urspr. ca 110 mm; Mündungsdm. ca. 250 mm. Vermutlich zugehö-rig: Henkel aus fragmentiertem Bronzeband; innere At-tasche abgebrochen, äußere am Ende seitlich flach ge-hämmert, endet in einer Zunge; mit drei Nieten am unte-ren Ende befestigt; H. 160 mm; Br. 26 mm *(Taf. 13, 69).* – Beifunde: Kreuzattaschenbecken (Nr. 75); Rippenziste

(Nr. 90); weitere Henkel- und Wandungsfragmente von Bronzegefäßen (evtl. einer Amphore?[3]) (Nr. 91–93); gol-denes Zierblech; unbestimmbare Eisengegenstände. – Mus. Praha (1701–1728). – F. Leger, Pam. Arch. 13, 1885–86, 217 ff. Taf. 9, 5. 5a; Píč, Starožitnosti I/2 Taf. 28, 7. 10; M. Grbić, Pam. Arch. 35, 1926–27, 381; Schránil, Vorgeschichte 205; v. Merhart, Studien 65 Taf. 8, 3; V. Šaldová, Pam. Arch. 59, 1968, 366.

Zeitstellung: Hallstattzeit.[4]

Verbreitung: Das Exemplar von Švihov (Nr. 69) ist der einzige Vertreter der Gruppe nördlich der Donau mit Ausnahme der Becken-Tasse von Hossingen in Württemberg.[5] Verbreitungsschwerpunkt ist der Südostalpenraum und Slowenien, Becken-Tassen kommen aber auch in Italien vor.[6]

SCHALEN MIT UHRPENDELMOTIV

Die Wandungen der beiden Bronzeschalen aus Praha-Střešovice (Nr. 70. 71) sind auf der Außenseite bis zum Boden mit einem sog. „Uhrpendelmuster" verziert. Dieses besteht aus horizontal unterhalb des Randes in Gruppen angebrachten Eindellungen, von denen sich vertikale, eingehämmerte Linien bis zu einem konzentrischen Kreis von Eindellungen rund um den Omphalos ziehen.

70. 71. Praha-Střešovice; Flur „Hubálka". – Grabfund. – Zwei fast identische Schalen aus getriebenem Bronze-blech mit niedrigem Schrägrand, bauchig geschwungener Wandung und Flachboden mit Omphalos; H. 40 mm; Mündungsdm. 140 mm *(Taf. 13, 70. 71).* – Beifunde: Schöpfer mit Hebelgriff (Nr. 73); bronzene tordierte Ösenkopfnadel; Armring mit Stempelenden; Fingerring;

Gebißstange; sechs Gefäße der Bylaner Kultur. – Mus. Praha (111940. 111954); angekauft 1906. – J. Schránil, Pam. Arch. 27, 1915, 88 ff. Abb. 30 Taf. 9; M. Grbić, Pam. Arch. 35, 1926–27, 382; Schránil, Vorgeschichte Taf. 40, 9; Sprockhoff, Handelsgeschichte 78; I. Pleinerová, Pam. Arch. 64, 1973, 273. 275 Abb. 1, 3. 4.

Die beiden Schalen von Praha-Střešovice (Nr. 70. 71) gehören einer kleinen, geschlossenen Gruppe von Gefäßen an, die in Form und Verzierung untereinander leicht variieren. Während die Schale von Kleinleesau (Bayern) gegenüber den Exemplaren von Prag eine scharf profilierte Wandung mit kanti-gem Schulterknick besitzt, fehlen bei dem Stück von Aschering (Bayern) die konzentrisch angeordne-ten Bodendellen. Das Gräberfeld von Hallstatt lieferte zwei ähnliche Gefäße, die jedoch nicht der durch die Verzierung eng definierten Gruppe zugerechnet werden können. Die Schale von Grab 503,[1] die der Form nach derjenigen von Kleinleesau nahesteht, ist auf der Wandung mit senkrechten Linien

---

[3] Píč, Starožitnosti I/2 Taf. 28, 11. 13.
[4] v. Merhart, Studien 16.
[5] Ebd. Katalog zu Karte 2.
[6] Ebd. 17 Karte 2.

[1] Kromer, Hallstatt Taf. 92, 5.

verziert, es fehlen aber die Eindellungen am Rand und Boden. Dasselbe gilt für das Gefäß von Grab
778, das auch in der Form stark abweicht.[2]

E. Sprockhoff sah in diesen hallstattzeitlichen Schalen ein Anknüpfen an nordische Tradition; er
stellte sie in eine Gruppe mit den der Periode V der nordischen Bronzezeit angehörenden Hängescha-
len, die zum Teil mit einem gleichen Dekor verziert sind.[3]

Funktion: G. Kossack wies die Schalen mit Uhrpendelmotiv ihrer Funktion nach den Trinkschalen
zu.[4]

Zeitstellung: Das Grab von Praha-Střešovice kann anhand des Schöpfers mit Hebelgriff (Nr. 73) und
der tordierten Bronzenadel in die Stufe Ha C datiert werden.[5] Auch das Stück von Kleinleesau und das
Grab 503 von Hallstatt gehören (letzteres aufgrund des eisernen Langschwertes) dieser Zeitstufe an.[6]

Verbreitung: Die Bronzeschalen mit Uhrpendelmotiv sind nur in Böhmen und Bayern vertreten. Die
bayerischen Fundorte sind Kleinleesau[7] und Aschering, Hügel 4.[8]

TELLER MIT VERZIERTEM FLACHRAND

Von Dýšina (Nr. 72) stammen Fragmente eines Tellers mit punzverziertem Flachrand, der aus einem
Stück Bronzeblech getrieben wurde und einen breiten, flach ausgezogenen, um einen Bronzedraht gebördelten Rand aufweist. Dieser ist mit vier Buckelreihen und einer Reihe getriebener „Hallstattvögel"
mit dazwischen liegenden Sonnen verziert. Das Wandungsprofil konnte nicht genau rekonstruiert werden, es läuft geschwungen vom Rand zum Boden.

72. Dýšina, Bez. Plzeň-Nord; Grabhgl. 2. – Zentralgrab;
Wagengrab mit Männerbestattung. – Fragmente eines
Tellers mit verziertem Flachrand; H. ca. 45 mm; Mündungsdm. außen ca. 360 mm *(Taf. 14, 72).* – Beifunde:
Eimer vom Typ Kurd (Nr. 81); Eisenschwert; vier Pfer-
degebißstangen; Eisentrense (Zugehörigkeit zum Fundverband nicht gesichert); Radnabenfragment (bei V. Šaldová als Rippenziste aufgeführt); Bronzeringe; zwei
Bronzeknöpfe mit konkaver Oberfläche; Jochbeschläge
aus Leder und Holz mit Bronzenietenverzierung; vier

Bronzeattaschen aus durchbrochenem Blech; viereckige
Knöpfe; 30 kleine Bronzeknöpfe vom Zaumzeug; Pfer-
dezähne; Teile des Fundverbandes verschollen. – Mus.
Plzeň (11268. 11267/1–87). – Zeitstellung: Ha C. – Pam.
Arch. 12, 1882–84, 295 Taf. 15, 23; Píč, Starožitnosti I/2,
138; M. Grbić, Pam. Arch. 35, 1926–27, 381; V. Šaldová,
Pam. Arch. 59, 1968, 347 Abb. 24, 31 (Abb. dort nach F.
X. Franc [vgl. ebd. 297 Anm. 4]; Handzeichnungen im
Mus. Plzeň); 366.

Das Gräberfeld von Hallstatt hat mehrere vergleichbare Teller geliefert, die entweder sowohl in der
Form als auch im Dekor (Vogel-, Sonnen- oder Kreispunzen) mit dem Teller von Dýšina (Nr. 72) übereinstimmen[1] oder sich form- (Fußschalen)[2] oder verzierungsmäßig (Teller mit Kreis- oder Buckelverzierung)[3] von ihm unterscheiden. Weitere Analogien sind aus Horákov in Mähren[4] und aus Oberwiesenacker in der Oberpfalz[5] bekannt. Beim Fund von Horákov handelt es sich um zwei Teller unbekannter

---

[2] Ebd. Taf. 163, 10.
[3] Sprockhoff, Handelsgeschichte 77 ff. Taf. 20. 25.
[4] Kossack, Sibrium 3, 1956–57, 47 f.
[5] v. Merhart, Studien 16 ff.; Kossack, Südbayern 112.
[6] v. Merhart, Studien 18.
[7] Sprockhoff, Handelsgeschichte 78; W. Kersten, PZ 24,
1933, 107 Abb. 2, 32.; Kossack, Südbayern Taf. 13, 19.
[8] Kossack, Südbayern 220 f. Taf. 90, 3.

[1] Kromer, Hallstatt Taf. 1, 34; 39, 4; 42, 7; 100, 2; 111, 3; 119,
4; 159, 8.
[2] Ebd. Taf. 18, 5; 92, 11; 159, 8; 162, 4.
[3] Ebd. Taf. 118, 9; 121, 13; 144, 4; 147, 10.
[4] M. Šolle, Pam. Arch. 46, 1955, 109 f. Abb. 3; Nekvasil/
Podborský, PBF II, 13 (1991) Nr. 30. 31.
[5] G. Kossack, Jb. RGZM 1, 1954, 176 Abb. 27, 26.

Herkunft mit gleichartig verziertem Flachrand, bei dem bayerischen Exemplar ebenfalls um ein Teller-
paar aus einem Grab mit Pferdegeschirr, das einen klassichen Ha C-Komplex darstellt.

Verzierung: Die Ähnlichkeit der Machart dieser von verschiedenen Fundorten stammenden Teller
könnte zur Annahme führen, daß es sich um Stücke aus der gleichen Werkstatt handelt. Dies gilt natür-
lich vor allem für gleich oder ähnlich verzierte Exemplare, die vom selben Fundort stammen. Es hat
sich jedoch gezeigt, daß z.B. in Hallstatt keine identischen Dekors vorkommen. Entweder unterscheiden sich die Vogel-, Sonnen- oder Kreispunzen voneinander oder sie wurden verschieden angeordnet.
Bezüglich des Tellers von Dýšina (Nr. 72) steht fest, daß die hier zur Verzierung des Randes benutzten
Punzen (Vogel und Sonne) mit keinem anderen bekannten Dekor identisch sind. Während es sich bei
den meisten in Hallstatt und auch bei den in Horákov verwendeten Vogelpunzen um den Typus mit
„Kamm" handelt,[6] finden sich die nach links gewandten Vögel auf dem Teller von Dýšina[7] bei keinem
der ähnlich verzierten Teller wieder.

Zeitstellung: Der Grabfund von Dýšina kann anhand des eisernen Langschwertes in die Stufe Ha C
datiert werden. Dies entspricht der Zeitstellung der meisten Gräber mit vergleichbaren Bronzegefäßen
im Hallstätter Gräberfeld, mit Ausnahme etwa von Grab 577, das einen Antennendolch[8] barg, oder
Grab 769, in dem eine Kahnfibel mit geripptem Bügel lag.[9]

Verbreitung: Verwandte Exemplare finden sich in einem geographisch relativ geschlossenen Gebiet,
welches Bayern, Hallstatt und Südmähren umfaßt.

SCHÖPFER MIT HEBELGRIFF

Der Schöpfer von Praha-Střešovice (Nr. 73) gehört zur Gruppe der Schöpfer in „Beckenform". Er besitzt ein halbkugeliges Profil und einen Omphalos. Der S-förmig geschwungene, an der Außenwand
fixierte und hochgezogene Henkel endet in einem stilisierten Rinderkopf.

73. Praha-Střešovice; Flur „Hubálka". – Vgl. Nr. 70. 71.
– Fragmentierter Schöpfer mit Hebelgriff; H. 45 mm;
Mündungsdm. 115 mm *(Taf. 14, 73).* – Mus. Praha
(111955a[9054]). – J. Schránil, Pam. Arch. 27, 1915, 88 ff.

Abb. 30 Taf. 9; M. Grbić, Pam. Arch. 35, 1926–27, 382;
Schránil, Vorgeschichte Taf. 40, 6; v. Merhart, Studien 67
Taf. 10, 17; I. Pleinerová, Pam. Arch. 64, 1973, 273. 275
Abb. 1, 2.

Zeitstellung: In Anlehnung an bayerische Vergleichsstücke und solche aus dem Gräberfeld von Hallstatt[1] wird der Schöpfer von Praha-Střešovice (Nr. 73) in die Stufe Ha C datiert.

Verbreitung: Die Funde der Schöpfer mit Hebelgriff streuen im Raum von Oberitalien – mit
Schwerpunkt Bologna – bis nach Schlesien.[2]

---

[6] ders., Symbolgut Taf. 8, 3.
[7] Ebd. Taf. 8, 1.
[8] Kromer, Hallstatt Taf. 111.
[9] Ebd. Taf. 144.

[1] v. Merhart, Studien 304 f.; G. Kossack, Sibrium 3, 1956–
57, 46; ders., Südbayern 112; Kromer, Hallstatt Taf. 42 (Gr.
273 mit Schwert und Mehrknopfnadeln). 118 (Gr. 605 mit
Schwert und Mehrknopfnadel). 119 (Gr. 607 mit Pilzknaufschwert).
[2] v. Merhart, Studien 16 ff. Karte 2, 66 f.; Kossack, Sibrium
3, 1956–57, 46.

KÄNNCHEN MIT RINDERKOPFHENKEL

Der gegossene Henkel von Úhřetice (Nr. 74) besteht aus einem langrechteckigen, dünnen Bronzeband mit konkaver Oberfläche, das am oberen Ende in zwei hochgezogene Stierhörner ausgeformt ist. Eine trapezförmige Lasche auf der oberen Rückseite mit zwei Nietlöchern diente zur oberen, eine rechteckige Lasche als Abschluß zur unteren Befestigung. Zwischen dem Mittelstück und der unteren Attasche ist ein horizontaler Steg mit zwei hörnerartigen Aufsätzen ausgebildet. Dieser Henkel wurde von G. v. Merhart als „Einzelgriff zu unbekannter Kannenform" bezeichnet, doch das zum Fund gehörende Wandungsfragment mit Buckelverzierung deutet darauf hin, daß es sich bei dem Gefäß um ein bauchiges, kleines Kännchen handeln könnte, etwa in der Art der Kännchen von Grab 220 und 299 von Hallstatt.[1]

74. Úhřetice, Bez. Pardubice; Gr. 43. – Männerbestattung im Wall der Befestigungsanlage. – Henkel eines Kännchens mit Stützgriff; H. der hörnerartigen Aufsätze 70 mm. Wohl dazugehörig (?): Wandungsfragment eines Gefäßes, das mit konzentrischen Kreisbuckeln und Punkten verziert ist (Zugehörigkeit nicht gesichert, da die Stellung der drei Nietlöcher mit den Nietlöchern des Griffs nicht übereinstimmt); H. 47 mm; Br. 45 mm *(Taf. 14, 74).* – Beifunde: eisernes Langschwert; stark korrodiertes Eisenstück unbekannter Bestimmung (Messerklinge?); doppelkonische Gefäße mit je zwei seitlichen Griffen; Kegelhalsgefäß. – Mus. Praha (110394–110396). – J. L. Píč, Pam. Arch. 20, 1902–03, 476 Taf. 48, 38; ebd. 21, 1904–05, 291 Taf. 24, 38; J. L. Píč, Die Urnengräber Böhmens (1907) 397; M. Grbič, Pam. Arch. 35, 1926–27, 382; Schránil, Vorgeschichte Taf. 40, 12; Filip, Popelnicová pole 97 Abb. 51, 20; v. Merhart, Studien 68 Taf. 15, 18; J. Hralová, in: Beiträge zur Ur- und Frühgeschichte [Festschr. W. Coblenz] I. Arb.-Forschber. Sachsen Beih. 16 (1981) 425 ff.

Zeitstellung: Kännchen mit Rinderkopfhenkel als Stützgriff erscheinen sowohl in der älteren als auch in der jüngeren Hallstattzeit.[2] Die dem Henkel von Úhřetice (Nr. 74) ähnlichen Stücke sind in die Stufe Ha C (Hallstatt, Grab 299 mit Pilzknaufschwert) und in der Stufe Ha D (Tannheim mit einer in einen späteren Kontext gehörenden Rippenziste;[3] Hallstatt, Gr. 220 mit Brillen- und Schlangenfibel) zu datieren. Das Grab von Úhřetice mit einem eisernen Langschwert ist in die Stufe Ha C zu setzen.

Verbreitung: Die Funde konzentrieren sich – abgesehen von einigen Stücken im Nordischen Kreis – auf Württemberg, Bayern, Oberösterreich und Tirol. Einzelne Vertreter in Italien betrachtete v. Merhart als Importe.[4] Die dem Henkel von Úhřetice (Nr. 74) formal am nächsten stehenden Beispiele finden sich demnach in dieser geographisch relativ geschlossenen Gruppe, etwa in Tannheim, Württemberg[5] oder, wie oben erwähnt, in Hallstatt.

---

[1] Kromer, Hallstatt Taf. 30, 9; 49, 1.

[2] v. Merhart, Studien 25 f.

[3] Stjernquist, Ciste I 60 f.; II 10 f.

[4] v. Merhart, Studien 28 Karte 4.

[5] AuhV 5, 324 f. Nr. 1027; A. Geyr/P. Goessler, Hügelgräber im Illestal bei Tannheim (1910) Taf. 11, 2; v. Merhart, Studien 68 Taf. 14, 1.

BECKEN

BECKEN MIT KREUZFÖRMIGEN ZWILLINGSATTASCHEN
(GRUPPE C NACH G. v. MERHART)

Von Švihov (Nr. 75) stammen Randfragmente eines rundbodigen Bronzebeckens mit zwei doppelten, nicht miteinander verbundenen, gehämmerten Kreuzattaschen, die mit je zwei Nieten an den Armen befestigt sind. In den kreisrunden Ösen hängen zwei Bügel aus tordiertem Bronzedraht mit S-förmig gebogenen Enden. Die Wandung des Becken ist mit einem aus vertikalen Strichen gebildeten Zinnenmäander verziert. Auf der Abbildung bei F. Leger 1885[1] ist darüber hinaus noch eine Reihe hängender, schraffierter Dreiecke zu sehen. Dieses Becken gehört der von G. v. Merhart definierten Gruppe C der Kreuzattaschenbecken an.[2] Sie sind durch ihre Rundbodigkeit und die meist doppelten Kreuzattaschen charakterisiert.

Das Becken von Nymburk (Nr. 76) gehört dieser Gruppe ebenfalls an. Von den spätbronzezeitlichen Becken mit vollrunder Wandung, die in der Regel einen ausgeprägten Standring besitzen,[3] unterscheidet sich dieses Becken dadurch, daß ihm eine leichte Dellung Standfestigkeit verleiht.

75. Švihov, Gde. Červené Poříčí, Bez. Klatovy. – Vgl. Nr. 69. – Randfragment eines Kreuzattaschenbeckens; Mündungsdm. ca. 300 mm *(Taf. 15, 75)*. – Mus. Praha (Komplex 1701–1728). – F. Leger, Pam. Arch. 13, 1885–86, 217 ff. Taf. 9, 2; Píč, Starožitnosti I/2, 147 Taf. 28, 6; Schránil, Vorgeschichte 205 Taf. 40, 5; v. Merhart, Studien 65 Taf. 6, 2; V. Šaldová, Pam. Arch. 59, 1968, 366.

76. Nymburk, Bez. Nymburk. – Baggerfund aus der Elbe in der Nähe der Insel in der Stadtmitte (wahrscheinlich 19. Jh.); später wurde das Becken in der Kirche als Messgeschirr aufbewahrt und dann dem Mus. Nymburk geschenkt. – Vollständig erhaltenes Kreuzattaschenbecken mit vollrunder Wandung und eingedelltem Boden; unverziert; die beiden kreuzförmigen, verbundenen Attaschen haben einen trapezförmigen Querschnitt und sind mittels vier Bronzenieten an den Querarmen und am unteren Ende fixiert; die beiden tordierten Henkel besitzen Vogelkopfenden; Mündungsdm. 232 mm *(Taf. 15, 76)*. – Datierung: Ha D. – Mus. Nymburk (2909–213). – J. Hrala, Halštattský bronzový kotlík z Nymburka. Vlastivědný zpravodaj Polabí, Poděbrady 1, 1961, 3 ff.

Zeitstellung: Laut v. Merhart ist eine Feinchronologie für die späthallstattzeitlichen Kreuzattaschenbecken anhand typologischer Kriterien nicht möglich.[4] G. Kossack stellte sie generell in die Stufe Ha D.[5] Das Kreuzattaschenbecken von Švihov (Nr. 75) steht in Form und Verzierung (Mäanderband und schraffierte Dreiecke) dem Becken von Rehling-Unterach sehr nahe.[6] Das Grab beinhaltete zudem auch eine Becken-Tasse mit hochgezogenem Henkel, die der mitgefundenen Tasse von Švihov (Nr. 69) ähnelt. Ein Antennendolch datiert dieses bayerische Grab in die späte Hallstattzeit. In der Machart sehr ähnliche Becken wie das Becken von Nymburk (Nr. 76) stammen aus Šmarjeta/Jugoslawien.[7] Sie sind ebenfalls unverziert und stammen aus Ha D-Zusammenhang. Für das Nymburker Becken, das ein Einzelfund ist, hat dieselbe Zeitstellung zu gelten.

Verbreitung: Die Funde weisen eine Konzentration am Caput Adriae und in einem Gebiet, das sich nördlich und südlich der Donau entlangzieht, auf.[8]

---

[1] Leger, Pam. Arch. 13, 1885–86, Taf. 9, 2.

[2] v. Merhart, Studien 5 ff. 13 ff.; jüngste Zusammenstellung mit gleichen Ergebnissen zur Zeitstellung und Verbreitung wie v. Merhart vgl. M. Egg, Jahrb. RGZM 32, 1985, 373 ff. mit Abb. 40 (Verbreitungskarte).

[3] Ebd. Taf. 25.

[4] Ebd. 6 f.

[5] Kossack, Südbayern 112.

[6] Ebd. Taf. 49.

[7] Wiener Prähist. Zeitschr. 2, 1915, 110 ff. Abb. 2, 2; v. Merhart, Studien 65.

[8] Ebd. Karte 1; Kossack, Südbayern Taf. 155,C.

PERLRANDBECKEN

Das Perlrandbecken von Hradenín (Nr. 77) weist von der Form und dem Dekor her – geschwungene Wandung, gedellter Boden, zwei Buckelreihen auf dem flach ausgezogenen Rand – große Ähnlichkeiten mit den Becken vom Hohmichele, Grab 6 und von Magdalenska Gora auf.[1] Das Exemplar von Slatina (Nr. 78) hat einen Flachboden und läßt sich eher in die Gruppe der westschweizerischen Becken mit verziertem Flachrand stellen.[2] Hingegen entsprechen die zwei Buckelreihen auf dem leicht überhängenden Flachrand dem Becken von Hradenín (Nr. 77). Alles in allem kann man das Exemplar von Slatina ebenfalls der von W. Dehn definierten, italisch beeinflußten Formengruppe zuordnen[3] (s. weiter unten).

77. Hradenín, Bez. Kolín; Gr. 28. – Männliche Körperbestattung in Holzkammer. – Aus einem Stück Bronzeblech getriebenes, gut erhaltenes Becken mit breitem Flachrand, um den zwei Reihen von unten getriebener Kreisbuckel laufen; H. 55–60 mm; Mündungsdm. 320 mm; Bodendm. 95 mm *(Taf. 16, 77)*. – Beifunde: (das Inventar von Grab 28 ist mit den Beigaben von Grab 24 vermischt, die Gegenstände sind nicht mehr ordnungsgemäß trennbar. Zum Inventar von Grab 28 gehören nach F. Dvořák folgende Gegenstände): bronzener Halsring; Radnabenfragmente; Bronzeblechfragmente; acht Faleren; zahlreiche Bronzeniete vom Lederbesatz (Zaumzeug); Eisenringe; Eisentrense; Eisenknöpfe; vier eiserne Achsnägel mit Eisenringen; bronzene Seitenstange; zwei Vierungsknöpfe mit Tutuli; Bronzeringlein verschiedener Größe; zwei Trensenknebel; verschiedene eiserne Plättchen; vier Bronzestangen mit Klapperringen; Bronzekugel auf Eisenstab unbekannter Bestimmung; Knöpf-

chen und Perlen aus Bronze vom Zaumzeug; Mondidol. – Mus. Kolín (7846). – Dvořák, Pravěk Kolínska 33 ff. Abb. 38, 17; W. Dehn, Fundber. Schwaben NF 19, 1971, 82 f. Abb. 1; I. Pleinerová, Pam. Arch. 64, 1973, 273 f. Abb. 2, 1.

78. Slatina, Bez. Litoměřice. – Bylaner Grab mit zwei Körper- und einer Brandbestattung(en). – Fragmente eines Perlrandbeckens mit 20 mm breitem, mit von unten getriebenen Kreisbuckeln verziertem Rand; Wandung leicht geschwungen, rund in den flachen Boden übergehend; H. 58 mm; Mündungsdm. 328–336 mm; Bodenddm. ca. 80 mm *(Taf. 16, 78)*. – Beifunde: aus dem Hügel (kein geschlossener Grabkomplex): zweihenkliges Bronzebecken (Nr. 80); Bronze- und Eisenringlein; Knöpfe; sieben Gefäße der Bylaner Kultur. – Mus. Litoměřice (o.Nr.). – Unpubliziert; Angaben D. Koutecký, Most; Grabungsbericht in: Výzkumy v Čechách 1973 (1975) 230.

Zeitstellung: Das Grab von Hradenín (Nr. 77) kann – als jüngster Komplex der Gräbergruppe – als guter Vertreter späthallstättischer Wagengräber gelten. In Analogie zu ähnlichen bayerischen Befunden sowie in Übereinstimmung mit anderen, Perlrandbecken enthaltenden Gräbern, welche allesamt in die Späthallstattzeit datieren,[4] wird es der Stufe Ha D1 zugewiesen.[5] Der Grabfund von Slatina (Nr. 78) läßt sich in Ermangelung fein datierbarer Beigaben nicht eindeutig chronologisch einordnen. Das Perlrandbecken legt zwar den Schluß nahe, den Fundverband ebenfalls in die Stufe Ha D zu datieren, doch scheint uns hier in Anbetracht der im Hallstätter Gräberfeld gefundenen Vergleichsfunde zum zweihenkligen Bronzebecken, welche fast ausnahmslos in die Stufe Ha C zu datieren sind, einige Vorsicht angebracht. Stimmt man mit W. Dehn überein, daß die Perlrandbecken in Mitteleuropa im Zusammenhang mit etruskischen Importen erschienen, dann kommt allerdings nur die Stufe Ha D 1 als Zeitstellung des Slatina-Grabes in Frage.

[1] W. Dehn, Fundber. Schwaben NF 17, 1965, 127 Abb. 1. 3. 4; ders., ebd. 19, 1971, 83 Abb. 1.

[2] Ders., ebd. 17, 1965, 128 f. Abb. 2. 3; W. Drack, JbSGU 60, 1977, 113 Abb. 13.

[3] Dehn, Fundber. Schwaben NF 19, 1971, 84 ff.

[4] O.-H. Frey, Marburger Winckelmann-Programm 14,

1963 (1964), 18 ff.; Dehn, Fundber. Schwaben NF 17, 1965, 126 ff.; ders., ebd. 19, 1971, 84 ff.

[5] S. Schiek, in: Festschr. P. Goessler (1954) 150 ff.; Kossack, Südbayern 17 ff.; Dehn, Fundber. Schwaben NF 19, 1971, 82 ff.

Verbreitung: Dehn stellte das Perlrandbecken von Hradenín (Nr. 77) zusammen mit einer Anzahl gleich oder ähnlich verzierter Becken in eine Gruppe, deren Verbreitung – von Italien abgesehen – Südfrankreich, die Schweiz, Süddeutschland, Slowenien und – als östlichstes Gebiet – Böhmen umfaßt.[6] Nach ihm sei Etrurien das Ausgangsgebiet der nach Mitteleuropa importierten Perlrandbecken oder hätte zumindest die einheimische Produktion beeinflußt. Ebenso wies auch O.-H. Frey auf die engen Verbindungen zwischen den nördlichen und italischen Vertretern dieser Gefäßgattung hin.[7]

BECKEN VOM TYP HATTEN

Von Skalice (Nr. 79) stammt ein stark fragmentiertes Bronzebecken mit Schrägrand, steilem Hals und gleichmäßig bauchig geschwungener Wandung, die in einen flachen, gedellten Boden übergeht. Auf der Schulter befinden sich zwei gegenständige Horizontalhenkel aus massivem Bronzedraht, die beidseitig in lange, zungenförmige Attaschen auslaufen. Diese sind mit drei innen flachgehämmerten Kegelnieten befestigt. Im Inneren des Gefäßes sorgen auf den Gegenseiten bronzene Verfestigungsplättchen für einen besseren Halt.

79. Skalice, Bez. Tábor; Hgl. 1. – Zentrale männliche Brandbestattung. – Stark fragmentiertes Bronzebecken mit Schrägrand; H. 70 mm; Mündungsdm. 430–440 mm.; Randbr. 10 mm *(Taf. 18, 79)*. – Beifunde: Rippenziste (Nr. 87); Eisenschwert mit eisernem Ortband; Eisenmesserklinge; sechs Faleren; Bronzezierstücke von Pferdegeschirr; 64 Bronzeknöpfe vom Lederriemenbesatz; Eisenringe; vier eiserne Trensen; zwei Gefäße; zwei Turbanarmringe (gehören wahrscheinlich der Nachbestattung des Grabes 1 an). – Mus. Tábor (Da 140). – Píč, Starožitnosti I/2, 3. 86; MAGW 33, 1903, 79 f.; ebd. 34, 1904, 42 f.; H. Richlý, 1906, 81 Taf. 2, 2. 2a; J. Švehla, Táborsko v pravěku (Die Umgegend von Tábor in der Vorzeit) (1923) 24 ff.; M. Grbić, Pam. Arch. 35, 1926–27, 381; Schránil, Vorgeschichte 204; J. Filip, Pravěké Československo (Die vorgeschichtliche Tschechoslowakei) (1948) Taf. 26, 13; ders., Keltové ve střední Evropě (Die Kelten in Mitteleuropa) (1956) 696 Abb. 280; W. Dehn, Fundber. Schwaben NF 19, 1971, 88; Michálek, Jihočeská skupina 143 ff. Taf. 221. 222.

Zeitstellung: Das analoge Bronzebecken von Hatten im Elsaß ist Bestandteil einer reichen Grabausstattung der Stufe Ha D2/3. Das Inventar vom Römerhügel bei Ludwigsburg gehört ebenfalls der Späthallstattzeit an.[1] Das Bronzebecken und die Teile des Pferdegeschirrs in Skalice lassen vermuten, daß es sich auch hier um einen späthallstättischen Komplex handelt, doch kann er wegen des eisernen Schwertes mit Flügelortband nicht in den späten Abschnitt der Stufe D datiert werden.

Verbreitung: Bis jetzt sind nur die beiden erwähnten analogen Gefäße bekannt, die sich nicht nur sehr ähnlich, sondern teilweise in Details wie etwa der Form der Henkel, der Fixierung der Attaschen, den im Henkel eingehängten Bronzeringen oder den Verfestigungsplättchen an der Innenwandung gleichen. Es ist deshalb nicht auszuschließen, daß alle drei Becken (Skalice [Nr. 78]; Hatten, Ludwigsburg) aus derselben Werkstatt stammen. Die Form wird als oberitalisch-ostalpin betrachtet, vor allem deshalb, weil sie im Westen und Südwesten, dem Einzugsgebiet des etruskischen Importes nicht beobachtet wurde.[2]

---

[6] Ders., ebd. 17, 1965, 132 Abb. 2; ebd. 19, 1971, 85 Abb. 2.
[7] Frey a. a. O. (Anm. 4) 22 f. Anm. 3.

[1] O.-H. Frey, Germania 35, 1957, 229 f.; ders., Marburger Winckelmann-Programm 14, 1963 (1964), 24 Anm. 3; W. Dehn, Fundber. Schwaben NF 19, 1971, 86 f. Abb. 3; 88 Abb. 2 (Verbreitungskarte).
[2] Frey a. a. O. (Anm. 1) 237; Dehn a. a. O. (Anm. 1) 87.

EIN ZWEIHENKLIGES BRONZEBECKEN VON SLATINA

In Slatina (Nr. 80) wurde der breite Flachrand eines Bronzebeckens, um den vier Reihen Kreisbuckel laufen, gefunden. Zwischen diesen Reihen und am äußersten Rand sind vier Punktreihen eingestanzt. Auf der unteren Seite des Randes sind zwei gegenständige Henkel aus einem runden Bronzestab mit flachgehämmerten Enden angebracht. Sie werden von je vier Nieten gehalten, die auf der oberen Seite des Randes als Kegelniete erscheinen. An beiden Henkeln hängen je zwei mit einem Zickzackmuster ritzverzierte Bronzeringe.

80. Slatina, Bez. Litoměřice. – Vgl. Nr. 78. – Breiter Flachrand eines zweihenkligen Bronzebeckens; Mündungsdm. innen 229 mm; außen 370 mm; Randbr. 76 mm; größte Henkelbr. 106 mm *(Taf. 17, 80)*. – Mus. Litoměřice (o.Nr.). – Unpubliziert; Angaben und Vorlage D. Koutecký, Most; Grabungsbericht in: Výzkumy v Čechách 1973 (1975) 230.

Zeitstellung und Verbreitung: Die nächsten Entsprechungen zum Becken von Slatina (Nr. 80) finden sich im Gräberfeld von Hallstatt. Es handelt sich dort in zwei Fällen um Becken mit gedelltem Boden und buckelverziertem Flachrand und Querhenkeln,[1] in drei Fällen um Fußschalen derselben Machart.[2] Das Fehlen der Gefäßwandung des Beckens von Slatina läßt keinen Schluß über die Form zu, das Gefäß könnte sowohl als Schale, Becken oder Fußschale rekonstruiert werden. Bei sämtlichen Gefäßen von Hallstatt sind die Henkel, wie in Slatina, mit Kegelnieten von unten her auf dem breitem Rand fixiert. Was das Dekor betrifft, so ist das wohl als Fußschale zu ergänzende Gefäß von Grab 912 mit drei Buckel- und vier Punktreihen am ehesten mit dem Becken von Slatina vergleichbar.[3] Bronzene Fußschalen mit breitem Rand, aber ohne Henkel, finden sich auch in Bayern, so z.B. in Ehingen[4] (unverziert) und in Buchheim[5] (mit Buckelverzierung). Der Vergleich mit den oben genannten Gräbern von Hallstatt legt den Schluß nahe, daß auch der Fund von Slatina (Nr. 80) der späten Hallstattzeit angehört. Grab 271 von Hallstatt mit einer punzverzierten Rippenziste datiert in die Stufe Ha D.[6] Dasselbe gilt für Grab 495 mit einer Brillen- und einer Bogenfibel (Ha D1)[7] und wohl auch für die beiden Gräber 912 und 409[8] mit Mehrknopfnadeln, während Grab 505 mit einem unverzierten Gürtelhaken, einem punzverzierten Gürtelblech und Hohlarmringen dagegen einem fortgeschritteneren Abschnitt innerhalb der Stufe Ha D entspricht.[9]

EIMER VOM TYP KURD

In Dýšina (Nr. 81) wurden Fragmente eines Kurd-Eimers mit Schulterrippen gefunden. Es handelt sich insgesamt um sechs Randfragmente mit um einen Bleikern gebördeltem Rand, eines davon mit Vernietstelle an der Vertikalnaht, mit zwei außen flachgehämmerten Nieten und einem Bronzeblechband im Inneren; daneben sechs Wandungsfragmente mit Schulterrippen sowie 14 Wandungsfragmente mit horizontaler Vernietung des Wandungs- und Bodenteils. Außerdem wurden zwei Fragmente des Falzbodens und unzählige kleine Wandungsfragmente aufgefunden. Das Fehlen von nebeneinander stehenden

---

[1] Kromer, Hallstatt Taf. 50, 15; 94, 13.
[2] Ebd. Taf. 91, 13; 97, 5; 185, 18 (hier fehlen die Henkel).
[3] Ebd. Taf. 185, 18 (mit auf dem Rand angebrachten „Hallstattvögeln").
[4] AuhV 5 Taf. 56, 1026.
[5] Ebd. Taf. 3, 48.
[6] Kromer, Hallstatt 80 Taf. 50; Stjernquist, Ciste I 60.
[7] Kromer, Hallstatt Taf. 91.
[8] Ebd. Taf. 185 und 78.
[9] Ebd. Taf. 97.

Nietlöchern seitlich der Vertikalnaht am Hals und das Fragment (Inv.Nr. 11267/1) mit dem länglichen, innen angenieteten Bronzeblechstück zeigen einen Kurd-Eimer an. Auf einem Wandungsteil mit Rippen (Inv.Nr. 11267/6) befindet sich ein kleines Nietloch dicht über der obersten Rippe, das vielleicht zur äußeren Fixierung eines Vertikalhenkels diente. Das Gefäß war wohl aus zwei Wandungshälften gearbeitet. Der Bodenteil mit gedellter Standfläche war mit flachgehämmerten Nieten auf einer Horizontalnaht an der noch 7 cm hohen Wandung befestigt worden. Der konische Gefäßkörper hat einen Steilhals und drei Schulterrippen.

81. Dýšina, Bez. Plzeň-Nord, W-Böhmen; Grabhg. 2. – Vgl. Nr. 72. – Rand-, Wandungs- und Bodenfragmente eines Bronzeeimers; H. ca. 420 mm; Mündungsdm. ca. 380 mm; Bodendm. ca. 250 mm *(Taf. 18, 81).* – Mus. Plzeň (11267/1–87). – Pam. Arch. 12, 1882–84, 348 Taf. 15, 21; Píč, Starožitnosti I/2, 138; M. Grbić, Pam. Arch. 35, 1926–27, 381; Schránil, Vorgeschichte 205 Taf. 40; V. Šaldová, Pam. Arch. 59, 1968, 345. 366 Abb. 23, 14.

Zeitstellung: Die Datierung des Grabkomplexes von Dýšina mit einem eisernen Langschwert, Wagen- und Pferdegeschirrbeigaben in die Stufe Ha C entspricht der Zeitstellung der meisten hallstattzeit-lichen Gräber mit Kurd-Eimern, die allerdings noch bis Ha D 1 weiterlaufen[1].

Verbreitung: Die hallstattzeitlichen Kurd-Eimer sind auf dem europäischen Festland von Mittelita-lien bis nach Holland verbreitet. Das neu hinzukommende Gefäß von Dýšina (Nr. 80) wäre, von den urnenfelderzeitlichen Exemplaren abgesehen, der östlichste Fund.[2] Es entspricht am ehesten dem Ei-mer aus Grab 696 des Gräberfeldes von Hallstatt mit drei Schulterrippen und einer Horizontalnaht im unteren Drittel der Gefäßwandung[3] oder dem Eimer von Aichach, Bayern, der ebenfalls ähnlich gear-beitet ist.[4]

SITULEN

Die beiden Gefäße von Dobřany (Nr. 82) und Rvenice (Nr. 83) gehören dem Typus der Steilhalssitula mit Schulterrippen an. W. Kimmig teilte die hallstattzeitlichen Situlen in solche tessinischer Abstam-mung und in die übrigen anderer Herkunft.[1] Die Situla von Dobřany, die mit den bayerischen Situlen in eine Gruppe gestellt werden kann, gehört der zweiten Kategorie an.[2] Die Attasche dieser Situla ist allerdings nicht, wie Kimmig meinte, ein- sondern zweinietig mit zwei eng nebeneinanderstehenden Nieten auf beiden Seiten. Die Tabelle Kimmigs mit Attaschentypen gibt keine genau entsprechende Form wieder, am ehesten ist der Typus 2 vergleichbar, wobei die Attasche von Dobřany jedoch eine enge Schlinge hat.[3] Weitere Kriterien weisen die Situla von Dobřany nach Südosten, nach Kimmig wohl nach Santa Lucia.[4]

Im Gegensatz zur Dobřany-Situla (Nr. 82) besitzt diejenige von Rvenice (Nr. 83) einen genieteten Boden. Die Attaschenform ist nicht rekonstruierbar, sicher ist nur, daß sie einietig war. Die Henkel-attasche von Břasy (Nr. 84) wurde von Kimmig in den Kreis der niederrheinisch-holländischen Situlen gestellt. Eine zweite holländische Situla, diejenige von Meppen,[5] besitzt ebenfalls Reste einer Attasche, die wohl ähnlich ausgesehen hat. Ob die Situla von Břasy in die Reihe dieser Gefäße zu stellen ist oder

---

[1] v. Merhart, Studien 29 ff.; W. Kimmig, Ber. RGK 43–44, 1962–63, 78 Tab. 10.
[2] v. Merhart, Studien 29 ff. Karte 5, 69 f.
[3] Ebd. Taf. 16, 7; Kromer, Hallstatt Taf. 126, 3.
[4] Ebd. Taf. 17, 6.

[1] Kimmig, Ber. RGK 43–44, 1962–63, 53 Karte 177 ff.
[2] Kossack, Südbayern 307; Kimmig a.a.O. (Anm. 1) 84 Anm. 121.
[3] Ebd. 83 Taf. 11, 2.
[4] Ebd. 85.
[5] Ebd. Taf. 26, 2.

ob es sich dabei um eine davon unabhängige Erscheinung handelt, kann nicht beantwortet werden, zumal die Fundumstände nicht bekannt sind.

82. Dobřany, Bez. Plzeň-Süd, W-Böhmen. – Einzelfund in der Pilsnergasse (?). Das Gefäß gehörte vielleicht zusammen mit einem Teller mit Mäanderornament zu einem Komplex aus einem verschleiften Grabhügel. – Steilhalssitula mit Schulterrippen; aus zwei Hälften gearbeitet, die gegenständig mit je elf Flachnieten fixiert sind; konischer Körper mit nach unten leicht eingezogener Wandung; Rand um Eisenkern gebördelt; Boden gefalzt; auf der Schulter nahe am Halsansatz drei kräftige, von innen getriebene Rippen; an den Seitennähten am Hals je zwei nebeneinanderstehende Nietlöcher; auf einer Seite Reste einer Doppelhenkelattasche; vollständig erhaltener massiver Griffbügel mit Vogelkopfenden und das Fragment eines zweiten; H. 328 mm; Mündungsdm. 308 mm; Bodendm. 186 mm *(Taf. 19, 82)*. – Mus. Plzeň (8918); angekauft im Jahre 1912. – F. Andress, Vor- und frühgeschichtliche Denkmäler in Westböhmen (1927) 6 ff.; M. Grbić, Pam. Arch. 35, 1926–27, 382; Schránil, Vorgeschichte 205 Taf. 40, 13; Stocký, La Bohême à l'âge du fer (1933) Taf. 7, 11; v. Merhart, Studien 70 Taf. 22, 1; W. Kimmig, Ber. RGK 43–44, 1962–63, 84 f.; V. Šaldová, Pam. Arch. 59, 1968, 366; I. Pleinerová, Pam. Arch. 64, 1973, 291 f. Abb. 15.

83. Rvenice, Bez. Louny, NW-Böhmen; Gr. 2. – Männliche Brandbestattung. – Stark fragmentierte Steilhalssitula mit schräger Schulter und gerade abfallender, nach unten sich verjüngender Wandung; auf der Schulter nahe am Hals zwei von innen getriebene Rippen; Rand um Eisenkern gebördelt; Gefäß aus zwei Hälften gearbeitet, die mit sieben vertikal gesetzten, außen flachgehämmerten Nieten fixiert sind, am Hals mit je zwei Nieten; Bodenteil mit flachem, von innen gehämmerten, 27 mm breiten Standring, 55 mm oberhalb desselben mit 16 Nieten befestigt; seitlich der Halsnieten je zwei Nietlöcher für die nicht mehr erhaltenen Henkelattaschen; innen an der Wandung Abdrücke von Gewebe; Wandung unterhalb des Schulterknicks mit kleinem, 15 mm großen, quadratischen Stück Eisenblech geflickt; H. 455 mm; Mündungsdm. 360 mm; Bodendm. 235 mm *(Taf. 20, 83)*. – Beifunde (Verband unvollständig): zwei eiserne Pferdetrensen; Eisenringe vom Zaumzeug; bronzene Vierungsknöpfe; Bronzeringe, 15 bronzene Schwalbenschwanz-Klapperbleche; bemaltes Kegelhalsgefäß der Bylaner-Kultur; zwei Schüsseln; drei Schalen. – Depositum Arch. Inst. ČSAV Praha. – I. Pleinerová, Pam. Arch. 64, 1973, 280 Abb. 4, 11; 6–8; als Vergleich zu dem Komplex Grab 1 derselben Fundstelle: D. Koutecký, Arch. Rozhl. 18, 1966, 12 ff.

84. Břasy, Bez. Rokycany, W-Böhmen. – Ohne Fundzusammenhang (Grabhügel?). – Nach einer alten Abbildung: Randstück eines Gefäßes mit fragmentierter Henkelattasche aus flachgehämmertem Bronzedraht in Form eines doppelten, hängenden Bogens mit in der Mitte hochgezogener Öse; ehemals wohl auf beiden flachgehämmerten Seiten mit je zwei Nieten befestigt *(Taf. 19, 84)*. – Mus. Praha; verschollen. – F. Beneš, Pam. Arch. 5, 1862–63, 33. 373; Píč, Starožitnosti I/2, 137 Taf. 29, 1; Pam. Arch. 11, 1879–81, 158; M. Grbić, ebd. 35, 1926–27, 382; W. Kimmig, Ber. RGK 43–44, 1962–62, 88; Sprockhoff, Handelsgeschichte 119 Taf. 33 (hier unter Kreuzattaschenbecken); Schránil, Vorgeschichte 205; V. Šaldová, Pam. Arch. 59, 1968, 367.

Zeitstellung: Die Situla von Dobřany (Nr. 82) kann als Einzelfund nur anhand ihrer typologischen Kriterien eingestuft werden. In Hinblick auf die Schulterrippen und den Falzboden dürfte sie wohl der späten Hallstattzeit (Ha D) angehören.[6] Die Situla von Rvenice (Nr. 83) mit genietetem Boden gehörte vielleicht noch in die Stufe Ha C, doch der Umstand, daß das Gefäß geflickt wurde, deutet darauf hin, daß das (unvollständige) Grab ebenfalls Ha D-zeitlich ist.[7] Die Attasche von Břasy (Nr. 84) ist wohl in Anbetracht der altertümlichen Form der Situla von Oberempt als Vergleichsstück ebenfalls in die Stufe Ha C zu datieren.[8]

Verbreitung: Der Steilhalssitulatyp mit Schulterrippen (Nr. 82. 83) – ohne Berücksichtigung anderer Details – findet sich vor allem in Oberitalien, dem Caput Adriae, Oberösterreich und Süddeutschland, nur wenige Funde streuen nördlich über die Donau hinaus.[9] Der genietete Boden und die einnietige Attasche der Situla von Rvenice (Nr. 83) lassen darauf schließen, daß es sich auch bei dieser Situla

---

[6] Ebd. 78 Taf. 10; 84 f.
[7] I. Pleinerová, Pam. Arch. 64, 1973, 279 f.
[8] Kimmig a. a. O. (Anm. 1) 88.

[9] v. Merhart, Studien 37 Karte 7 (hier fehlt die Situla von Rvenice); Kimmig a. a. O. (Anm. 1) 78 Anm. 90.

um ein Importstück aus dem südöstlichen Verbreitungsgebiet der Situlen handelt, wobei Hallstatt am ehesten in Frage kommt – dort besitzt der größte Teil der Situlen einen genieteten Boden (65 von 68 Funden), und auch die eng geschlungenen einnietigen Attaschen sind häufig.[10] Die Henkelattasche von Břasy (Nr. 84) ist eigenartig und hat bis jetzt nur eine einzige Analogie in derjenigen der Situla von Oberempt.[11]

RIPPENZISTEN

Alle in Böhmen gefundenen hallstattzeitlichen Rippenzisten gehören der Serie des Standardtypus II nach B. Stjernquist an (das Fragment von Stradonice [Nr. 89] läßt sich nicht näher bestimmen). Ihr Charakteristikum sind die beweglichen Henkel.[1] Vom Dekor her sind die Zisten von Nebovidy (Nr. 85), Hánov (Nr. 86) und Skalice (Nr. 87) in eine Gruppe zu stellen, deren Verzierung mit Reihen feiner Punktbuckelchen zwischen den Rippen dem Dekor D 2 entspricht, während die unverzierten Zisten von Hoštice (Nr. 88) und Stradonice (Nr. 89) zur Gruppe D 1 gehören.[2] Die beiden ganz erhaltenen Zisten von Skalice und Hánov haben zudem die Ösenform AH 2 und den nach außen gebördelten Rand gemeinsam.[3] Die Ziste von Hoštice mit dem sternförmigen Ritzmuster auf dem Boden wird außerdem der Variante „Kurd" zugeordnet, deren Rand nach innen geschlagen ist.[4]

85. Nebovidy, Bez. Kolín. – Streufund? – Wandungsfragment einer Rippenziste, mit einem Stück der seitlich überlappenden Gefäßhälfte, die durch Flachniete, von denen nur noch sechs erhalten sind, befestigt war; zwischen den Rippen eine Reihe feiner Punktbuckel; H. 128 mm; Mündungsdm. ca. 240 mm *(Taf. 20, 85)*. – Mus. Kolín (9555). – Dvořák, Pravěk Kolínska 78. 141; Stjernquist, Ciste I 35 Abb. 4 oben (Dekor D 3); I. Pleinerová, Pam. Arch. 64, 1973, 273 f. Abb. 2.

86. Hánov, Bez. Tábor; Hgl. 1. – Brandgrab. – Stark zerdrückte Ziste mit neun Rippen (jetzt mit einem Gipsmantel im Inneren zusammengehalten); aus Bronzeblech geformt, das seitlich durch acht Flachniete zwischen den Rippen zusammengehalten wird; Rand um Bleikern gebördelt; unterster Gefäßteil (ein oder zwei Rippen) fehlt; zwischen den Rippen je eine Linie feiner Punktbuckelchen; breit gehämmerte Enden und Mittelstück der seitlichen doppelten Henkelösen (nur auf einr Seite erhalten) mit je einem kleinen Flachniet unter dem Rand befestigt; H. noch 173–178 mm; Mündungsdm. 230–240 mm *(Taf. 21, 86)*. – Beifunde: einige weitere, wohl zur Ziste gehörende Bronzeblechfragmente und Stück des Bleikerns (im Mus. Bechyně); wenige Eisenfragmente. Es ist unklar, ob das runde, bei J. L. Píč[5] erwähnte Bronzeblech zur Ziste (Boden?) gehörte. Laut Mitteilung des Mus. Praha ist dies nicht der Fall. Hingegen erwähnte J. Michálek[6] als Beifund einen „Bronzedeckel". – Mus. Praha (111333); Mus. Bechyně (4709–4710). – J. K. Hrase, Pam. Arch. 17, 1896–97, 67 ff.; Píč, Starožitnosti I/2 Taf. 28, 1; MAGW 34, 1904, 43; M. Grbić, Pam. Arch. 35, 1926–27, 381; Schránil, Vorgeschichte 204; Sprockhoff, Handelsgeschichte Taf. 43; A. Beneš, Zprávy ČSSA Suppl. 1, 1966, 29 Taf. 17, 15–17; Stjernquist, Ciste I 64 ff.; II 39 Taf. 63, 2; Michálek, Jihočeská skupina 30 ff. Taf. 106, 1–4.

87. Skalice, Bez. Tábor. – Vgl. Nr. 79. – Gut erhaltene, zweiteilige Rippenziste; unterster Teil abgebrochen; Rand um Eisenkern gebördelt; zylindrische Wandung durch zehn außen flachgehämmerte Niete befestigt; in den Ösen hängen zwei tordierte bewegliche Bügel, die in Vogelköpfen enden; Falzboden mit flachem, 25 mm breitem Standring, in dessen Zentrum drei konzentrische Rippen und kleiner Omphalos; H. noch 205 mm; Mündungsdm. 230 mm *(Taf. 22, 87)*. – Mus. Tábor (Da 138). – Píč, Starožitnosti I/2, 3. 86; MAGW 33, 1904, 42 f.; H. Richlý, Pam. Arch. 21, 1904–05, 81 Taf. 2, 1; J. Švehla, Táborsko v pravěku (Die Umgebung von Tábor in der Vorzeit) (1923) 24 ff.; M. Grbić, Pam. Arch. 35, 1926–27, 381; Schránil, Vorgeschichte 204 Taf. 40, 11; Sprockhoff, Handelsgeschichte Taf. 43; B. Dubský, Die Vorzeit Süd-

---

[10] Ebd. 80. 83 Taf. 11 Typus 5.

[11] K. Böhner, Bonn. Jb. 151, 1951, 167 f. Abb. 5; Kimmig a. a. O. (Anm. 1) 49 Abb. 4; 85 f. Anm. 123; 88.

[1] Stjernquist, Ciste I 64 ff.

[2] Ebd. 35 Abb. 4.

[3] Ebd. 31 Abb. 2; 38 Abb. 5.

[4] Ebd. 33 Abb. 3; 38 Abb. 5.

[5] Píč, Starožitnosti I/1 Taf. 28, 5.

[6] Michálek, Jihočeská skupina 30 ff.

böhmens (1949) 182 Abb. 2, 2; Stjernquist, Ciste I 64 ff. 70; II 39 Taf. 46, 4; Michálek, Jihočeská skupina 143 ff. Taf. 221. 222.

88. Hoštice, Bez. Strakonice. – Einzelfund, aus einem Grabhügel ohne Fundzusammenhang. – Fragmentiertes Unterteil einer Rippenziste, aus einem Stück Bronzeblech gehämmert und seitlich mit Flachnieten (vier erhalten) verbunden; Falzboden mit Delle und Omphalos in der Mitte, verziert mit acht strahlenförmig von innen nach außen gezogenen feinen Ritzlinien; H. noch 120 mm; Mündungsdm. 210 mm (*Taf. 21, 88; nach Píč*): – Mus. Praha (vormals Mus. České Budejovice [993a]); verschollen. – MAGW 5, 1875, 149 ff.; Pam. Arch. 10, 1874–77, 13; Píč, Starožitnosti I/2, 159 Taf. 28, 2; M. Grbić, Pam. Arch. 35, 1926–27, 381; Schránil, Vorgeschichte 204; Sprockhoff, Handelsgeschichte Taf. 43; B. Dubský, Die Vorzeit Südböhmens (1949) 189; Stjern-quist, Ciste I 64 ff.; II 39 Taf. 65, 2; Michálek, Jihočeská skupina Kat. 154–156 Taf. 106, 5.

89. Stradonice, Bez. Kladno; Hgl. 10. – Gestörtes Bylaner Grab; das Fragment ist laut A. Beneš ein Lesefund aus der Aufschüttung und stammt nicht, wie in der Publikation berichtet wird, aus einem Grabverband. – Wandungsstück einer Rippenziste; H. 24 mm; Br. 69 mm (*Taf. 21, 89*). – Mus. Teplice (14/10–7). – A. Beneš/D. Koutecký, Arch. Rozhl. 22, 1970, 523 ff. Abb. 8,B17 Taf. 1, 1; I. Pleinerová, Pam. Arch. 64, 1973, 274.

90. Švihov, Gde. Červené Poříčí, Bez. Klatovy. – Vgl. Nr. 69. – Wandungsfragment einer Rippenziste. Vielleicht dazugehörig: Bügel aus tordiertem Bronzedraht; H. 66 cm; Br. 146 cm (*Taf. 22, 90*). – F. Leger, Pam. Arch. 13, 1885–86, 217 ff. Taf. 9, 11; Píč, Starožitnosti I/2, 147 Taf. 28, 4.

Zeitstellung: Die Zisten des Standardtyps II erscheinen sowohl in Ha C als auch in Ha D, sind in der Späthallstattstufe jedoch häufiger, was vor allem für die Variante mit doppeltem Standring gilt.[7] Die Einzelfunde in Böhmen, d.h. alle Rippenzisten außer derjenigen von Skalice (Nr. 20), können somit innerhalb der Hallstattzeit nicht genauer datiert werden. Die Ziste von Hoštice (Nr. 87) dürfte – der Variante „Kurd" zugeschrieben – wohl in die Stufe Ha D 1 gehören;[8] das Grab von Skalice wird durch das Schwert einerseits und die Bronzeschüssel des Typs Hatten andererseits zeitlich näher umschrieben und gehört wohl an den Beginn der Späthallstattstufe.

Verbreitung: Der Standardtyp II der Rippenzisten ist im gesamten Verbreitungsgebiet zu finden, wobei die beiden Gruppen mit den Kennzeichen KM 1 (nach innen geschlagener Rand) und KM 2 (nach außen geschlagener Rand) verschiedene Schwerpunkte aufweisen.[9] Während der Typ KM 2 vor allem in Italien, im Caput Adriae und in Mitteleuropa nördlich der Donau vorkommt, streut die Gruppe KM 1 von Frankreich bis Ungarn mit Ausläufern nach Sizilien und England.

UNBESTIMMBARE GEFÄSSBRUCHSTÜCKE

91.–93. Švihov, Gde. Červené Poříčí, Kr. Klatovy. – Vgl. Nr. 69. – Wandungsfragment eines Bronzegefäßes (Amphore?) mit Flach- und Kegelnieten (*Taf. 22, 91*); vielleicht zugehörig: Henkelstück (*Taf. 22, 92*). Bandförmiges Henkel(?)-Fragment (*Taf. 22, 93*). – Píč, Starožitnosti I/2 Taf. 28, 9. 11–13.

---

[7] Ebd. 72 ff. Abb. 14. 15.
[8] Ebd. 69 f. Abb. 12.
[9] Ebd. 54 Abb. 8; 64. 101 Abb. 12.

VERZEICHNISSE UND REGISTER

VERZEICHNIS DER ALLGEMEINEN ABKÜRZUNGEN

Arch. Inst. ČSAV	= Archäologisches Institut Česko-slovenská Akademie věd (Tschechoslowakische Akademie der Wissenschaften)	H.	= Höhe
		Halsdm.	= Halsdurchmesser
		Henkelbr.	= Henkelbreite
		Hgl.	= Hügel
Ber.	= Bericht	Invnr.	= Inventarnummer
Best.	= Bestattung	L.	= Länge
Bez.	= Bezirk	Mündungsdm.	= Mündungsdurchmesser
Bodendm.	= Bodendurchmesser	Mus.	= Museum
Br.	= Breite	Nationalmus.	= Nationalmuseum
Dm.	= Durchmesser	Randbr.	= Randbreite
ehem.	= ehemalige(r)	rekonstr.	= rekonstruierte(r)
Gde.	= Gemeinde	Slg.	= Sammlung
Gr.	= Grab	Taf.	= Tafel

VERZEICHNIS DER LITERATURABKÜRZUNGEN

MONOGRAPHIEN, AUFSÄTZE UND SAMMELWERKE

AuhV = Altertümer unserer heidnischen Vorzeit 1–5 (1858–1911).

Beck, PBF XX, 2 (1980) = A. Beck, Beiträge zur frühen und älteren Urnenfelderkultur im nordwestlichen Alpenvorland (1980).

Betzler, PBF XIV, 3 (1974) = P. Betzler, Die Fibeln in Südwestdeutschland, Österreich und der Schweiz I (Urnenfelderzeitliche Typen) (1974).

Böhm, Základy = J. Böhm, Základy hallstattské periody v Čechách (1937).

v. Brunn, Hortfunde = W.A. v. Brunn, Mitteldeutsche Hortfunde der jüngeren Bronzezeit (1968).

Dvořák = F. Dvořák, Pravěk Kolínska. Soupis archeologických památek Kolínska a Kouřimska (Das vorzeitliche Kolín und Umgebung. Verzeichnis der archäologischen Denkmäler in den Kolíner und Kouřimer Bezirken) (1936).

ERL = Reallexikon der Vorgeschichte (hrsg. v. M. Ebert) I-XV (1924–1932).

Filip, Popelnicová pole = J. Filip, Popelnicová pole a počátky železné doby v Čechách (Die Urnenfelder und Anfänge der Eisenzeit in Böhmen) (1936–37).

Font. Arch. Prag. = Fontes Archaeologica (Prag).

Furmánek, PBF XI, 3 (1980) = V. Furmánek, Die Anhänger in der Slowakei (1980).

Hampel, Bronzkor I–III = J. Hampel, A Bronzkor Emlékei Magyarhonban I (1886; auch deutsch: Altertümer der Bronzezeit in Ungarn [1887]); II (1892); III (1896).

Hennig, Grab- und Hortfunde = H. Hennig, Die Grab- und Hortfunde der Urnenfelderkultur aus Ober- und Mittelfranken (1970).

Herrmann, Urnenfelderkultur = F.-R. Herrmann, Die Funde der Urnenfelderkultur in Mittel- und Südhessen (1966).

Hrala, Knovízská kultura = J. Hrala, Knovízská kultura ve středních Čechách (1973).

Jockenhövel, PBF VIII, 1 (1971) = A. Jockenhövel, Die Rasiermesser in Mitteleuropa (Süddeutschland, Tschechoslowakei, Österreich, Schweiz) (1971).

Kilian-Dirlmeier, PBF XII, 2 (1975) = I. Kilian-Dirlmeier, Gürtelhaken, Gürtelbleche und Blechgürtel der Bronzezeit in Mitteleuropa (Ostfrankreich, Schweiz, Süddeutschland, Österreich, Tschechoslowakei, Ungarn, Nordwestjugoslawien) (1975).

Kossack, Südbayern = G. Kossack, Südbayern während der Hallstattzeit (1959).

Kossack, Symbolgut = G. Kossack, Studien zum Symbolgut der Urnenfelder- und Hallstattzeit Mitteleuropas (1954).

Kromer, Hallstatt = K. Kromer, Das Gräberfeld von Hallstatt (1959).

Matthäus, PBF II, 1 (1980) = H. Matthäus, Die Bronzegefäße der kretisch-mykenischen Kultur (1980).

Mayer, PBF IX, 9 (1977) = E. F. Mayer, Die Äxte und Beile in Österreich (1977).

v. Merhart, Studien = G. von Merhart, Studien über einige Gattungen von Bronzegefäßen, in: Festschr. des Römisch-Germanischen Zentralmuseums in Mainz zur Feier seines hundertjährigen Bestehens 1952, Band II (1952) (wiederabgedruckt in: G. v. Merhart, Hallstatt und Italien. Gesammelte Aufsätze zur frühen Eisenzeit in Italien und Mitteleuropa [1969] 280–379).

Michálek, Jihočeská skupina = J. Michálek, Jihočeská skupina mohylové kultury mladší doby halštatské a časné doby laténské (Südböhmische Gruppe der Hügelgräberkultur in der jüngeren Hallstatt- und frühen Laténezeit) (ungedruckte Diplomarbeit, Karls-Universität Prag 1972).

Mozsolics, Bronze- und Goldfunde = A. Mozsolics, Bronze- und Goldfunde des Karpatenbeckens. Depotfundhorizonte von Forró und Ópályi (1973).

Müller-Karpe, Chronologie = H. Müller-Karpe, Beiträge zur Chronologie der Urnenfelderzeit nördlich und südlich der Alpen (1959).

Müller-Karpe, Handb. I-IV = H. Müller-Karpe, Handbuch der Vorgeschichte I (1966); II/1.2 (1968); III/1–3 (1974); IV/1–3 (1980).

Müller-Karpe, Vollgriffschwerter = H. Müller-Karpe, Die Vollgriffschwerter der Urnenfelderzeit aus Bayern (1961).

Nekvasil/Podborský, PBF II, 13 (1991) = J. Nekvasil/V. Podborský, Die Bronzegefäße in Mähren (1991).

Novák, PBF IV, 4 (1975) = P. Novák, Die Schwerter in der Tschechoslowakei I (1975).

Novotná, PBF II, 11 (1991) = M. Novotná, Die Bronzegefäße in der Slowakei (1991).

Patay, PBF II, 10 (1990) = P. Patay, Die Bronzegefäße in Ungarn (1990).

PBF = Prähistorische Bronzefunde (vgl. die Titel der Bände unter den Autorennamen).

Petrescu-Dîmboviţa, Depozitele = M. Petrescu-Dîmboviţa, Depozitele de Bronzuri din România (Deposits of bronze-hoards in Romania) (1977).

Petrescu-Dîmboviţa, PBF XVIII, 1 (1978) = M. Petrescu-Dîmboviţa, Die Sicheln in Rumänien mit Corpus der jung- und spätbronzezeitlichen Horte Rumäniens (1978).

Píč, Starožitnosti = J. L. Píč, Starožitnosti Země České I. Čechy předhistorické; 1. Úvod. Člověk diluviálný. Pokolení Skrčených koster; 2. Pokolení kamenných mohyl (1900) (Altertümer der böhmischen Lande; I. Das vorgeschichtliche Böhmen; 1. Einleitung. Der diluviale Mensch. Hockerbestattungen; 2. Kultur der Steinhügelgräber).

Plesl, Lužická kultura = E. Plesl, Lužická kultura v severozápadních Čechách (Die Lausitzer Kultur in Nordwestböhmen) (1961).

Podborský, Mähren = V. Podborský, Mähren in der Spätbronzezeit und an der Schwelle der Eisenzeit (1970).

Preidel, Heimatkunde Komotau = H. Preidel, Heimatkunde des Bezirkes Komotau (1935).

Prüssing, PBF II, 5 (1991) = G. Prüssing, Die Bronzegefäße in Österreich (1991).

Richlý, Bronzezeit = H. Richlý, Bronzezeit in Böhmen (1894).

Richter, PBF X, 1 (1970) = I. Richter, Der Arm- und Beinschmuck der Bronze- und Urnenfelderzeit in Hessen und Rheinhessen (1970).

Říhovský, PBF VII, 1 (1972) = J. Říhovský, Die Messer in Mähren und dem Ostalpengebiet (1972).

Schauer, PBF IV, 2 (1971) = P. Schauer, Die Schwerter in Süddeutschland, Österreich und der Schweiz I (Griffplatten, Griffangel- und Griffzungenschwerter) (1971).

Schránil, Vorgeschichte = J. Schránil, Die Vorgeschichte Böhmens und Mährens (1928).

Sprockhoff, Handelsgeschichte = E. Sprockhoff, Zur Handelsgeschichte der germanischen Bronzezeit (1930).

Sprockhoff, Hortfunde = E. Sprockhoff, Jungbronzezeitliche Hortfunde der Südzone des Nordischen Kreises (Periode V) (1956).

Stein, Bronzezeitliche Hortfunde = F. Stein, Bronzezeitliche Hortfunde in Süddeutschland. Beiträge zur Interpretation einer Quellengattung (1976).

Stjernquist, Ciste = B. Stjernquist, Ciste a cordoni (Rippenzisten). Produktion – Funktion – Diffusion (1967).

Stocký, La Bohême = A. Stocký, La Bohême à l'âge du bronze (1928).

Szafrański, Skarby = W. Szafrański, Skarby brązowe z epoki wspólnoty pierwotnej (Die Bronzedepots in der Vorzeit) (1955).

Vinski-Gasparini, Urnenfelderkultur = K. Vinski-Gasparini, Kultura Polja sa žarama u Sjevernoj Hrvatkoj (Die Urnenfelderkultur in Nordkroatien) (1973).

ZEITSCHRIFTEN

Aarbøger = Aarbøger for Nordisk Oldkyndighed og Historie (København).

Acta Arch. = Acta Archaeologica (København).

Acta Univ. Carol. Phil. et Hist. = Acta Universitatis Carolinae Philosophica et Historica (Praha).

Altschlesien = Altschlesien. Mitteilungen des schlesischen Altertumsvereins (Breslau)

Annalen des KK Naturhist. Hofmus. = Annalen des KK Naturhistorischen Hofmuseums in Wien (Wien).

Arb.-Forschber. Sachsen = Arbeits- und Forschungsberichte zur Sächsischen Bodendenkmalpflege (Dresden/Leipzig/Berlin).

Arch. Ért. = Archaeologiai Értesítő (Budapest).

Arch. Korrbl. = Archäologisches Korrespondenzblatt (Mainz).

Arch. Rozhl. = Archeologické Rozhledy (Praha).

Arch. Stud. Mat. = Archeologické Studijní Materiály (Praha).

Bayr. Vorgeschbl. = Bayerische Vorgeschichtsblätter (München).

Ber. RGK = Berichte der Römisch-Germanischen Kommission des Deutschen Archäologischen Instituts (Frankfurt a.M./ Berlin).

Bonn. Jb. = Bonner Jahrbücher des Rheinischen Landesmuseums in Bonn und des Vereins von Altertumsfreunden im Rheinland (Bonn).

Dacia = Dacia. Revue d'Archéologie et d'Histoire Ancienne (Bucarest).

Folia Arch. = Folia Archaeologica (Budapest).

Fundber. Bad.-Württ. = Fundberichte aus Baden-Württemberg (Stuttgart).

Fundber. Schwaben = Fundberichte aus Schwaben (Stuttgart).

Germania = Germania. Anzeiger der Römisch-Germanischen Kommission des Deutschen Ärchäologischen Instituts (Frankfurt a.M./Berlin).

Ipek = Ipek. Jahrbuch für prähistorische und ethnographische Kunst (Berlin).

Jahresschr. Halle = Jahresschrift für die Mitteldeutsche Vorgeschichte (Halle) (bis Bd. 31: Jahreschrift für die Vorgeschichte der sächsisch-thüringischen Länder [Halle/Berlin]).

Jb. Altkde. = Jahrbuch für Altertumskunde (Wien).

Jb. RGZM = Jahrbuch des Römisch-Germanischen Zentralmuseums Mainz (Mainz).

Jber. Bayer. Bdkmpfl. = Jahresbericht der Bayerischen Bodendenkmalpflege (München).

Jber. Inst. Vorgesch. Frankfurt = Jahresbericht des Instituts für Vorgeschichte der Universität Frankfurt a.M. (Frankfurt a.M./München).

JbSGU = Jahrbuch (Jahresbericht) der Schweizerischen Gesellschaft für Urgeschichte (Basel).

MAGW = Mitteilungen der Anthropologischen Gesellschaft in Wien (Wien).

Marburger Winckelmann-Programm = Marburger Winckelmann-Programm (Marburg/Lahn).

Materialh. Bayer. Vorgesch. = Materialhefte zur Bayerischen Vorgeschichte (München).

MMK Somogy = Mitteilungen der Museen des Komitates Somogy (Somogyi Múzeumok Közleményei) (Kaposvár).

Musaica = Zborník Filozofickej Fakulty Univerzity Komenského. Musaica (Bratislava).

Obzor Prehist. = Obzor Prehistorický (Praha).

Pam. Arch. = Památky Archeologické (Praha).

PPS = Proceedings of the Prehistoric Society (Cambridge).

PM Hradec Králové = Práce Muzea v Hradci Králové. Acta Musei Reginaehradecensis. Seria B (Praha).

Pravěk = Ústřední list pro prehistorii a anthropologii zemí Českých (Zentralblatt für Vorgeschichte und Anthropologie der Böhmischen Lande) (Uherské Hradiště-Kojetín-Brno-Praha).

PZ = Prähistorische Zeitschrift (Berlin).

Sborník ČSSA = Sborník Československé Společnosti Archeologické (Brno).

Sborník MSS = Sborník Muzeálnej Slovenskej Spoločnosti (Martin).

Sborník NM = Sborník Národního Muzea v Praze (Praha).

Sborník Plzeň = Sborník Městského historického musea v Plzni (Plzeň).

Sibrium = Sibrium (Varese).

Slov. Arch. = Slovenská Archeológia. Zeitschrift des Archäologischen Instituts der Slowakischen Akademie der Wissenschaften in Nitra (Bratislava).

Starinar = Starinar (Belgrad).

Sudeta = Zeitschrift für (ab N.F. 1, 1939–46: Beiträge zur) Vor- und Frühgeschichte (Reichenberg).

TBT = Tätigkeitsbericht der Museums-Gesellschaft Teplitz (ab 1907/08: Teplitz-Schönau).

Varia Bio-Arch. = Varia Bio-Archaeologica (Groningen).

Wiener Prähist. Zeitschr. = Wiener Prähistorische Zeitschrift.

Zprávy ČSSA = Zprávy Československé Společnosti Archeologické při Československé Akademii Věd (Praha).

VERZEICHNIS DER MUSEEN UND SAMMLUNGEN

(Die Zahlen beziehen sich auf die laufenden Nummern der erfaßten Bronzegefäße.
Ein nachgestelltes (f) bezeichnet z.Z. nicht auffindbare bzw. verlorene Stücke)

Bechyně, Muzeum keramiky 85
České Budějovice, Jihočeské muzeum , ehem. Slg. Ohra-
    da 10, 36, 37, 57
Chomutov, Okresní muzeum 62
Děčín, Okresni muzeum 54
Domažlice, Muzeum Chodska 55 (f)
Hradec Králové, Krajské muzeum východních Čech 7,
    58
Karlovy Vary, Karlovarské muzeum 51
Kolín, Regionální muzeum 65, 76, 84
Litoměřice, Okresni vlastivědné muzeum 77, 79
Louny, Okresní muzeum 66
Mělník, Okresní muzeum 24, 25
Mladá Boleslav, Okresní muzeum 49
Nymburk, Vlastivědné muzeum 76

Plzeň, Západočeské muzeum 8, 39, 41 (ehem. Mus. Do-
    mažlice), 52, 59, 67, 68, 72, 80, 81
Praha (Prag), Nationalmuseum 1, 2, 6, 9, 11−18, 21−23,
    26, 27, 29, 32, 35, 38, 43, 47, 50, 54, 69−71, 73, 75, 83 (f),
    85, 87 (f), 89
− Depositum Arch. Inst. ČSAV 61
Roztoky, Středočeské muzeum 5, 40
Slaný, Vlasivědné muzeum 4, 34, 42
Tábor, Muzeum husitského revolučniho hnuti 64, 78, 86
Teplice, Krajské muzeum 20, 30, 31, 33, 46, 48, 89
Wien, Naturhistorisches Museum 48, 53, 60
Žatec, Městské vlastivědné muzeum K. A. Polánka 3, 44,
    45, 56 (f)

Verbleib unbekannt 19, 28, 63 (eingeschmolzen)

LISTEN ZU DEN KARTEN TAFEL 24, B UND 25

LISTE ZU TAF. 24, B: GRÄBER MIT BRONZEGEFÄSSEN UND MIT SCHWERTERN IN BÖHMEN

1. Milavče C 1 (Nr. 1.35.43)
2. Milavče C 3 (Novák, PBF IV, 4 [1975] 21 f. Nr. 84)
3. Milavče B (Nr. 50)
4. Milavče C 4 (Nr. 55)
5. Milavče C 6 (Nr. 41)
6. Tupadly (V. Šaldová, Arch. Rozhl. 13, 1961, 699 Abb. 245,1.2)
7. Krchleby (Novák, PBF IV, 4 [1975] 21 f. Nr. 90)
8. Merklín (Nr. 2)
9. Záluží (Nr. 39)
10. Nezvěstice (Nr. 8)
11. Sváreč (Böhm, Základy 159 Abb. 80, 161 ff.)
12. Nynice (Nr. 52)
13. Chrášťany (Nr. 9)
14. Čeradice (Böhm, Základy 142 ff. Abb. 72)
15. Žatec-Macerka 1 (Nr. 3.44)
16. Žatec-Am Keil (Nr. 45)
17. Velká Dobrá (Nr. 38)
18. Luh bei Most (E. Štorch, Pam. Arch. 29, 1917, 4 ff.)
19. Hostomice (Nr. 30.31.33.46)

LISTE ZU TAF. 25: DIE VERBREITUNG DER GRÄBER MIT BRONZEGEFÄSSEN AUS DER URNENFELDERZEIT

Mitteleuropa:

I. Gräber mit Trinkservice:

   1. Milavče, Hgl. C 1 (Nr. 1)
   2. Hart an der Alz: H. Müller-Karpe, Bayr. Vorgeschbl. 21, 1956, 46 ff.
   3. Očkov: J. Paulík, Slov. Arch. 10, 1962, 5 ff.
   4. Osternienburg, Gr. 11: Sprockhoff, Handelsgeschichte 90 ff.
   5. Acholshausen: Ch. Pescheck, Germania 50, 1972, 29 ff.
   6. Hostomice (Nr. 30)

II. Gräber mit zwei Bronzegefäßen:

   7. Žatec-Macerka, Gr. 1 (Nr. 3)
   8. Falkenberg, Hgl. II: H. Agde, Jahresschr. Halle 24, 1936, 173 ff.
   9. Langengeisling, Gr. 4: W. Krämer, Germania 30, 1952, 263 ff.
  10. Wilten, Gr. 31: K.H. Wagner, Nordtiroler Urnenfelder (1943) 119 ff.

III. Gräber mit einem Bronzegefäß und

a. einem Schwert und anderen Bronzebeigaben:

  11. Gusen: Müller-Karpe, Chronologie 102 Abb. 10.
  12. Milavče, Hgl. C 4 (?): F. Lang, Pam. Arch. 14, 1887–89, 313 ff.

13. Kreßbronn-Hemigkofen(?): H. Wocher, Germania 43, 1965, 16 ff.
14. Velatice, Hgl. I: J. Říhovský, Pam. Arch. 49, 1958, 69 ff.
15. Gundelsheim, Gr. 1: Hennig, Grab- und Hortfunde 61 ff.
16. Žatec-Am Keil (Nr. 45)
17. Wörschach: Müller-Karpe, Chronologie 314 f.
18. Eschborn, Gr. 2: Herrmann, Urnenfelderkultur (1966) 73 ff.
19. Eschborn, Gr. 1: ebd. 73 ff.
20. Klentnice, Gr. 63: Říhovský, Das Gräberfeld von Klentnice (1965) 19 ff. 50 f.

b. mit anderen Waffen und weiteren Bronzebeigaben:

21. Geispolsheim: Beck, PBF XX, 2 (1980) 123 f.
22. Milavče, Hügelgruppe B (aus dem Jahre 1887) (Nr. 50).
23. Milavče, Hgl. C 6 (Nr. 41).
24. Heldenbergen: G. Behrens, Germania 1, 1917, 147 ff.
25. Großmugl: W. Angeli, MAGW 88–89, 1959, 127 ff.
26. Viernheim: Herrmann, Urnenfelderkultur 153 ff.
27. Stillfried (?): K. Willvonseder, Wiener Prähist. Zeitschr. 19, 1932, 25 f.

c. mit Rasiermesser und weiteren Bronzebeigaben:

28. Merklín (Nr. 2).
29. Fuchsstadt: Müller-Karpe, Chronologie 313 ff.
30. Milovice: Říhovský, Pam. Arch. 57, 1966, 459 ff.

d. mit Messer ev. weiteren Bronzebeigaben:

31. Velká Dobrá (Nr. 38).
32. Wollmesheim: Müller-Karpe, Chronologie 314 f.
33. Ergolding: ebd. 314 f.
34. Burladingen: Müller-Karpe, Handb. IV/2, 837 ff.
35. Altensittenbach: Hennig, Grab- und Hortfunde 118 f.
36. Völs: Wagner, Nordtiroler Urnenfelder (1943) 111 ff.
37. Baumgarten: Říhovský, PBF VII, 1 (1972) 67 ff.

e. mit Schmuckgarnituren:

38. Záluží (Nr. 39).
39. Pfaffenhofen: Müller-Karpe, Handbuch IV/2, 878.
40. Grünwald, Gr. 1: ebd. 482.
41. Möhringen: W. Kimmig, Die Urnenfelderkultur in Baden (1940) 143 ff.
42. Chrášťany (Nr. 9).

f. ohne oben erwähnte Bronzebeigaben bzw. ohne Bronzebeigaben:

43. Nezvěstice-Podskali (Nr. 8).
44. Haltingen: W. Kimmig, Die Urnenfelderkultur in Baden (1940) 140 ff.
45. Gernlinden: Müller-Karpe, Chronologie 313 f.
46. Schussenried: ebd. 313 f.
47. Osternienburg, Gr. 29: Sprockhoff, Handelsgeschichte 90.
48. Gevelinghausen: A. Jockenhövel, Germania 52, 1974, 16 ff.
49. Kirchehrenbach: Hennig, Grab- und Hortfunde, 79 ff. (mit zwei Zierbuckeln).

50. Steinkirchen: F. Holste, Wiener Prähist. Zeitschr. 27, 1940, 7 ff. (Pferdetrensen).
51. Nynice (Nr. 52).

Nordeuropa:

52. Peckatel: Sprockhoff, Handelsgeschichte Taf. 14.
53. Friedrichsruhe: ebd. Taf. 14, 7.
54. Ruchow: ebd. Taf. 14, 6.
55. Granzin: ebd. Taf. 14, 8.
56. Slate: H. Schubart, Die Funde der älteren Bronzezeit in Mecklenburg (1972) 154 f. Taf. 68, D 1.
57. Weitgendorf: Sprockhoff, Handelsgeschichte Taf. 14, 9.
58. Seddin: ebd. Taf. 25.

SACHREGISTER

Abriebspuren 42
ägäischer Kreis 35 f.
„altitalisch" 1
Altmaterial 92
Ambosse (Gesenke) 48, 62, 70
   Formambosse 62
Amphoren (außerhalb der im Inhaltsverzeichnis genann-
   ten Hauptkapitel vorkommend) 3, 8 f., 21, 49, 67, 72,
   94, 101 f.
   mit Leisten-Buckel-Ornament 68
   Typ Gevelinghausen-Vejo-Seddin 3
   Typ Mariesminde 85 f.
Anhänger 27, 71, 89, 96
   Brillenanhänger 16, 18, 27, 60
   herzförmiger Anhänger 24, 31
   Lanzettanhänger 80
   Radanhänger 15, 69, 94
   röhrenförmiger Blechanhänger 96
   Scheibenanhänger mit Mitteldorn 96
Armbänder 16, 43, 51
   Spiralarmbänder 45
Armbergen (Bergen) 18, 20, 24, 30, 49, 52, 64, 93, 96
   Typ Staré Sedlo 89
Armringe 12, 15, 18, 21, 24 f., 27, 30, 43, 45 f., 60, 64, 71 f.,
   89, 93 f., 96
   Hohlarmringe 11, 114
   mit gestempeltem Fransenornament 86
   mit Kanten oder D-Profil 67
   mit Querstrichgruppen und Tannenzweigmuster 95
   mit Ritzverzierung 89, 96
   mit Sanduhrmuster 69
   mit schraffierten Bandwinkeln 79
   mit Stempelenden 107
   ostböhmische 58
   Stäbchenarmringe 89
   tordierte 14
   Turbanarmringe 113
   Typ Allendorf 12, 72
   Typ Nezvěstice 50, 61
   Typ Reventin-La Poype 30, 95
   Typ Publy 16
Armspiralen 24, 43, 51, 58, 67, 85, 96, 98
Äxte
   Streitäxte 19

Barren
   Stangenbarren 60

Bastfasern 81
Becken (außerhalb der im Inhaltsverzeichnis genannten
   Hauptkapitel vorkommend) 8, 14 f., 20, 49, 75, 82, 94,
   99, 102
   mit Dreiecksattaschen 8, 38 f., 79
Becken-Tassen 101
   Nebenform 94
Beile 5, 14, 70 f., 73, 96
   Lappenbeile 51
      mittelständige 24 f., 30, 60, 89, 95 f.
      oberständige 5, 7, 57, 93
      mit Ösen 43, 67
      verzierte mit Querschneide 55
   Tüllenbeile 85, 89, 93 f.
   Typ Haidach 30
   verzierte 57
Bergen s. Armbergen
Bernsteinperlen 97, 106
Besatzbuckel (-knöpfe) 27, 29
Birkenrinde 97
Blech 9, 43
Blei 117
Brillenschmuck 52
Brucherz (-depot, -fund) 7, 19 f., 60, 89, 91, 95 f.
Buckel 3, 57

cyprische Siebtassen 74 f.

Diademe 45, 47, 62
Dolche 13, 23 f., 57, 64
   Antennendolche 109, 111
Doppelknöpfe 19, 50
Doppelkonus 50
Dosen 66
Drähte 14
Drahtspiralen 96
Dreifüße 74

Eimer (außerhalb der im Inhaltsverzeichnis genannten
   Hauptkapitel vorkommend) 49, 68, 71, 82, 99
   Typ Hajdúböszörmény 76
   Typ Kurd 35, 39, 52, 70, 76
Eisengegenstände 107
   Achsnägel 112
   Dolche 55
   Geräte 48, 55 f., 94
   Klingen 57

Lanzenspitzen 55, 57
Messer 55, 113
Prägestock 58
Punzen 67
Ringe 24
Schwerter 108 ff., 113, 115
Waffen 58
Etagengefäße 4, 15, 23, 96

Faleren 6 f., 13, 24, 29, 43, 46, 52, 67, 112
    Kalottenfaleren 24, 32, 39, 49, 51, 54
Fibeln 27, 49, 57, 78
    Blattbügelfibeln 16, 24, 40 ff., 45, 51
        Typ Jenišovice 16, 42, 52
        Typ Práčov-Gamów 86
    Bogenfibeln 114
    Brillenfibeln 110, 114
    Halbfabrikate 48
    Kahnfibeln 109
    Plattenfibeln 16
    Schlangenfibeln 110
Fingerringe 24, 52, 107
Flickstreifen 47
Flickung 46
Fußringe 13, 16, 30, 40 ff., 50 f., 58, 60 f.
Fußspiralen 98

Gefäßrohlinge 84
Gefäßsätze 68 (s. auch Geschirrfunde)
Geschirrfunde (-garnituren, -sätze) 19, 32, 66, 69, 71 f.,
    75, 82, 91, 94
Gesellschaft (Soziale Verhältnisse, Rang usw.) 26, 41, 49,
    82, 102
    Adelgräber 85
    bedeutsame soziale Stellung 29
    befestigte Siedlung 9, 21, 56 ff., 68, 85
    Frau
        Frauengräber (-bestattungen) 11, 14, 26, 41, 48, 71,
        79, 102 f.
        Frauentracht 98
    Goldschmiede 39, 65 f., 98 f.
    Gräber mit Trinkgeschirr 79
    hallstattzeitliche Fürstengräber 19
    Kultstätte 18
    Mann
        Männerausstattung 16, 48
        Männergräber (-bestattungen) 11, 14, 19, 26, 56, 58,
        71, 78 f., 85, 102 f.
    Migration der Metallurgen 37
    Opferstätte 18
    Personen außerordentlichen Ranges 71
    Produktions-, Verwaltungszentrum 18, 56
    Reiter 19
        Reitergräber 14, 71

sozial hervorragende Persönlichkeiten 18, 79
    übergeordnete Schicht 56
    Wagengräber 2, 26, 71, 87, 112
    Wanderhandwerker 37, 40
Gesenke (s. auch Ambosse) 70
Glasperlen 24, 27
Gold 38, 92
    Armringe 64
    Diademe 65
    Zierbleche 107
    Folie 100
    Gefäße 36, 63, 65 f., 92, 98
    Geschirr 3
    Hort 21, 85
    Kegel 62
    Plattierung 99
    Schale 61 f.
    Schatz 56
    Scheiben 62 f., 65, 98
    Toreutik 37
Graphitierung 30 f.
Gürtel 29, 50, 82, 98
    Gürtelbleche 114
    Gürtelhaken 16, 24, 27, 29, 31, 50, 96, 114
Guß
    Gußformen für Blechscheiben 9, 25, 57, 67, 90, 96
    Gußkuchen (-brocken) 14, 43, 70, 95
    Rohguß 71
        Rohling 90
        Rohmaterial 51, 91
    Überfangguß 71

Haken mit Tülle 96
Halbfabrikate 66, 90, 96
Halsringe 15 f., 24, 48, 50, 58, 71, 96, 99, 112
    tordierte 12, 14, 16, 27, 37, 41 f., 45 f., 51, 69, 72
Helme 38
Henkel 2 f., 25, 32, 34, 36, 39, 41, 43 f., 47 f., 55, 68 f., 71,
    80
    tordierte Querhenkel 31, 33, 74 f.
    Verstärkungsplättchen 25, 34, 36, 48, 69 f.
Holz
    Hammer 70
    Gefäße 37, 81
    Scheide 23
hornartige Fortsätze 73 f.
Hydrien 80

Jochbeschläge 108

Kalottenschalen 91
Kannen 62
Kegel 65

Kellen 90
Kettchen 55
Klapperbleche 116
Klima 78
Knöpfe 24, 50, 108
 halbkugelige mit Öse 45 f.
 Typ Thale-Jenišovice 50

Lanzenspitzen 16, 18 f., 24, 60, 82, 89, 93, 95 f.
Leder 112
 Gürtel 27, 29
 Lederreste mit Buckelbesatz 24
Lekanai-Henkel 74
„Löffel" 75

Masken 62
Meißel 70
 Tüllenmeißel 55
Menschenknochen 17
Messer 12 ff., 16 f., 18, 23 f., 26 f., 55, 57, 64, 71, 89, 93, 95, 110
 Griffzungenmesser mit Ringende 69
 mit Griffangel 18, 23 f., 30, 32, 52, 82 f., 85
 mit Griffdorn 31, 79
 Typ Baierdorf 12 f., 15, 23, 29, 37, 64, 72, 95, 99 f.
 Typ Dašice 16
 Typ Riegsee 37
Metallgießerdepots 100
Mondidol 112
mykenische Blecherzeugnisse 62

Nachahmung 1
Nadeln 12 ff., 16, 18, 71, 95, 97
 Brillennadeln 18, 24, 30
 gekerbte 15
 Keulenkopfnadeln 51
 Mehrkopfnadeln 114
 mit doppelkonischem Kopf 83, 89, 99
 mit gegliedertem Kopf 23, 60, 89, 99
 mit gerilltem Kopf und Halsknotung 18
 mit geripptem Kopf 24
 mit Halsknoten 99 f.
 mit Nagelkopf 83
 mit profiliertem Kopf und Knotung am Hals 72
 mit Rippen und Knotung 69
 mit Trompetenkopf 99
 mit turbanartigem Kopf und Halsknoten 96
 Nadelkopf 23
 Ösenkopfnadeln 89, 107
 Petschaftkopfnadeln mit Doppelknoten 29
 Scheibenkopfnadeln 16, 18, 89, 95 f.
 Typ Ervěnice 55, 57, 67, 94
 Typ Deinsdorf 37, 99

Typ Henfenfeld 4, 14, 37, 89, 99
Typ Weitgendorf 99
Vasenkopfnadeln 61, 95 f.
Nägel 95
Nordischer Kreis 2 f., 31, 33, 35 ff., 53, 63, 65, 78, 99 f.
Ohrgehänge 97
Ornamentik
 Kreisaugenornament 67
 Mäander 111
 „mykenische" Spirale 63
 Leisten-Buckel-Stil (-Ornament) 3, 65 ff., 84, 87 ff.
 Perlreihen 2
 plastische Rippenverzierung 81
 Punkt-Buckel-Verzierung 44, 68, 88, 101
 Sterndekor 38

Panzer 26
 Kompositpanzer 38
 Lederpanzer 13, 23, 55, 57
Pfeilspitzen 55, 79, 96
Pfrieme 55, 97
Prägestock 39
Prisma 23, 95
Punzen 25, 47
 Kreispunzen 109
 Sonnenpunzen 109
 Vogelpunzen 109

Rasiermesser 12 ff., 16 ff., 23 f., 26 f., 30, 32, 78 f., 82, 89, 93 f., 103
 Typ Gusen 29
 Typ Kostelec 29
Reparaturen 47
Ringe 14, 27, 29, 83, 108
 kleine Ringe 43, 45 f., 48, 55, 94

Schalen (außerhalb der im Inhaltsverzeichnis genannten Hauptkapitel vorkommend) 62 f.
 Breitrandschalen 91
 Typ Haltingen-Østermarie 98 f.
 Typ Milavče 92, 98 f.
 Typ Rongères-Gönnebek 98
Schellen 43, 67
Schieber 24
Schilde 26
Schleifenringe 94
Schleifsteine 19, 93
Schmuckgarnituren 11 f., 16, 20, 29, 48, 50
 Typ Kopisty 11, 16, 27
 Typ Praha-Bubeneč 4, 11
 Typ Stehelčeves 11, 15, 27
Schöpfer 71
 Schöpfer vom mykenischen Stil 8

Schüsseln
  Schüsseln mit graphitierter und ritzverzierter Innen-
  seite 25
  Typ Hatten 118
  Typ Satteldorf 2
Schutzwaffen (-rüstung) 49, 82, 99, 102
Schwerter 19, 21, 26, 29, 56, 60, 78, 89, 95 f., 103, 118
  Griffzungenschwerter Typ Nenzingen (Reutlingen)
  11, 13, 60
  Vollgriffschwerter 17, 83
    Dreiwulstschwert 17, 31, 82
      Typ Högl 85
  Pilzknaufschwerter 110
  Scheide 19
  Typ Auvernier 67
  Typ Mörigen 67
  Typ Riegsee 4, 11, 13, 23, 29, 64, 72, 79, 95
  Typ Tachlovice 6, 55, 57 f., 67 f.
Sicheln 5, 30
  Knopfsicheln 89, 95
  Zungensicheln 24, 43, 51, 89, 95 f.
Siebe (außerhalb der im Inhaltsverzeichnis genannten
  Hauptkapitel vorkommend) 12, 15, 32, 34 ff., 38 ff., 49,
  66, 79, 90 f., 99
  böhmische 36
  Siebbecken 74
  Siebform Středokluky-Dresden 8, 100
  tassenförmige Siebe 100
  Typ Záluží 8, 15, 63, 65, 92
Silber 98
Situlen 79, 102 f.
Spiralen 24 f., 27
Spiralröllchen 16, 24, 27, 29, 46, 48, 94
Spiralscheiben 95
Stäbchen 51, 97
  tordierte Stäbchen 13, 23, 26
Stangen 24
Stecheisen 56
Stiersymbol 74 f.
  Stierhörnerhenkel 38
  Stierköpfchen 40, 70, 75
  stilisierter Stierkopf 71, 74
Stirnband 49, 51, 54

Tassen (außerhalb der im Inhaltsverzeichnis genannten
  Hauptkapitel vorkommend) 71 f., 91
  vom karpatischen Gepräge 8
  Typ Baumgarten 56
  Typ Blatnica 3, 31, 33, 36, 39, 40, 54, 99
  Typ Friedrichsruhe 1 ff., 8, 43 f., 52 ff., 61, 63 ff., 76, 79
  ff., 92, 99 f.
  Typ Fuchsstadt 1 f., 30, 32, 38 ff., 41 ff., 44, 53, 55, 73,
  76, 100
  Typ Gusen 3, 30, 33, 36, 40, 63, 99

Typ Hajdúsámson 42 f.
Typ Hostomice 8, 44, 48, 66, 89, 94, 101
Typ Jenišovice 3, 8, 32, 40, 43 f., 59, 66 f., 73, 94, 100
Typ Kirkendrup 1, 3
Typ Osternienburg-Dresden 2 f., 22, 39
Typ Spišská Belá 42 f., 53, 73, 80, 101
Typ Stillfried-Hostomice 3, 9, 32, 66, 68, 101
  Nebenform 44, 66
Typ Žatec 3
Variante Velatice 3
Tiere, Tierknochen 17
  Hunde 17 f., 26
  Mammut 17
  Marder 17
  Pferde 79
    Pferdezähne 108
Tonmodelle 78
Tonscheiben 62
Tonsiebe 70, 72, 83
Trinkgeschirr (-service) 71, 79, 90, 102 (s. auch Geschirr-
  funde)
Trinkhörner 87
Tüllen 93, 95

Vogelsymbole 74, 80
  getriebene Vögel 78
  Vogelbarken 78
  Vogelprotome 74, 78, 80 f., 102
  Vogelpunzen 109

Waffen 11
Wagen 23, 26, 78 f., 115
  Kesselwagen 8, 12 f., 38, 63, 79, 99, 102
  Kultwagen 2, 78
  Radnabenfragment 108, 112
Wendelringe 86

Zaumzeug
  Knebel 55
  Gebißstangen 107 f.
  Pferdegeschirr 115
  Seitenstangen 112
  Trensen 57, 70, 108, 112 f., 116
  Trensenknebel 14, 19, 43, 67, 71, 73, 96, 112
Zierbuckel 18, 27, 38 f., 52, 70
Zierknöpfe 18, 50, 89, 96
Zierplatten 55
Zierscheiben 16, 29, 98
Zierspiralen 20
Zirkelpunkte 47
Zisten (außerhalb der im Inhaltsverzeichnis genannten
  Hauptkapitel vorkommend) 67, 94, 99, 102
  Rippenzisten 114
  Typ Žatec 8, 39, 97

ORTSREGISTER

In eckigen Klammern sind die Koordinaten und Abkürzungen der Fundorte auf der Verbreitungskarte Taf. 23 angegeben; nach den Seitenverweisen folgen in runden Klammern die im Text und auf den Tafeln verwendeten Fundnummern; Orte außerhalb des Arbeitsgebietes sind durch Kursivdruck gekennzeichnet.

Acholshausen 38 f., 61, 78 ff., 102, 125
Ackenbach 78
Adaševci 58
Aggtelek 29
Aichach 115
Ålborg 33
Altensittenbach 48, 126
Aluna 42 f., 71, 73, 75
Ano Englianos-Pylos 74, 80
Aschering 107 ff.
Athen 74
Avanton 62

Barum 59
Basedow 44
Baumgarten 59, 66, 68, 126
Beldow 59
Biesenbrow 66
Biia 63
Bingula Divoš 33
Binningen 62
Biskupice 51 f.
Bjersjöholm 83, 86 f.
Blatnica 35
Bodrog-Keresztúr 82
Bologna 88, 109
Bosín 6
Boskovice 58
Břasy [D 5] 115 ff. (Nr. 84)
Braunsbedra 38, 49, 53
Brdo [C 5] 14, 96 (Nr. 61)
Bredmose 54
Březina 86
Brodski Varoš 38, 82
Brozánky 16, 42
Buchheim 114
Budihostice 16, 39
Budinščina 82
Burladingen 126
Bušovice 11, 27
Býkev s. Jenišovice

Celldömölk 58
Čeradice 17, 103, 125
Černilov 58
Černovice 57
Červené Poříčí [C 6] 93 f. (Nr. 53)
Cheb 61
Chlum 11
Choryń 87 f.
Chráštavice 12, s. auch Milavče
Chrášťany [D 4] 10, 16, 35, 41 ff., 48, 51, 125 f. (Nr. 9)
Chvojenec 6
Corcelettes 48
Corneto-Tarquinia 88
Coswig 33

Dákonfalva 82
Dalj 88
Dejvice 8
Dendra 97
Dneboh 19
Dobřany [C 5/6] 115 f. (Nr. 82)
Dolany 58
Domažlice 103
Dresden 35
Dresden-Dobritz s. Dresden-Laubegast

Dresden-Laubegast 7, 25, 32, 34, 48 ff., 49, 51 ff., 64, 69, 71, 73 ff., 91 f., 100 f.
Drevníky 16
Drhovice 4, 8, 11
Dubnica 54
Dušník [E/F 4] 93 (Nr. 51)
Dušníky 93
Dýšina [C 5 : D] 108 f., 114 f., (Nr. 72, 81)

Egyek 42 f., 53
Ehingen 25, 84, 114
Elsterwerda 7, 35
Engelthal 57, 85
Enns 31, 33
Ergolding 38, 126
Eschborn 38, 101, 103, 126
Ezelsdorf-Buch 62

Falkenberg 27, 32, 38, 40, 69, 71, 73 ff., 125
Felsőszolca 29, 39
Fizeşu Gherlii 59, 66, 68, 84
Floth 56, 59
Frankfurt-Nied 35, 38
Friedrichsruhe 35, 127
Fuchsstadt 35, 126

Gánovce 97
Geispolsheim 61, 64, 126
Gernlinden 27 f., 126
Gevelinghausen 85, 87 f., 126
Gönnebek 34, 36, 62, 64, 99
Gornji Slatinik 38
Granzin 33, 127
Großeibstadt 87
Großmugl 33, 126
Grünwald 27 f., 35, 38, 126
Gundelsheim 25, 31, 38, 126
Gusen 29 f., 35, 63, 125

Habartice 58, 67
Hader 78
Haidach 31, 33
Hajdúböszörmény 68
Hajdúsámson 42 f., 53, 71, 73, 75
Hallstatt 57, 60, 107 ff., 112, 114 f., 117
Haltingen 34, 61, 64 f., 126
Hánov [E/F 6/7] 117 (Nr. 86)
Hart a.d. Alz 2, 25, 27, 31, 34, 39, 71, 76, 78 f., 102, 125
Haslau-Regelsbrunn 56, 59
Hatten 113
Heldenbergen 82, 126
Höfen 62
Holašovice 42
Holubice 16
Horákov 108
Hořelice 93
Hossingen 107
Hoštice [D 7] 117 f. (Nr. 88)
Hostomice [D 3: H] 1, 5, 8, 10, 18 f., 55 ff., 58 ff., 67 f., 84 ff., 87 f., 91, 94, 102 f., 125 (Nr. 30, 31, 33, 46)
Hradec Králové-Slezké Předměstí 7, 58
Hradenín [G 4/5] 57, 112 f. (Nr. 77)
Hradišt'ko 7, 58, 67
Humes 67

Innsbruck-Mühlau 27 f.
Innsbruck-Wilten 27 f.
Ivanovce 29, 63

Jægersborg 63
Jaroměř 19

Jenišovice [E 3: J] 5, 8, 16, 20, 24 f., 27 ff., 32, 40, 42 ff., 45 ff., 48 ff., 51 f., 67, 101 (Nr. 6, 11-18, 22-27)

Kamena-Gorica 58
Kamýk [E 3] 20, 28, 42 f., 45, 47 ff., 50 f., 54 (Nr. 20)
Keresztéte 61, 86
Keszőhidegkút 42 f.
Kirchehrenbach 85, 126
Kisapáti 39
Kleedorf 57
Kleinleesau 107 f.
Klentnice 48, 54, 126
Klobuky [E 3/4] 20, 60 f. (Nr. 34)
Kněževes [D 4] 46, 48, 54, (Nr. 29)
Knossos 62
Königswartha 39, 64
Kokotsko 12
Kolín 6
Komjatná 61
Kopisty 16
Kostræde 76
Krčedin 85
Křenůvky 51 f.
Kreßbronn-Hemigkofen 126
Křtěno/Krendorf s. Třtěno
Kšice 11
Kundratice 42, 50 f., 100
Kyšice [C 5] 106 (Nr. 67, 68)

Langendorf 62
Langengeisling 27, 34, 71, 76, 103, 125
Lažany [D 3: La] 4, 19, 89 ff., 92, 96 (Nr. 48, 60)
Lengyeltóti 75, 80, 92
Lety 15
Libčeves 64
Liběšovice [C/D 4] 97 (Nr. 66)
Libkovice [E 3] 5, 20, 28, 43, 46 f., 49 f. (Nr. 21)
Liptovský Mikuláš (-Ondrašová) 53, 101
Líštany 18
Lorsch 82
Louny 97
Lúčky 54
Ludwigsburg 113
Luh bei Most 19, 56 f., 85, 103, 125
Lžovice [G 4:Lz] 1, 3, 6, 9, 21, 55 ff., 58 f., 67 f., 84 ff., 87, 89 (Nr. 32, 47)

Malhostovice 25, 54, 84, 86
Maria Rast 58
Maribor 58
Mariesminde 83, 86 f.
Maškovice 27, 42, 50 f., 100

Máslovice 16
Mělník 15, 100
Měník 57, 86
Meppen 115
Merklín [C 6] 10 ff., 23, 25 ff., 29, 33, 36, 100, 103, 125 f. (Nr. 2)
Mezőnyárád 61
Milavče [B 6: M] 2, 8, 10 f., 13, 23, 25 f., 29, 33 f., 35 ff., 38 ff., 61 f., 64 ff., 69 ff., 72 ff., 75 ff., 79 ff., 81, 89, 93 ff., 99, 102 f., 125 f. (Nr. 1, 35, 41, 43, 50, 55)
Milínov-Javor 63
Milovice 48, 126
Minice 64
Mochlos 91
Möhringen 126
Moigrad 42 f., 53
Moordorf 63
Most 17, 67, s. auch Luh
Mouliana 74
Mykenai 62

Narce 88
Nebovidy [G 5] 117 (Nr. 85)
Nezvěstice [C 6] 10, 14, 25 f., 30 f., 33 f., 76, 125 (Nr. 8)
Nied 35, s. auch Frankfurt-Nied
Nová Huť' 63
Nymburk [G 4] 111 (Nr. 76)
Nynice [C/D 5] 4, 8, 14 f., 93 f., 125, 127 (Nr. 52)

Oberaichbach 57
Oberempt 116 f.
Oberwiesenacker 108
Obrnice 8, 15, 18, 27
Očkov 22, 31, 33, 35, 39, 64, 82 f., 98, 102, 125
Ockstadt 71
Opařany 11
Opatovice 86
Oraştie 80
Østermarie 34, 37 f., 62 ff., 99
Osternienburg 35, 38, 61, 102 f., 125 f.

Pamuk 76
Pardubice-Hůrka 19
Paseky 62
Peckatel 26, 78 ff., 127
Peschiera 73, 76
Petterweil 62
Pfaffenhofen 31, 39, 126
Piliny 61
Plešivec [D/E 5] 20, 96 (Nr. 63)
Plzeň-Jíkalka [C 5] 95 (Nr. 59)
Polepy [G 5] 96 f. (Nr. 65)
Popinci 82

Poznań-Wielka Starołęka 43, 53
Práčov 56, 86
Praha-Bubeneč 27, 30
Praha-Hloubětín 16
Praha-Holešovice 16
Praha-Modřany 4
Praha-Pankrác 15 f., 29
Praha-Střešovice [E 4: P] 107 ff. (Nr. 70, 71, 73)
Přestavlky 33, 39, 62
Protivín 11
Przęsławice 86 ff.
Præstø 33
Pšov [C 4] 25, 90, 96 (Nr. 62)
Pylos 74 f., 92

Quedlinburg 54

Rabštejnská Lhota 6
Rájec-Jestřebí 58, 67
Rakovník 16
Rehling-Unterach 111
Riegsee 72
Riesa-Gröba 25, 53 f., 84, 89, 90, 101
Rillaton 65
Rinyaszentkirályi 82
Rixheim 62
Rohow 30
Rongères 61, 64 f.
Rorbæk 85, 87 f.
Ruchow 33, 127
Rudná 93
Rudnik 82
Rvenice [D 3] 115 f. (Nr. 83)
Rýdeč 42
Ryjice 7
Rymáň 67

Sághegy 58 f.
Saint-Martin-sur-le-Pré 48, 53, 56, 66
Santa Lucia 115
Šarengrad-Bašćine 58
Schifferstadt 62
Schussenried 126
Seddin 86 ff., 127
Sedlec-Hůrka 63
Simons Mose 31, 33, 36, 39
Sîngeorgiu de Pădure 66, 68, 84
Skalice [F 7: Sk] 86, 113, 117 f., (Nr. 79, 87)
Skallerup 26, 78 ff.
Slaný, Slánská Hora [E 4] 70, 75 (Nr. 42)
Slate 33, 35 ff., 99, 127
Slatina [E 3: Sl] 112, 114 (Nr. 78, 80)
Słupy 56, 59

Smarjeta 111
Sovenice [G 3] 19, 89 ff., 92 (Nr. 49)
Spišská Belá 35, 42 f.
Stabiae 80
Staré Sedlo [E 6] 20, 27, 61, 70, 96 (Nr. 64)
Starý Ples [I 4] 20, 25 f., 30, 33 (Nr. 7)
Staudach 78
Steinkirchen 62, 70, 127
Steinsittenbach 67
Stillfried 59, 126
Štítary 8, 57
Stockheim 62, 78
Stradonice [E 4] 10, 24, 26, 30 f., 33, 70 (Nr. 4)
Štramberk-Kotouč 51 f., 54, 58, 67
Stránky 18
Středokluky [E 4: St] 2, 5, 8, 20, 24 ff., 27 ff., 31 f., 34,
    39 f., 48 ff., 52, 54, 67, 69 f., 72 f., 75 (Nr. 5, 40)
Střelec 78
Suchdol 42
Sułow 87
Sváreč 4, 8, 11, 29, 125
Světec 94
Švihov [C 6: Sv] 60, 106 f., 111, 118 (Nr. 69, 75, 90-93)
Svijany 78
Svinárky [H/I 58] 30, 95 (Nr. 58)
Szászvárosszék 80
Szentes-Nagyhegy 43, 53
Szombathely-Operint 61

Tachlovice 67
Tajanov-Husín 11
Tannheim 110
Těchlovice [E 2] 20, 94 (Nr. 54)
Tetín 67, 94
Thale 32, 44, 53 f.
Theben 58
Tiszavasvári 76
Tolfa 74
Třebíz 4, 8, 27 f., 49 f.
Třebušice 18, 27
Trhové Dušníky 93
Trnová 19
Třtěno [D 3: T] 1, 3, 5, 20, 43 f., 56, 59, 65, 67 f., 89, 95
    (Nr. 10, 37, 57)
Trundholm 63
Tupadly 11 f., 29, 72, 125

Úhřetice [H 5] 110 (Nr. 74)
Uioara de Sus 33, 39, 76

Unia 86 ff.
Unterhaching 27 f.

Vácszentlászló 29, 61, 63
Várvölgy-Felsőzsid 63
Vejo 86, 88
Velatice 31, 33, 35, 126
Velem St. Vid 69, 75
Veliko Nabrde 38, 82
Velká Dobrá [E 4] 8, 10, 15, 27, 34 ff., 39, 66, 68 ff., 71 ff.,
    75, 125 f. (Nr. 38)
Velké Žernoseky 51, 67, 78
Velvary 4
Vel'ká Lomnica 92
Vester Børsting 33
Větrušice 64
Vetulonia 88
Víceměřice 67
Viernheim 38 f., 126
Vilcele 33, 39
Vinding Folkehoj 62, 64
Völs 126
Vrhaveč 4

Weidachwies 82
Weißig 7, 33
Weitgendorf 33, 127
Wiesbaden-Schierstein 62
Wilten 125, s. auch Innsbruck-Wilten
Wörschach 126
Wollmesheim 35, 38, 44, 126

Ystad 78, 80

Zálezlice 15, 27
Záluží, Bez. Roudnice [E 3:Za] 5, 20 f., 28, 42, 45 ff.,
    48 ff., 54, 66 (Nr. 19, 28)
Záluží, Gde. Kotovice [C 5/6] 10, 12, 34, 39, 68 ff., 71 ff.,
    75, 125 f. (Nr. 39)
Zapher Papoura 92
Žaškov 73
Žatec [D 3: Zt] 8, 10, 17 f., 23, 25 ff., 30 f., 33, 35, 67, 72,
    81 ff., 85 f., 95, 102 f., 125 f. (Nr. 3, 44, 45)
Zbraslav 16, 28
Žehušice 50 ff.
Zelené 63
Zsujta 78
Zvoleněves 57, 67

TAFELN

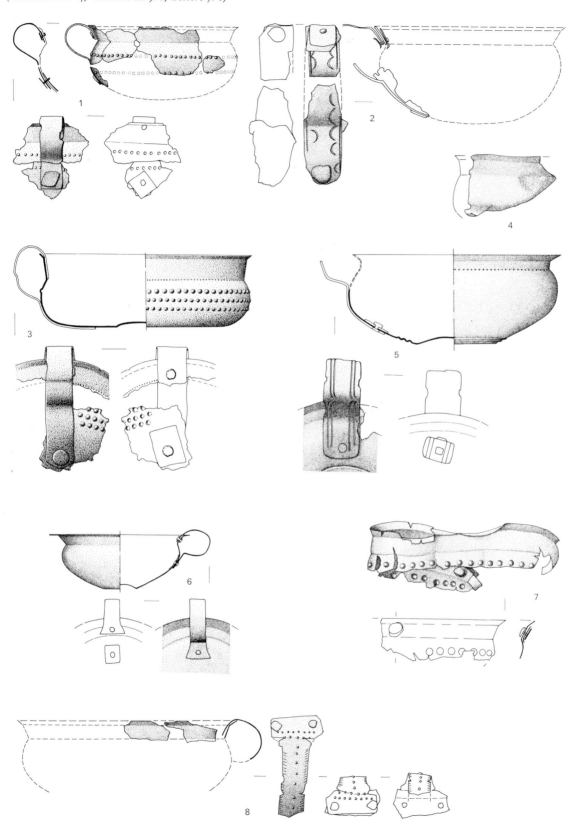

1 Milavče, Hgl. C 1 (s. auch Taf. 26. 27, B). − 2 Merklín (s. auch Taf. 28, D). − 3 Žatec (s. auch Taf. 29, C). −
4 Stradonice (s. auch Taf. 35. 36). − 5 Středokluky (s. auch Taf. 38−39). − 6 Jenišovice (s. auch Taf. 40−47). − 7 Starý
Ples (s. auch Taf. 27, A). − 8 Nezvěstice (s. auch Taf. 28, B)

M. 2:5

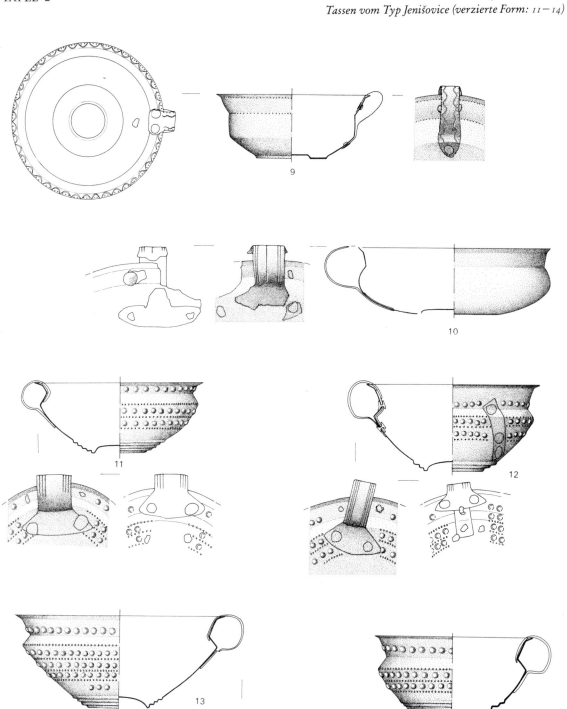

9 Chrášťany. – 10 Třtěno (s. auch Taf. 55–59). – 11–14 Jenišovice (s. auch Taf. 40–47)
M. 2:5

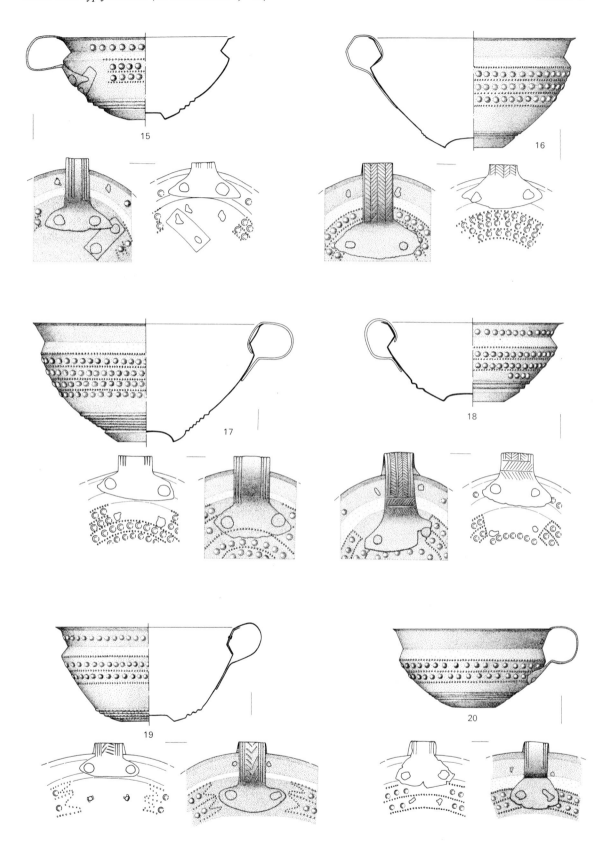

15–18 Jenišovice (s. auch Taf. 40–47). – 19 Záluží (s. auch Taf. 48–50). – 20 Kamýk (s. auch Taf. 51)

M. 2:5

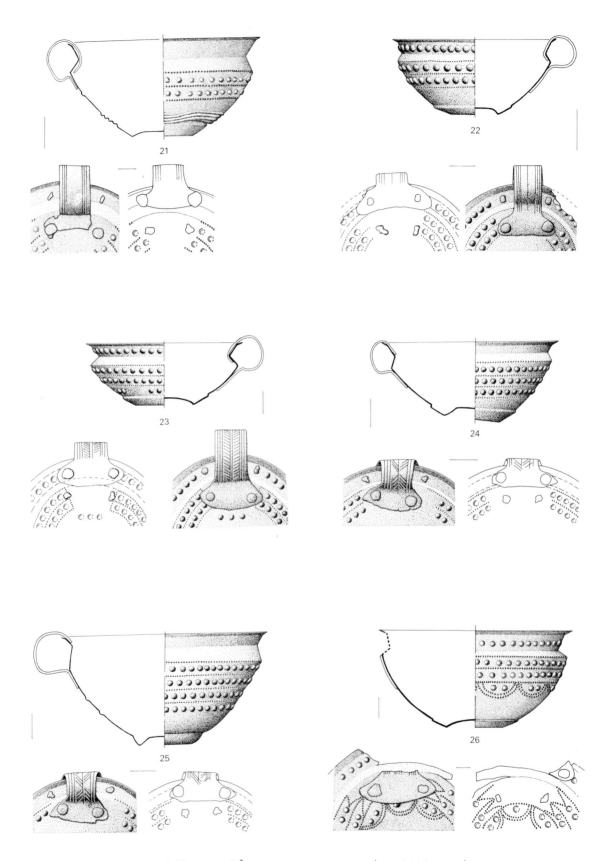

21 Libkovice pod Řípem. – 22–26 Jenišovice (s. auch Taf. 40–47)
M. 2:5

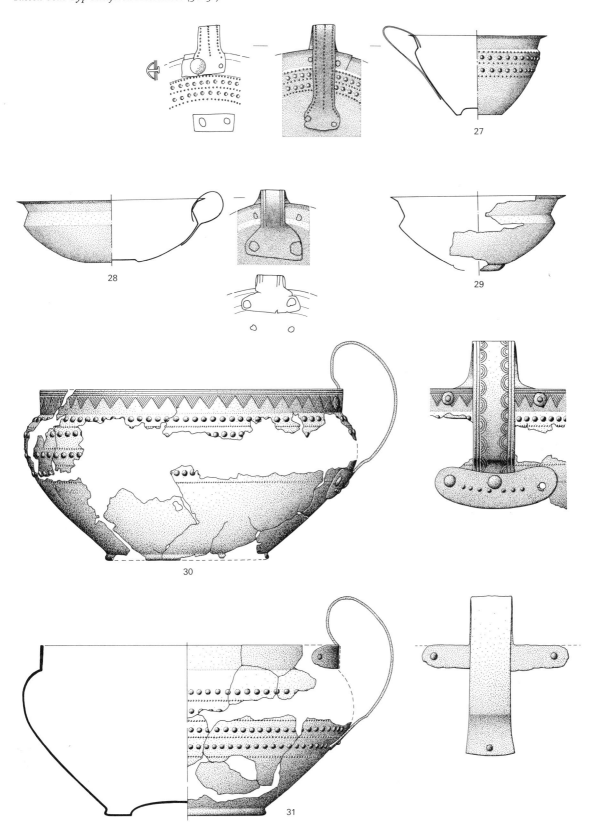

27 Jenišovice (s. auch Taf. 40–47). – 28 Záluží (s. auch Taf. 48–50). – 29 Kněževes. – 30. 31 Hostomice
(s. auch Taf. 52–54)

M. 2:5

TAFEL 6

Tassen vom Typ Stillfried-Hostomice (32); Becken-Tasse (33);
Becken (34); Schale vom Typ Milavče/Haltingen-Rongères-Gönnebek (35);
Schale vom Typ Baumgarten (36); Schale mit Leisten-Buckel-Ornament (37)

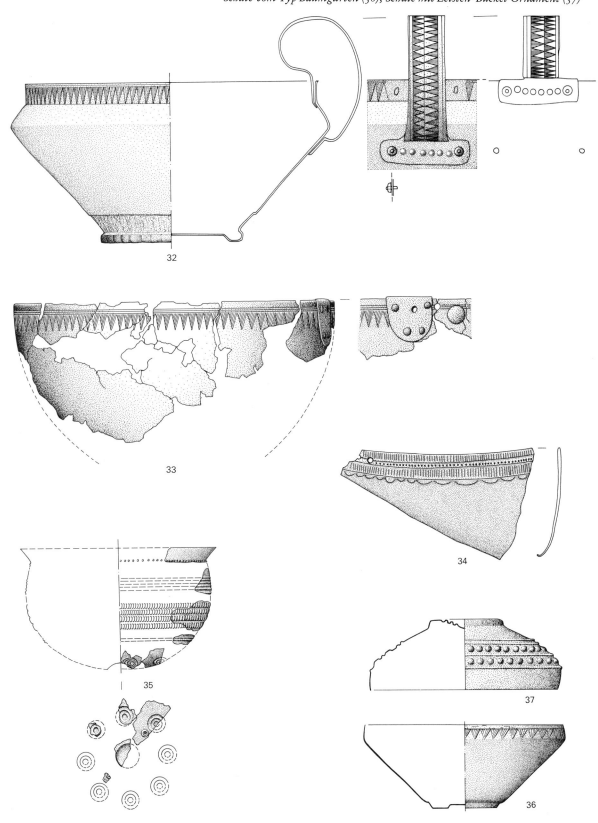

32 Lžovice. − 33 Hostomice (s. auch Taf. 52−54). − 34 Klobuky (s. auch Taf. 37). − 35 Milavče, Hgl. C 1 (s. auch Taf. 26. 27, B). − 36. 37 Třtěno (s. auch Taf. 55−59)

M. 2:5

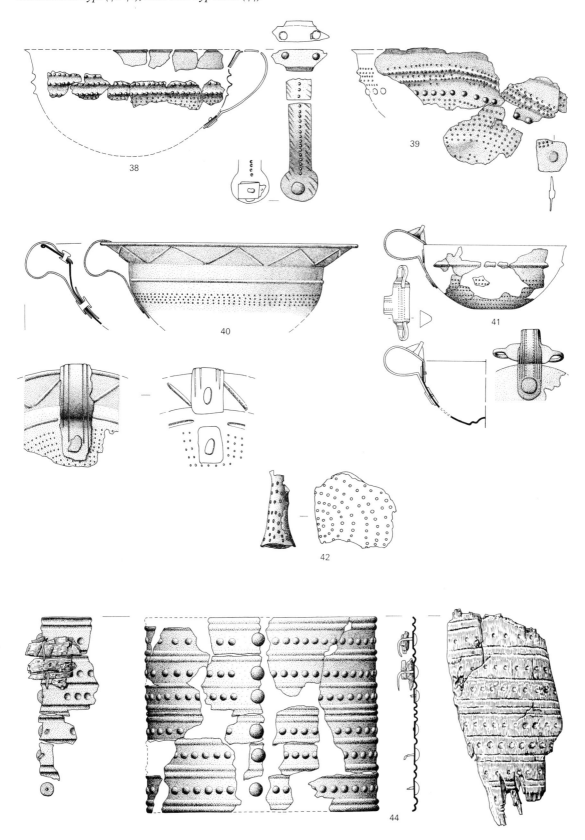

38 Velká Dobrá (s. auch Taf. 29, A). − 39 Záluží (s. auch Taf. 28, C). − 40 Středokluky (s. auch Taf. 38.39). − 41 Milavče, Hgl. C 6 (s. auch Taf. 28, A). − 42 Slaný. − 44 Žatec (s. auch Taf. 29, C)
M. 2:5

43. Milavče, Hgl. C 1 (s. auch Taf. 26. 27. B)
M. 2:5

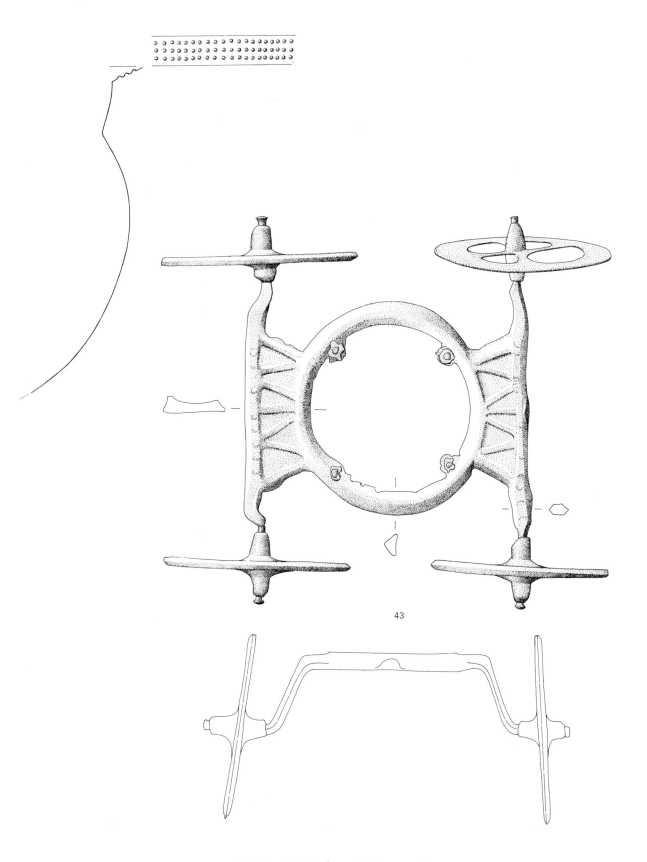

43

43. Milavče, Hgl. C 1 (s. auch Taf. 26. 27, B)
M. 2:5

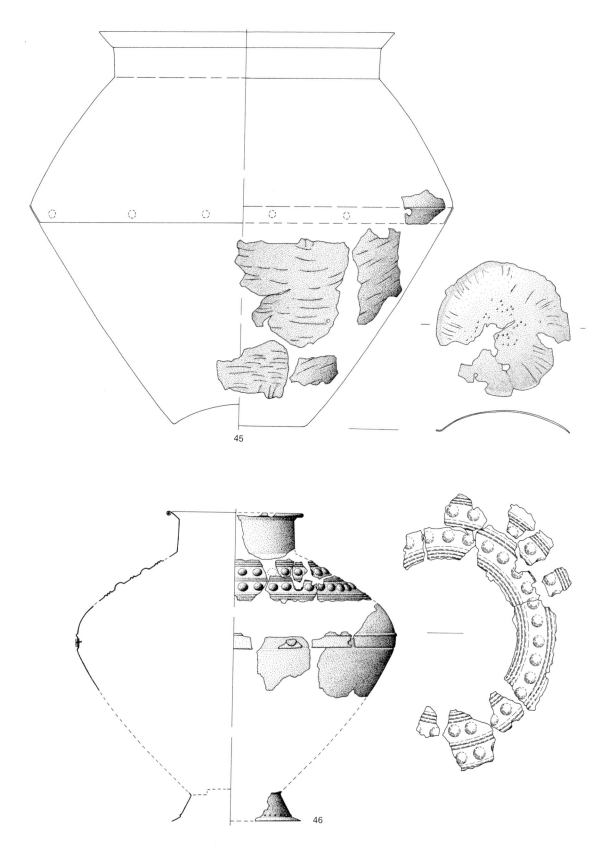

45 Žatec. − 46 Hostomice (s. auch Taf. 52−54)

M. 2:5

Amphore vom Typ Lžovice-Großeibstadt (47); einteiliger, rundbodiger Schöpfer (48);
zweiteiliger, rundbodiger Schöpfer (49)
TAFEL 11

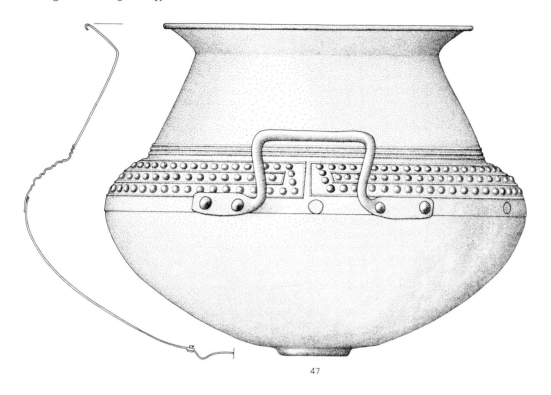

47

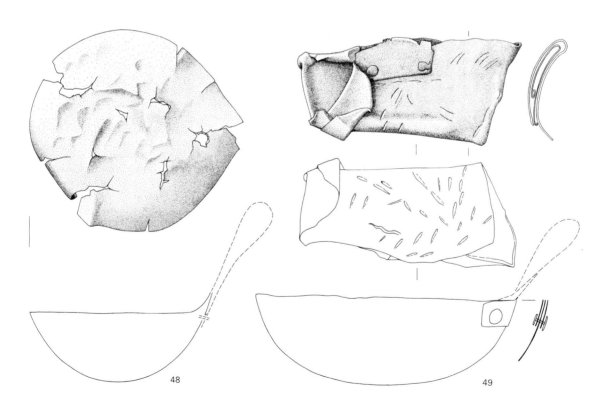

48

49

47 Lžovice. – 48 Lažany II (s. auch Taf. 30–34). – 49 Sovenice
M. 2:5

Unbestimmbare Gefäßbruchstücke (50–54);
Blechbruchstücke und verschollene (Gefäß?-)Fragmente (55–60);
Gußform (62); Gefäße aus organischem Material mit Bronzehenkel (65. 66)

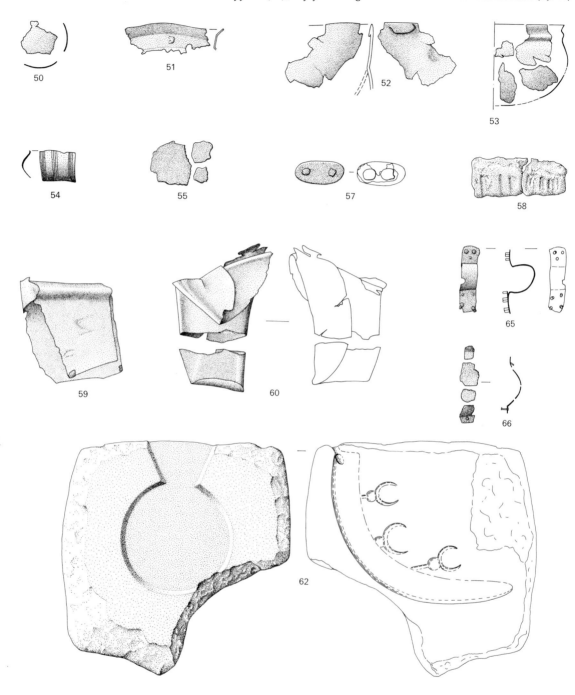

50. Milavče, Grabhügelgruppe B (s. auch Taf. 28, B). – 51 „Dušník". – 52 Nynice. – 53 Červené Poříčí. – 54 Těchlovice. – 55 Milavče, Hgl. C 4. – 57 Třtěno (s. auch Taf. 55–59). – 58. Svinárky. – 59 Plzeň-Jíkalka. – 60 Lažany
(s. auch Taf. 30–34). – 61 Brdo. – 62 Pšov. – 65 Polepy. – 66 Liběšovice

M. 2:5

Rundbodige Tassen mit hochgezogenem, am Rand innen fixiertem Henkel (67. 68);
Becken-Tasse (69); Schale mit Uhrpendelmotiv (70. 71)

TAFEL 13

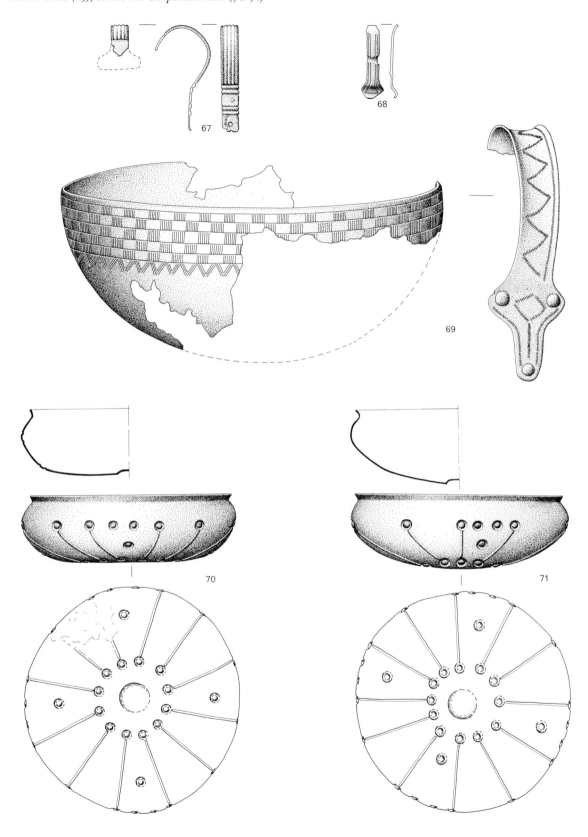

67. 68 Kyšice. – 69 Švihov (nach Píč). – 70. 71 Praha-Střešovice

M. 2:5

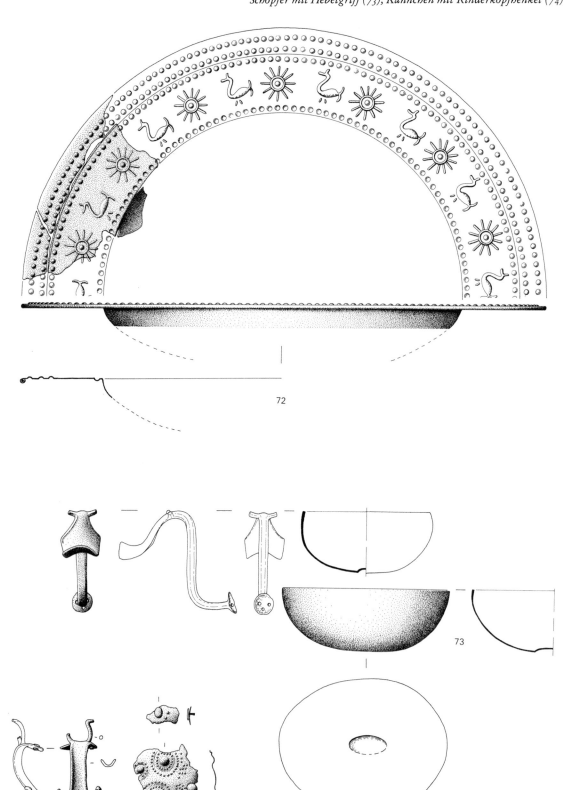

72 Dýšina. – 73 Praha-Střešovice. – 74 Úhřetice (nach Píč)

M. 2:5

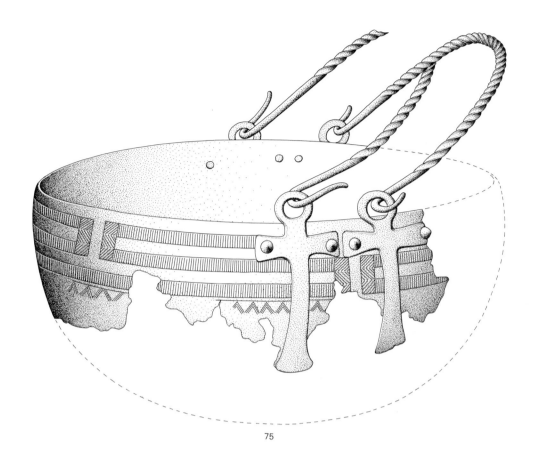

75

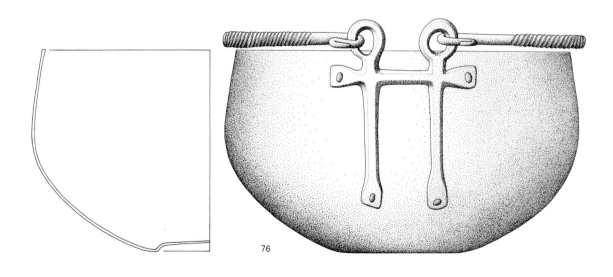

76

75 Švihov (nach Píč). – 76 Nymburk

M. 2:5

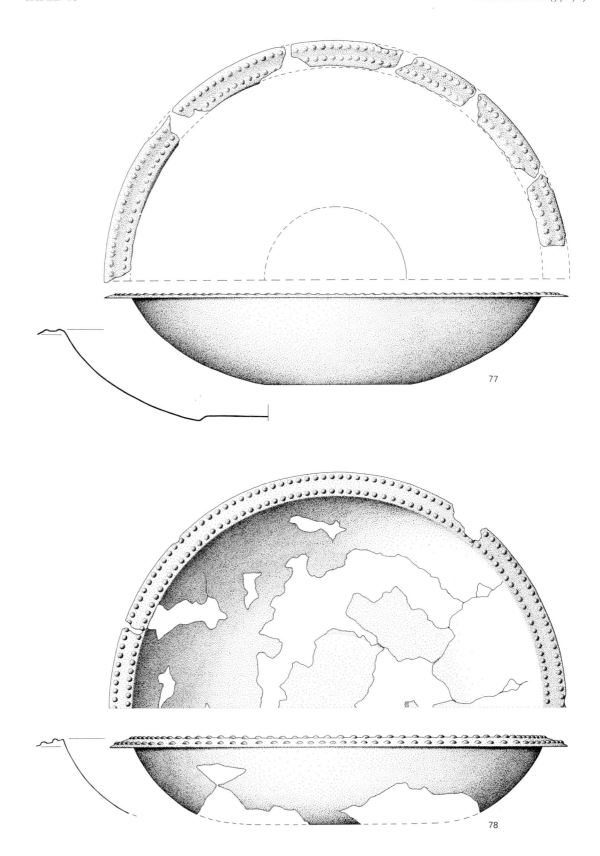

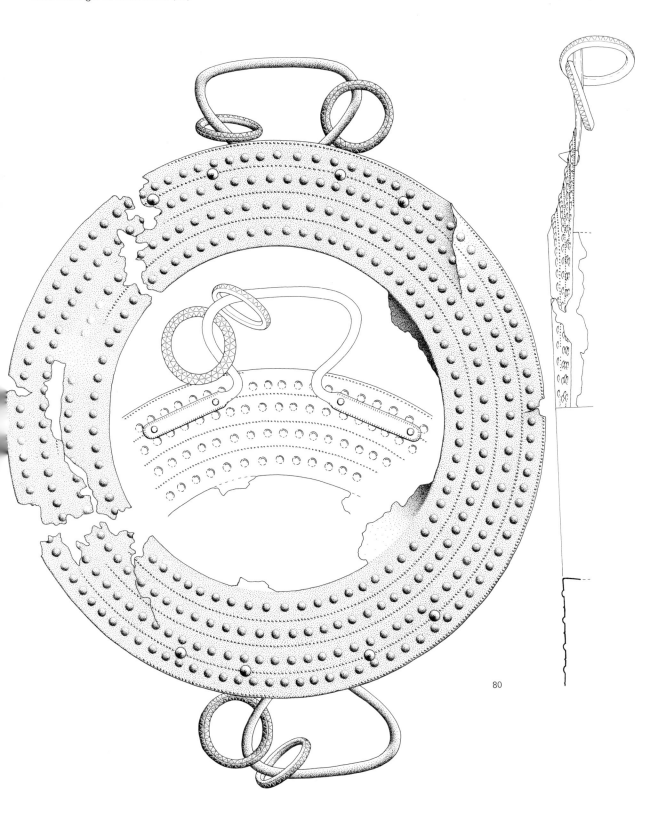

80

80 Slatina (nach Koutecky)
M. 2:5

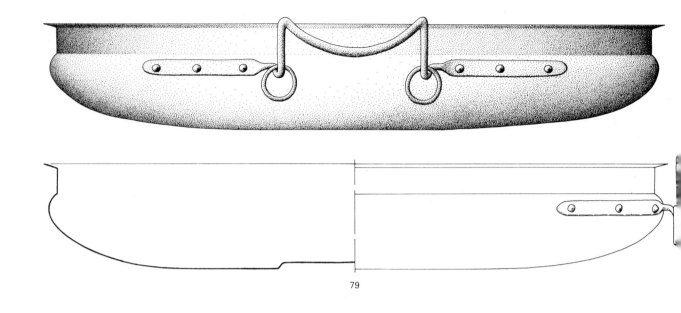

79

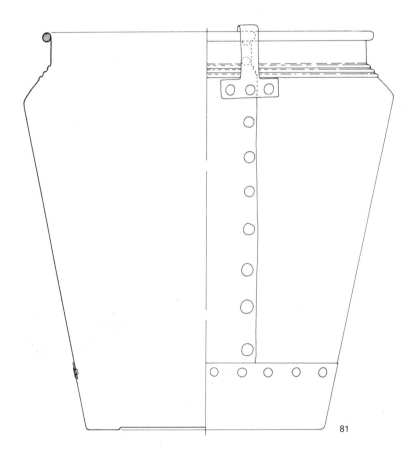

81

79 Skalice. − 81 Dýšina
79 M. 2:5; 81 M. 1:4

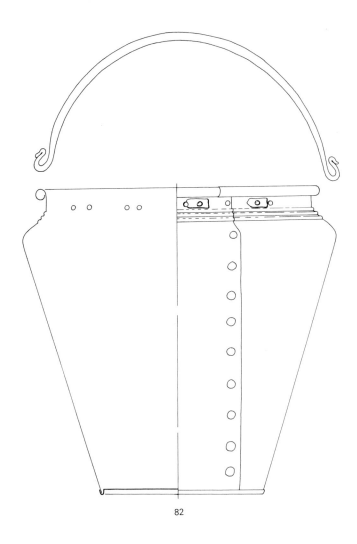

82

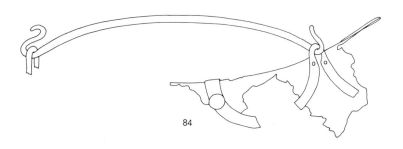

84

82 Dobřany. — 84 Břasy (nach Píč)
82 M. 1:4; 84 o. M.

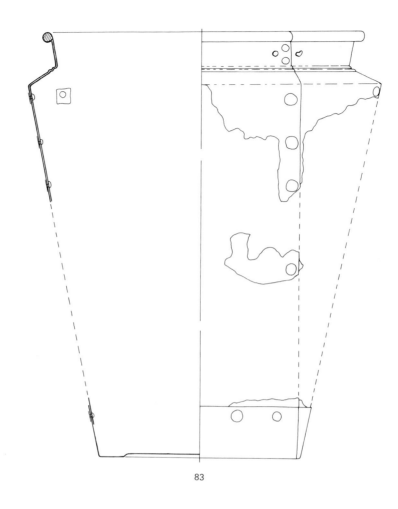

83

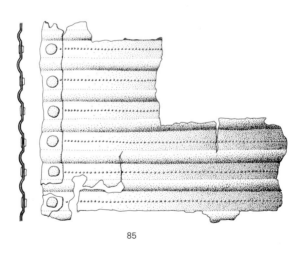

85

83 Rvenice. — 85 Nebovidy
83 M. 1:4; 85 M. 2:5

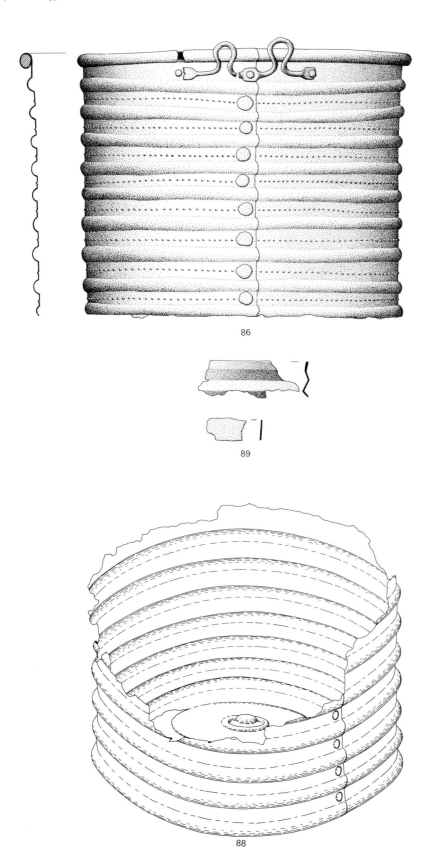

86

89

88

86 Hánov. − 88 Hoštice (nach Píč). − 89 Stradonice, Hgl. 10
M. 2:5

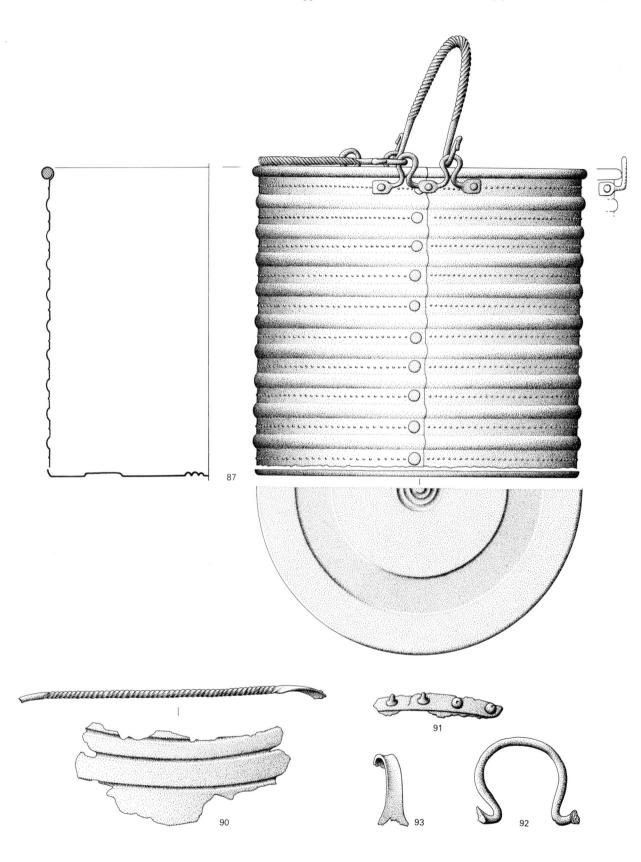

87 Skalice. — 90–93 Švihov (nach Píč)

M. 2:5

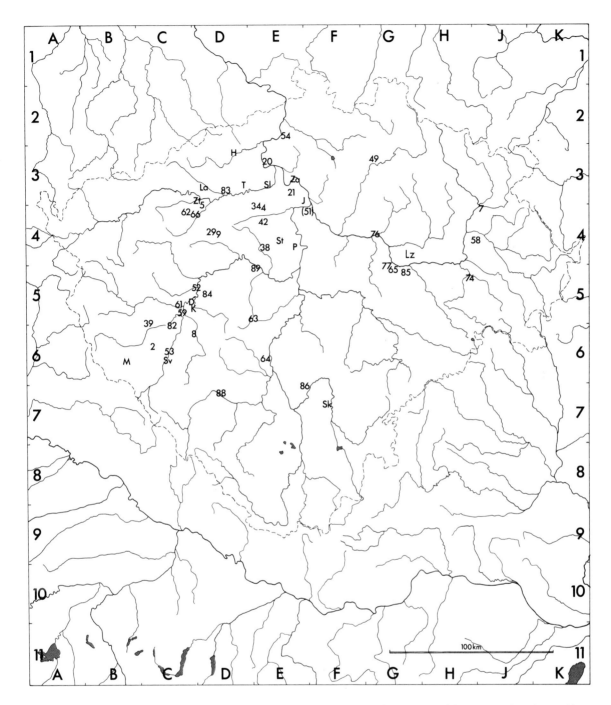

Verbreitung der im vorliegenden Band erfaßten Bronzegefäßfunde aus Böhmen. Die Zahlen entsprechen den im Text und auf den Tafeln angegebenen Fundnummern; die Abkürzungen bedeuten:

D = Dýšina	Lz = Lžovice	St = Středokluky
H = Hostomice	M = Milavče	Šv = Švihov
J = Jenišovice	P = Praha-Střešovice	T = Trtěno
K = Kyšice	Sk = Skalice	Za = Záluží
La = Lažany	Sl = Slatina	Žt = Žatec

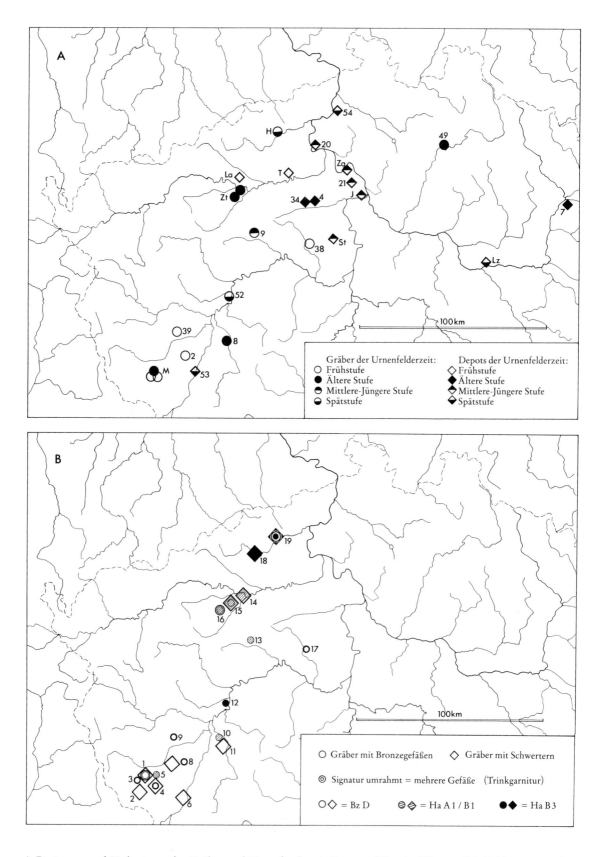

A Datierung und Verbreitung der Gräber und Depotfunde mit Bronzegefäßen in Böhmen. Die Zahlen entsprechen den im Text und auf den Tafeln angegebenen Fundnummern; zu den Fundortabkürzungen vgl. Taf. 23. — B Verbreitung der Gräber mit Bronzegefäßen und der Gräber mit Schwertern in Böhmen (Fundortnachweis s. S. 125)

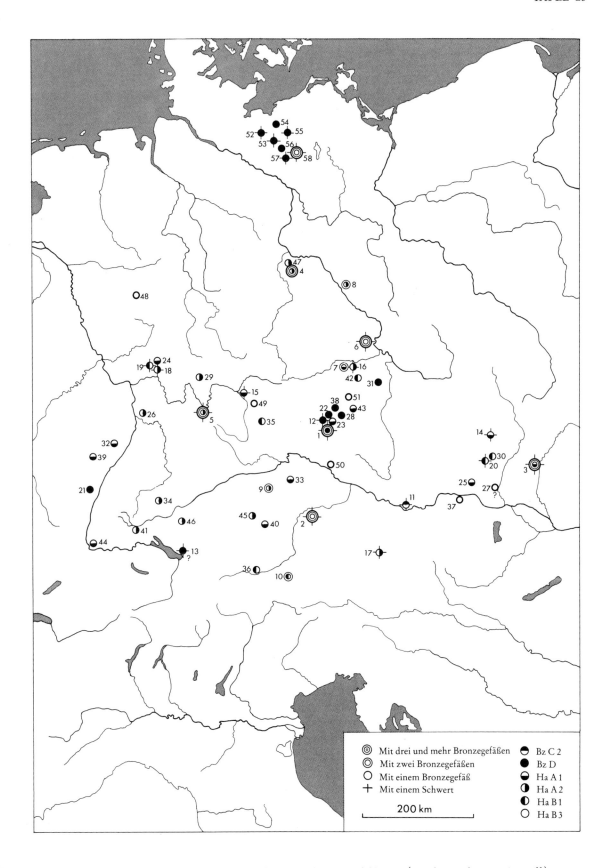

Verbreitung der Gräber mit Bronzegefäßen aus der Urnenfelderzeit (Fundortnachweis s. S. 125 ff.)

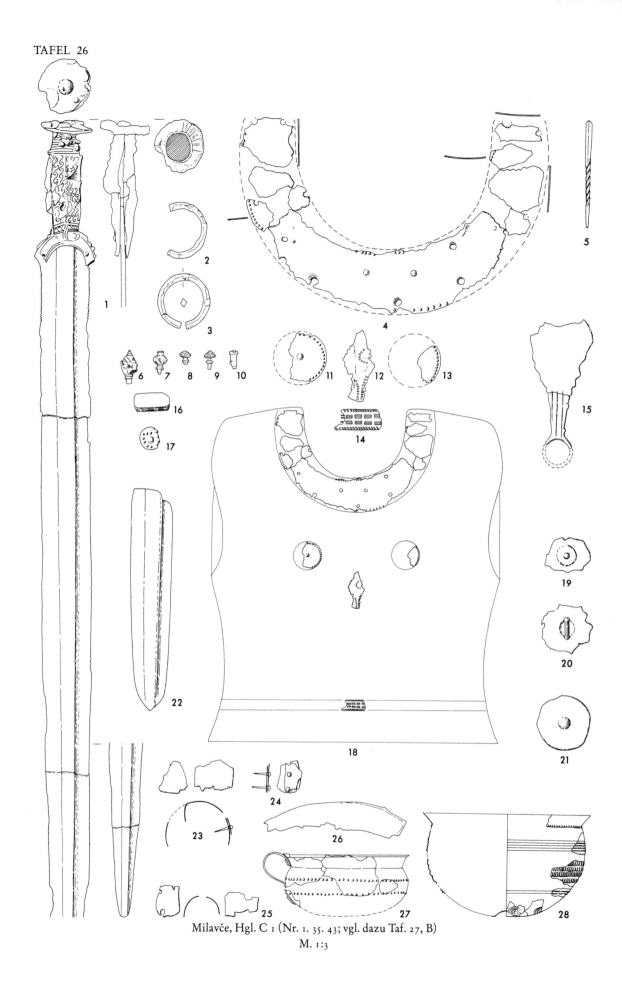

Milavče, Hgl. C 1 (Nr. 1. 35. 43; vgl. dazu Taf. 27, B)

M. 1:3

A Starý Ples (Nr. 7). – B Milavče, Hgl. C 1 (Nr. 1. 35. 43; vgl. dazu Taf. 26)
Keramik M. 1:6; sonst M. 1:3

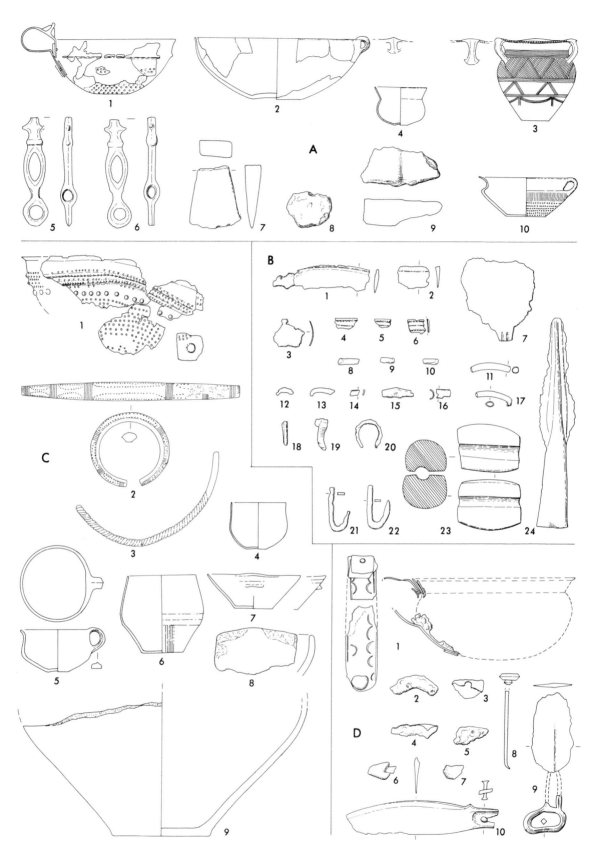

A Milavče, Hgl. C 6 (Nr. 41). – B Milavče, Grabhügelgruppe B (Nr. 50). – C Záluží (Nr. 39). – D Merklín (Nr. 2)
Keramik M. 1:6; sonst M. 1:3

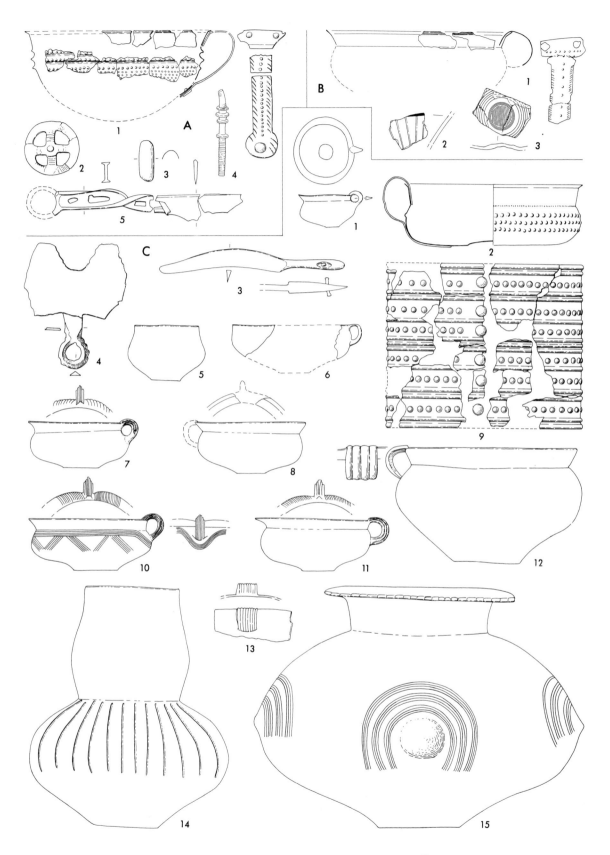

A Velká Dobrá (Nr. 38). – B Nezvěstice-Podskalí (Nr. 8). – C Žatec (Nr. 3. 44)
Keramik M. 1:6; sonst M. 1:3

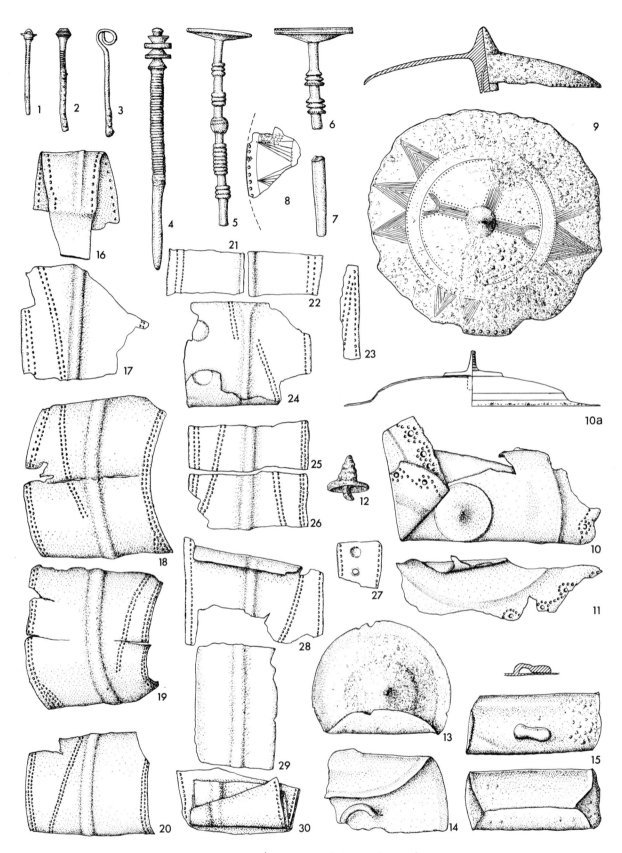

Lažany II (Nr. 48. 60; vgl. dazu Taf. 31−34)

M. 1:2

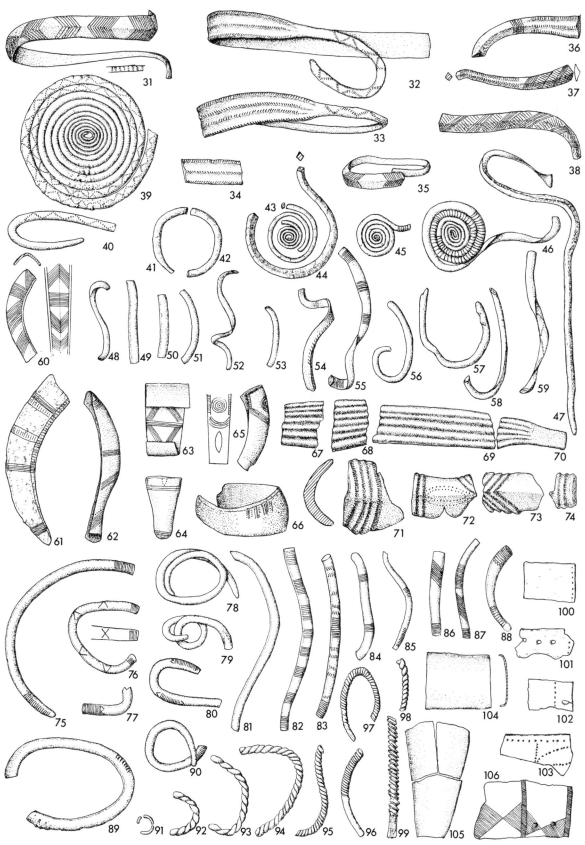

Lažany II (Nr. 48. 60; vgl. dazu Taf. 30. 32–34)

M. 1:2

TAFEL 32

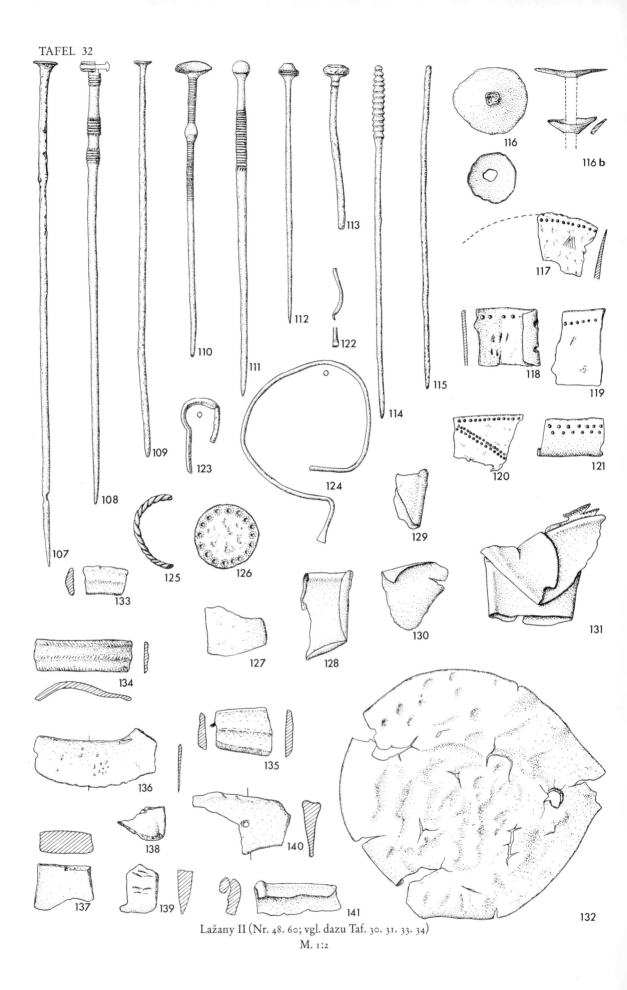

Lažany II (Nr. 48. 60; vgl. dazu Taf. 30. 31. 33. 34)
M. 1:2

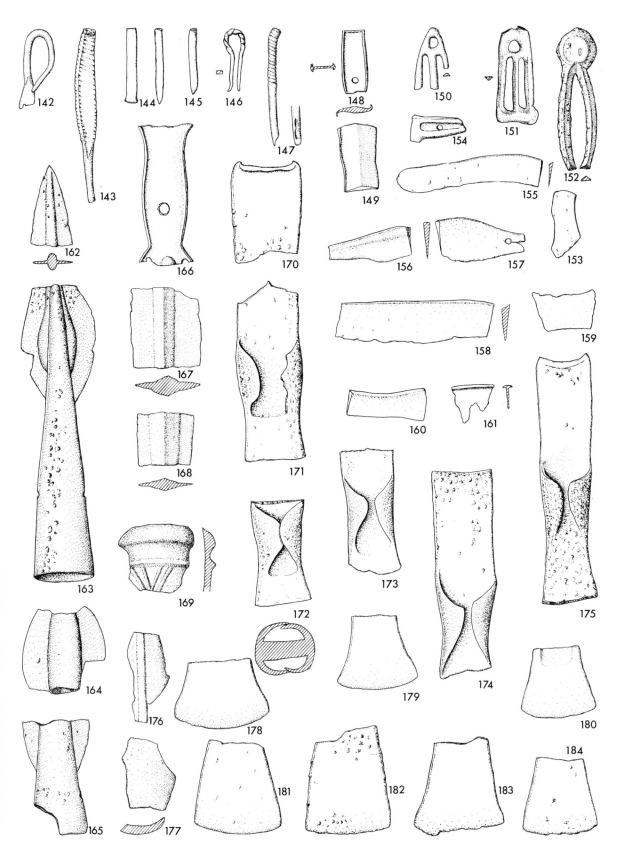

Lažany II (Nr. 48. 60; vgl. dazu Taf. 30–32. 34)

M. 1:2

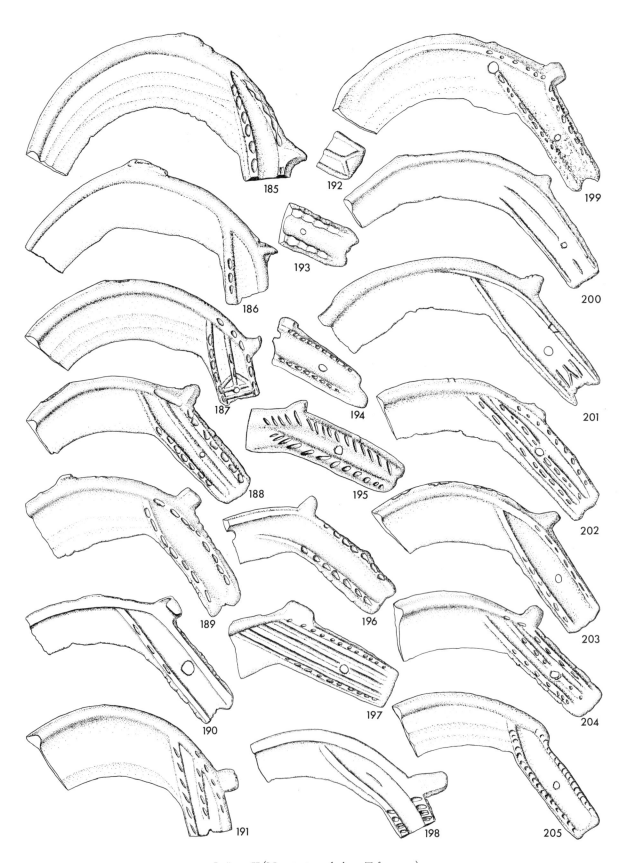

Lažany II (Nr. 48. 60; vgl. dazu Taf. 30–33)
M. 1:2

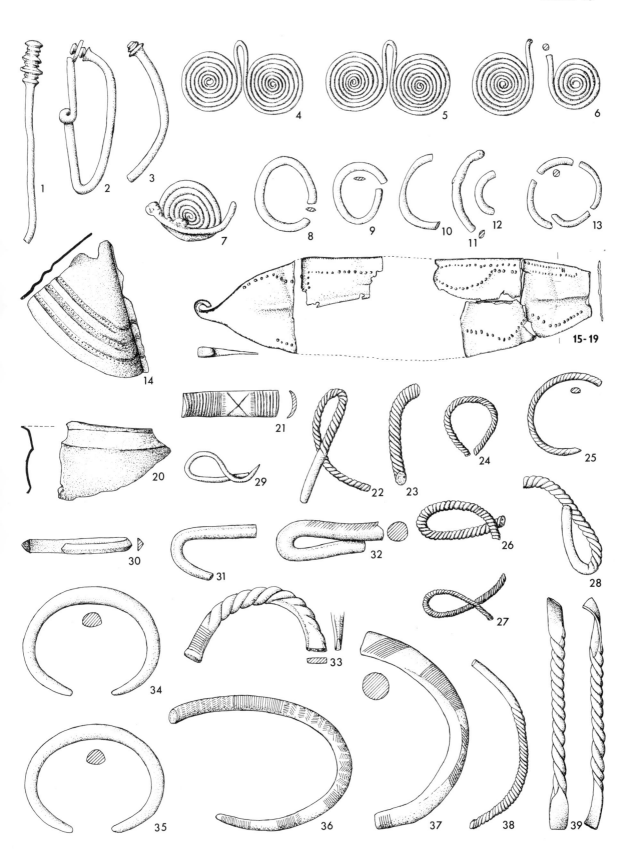

Stradonice (Nr. 4; vgl. dazu Taf. 36)

M. 1:2

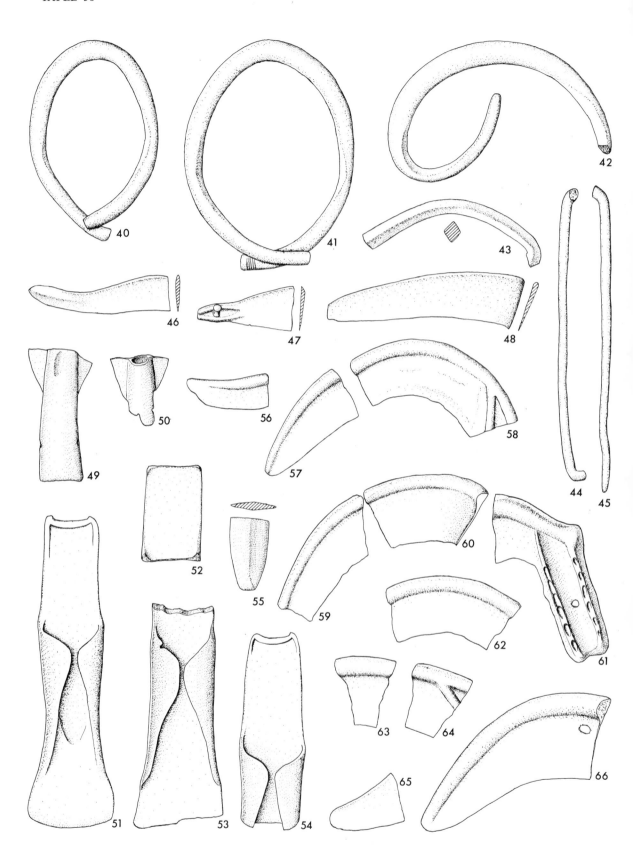

Stradonice (Nr. 4; vgl. dazu Taf. 35)
M. 1:2

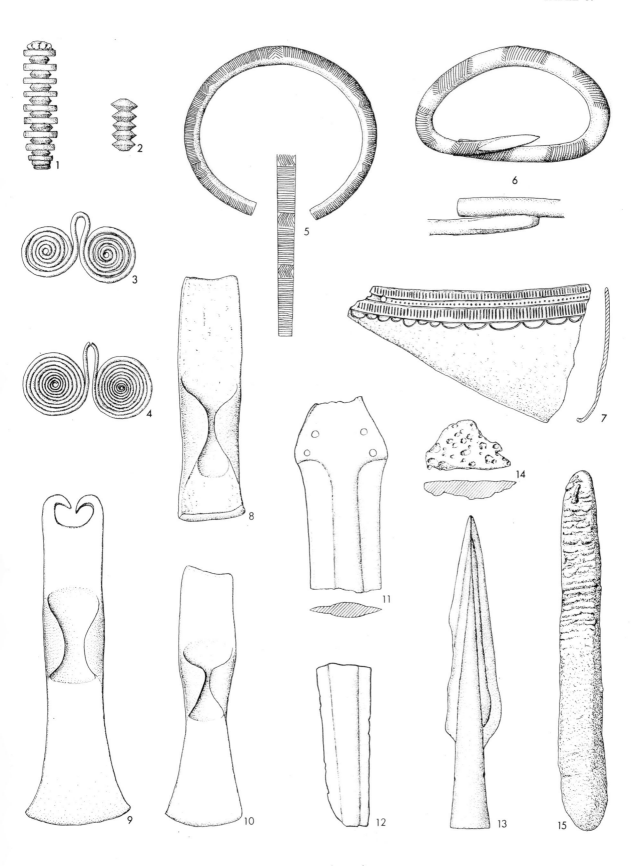

Klobuky (Nr. 34)
M. 1:2

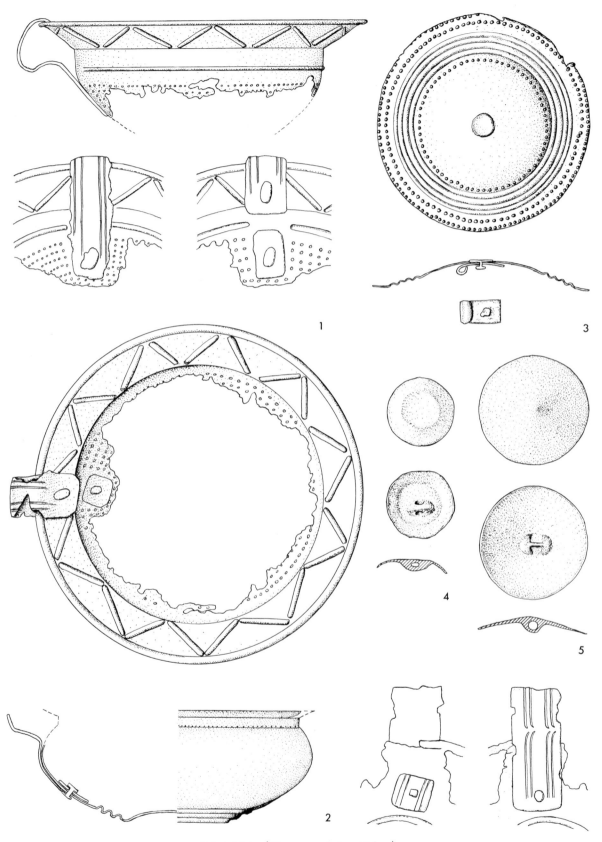

Středokluky (Nr. 5. 40; vgl. dazu Taf. 39)

M. 1:2

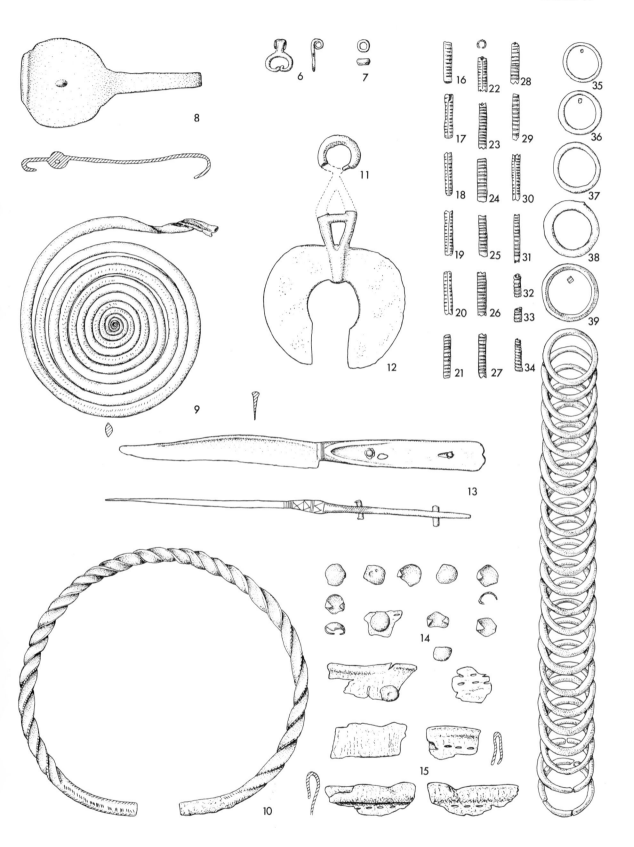

Středokluky (Nr. 5. 40; vgl. dazu Taf. 38)
M. 1:2

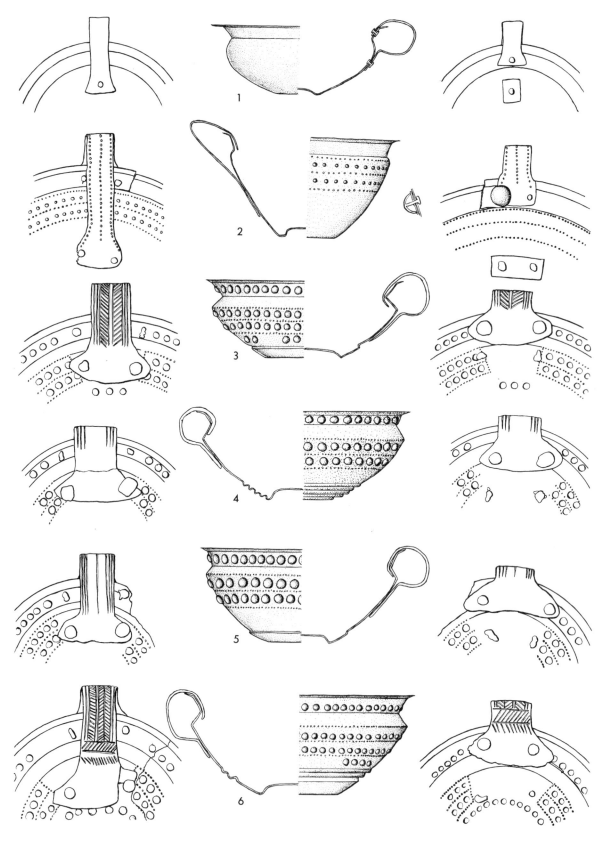

Jenišovice (Nr. 11–18. 22–27; vgl. dazu Taf. 41–47)

M. 1:2

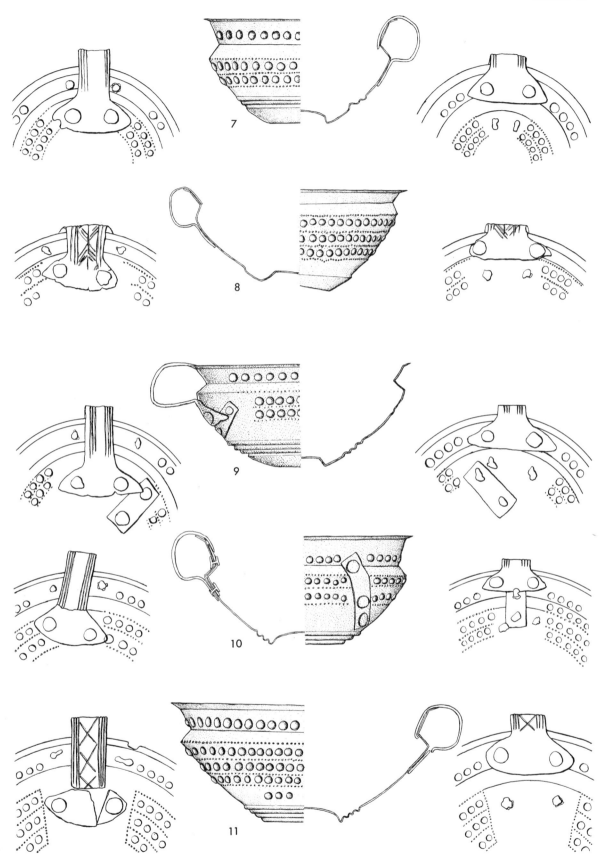

Jenišovice (Nr. 11–18. 22–27; vgl. dazu Taf. 40. 42–47)

M. 1:2

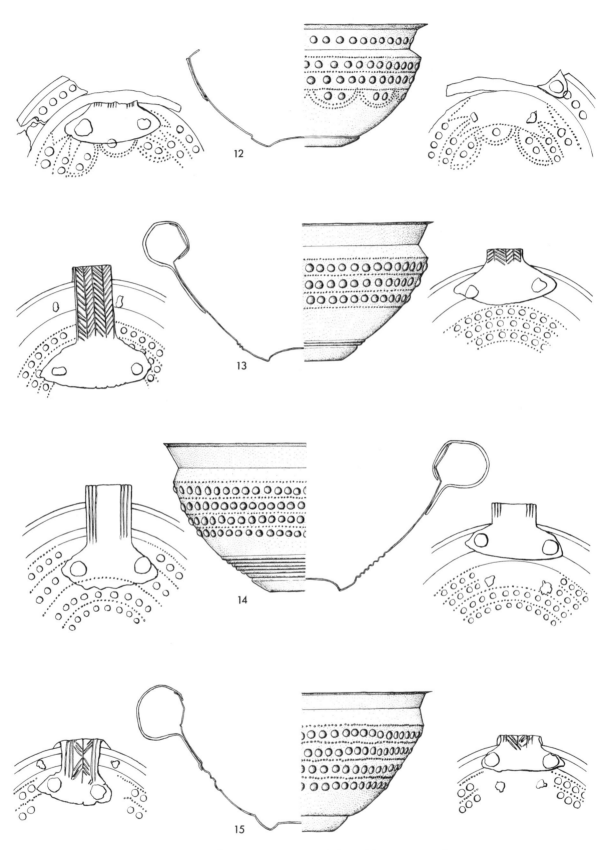

Jenišovice (Nr. 11–18. 22–27; vgl. dazu Taf. 40. 41. 43–47)

M. 1:2

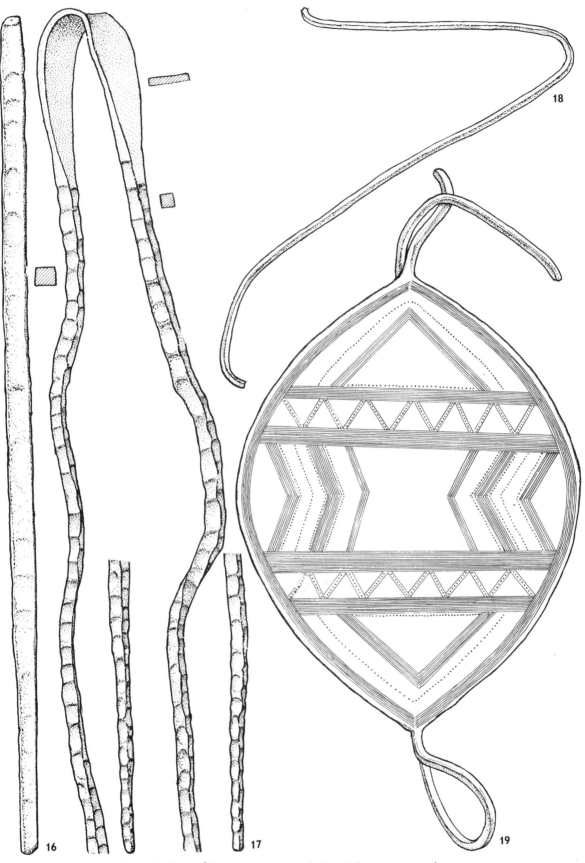

Jenišovice (Nr. 11–18. 22–27; vgl. dazu Taf. 40–42. 44–47)
M. 1:2

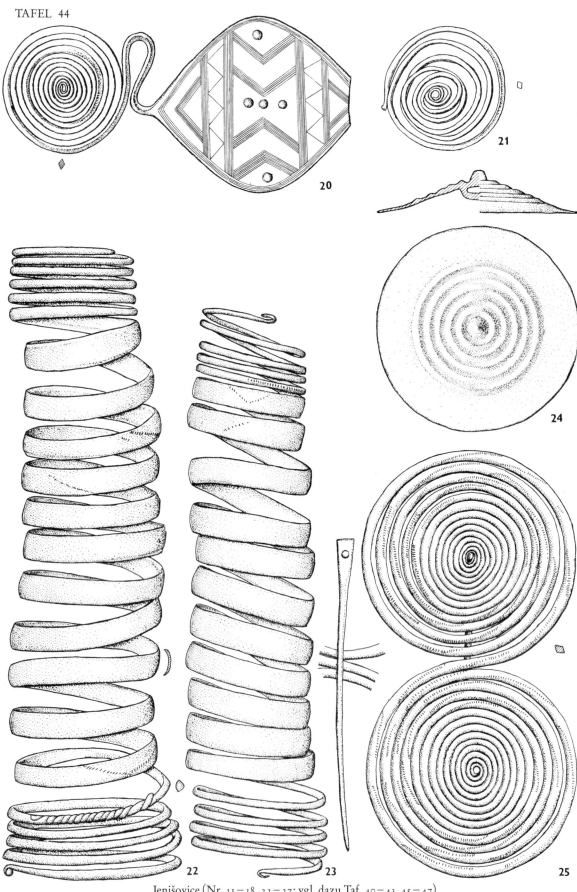

20

21

24

22   23   25

Jenišovice (Nr. 11–18. 22–27; vgl. dazu Taf. 40–43. 45–47)

M. 1:2

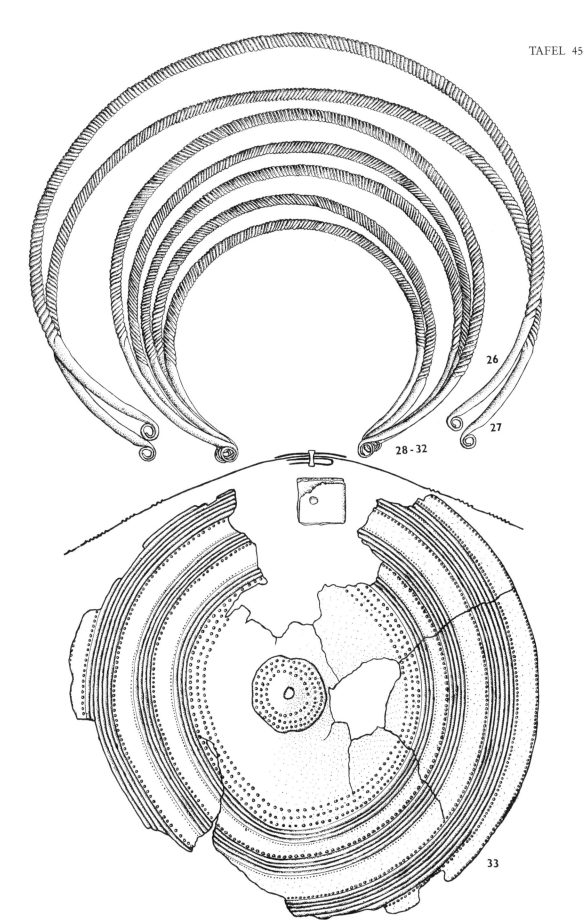

26

27

28 - 32

33

Jenišovice (Nr. 11 – 18. 22 – 27; vgl. dazu Taf. 40 – 44. 46. 47)

M. 1:2

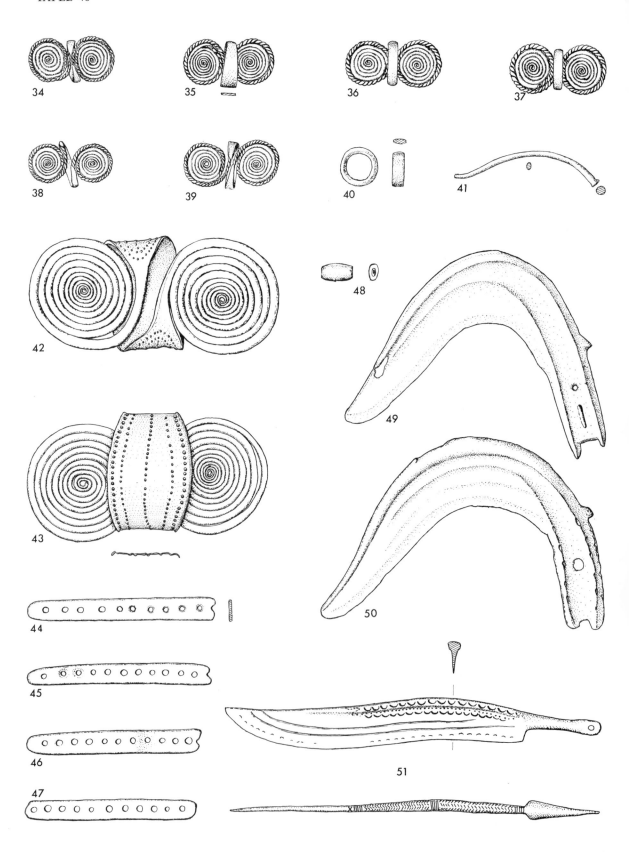

Jenišovice (Nr. 11–18. 22–27; vgl. dazu Taf. 40–45. 47)

M. 1:2

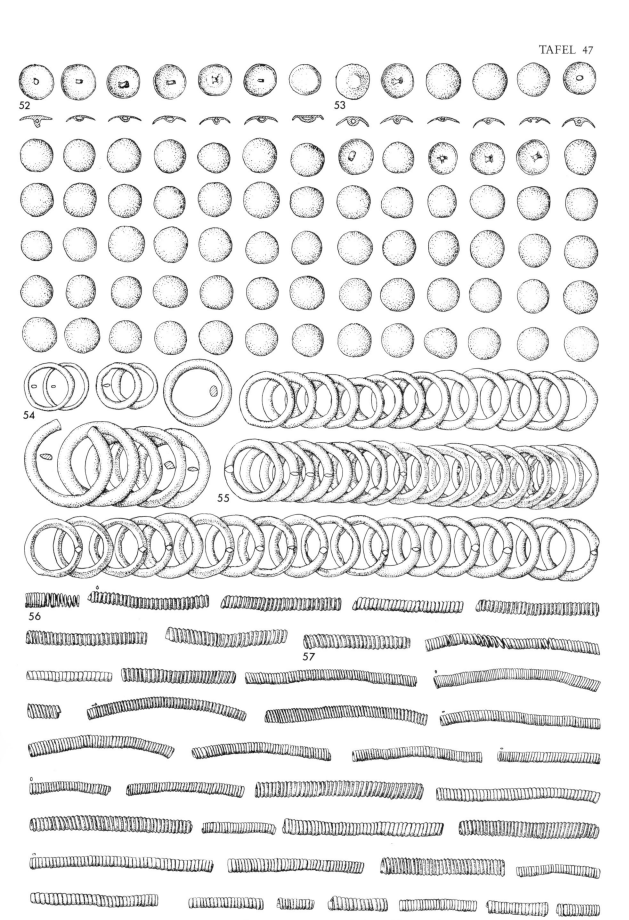

52
53
54
55
56
57

Jenišovice (Nr. 11–18. 22–27; vgl. dazu Taf. 40–46)

M. 1:2

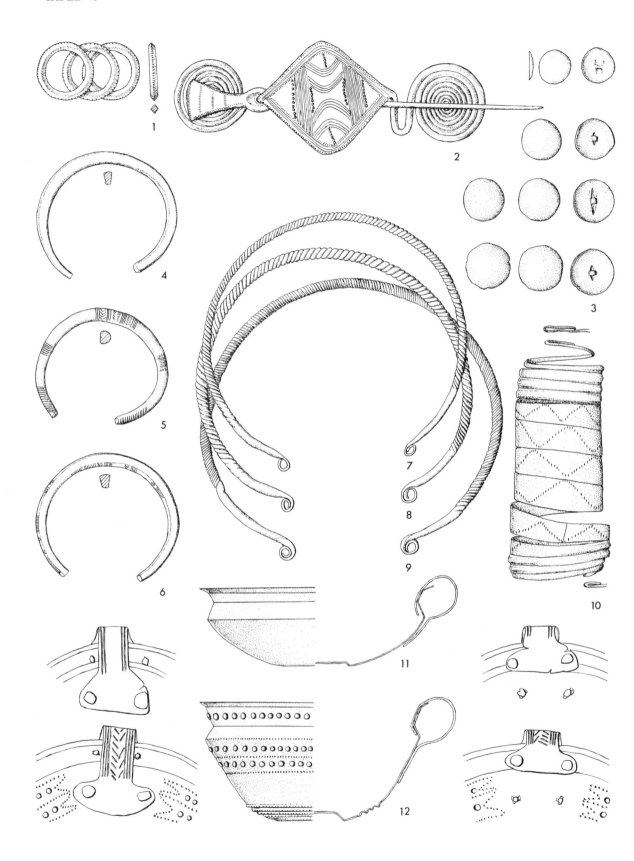

Záluží (Nr. 19. 28; vgl. dazu Taf. 49. 50)
M. 1:2

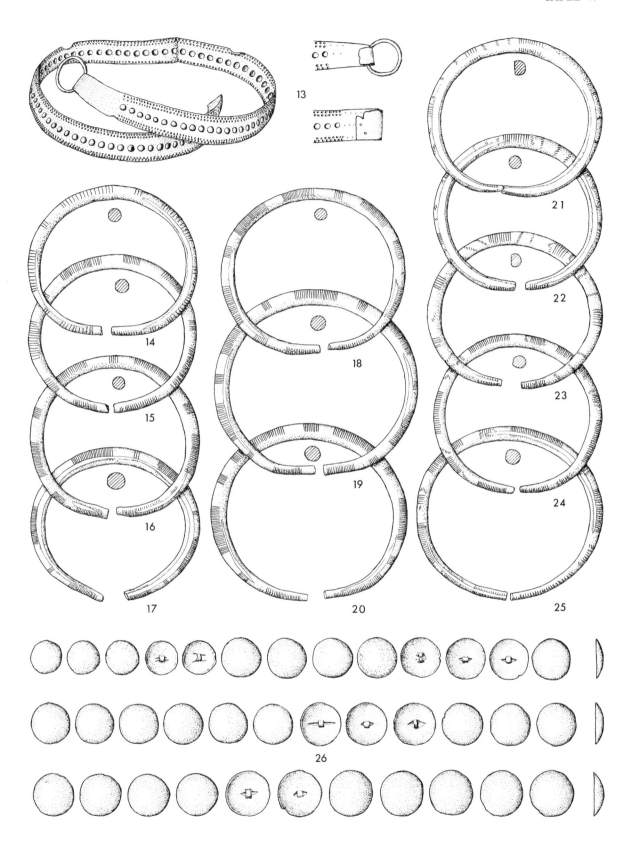

13

14

15

16

17

18

19

20

21

22

23

24

25

26

Záluží (Nr. 19. 28; vgl. dazu Taf. 48. 50)

M. 1:2

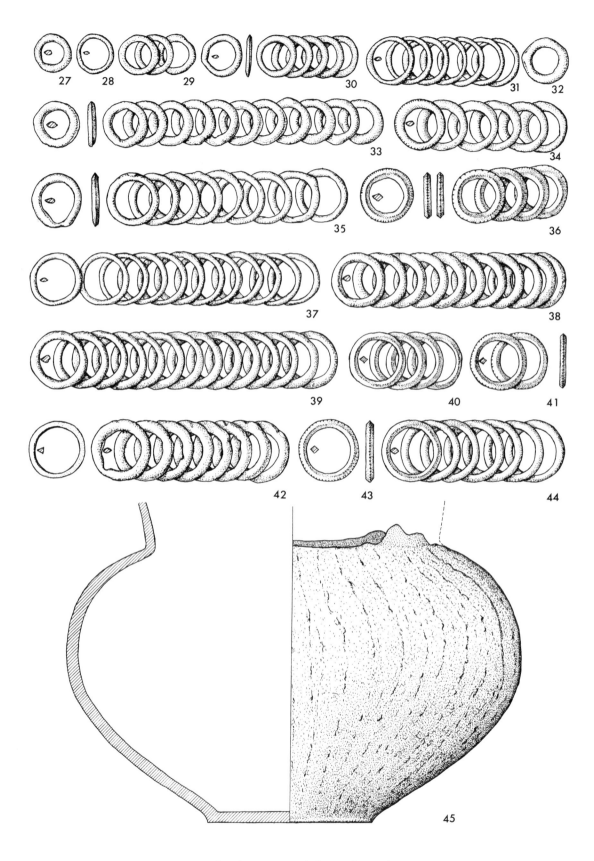

Záluží (Nr. 19. 28; vgl. dazu Taf. 48. 49)

M. 1:2

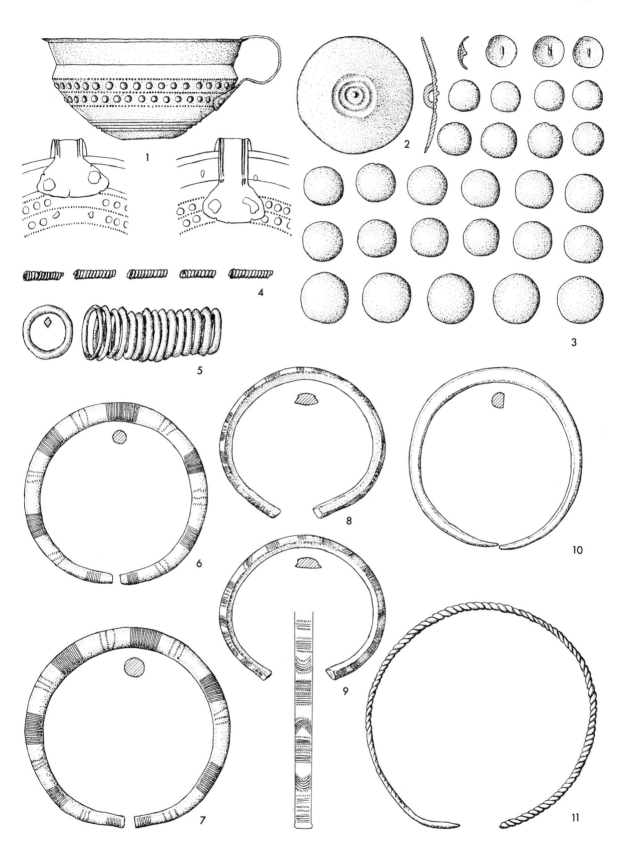

Kamýk (Nr. 20)

M. 1:2

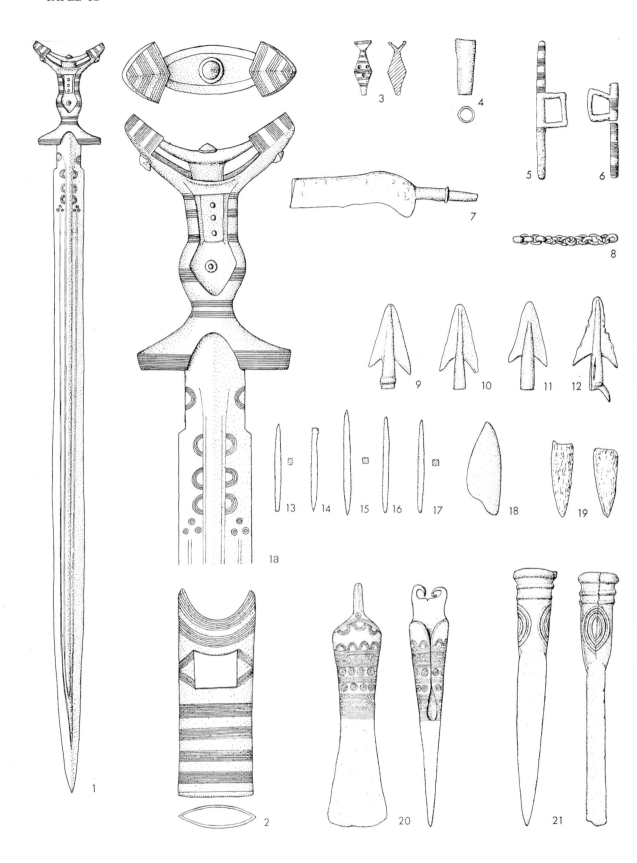

Hostomice (Nr. 30. 31. 33. 46; vgl. dazu Taf. 53. 54)

M. 1:2

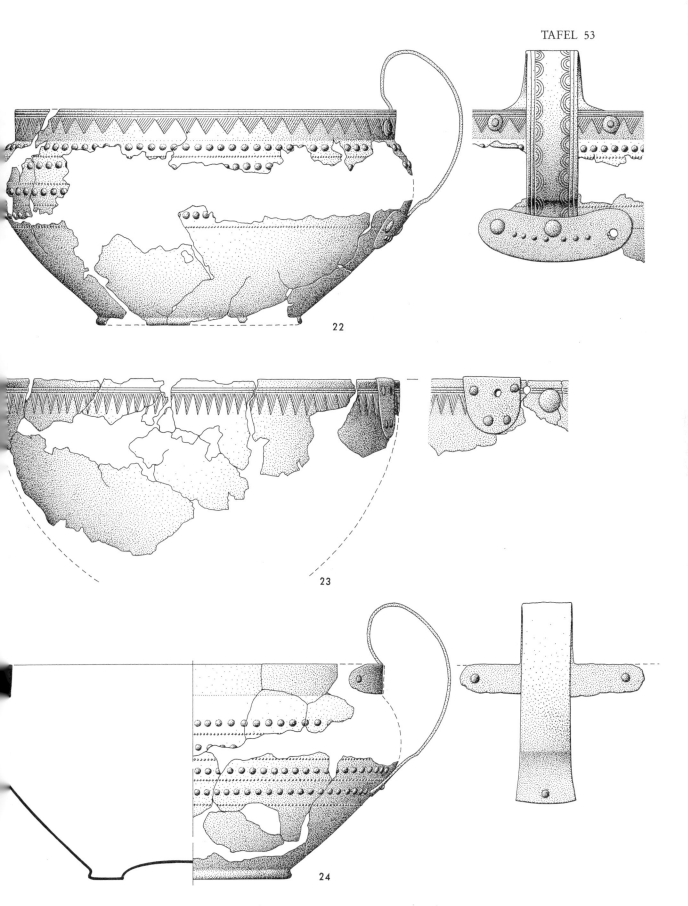

22

23

24

Hostomice (Nr. 30. 31. 33. 46; vgl. dazu Taf. 52. 54)

M. 1:2

TAFEL 54

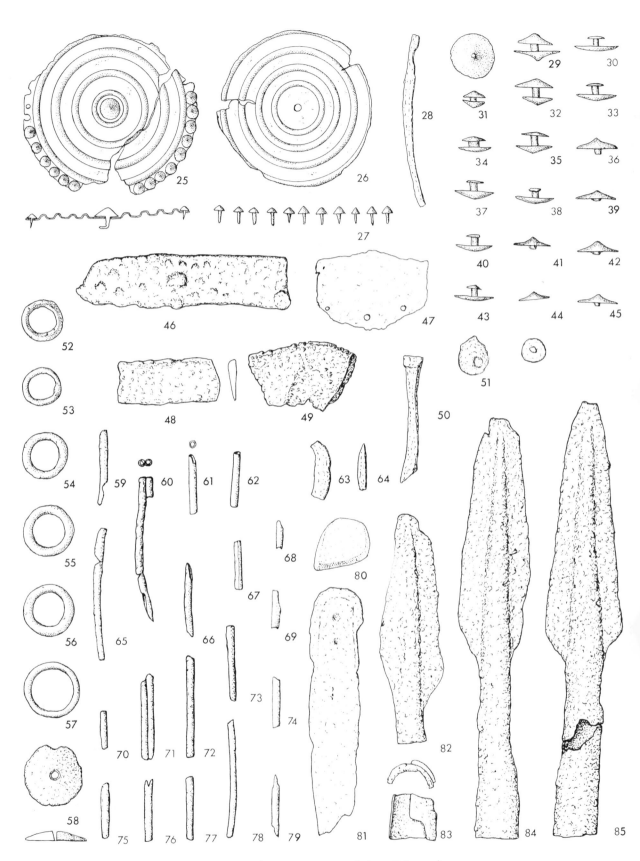

Hostomice (Nr. 30. 31. 33. 46; vgl. dazu Taf. 52. 53)
M. 1:2

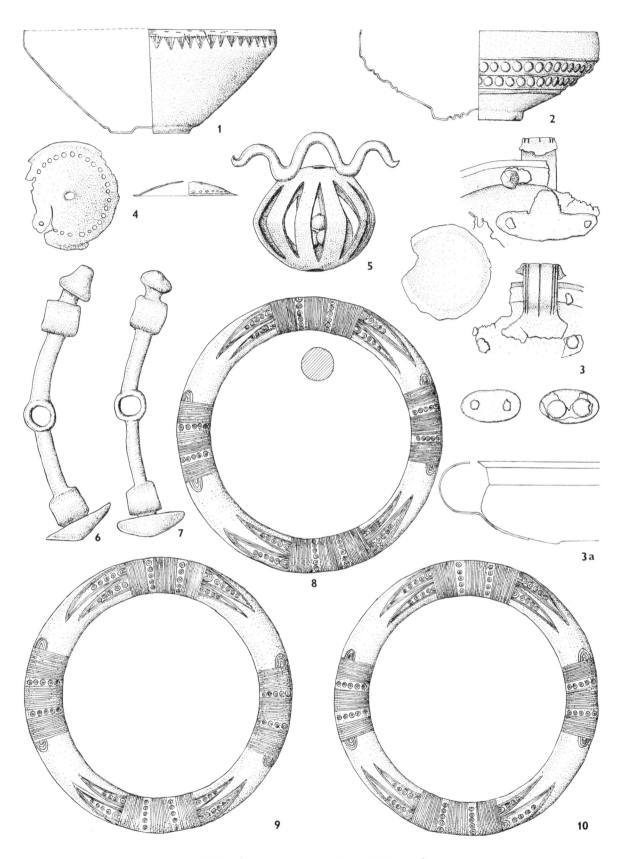

Třtěno (Nr. 10. 36. 37. 57; vgl. dazu Taf. 56–59)

M. 1:2

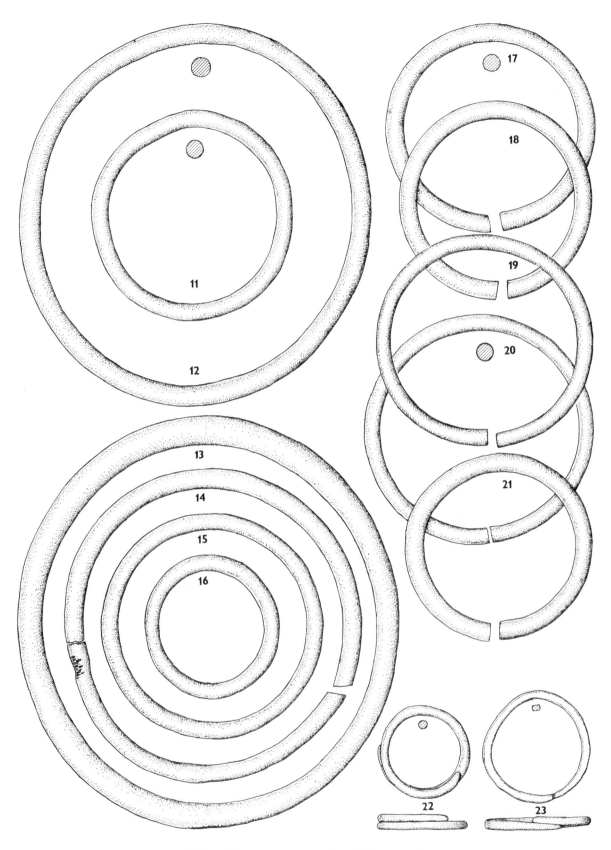

Třtěno (Nr. 10. 36. 37. 57; vgl. dazu Taf. 55. 57–59)

M. 1:2

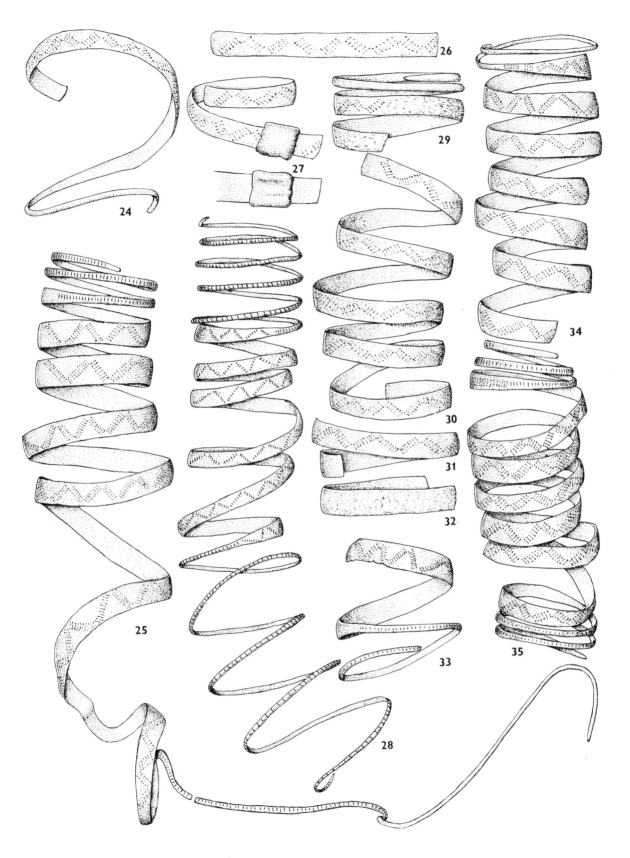

Třtěno (Nr. 10. 36. 37. 57; vgl. dazu Taf. 55. 56. 58. 59)
M. 1:2

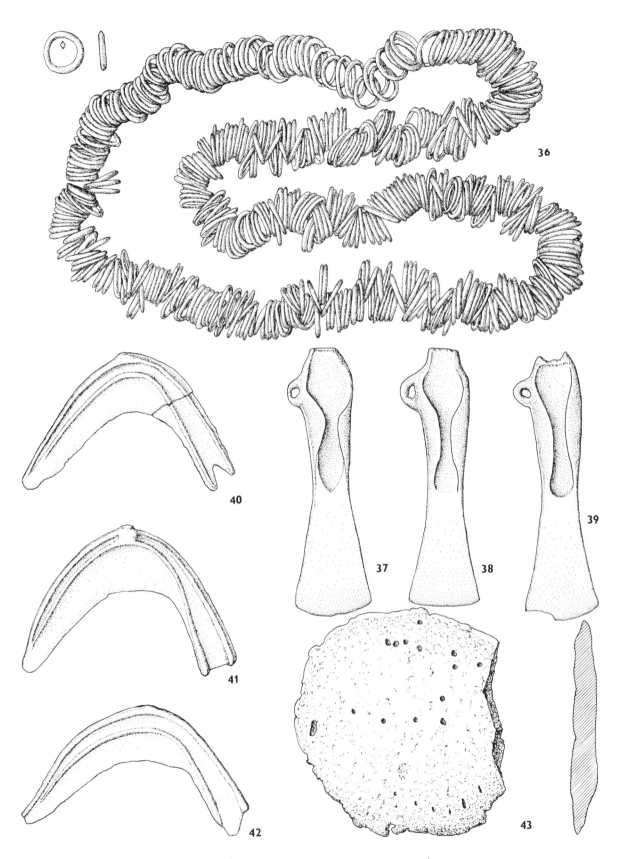

36

40

41

42

37

38

39

43

Třtěno (Nr. 10. 36. 37. 57; vgl. dazu Taf. 55–57. 59)
M. 1:2

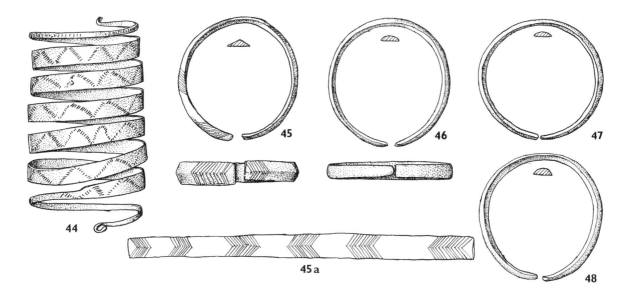

Třtěno (Nr. 10. 36. 37. 57; vgl. dazu Taf. 55–58)
M. 1:2

TAFEL 60

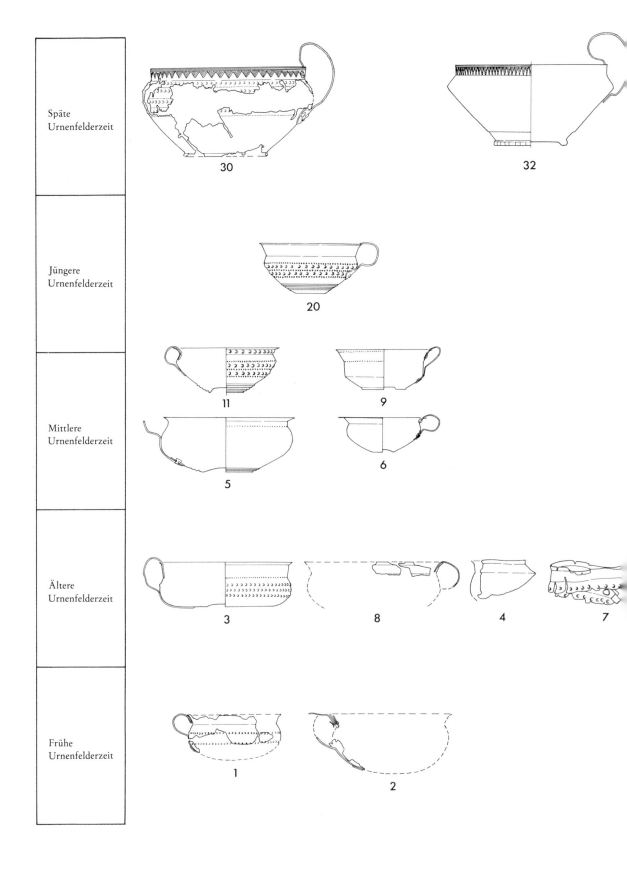

Späte Urnenfelderzeit	30	32
Jüngere Urnenfelderzeit	20	
Mittlere Urnenfelderzeit	11 9 5 6	
Ältere Urnenfelderzeit	3 8 4 7	
Frühe Urnenfelderzeit	1 2	

PBF II, 13

(Nekvasil/Podborský)

PRÄHISTORISCHE BRONZEFUNDE

Begründet von Hermann Müller-Karpe

Im Rahmen der

Union Internationale des Sciences Préhistoriques et Protohistoriques

herausgegeben von

ALBRECHT JOCKENHÖVEL

Westfälische Wilhelms-Universität
Münster in Westfalen

und

WOLF KUBACH

Johann Wolfgang Goethe-Universität
Frankfurt am Main

FRANZ STEINER VERLAG STUTTGART
1991

PRÄHISTORISCHE BRONZEFUNDE

ABTEILUNG II · BAND 13

Die Bronzegefäße in Mähren

von

JINDRA NEKVASIL   und   VLADIMÍR PODBORSKÝ

Archäologisches Institut
der Tschechoslowakischen
Akademie der Wissenschaften

Brno

Masaryk-Universität

Brno

FRANZ STEINER VERLAG STUTTGART

1991

Mit 18 Tafeln

Schriftleitung:
Seminar für Vor- und Frühgeschichte
der Johann Wolfgang Goethe-Universität
Arndtstr. 11
D-6000 Frankfurt a. M. 1

Übersetzung: Adolf Schebek
Redaktion: Albrecht Jockenhövel, Vera Witzgall-Hofmann
Zeichnungen: Gerhard Endlich, Brigitte Gies, Manfred Ritter

© 1991 by Franz Steiner Verlag Wiesbaden GmbH, Sitz Stuttgart.
Satz und Druck: Allgäuer Zeitungsverlag GmbH, Kempten
Printed in the Fed. Rep. of Germany

VORWORT DES HERAUSGEBERS

Dank mehrerer glücklicher Umstände zeichnet sich im PBF-Editionsprogramm eine weitgehende Bearbeitung des bronze- und ältereisenzeitlichen Bronzegeschirrs im südlichen Mitteleuropa ab. Erschienen sind jüngst die Bearbeitungen des österreichischen (G. Prüssing, PBF II, 5), slowakischen (M. Novotná, PBF II, 11) und ungarischen (P. Patay, PBF II, 10) Bronzegeschirrs. Demnächst wird auch die entsprechende Arbeit zu den Bronzegefäßen in den alten Ländern der Bundesrepublik Deutschland (Ch. Jacob, PBF II, 9) fertiggestellt werden. Die Arbeiten an der vor vielen Jahren begonnenen Untersuchung zum rumänischen Bronzegeschirr werden jetzt von T. Soroceanu wiederaufgenommen.

Die Lücke zwischen Ost und West schließt die umfangreiche Untersuchung von Frau Dr. O. Kytlicová über die Bronzegefäße in Böhmen (PBF II, 12), so daß Mähren noch übrigblieb. Die dortige Fundgruppe wäre für einen separaten PBF-Band zu wenig umfangreich gewesen, andererseits war es aber notwendig, diese wichtigen mährischen, teilweise unikaten Funde aufgrund ihrer Mittlerstellung und Besonderheiten in das Programm aufzunehmen. Diese Aufgabe haben dankenswerterweise die beiden Kollegen, Herr Univ.-Doz. Dr. V. Podborský, Masaryk-Universität, Brno, und Herr Dr. J. Nekvasil, Archäologisches Institut der Tschechoslowakischen Akademie der Wissenschaften, Brno, übernommen. Leider war es ihnen aufgrund ihrer sonstigen dienstlichen Belastungen nicht möglich, alle Aspekte des Fundstoffes zu behandeln. Wer zu ihren notwendigerweise knappen Ausführungen Ergänzendes erfahren möchte, den bitten wir um Lektüre entsprechender Kapitel (z.B. Forschungsgeschichte, Vergleichsfunde u.a.) in der beigegebenen Arbeit von Frau Dr. O. Kytlicová bzw. in den übrigen, oben genannten PBF-Bänden.

Auf die Ausführungen der beiden Kollegen zur kulturellen Stellung des mährischen Bronzegeschirrs möchte ich besonders hinweisen. Ich danke auch Herrn Dr. Nekvasil, daß er meine Anregung aufgenommen hat, speziell für diesen PBF-Band die jüngsten Forschungen zur Býčí skála-Höhle, zu ihrem Fundstoff und seiner Interpretation zu beschreiben.

Frankfurt/Münster, im Januar 1991   Albrecht Jockenhövel

INHALTSVERZEICHNIS

V. Podborský, *Urnenfelderzeitliche Bronzegefäße in Mähren*

Der Fundstoff

Tassen 1
   Typ Friedrichsruhe 1
   Typ Osternienburg-Dresden (?) 2
   Typ Jenišovice-Kirkendrup 3
   Typ Stillfried-Hostomice 8
   Gefäße vom Typ Štramberk 9
      Etagengefäße („Lampen") 9
      Schalen 10
   Becken mit kreuzfömigen Zwillingsattaschen (Gruppe B1 nach G. v. Merhart) 12

Auswertung 13

J. Nekvasil, *Hallstattzeitliche Bronzegefäße in Mähren*

Der Fundstoff

Teller-Schüsseln 15
   Typ Horákov (Dýšina) 15
   Teller-Schüsseln unbestimmbaren Typs 16
Eine kleinere Schüssel (?) unbestimmbaren Typs von Morašice 17
Schöpfer 18
   Schöpfer mit Hebelgriff vom Typ Holásky 18
   Schöpfer unbestimmbaren Typs von Morašice 18
Zisten 19
   Zisten mit Seitengriffen (Variante der Certosa-Gruppe) 19
   Zisten mit zwei Griffbügeln (Standard-Typ mit KM2 und PB1a nach B. Stjernquist) . . 19
Situlen 21
   Situlen mit schlichtem Griffbügel 21
   Rippensitula 21
Becken mit kreuzförmigen Zwillingsattaschen (Gruppe C nach G. v. Merhart) 22
Bronzesieb vom Typ Býčí skála 23
Tassen 23
   Manteltassen 23
   Gerippte Tasse 24
   Flachgerillte Tasse 24
   Tasse mit ausbiegendem Rand 25
   Tasse mit Omphalos 25
   Eine Tasse unbestimmbaren Typs von Náklo 25

Eimer 25
   Rieseneimer unbestimmbaren Typs 25
   Attasche zu einem Eimer vom Typ Kurd 26
Bronzegefäßfragmente 27
Ein Bronzeblechfragment unbestimmbaren Typs von Vážany 27

Auswertung 28

Kulturelle und zeitliche Stellung der Funde aus der Býčí skála-Höhle 30

Verzeichnisse und Register

Verzeichnis der allgemeinen Abkürzungen 38
Verzeichnis der Literaturabkürzungen 39
Verzeichnis der Museen und Sammlungen 41
Ortsregister 42

Tafeln 1—18

VLADIMÍR PODBORSKÝ

URNENFELDERZEITLICHE BRONZEGEFÄSSE IN MÄHREN

DER FUNDSTOFF

TASSEN

TASSEN VOM TYP FRIEDRICHSRUHE

Diese Bezeichnung führte E. Sprockhoff im Jahre 1930 für Tassen mit gerundetem, gedrungenem Unterteil, die keinen Standring, nur eine Bodendelle aufweisen, ein. Der scharf abgesetzte Hals dieser Tassen ist niedrig, zylindrisch, gelegentlich trichterartig ausladend mit ausbiegendem Rand. Der unverzierte Bandhenkel ohne Nietplatten an den Enden ist im allgemeinen von außen, meist nur mit zwei, leicht breitgeschlagenen Nieten (manchmal jeweils 2 + 2 Niete) an der Gefäßwand befestigt.[1] Ursprünglich ordnete Sprockhoff diesem Typ auch völlig unverzierte Exemplare und solche mit Buckeldekor zu, die heute aus dem Typ Friedrichsruhe ausgeschieden sind.

1. Velatice, Bez. Brno-Land; Hgl. I. – Brandbestattung. – Fast vollständige Tasse (Bauch an zwei Stellen durchlöchert); Henkel oben mit nur einem Niet unmittelbar an Wandung befestigt; Niet unten von innen mit einem länglichen Verfestigungsplättchen (20 x 14 mm) unterlegt; Niete innen stärker, außen flachgehämmert; unterer Niet an der Außenseite fast in den Henkel eingetrieben; H. 44 mm; Mündungsdm. 120 – 125 mm; Bodendm. 50 mm; Henkelbr. 23 mm *(Taf. 1, 1).* – Beifunde: Vollgriffschwert vom Typ Erlach; Lanzenspitze; Meißel; Armring; Blattanhänger mit Ring; zwei tütenförmige Blechbeschläge; zwei kleine, spindelförmige Beschläge; 38 Bronzenägel; wenigstens 33 weitere Gefäße der Velaticer Kultur. – Mus. Brno (SAU 876). – J. Říhovský, Pam. Arch. 49, 1958, 67 ff. Abb. 2, 7; 8, 8.

Funktion: Analoge Funde (z. B. von Žatec in Böhmen[2]) stammen aus reichen Gräbern und repräsentieren den Wohlstand einer gehobenen Gesellschaftsschicht. Der bisher einzige Fund einer Tasse vom Typ Friedrichsruhe in Mähren läßt keinerlei weitere Schlüsse über die Bedeutung und Funktion dieser Gefäße zu, abgesehen von der Feststellung, daß die Tasse von Velatice (Nr. 1) aus dem reichsten älterurnenfelderzeitlichen Brandgrab der Velaticer Kultur stammt, und Südmähren am Rande des Verbreitungsgebietes dieser Tassenform liegt. Bisher konnte jedoch in Mähren ein Einfluß der entwickelten

---

[1] Sprockhoff, Handelsgeschichte 54.

[2] Kytlicová, PBF II, 12 (1991) Nr. 3.

südöstlichen Toreutik nicht nachgewiesen werden. Es ist nur ganz allgemein zu bedenken, daß die prunkvollen Tontassen und Schalen der Velaticer Kultur Nachahmungen von Gold- und Bronzeblech-geschirr mittelmeerischer Provenienz sind. Innerkarpatische Typen von Blechgefäßen aus den Anfän-gen der Urnenfelderzeit sind bisher in Mähren nicht bekannt.

Zeitstellung: Die Tassen vom Typ Friedrichsruhe waren während der Stufe Bz D bis zur Stufe Ha A 1 im Umlauf;[3] der Velaticer Fund läßt sich besonders aufgrund des Dreiwulstschwertes vom Typ Erlach in die Stufe Ha A 1 einordnen.

Verbreitung: Tassen vom Typ Friedrichsruhe sind in einem Gebiet, das sich von Dänemark, Nord- und Westdeutschland bis nach Böhmen und Mähren erstreckt, verbreitet. Weiter südostwärts (Slowa-kei, Ungarn) treten verwandte (gleichzeitige), jedoch lokale Tassentypen auf (Blatnica, Očkov).[4] Im Vergleich mit ihnen ist die Verbreitung des Typs Friedrichsruhe eher auf Mittel- und Westeuropa be-grenzt. Im Bereich der älteren ober- und mitteldanubischen Urnenfelderkultur wurde dieser Typ of-fenbar auch hergestellt.[5] Sein Vorkommen dünnt in östliche Richtung aus.

TASSEN VOM TYP OSTERNIENBURG-DRESDEN (?)

Tassen dieses Typs haben ein gedrungenes, gerundetes bis leicht konisches Unterteil, oft mit einem Standring und plastischen Leisten oberhalb des Bodens. Der Hals ist überwiegend trichterförmig, weich profiliert und der Bandhenkel von innen über den Gefäßrand gezogen. Das Hauptmerkmal je-doch ist die Verzierung, bestehend aus ein bis drei umlaufenden Buckelreihen oder aus einem getriebe-nen Sternornament auf der Wandung.[1] Dieser wandelbare und zugleich langlebige Typ[2] kann vor allem als Produkt mitteldeutscher Herstellungszentren[3] angesehen werden. Im Vergleich mit den Gefäßen vom Typ Friedrichsruhe handelt es sich ohne Zweifel um entwickeltere und auch jüngere Erzeugnisse, die jedoch an alte Traditionen anknüpfen. Wichtig ist das Auftreten der Tassen vom Typ Osternien-burg-Dresden (oder seiner karpatenländischen Varianten) in der Slowakei (Očkov),[4] wodurch eine Ab-leitung vom älteren Satteldorf-Typ zum Ausdruck kommt. Die Tassen vom Typ Osternienburg-Dres-den können mit Recht als eine Zwischenstufe in der zu den Tassen vom Typ Jenišovice-Kirkendrup überleitenden Entwicklung der Tassen gewertet werden. In diesem Sinne wäre der Fund einer Tasse dieses Typs in Mähren von größter Bedeutung. Ein solcher Nachweis ist jedoch vorläufig noch zweifel-haft, trotzdem zählen wir − unter Vorbehalt − die leisten- und buckelverzierten Blechstücke aus dem Depot von Přestavlky (Nr. 2 − 4) zum Typ Osternienburg-Dresden.

2.−4. Přestavlky, Bez. Přerov. − Depotfund. − Boden-teil mit fünf umlaufenden plastischen Leisten *(Taf. 1, 2).* Zwei Bruchstücke eines zusammengedrückten, relativ starken Gefäß(?)-Blechs; an beiden Fragmenten waage-rechte Umbruchstellen (Knick unterhalb von Rand und Hals?); am größeren Fragment zudem eine waagerechte Reihe von neun Buckeln *(Taf. 1, 3).* Drei zusammenge-drückte Blechfragmente (evtl. von mehreren Gefäßen?)

---

[3] Müller-Karpe, Chronologie 154 ff.; Říhovský, Pam. Arch. 49, 1958, 74; O. Kytlicová, ebd. 50, 1959, 151.

[4] Novotná, PBF II, 11 (1990) Nr. 3. 8.

[5] H. Müller-Karpe, Bayer. Vorgeschbl. 21, 1955, 59; ders., Chronologie 157.

[1] W. A. v. Brunn, Germania 32, 1954, 289; W. Coblenz, Ar-beits- u. Forschber. Sächs. Bodendenkmalpflege 1, 1950−51, Abb. 4, 9. 11; O. Kytlicová, Pam. Arch. 50, 1959, 139.

[2] Er wird üblicherweise erst in die Stufe Ha A 2 datiert (K.-H. Otto, JfMV 39, 1955, 170; Müller-Karpe, Chronologie 159), doch von den ältesten Tassen der Stufe Bz D abgeleitet; einige Exemplare gehören − anhand geschlossener Funde − auch tatsächlich noch in die Stufe Bz D. Auf die Formenverschie-denheit des Typs Osternienburg wurde bereits mehrfach hin-gewiesen (vgl. z. B. M. Novotná, Musaica 4, 1964, 29).

[3] Kytlicová a. a. O. (Anm. 1) 140.

[4] Novotná, PBF II, 11 (1990) Nr. 8.

(Taf. 1, 4). – Beifunde: Griffzungenschwert und Fragmente von zwei weiteren Schwertern; einige Lanzenspitzen; Lanzenschuh; mehrere mittelständige Lappenbeile; zwei Tüllenbeile mit Öse; Griffplattenmesser vom Typ Přestavlky (PBF VII, 1 [Říhovský] Nr. 25); Bruchstücke eines Griffzungenmessers vom Typ Malhostovice (ebd. Nr. 99); Griffangelmesser vom Typ Stillfried (ebd. Nr. 197); Rasiermesser vom Typ Morzg (PBF VIII, 1 [Jokkenhövel] Nr. 115); Knopfsichelfragment (PBF XVIII, 3 [Říhovský] Nr. 161); Zungensichelfragment mit winklig angebrachter Griffzunge (ebd. Nr. 186); drei ganze und zehn Zungensichelfragmente mit geraden Griffrippen (ebd. Nr. 197. 198. 214–216. 228. 243. 254. 255. 262. 280–282); eine ganze und drei Zungensichelfragmente mit Einbiegung der Griffrippen auf die Klinge (ebd. Nr. 295. 339. 386. 388); vier typologisch nicht näher bestimmbare Zungensichelfragmente (ebd. Nr. 610–613); 20 typologisch nicht näher bestimmbare Sichelfragmente (ebd. Nr. 1178–1197); zwei Schmalmeißel; zwei Punzen; Rollenkopfnadel mit abgebrochenem Kopf; Nadel vom Typ Mainz (PBF XIII, 5 [Říhovský] Nr. 632); mehrere Nadelschaftfragmente; vier ganze und fragmentierte Blattbügelfibeln; ein verzierter und ein unverzierter Halsring; Brillenanhänger; Lanzettanhänger; mehrere, teilweise verzierte Armringe; zwei Paare verzierter Beinbergen; Spiralröhrchen; profilierte Blechröhrchen; Tutuli bzw. Knöpfe verschiedener Form; kleinere Ringe; langes geripptes Bronzeband mit verjüngten Enden; zwei verzierte Blechplatten mit je drei Fortsätzen an den Enden; trichterförmige Gegenstände mit durchgesteckten Stäben; mehrere Bronzen unbekannter Bestimmung; Stab- und Drahtbruchstücke mit verschiedenen Querschnitten; Gußklumpen. – Mus. Brno (ohne Inv. Nr. [Nr. 2]; 57.097/57.099 [Nr. 3]; 57.106/57.100/57101 [Nr. 4]). – A. Rzehak, JfA I, 1907, 95 ff. mit Taf.; V. Podborský, Sborník Prací FFBU E 12, 1967, Taf. 11, 1–6; P. Mačala, Slov. Arch. 33, 1985, 197 Taf. 11, 8. 17; 202 Taf. 16, 12. 13; Říhovský, PBF VII, 1 (1972) 19 Taf. 32, 15 (umgezeichnet nach A. Rzehak, in der das Bruchstück [Nr. 2] noch verbunden mit einem weiteren, heute bereits verschollenen Blechstück figuriert); ders., PBF XIII, 5 (1979) 115; ders., PBF XVIII, 3 (1989) 44.

Zeitstellung: Die umschriebenen Bruchstücke (Nr. 2–4) reichen für eine gesicherte Annahme über das Vorkommen von Tassen des Typs Osternienburg-Dresden in Mähren noch nicht aus. Höchstwahrscheinlich stammen diese Fragmente von Blechgefäßen, wobei es sich im Hinblick auf die Datierung des Depots in die Stufe Ha A 1–2 (Schwerpunkt eher in der Stufe Ha A 1 – Horizont Přestavlky) bei ihnen vermutlich um Tassen vom Typ Osternienburg-Dresden handeln dürfte.

TASSEN VOM TYP JENIŠOVICE-KIRKENDRUP

Tassen dieses Typs sind in Mitteleuropa verhältnismäßig zahlreich vertreten. Im Verbreitungsgebiet der Lausitzer Kultur bilden sie in den Bronzedepots aus der Wende von der jüngeren zur späten Bronzezeit eine markante Erscheinung. Typologisch herrscht unter ihnen keine völlige Einheitlichkeit. Bezeichnend für diese Gefäße ist insbesondere ihre kräftige Profilierung und ihr relativ hoher Körperbau mit konischem Unterteil. Der Boden ist in der Regel mit einem Standring verstärkt, über dem meist vier bis fünf plastische Umlaufleisten angebracht sind. Darüber hinaus sind diese Gefäße mit horizontalen Reihen getriebener Buckel, mit einer dieser Reihen am Hals, doch viel häufiger mit zwei bis vier Reihen an der Schulter verziert. Diese Buckelreihen wechseln mit Punktlinien ab. Der Bandhenkel hat an den Enden verbreiterte Nietplatten, die von innen jeweils mit je zwei flachköpfigen Nieten am Gefäß befestigt sind. Der Henkel pflegt mit Ritzlinien oder Kerben verziert zu sein. Das Treibornament auf der Wandung ist meist an den Henkelansatzstellen unterbrochen. Es kommen jedoch auch unverzierte Exemplare vor (z. B. von Kuźnica Skakawska, Jenišovice),[1] deren Profil, Körperbau und Standring mit Leisten um den Boden für ihre Zugehörigkeit zum Typ Jenišovice-Kirkendrup sprechen. Deshalb wurde erwogen, von einer strengen Gliederung der Tassen in Typen allein aufgrund ihrer Verzierung abzu-

---

[1] H. Wiklak, Wiad. Arch. 31, 1965, 14 Abb. 5; J.L. Píč, Pam. Arch. 17, 1896–97, 693 ff. Taf. 82, 15; A. Stocký, Čechy v době bronzové (1928) Taf. 48, 5.

sehen.[2] Dies hat gute Gründe, denn bei der Zuweisung eines Exemplars zu einem bestimmten Typ muß vor allem der Körperbau und die Profilbildung berücksichtigt werden. Außerdem muß auch mit Übergangs- und Nebenformen gerechnet werden.

5. Klentnice, Bez. Břeclav; Gr. 63. – Brandbestattung in Urne. – Unvollständige Tasse (Henkel und -ansatzstelle fehlen); schmaler Rand; kurzer, gerundeter Hals; verhältnismäßig weiche Wandführung des Unterteils; oberhalb des leicht gewölbten Bodens ohne Standring als einzige Verzierung drei umlaufende plastische Leisten; H. 50 mm; Mündungsdm. 140 mm; Bodendm. 45 mm *(Taf. 1, 5)*. – Beifunde: Griffzungenschwert mit Antennengriff; zwei Messerbruchstücke mit Griffdorn (PBF. VII, 1 [Říhovský] Nr. 183); Teil eines Halbmond-Rasiermessers (PBF. VIII, 1 [Jockenhövel] Nr. 418); vier Bronzeringe; zwei Niete; zwölf Tongefäße der Podoler Kultur und zahlreiche Tonscherben weiterer Gefäße. – Mus. Brno (AÚ 415–63b,h/55; PA 200/82). – J. Říhovský, Pam. Arch. 47, 1956, 262 ff. bes. 268. 278 Abb. 4, 2; 5, 3.

6.–9. Křenůvky, Bez. Prostějov. – Depotfund. – Tasse; der Standring des gewölbten Bodens geht leistenförmig in die Wandung über, welche mit zwei Buckel- (Dm. 6 mm) und drei Punktreihen verziert ist; am Bandhenkel (Br. 27 mm) verläuft längs der Ränder je ein breites Rillenpaar; H. 66 mm; Mündungsdm. 140 mm; Bodendm. 44 mm *(Taf. 1, 6)*. Tasse; kräftig profiliertes Oberteil; weicher geführter, flach gewölbter Boden; darüber vier plastische Leisten, verziert mit vier in drei Abständen angeordneten und von insgesamt sieben Punktreihen gesäumten Buckelreihen (Dm. 3,5 mm); Bandhenkel (Br. 19 mm) unverziert; H. 57–60 mm; Mündungsdm. 154 mm; Bodendm. 37 mm *(Taf. 1, 7)*. Konische Tasse; oberhalb des Standringes vier plastische Leisten; in der Mitte des flachgewölbten Bodens ist von außen ein Punkt eingeschlagen; verziert mit drei Buckel- (Dm. 3 mm) und drei Punktreihen; am Gefäßbauch eine Flickstelle in Form eines länglichen Blechs mit drei flachgehämmerten Nieten; unverzierter Bandhenkel (Br. 17 mm); H. 61 mm; Mündungsdm. 148 mm; Bodendm. 34 mm *(Taf. 1, 8)*. Kleinere, kräftig profilierte Tasse; verziert mit zwei Buckelreihen (Dm. 6 mm), die von drei Punktreihen eingefaßt sind; Bandhenkel (Br. 25 mm) beiderseits mit je einem Randlinienpaar verziert; H. 50 mm; Mündungsdm. 119 mm; Bodendm. 38 mm *(Taf. 2, 9)*. – Beifunde: großer „Schildbuckel" mit Buckelornament; weiterer „Schildbuckel" mit Punktzier; kleiner „Schildbuckel" mit Ritzverzierung; acht vollständige und eine fragmentierte

Oberarmspirale; zwei Armbänder. Möglicherweise zugehörig: zwei zweiteilige große Blattbügelfibeln vom Typ Křenůvky-Domaniža, die unweit des Depots gefunden wurden.[3] – Mus. Prostějov (L 158/I–1 [Nr. 6]; L 198/I–2 [Nr. 7]; L 198/I–3 [Nr. 8]); L 158/I–4 [Nr. 9]. – A. Gottwald, Ročenka Prostějov 3, 1926, 3 ff. Abb. 1–8; V. Podborský, Sborník Prací FFBU E 12, 1967, 23 Abb. 8, 1–4 Taf. 1–4; ders., Mähren 108 ff. Taf. 6, 1–4; 70, 5–8.

10. Milovice, Bez. Břeclav. – Aus gestörten Brandgräbern; Grabverband nicht rekonstruierbar. Das Gefäß wurde bereits fragmentiert in das Grab niedergelegt. – Kräftig profilierte Tasse in sechs größeren und zahlreichen kleineren Bruchstücken; Boden fehlt; eine horizontale Buckelreihe (Dm. 6 mm) am Hals und zwei weitere, von drei Punktreihen eingefaßte Buckelreihen am konischen Unterteil; am Bandhenkel (Br. 21 mm) parallel zu den Rändern verlaufende Doppellinien; H. noch 53 mm; Mündungsdm. ca. 125 mm *(Taf. 2, 10)*. – Mus. Mikulov (IV–492). – Ch. Pescheck, WPZ 30, 1943, 152 ff. Abb. 2; J. Říhovský, Pam. Arch. 47, 1956, 280 Anm. 163; Müller-Karpe, Chronologie 205 Abb. 40, 1; V. Podborský, Sborník Prací FFBU E 12, 1967, 23 Abb. 9, 3a.b.

11.–19. Štramberk, Bez. Nový Jičín; Anhöhe „Kotouč", Flur „Na brdách", Depot 2. – Vermutlich 1927 auf dem Areal der befestigten Lausitzer Siedlung gefunden; der ursprüngliche Depotinhalt läßt sich heute nicht mehr rekonstruieren; die Gegenstände waren angeblich in einem großen, nicht erhalten gebliebenen Tongefäß verwahrt.[4] J. Knies, der den Fund als erster publizierte,[5] erwähnte acht Blechtassen, die auch rekonstruiert werden konnten; laut L. Jisl[6] gehört zu den sieben im Mus. Štramberk inventarisierten Gefäßen mit größter Wahrscheinlichkeit das Exemplar aus einer Privatslg. in Hulín (vgl. Nr. 22). Zum Depot gehörte möglicherweise auch der verzierte Bandhenkel einer Bronzetasse (Nr. 19) sowie kleinere Blechbruchstücke (Nr. 18). – Tasse mit scharf profiliertem Hals und Rand, gerundetem Bodenteil, niedrigem Standring, gewölbtem Boden und drei darüberliegenden plastischen Leisten; mit zwei einander ablösenden Buckel- (Dm. 4 mm) und drei Punktreihen verziert; an den Rändern des Bandhenkels (Br. 22 mm) je drei parallele Linien; H. 72–78 mm; Mündungsdm. 172 mm; Bodendm. 36 mm *(Taf. 2, 11)*. Korrodierte Tasse mit hohem

---

[2] E. Neustupný, Pam. Arch. 56, 1965, 108.
[3] Vgl. A. Gottwald, Ročenka Prostějov 3, 1926, 5.
[4] J. Knies, Pravěké nálezy ve Štramberku (1929) 16; V. Podborský, Sborník Prací FFBU E 12, 1967, 9; L. Jisl, Časopis Slez. Muz. 16, 1967, 21.

[5] Knies a. a. O. (Anm. 4).
[6] Jisl a. a. O. (Anm. 4) 22.

Hals, gerundetem Unterteil und flach gewölbtem Boden mit verstärktem Standring; am Hals mit einer Buckelreihe (Dm. 5 mm), am Bauch mit drei weiteren Buckelreihen und zwei dazwischenliegenden Punktreihen verziert; an den Rändern des Bandhenkels (Br. 24 mm) je drei Ritzlinien; H. 71–74 mm; Mündungsdm. 158 mm; Bodendm. 48 mm *(Taf. 2, 12)*. Unvollständige, scharf profilierte Tasse mit flach gewölbtem Boden, verstärktem Standring, drei Buckel- (Dm. 4,5 mm) und drei Punktreihen am Unterteil; der gelockerte Bandhenkel (Br. 26 mm) ist an den Rändern mit je zwei parallelen Ritzlinien verziert; H. 60–68 mm; Mündungsdm. 150 mm; Bodendm. 44 mm *(Taf. 2, 13)*. Zum Großteil rekonstruierte, scharf profilierte Tasse mit fast zylindrischem Hals, weicherer Wandführung nach unten und vier umlaufenden plastischen Leisten oberhalb des nicht erhaltenen Bodens; am Bauch zwei Buckel- (Dm. 4 mm) und drei Punktreihen; an den Rändern des Bandhenkels (Br. 27 mm) je drei parallele Ritzlinien; H. 67 mm; Mündungsdm. 163 mm; Bodendm. ca. 48 mm *(Taf. 2, 14)*. Tasse (aus drei Teilen rekonstruiert); Boden nicht erhalten; oberhalb des Standringes ist die Wandung durch vier umlaufende Leisten profiliert und weiter oben mit zwei Buckel- (Dm. 5 mm) und drei Punktreihen verziert; an den Rändern des Bandhenkels (Br. 24 mm) je drei parallele Ritzlinien; H. 82 mm; Mündungsdm. 156 mm; Bodendm. ca. 34 mm *(Taf. 3, 15)*. Aus 19 Bruchstücken rekonstruierte, relativ hohe, konische Tasse; Henkel fehlt; oberhalb des Standringes drei plastische Leisten und am Bauch im Wechsel drei Buckel- (Dm. 5 mm) und vier Punktreihen; H. ca. 77 mm; Mündungsdm. ca. 150–160 mm; Bodendm. 42 mm *(Taf. 3, 16)*. Kleinere Tasse mit flach gewölbtem, standringverstärktem Boden ohne plastische Leisten; eine Buckelreihe (Dm. 4,5 mm) am Hals, drei weitere unter dem Bauchknick; dazwischen vier Punktreihen; längs der Ränder des Bandhenkels (Br. 19 mm) je drei Ritzlinien; H. 54 mm; Mündungsdm. 110–113 mm; Bodendm. 42 mm *(Taf. 3, 17)*. Kleinere Blechbruchstücke, vielleicht zu einer Tasse vom Typ Jenišovice-Kirkendrup gehörig *(Taf. 3, 18)*. Bandhenkel einer Blechtasse (Br. 23 mm); verziert mit je drei parallelen Ritzlinien an den Rändern und kleinen Bögen in der Mitte; drei Nietlöcher erhalten *(Taf. 3, 19)*. – Beifunde: zwei große, getriebene „Schildbuckel"; tordierter Halsring; 34 Brillenzierate; zwei massive Armringe; zwei Gürtelhaken. – Mus. Štramberk (336/27 [Nr. 11]; 337/27 [Nr. 12]; 338/27 [Nr. 13]; 339/27 [Nr. 14]; 340. 343 [Nr. 15]; 341. 342. 344. 345. 671/27 [Nr. 16]; 670/27 [Nr. 17]; 675/27 [Nr. 19]; Nr. 18 nicht inventarisiert). – Knies, Pravěké nálezy ve Štramberku (1929) 16; V. Podborský, Arch. Rozhl. 19, 1967, 194 ff. Abb. 53, 1–8; ders., Sbor-

ník Prací FFBU E 12, 1967, 9. 23. 25 Abb. 2, 1–8 Taf. 5–8; 9, 1. 2; 10, 1–6; Jisl, Časopis Slez. Muz. 16, 1967, 21 ff

20. 21. Štramberk, Bez. Nový Jičín; Anhöhe „Kotouč", Depot 4. – 1956 auf dem Areal der befestigten Siedlung der Lausitzer Kultur gefunden. Der Gesamtinhalt des Depots ist nicht gesichert. L. Jisl rettete einzelne Gegenstände und führte sie zusammen.[7] Nachträglich konnten noch zwei tordierte Halsringe, fünf Armreife und drei Nadeln geborgen und dem Depot angeschlossen werden. – Gedrungene, bauchige Tasse (etwa zur Hälfte erhalten, Boden und Henkel fehlen); in Bodennähe Reste zweier schmaler plastischer Leisten; eine horizontale Buckelreihe (Dm. 6 mm) am Hals und zwei weitere (Dm. 5,0–5,5 mm), von drei Punktreihen eingefaßte Buckelreihen am Bauch; vom Henkel sind an der Wandung noch Spuren und Nietlöcher zurückgeblieben; er war oben mit zwei Nieten von innen und unten mit weiteren Nieten von außen befestigt; H. ca. 54 mm; Mündungsdm. ca. 152 mm *(Taf. 3, 20)*. Rekonstruierte Tasse; kräftig profiliert; flach gewölbter Boden; oberhalb des niedrigen Standringes sechs plastische Leisten; an der Wandung zwei Buckel- (Dm. 5 mm) und drei Punktreihen, die beiderseits des Henkels mit einer senkrechten Reihe abgeschlossen sind; am fragmentierten Bandhenkel (Br. 19 mm) längs der Ränder je zwei parallele Ritzlinien; H. 66 mm; Mündungsdm. ca. 166 mm; Bodendm. 46 mm *(Taf. 3, 21)*. – Beifunde: Fragmente zweier Etagengefäße vom Typ Štramberk (Nr. 25–28); Tüllenbeil mit Öse; Tüllenhammer mit Öse; eine Zungensichel mit Seitenabsatz und Nietloch und zwei Griffrippen (PBF XVIII, 3 [Říhovský] Nr. 342); vier Zungensicheln mit Einbiegung der Griffrippen auf die Klinge (ebd. Nr. 358–361); zwei Zungensicheln mit bis zur Klingenspitze verlaufender innerer Griffrippe (ebd. Nr. 391. 408); Stirnband; vier tordierte Halsringe mit Endhaken; vier kleinere Halsringe; Plattenkopfnadel (PBF XIII, 5 [Říhovský] Nr. 183); zwei Petschaftkopfnadeln vom Typ Štramberk (ebd. Nr. 212. 213); Knotennadel vom Typ Moravičany (ebd. Nr. 595); drei Nadeln mit einfachem doppelkonischem Kopf (ebd. Nr. 690–692); Nadel mit waagerecht geripptem Kugelkopf (ebd. Nr. 851); sechs Rollenkopfnadeln (ebd. Nr. 984–989); zwei Nadelschäfte; zwei zweiteilige Blattbügelfibeln vom Typ Křenůvky-Domaniža (Spindlersfelder Fibeln); zwei Oberarmspiralen; 15 ganze und neun unvollständige massive Ringe mit unechter Torsion; zwei ähnliche glatte Ringe; Bronzegußstück. – Mus. Štramberk (45/56. 67/56). – V. Podborský, Arch. Rozhl. 19, 1967, 194 ff. Abb. 55, 5. 6; ders., Sborník Prací FFBU E 12, 1967, 26 Abb. 4, 5. 6; Jisl, Časopis Slez. Muz. 16, 1967, 25 Abb. 15, 1; 16, 5 Taf. 10, 1. 2; Říhovský, PBF XIII, 5 (1979) 48 Taf. 75, A 31; ders., PBF XVIII, 3 (1989) 67.

---

[7] Ebd. 23 ff.

22. Štramberk, Bez. Nový Jičín. – Nach L. Jisl[8] zum Depot 2 gehörig (vgl. Nr. 11). – Tasse mit scharf profiliertem Hals, gerundetem, flach gewölbtem Boden und darüber vier umlaufenden plastischen Leisten; eine Buckelreihe (Dm. 4 – 4,5 mm) am Hals und zwei weitere am Bauch, welche von drei Punktreihen gesäumt sind; längs der Ränder des Bandhenkels (Br. 18 mm) je drei Ritzlinien; H. 52 mm; Mündungsdm. 114 mm; Bodendm. 32 mm *(Taf. 3, 22)*. – Privatslg. J. Kryl, Hulín. – Jisl, Časopis Slez. Mus. 16, 1967, 22 Abb. 17.

Funktion: Die Tassen vom Typ Jenišovice-Kirkendrup dienten zweifellos in erster Linie als Trinkgefäße. Außerdem muß auch eine Verwendung bei rituellen Handlungen in Betracht gezogen werden.[9] Anscheinend war der Besitz dieser Tassen vor allem einer gehobenen Gesellschaftsschicht vorbehalten, wie Grabfunde aus der Podoler Kultur Südmährens zeigen: Im Grab Nr. 63 von Klentnice (Nr. 5) war eindeutig eine sozial hochgestellte Persönlichkeit (Krieger mit Schwert) bestattet worden. Nach den Inventarresten der Gräber von Milovice (Nr. 10) zu schließen (Teil einer Schwertklinge, ein Rasiermesser und ein Messer) dürfte es sich auch hier um das Grab einer „wohlhabenden" Persönlichkeit handeln. Demgegenüber wurden in den Brandgräbern der Lausitzer Kultur in Mähren keinerlei Reste von Blechgefäßen angetroffen, was eher dem Zufall oder dem damaligen Bestattungsbrauch und keinesfalls dem geringen Reichtum oder dem Nichtvorhandensein einer sozialen Differenzierung der Lausitzer Gemeinschaft zugeschrieben werden kann. Die im mährischen Lausitzer Areal gefundene Zahl der Gefäße vom Typ Jenišovice-Kirkendrup übertrifft die Fundzahl aus dem Bereich der mitteldonauländischen Urnenfelder um ein Siebenfaches.[10]

Alle drei mährischen Depots (Křenůvky [Nr. 6], Štramberk, Depot 2 [Nr. 11 – 19. 22] und Depot 4 [Nr. 20. 21]), die Blechtassen enthielten, waren vermutlich ehemals das Eigentum einer vermögenden Persönlichkeit und nicht Werkstatt- bzw. Händlerdepots. Für diese Annahme spricht schon die unterschiedliche Zusammensetzung. Es handelt sich durchweg um Gegenstände von hohem Wert (Werthortung) und vielleicht auch um Dinge, die über den sozialen Status des ehemaligen Besitzers Aufschluß geben könnten (z. B. Diadem) oder aber Abnutzungsspuren aufweisen (Nr. 18).

Zeitstellung: Die Datierung der Tassen vom Typ Jenišovice-Kirkendrup in die Stufe Ha B 1 in Mähren ist eindeutig. In Gräbern der mitteldonauländischen Urnenfelder wird diese Datierung durch das Begleitinventar gestützt, insbesondere im Falle des Grabes Nr. 63 von Klentnice (Nr. 5). Desgleichen deutet der Fundbestand aus den zerstörten Brandgräbern von Milovice (Nr. 10) auf den Velatice-Podoler Übergangshorizont bzw. auf die älteste Phase der Podoler Kultur (Frühabschnitt der Stufe Ha B) hin. Im Bereich der Lausitzer Urnenfelder, d.h. im Hauptverbreitungsgebiet, wurden die Tassen vom Typ Jenišovice-Kirkendrup bisher überwiegend in Bronzedepots gefunden (Brezno nad Hronom, Liptovský Mikuláš, Kuźnica Skakawska, Biernacice usw.), die nicht aufgrund der darin enthaltenen Keramik datiert werden können. Grabfunde bilden hier nur Ausnahmen,[11] sofern sie jedoch zur Verfügung stehen, entziehen sie sich nicht dem hier erwähnten Zeitansatz.

In Mähren sind die Funde von Tassen des hier behandelten Typs im Lausitzer Gebiet in drei bedeutsamen Bronzedepots (Křenůvky [Nr. 6–9], Štramberk, Depot 2 [Nr. 11–19. 22], Depot 4 [Nr. 20. 21]), mit eindeutigen Fundzusammenhängen der Stufe Ha B 1 enthalten (Fibel vom Typ Křenůvky-Domaniža, größere „Schildbuckel" mit Treibornament, einfach tordierte Halsringe, Diadem mit Perlverzie-

---

[8] Vgl. Anm. 6. – Für die Zeichnung des Gefäßes sowie den Hinweis auf den Verwahrungsort gilt Herrn PhDr. J. Říhovský CSc. mein besonderer Dank.

[9] Jisl a. a. O. (Anm. 4) 34.

[10] Im Gebiet der mitteldonauländischen Urnenfelder wurde eine Tasse vom Typ Jenišovice-Kirkendrup völlig vereinzelt auch in Niederösterreich gefunden (vgl. Chr. Pescheck, WPZ 30, 1943, 152 ff. Abb. 4); die Funde aus Ungarn stehen bereits denjenigen aus dem Karpatenbecken näher.

[11] Vgl. z. B. das neuerdings publizierte Brandgrab Nr. 1 von Przyborów, Woiw. Zielona Góra, Schlesien, in dem die zerstörte Tasse vom Typ Jenišovice-Kirkendrup in der Urne auf den Gebeinen des Toten lag; das Grab ist in die Periode IV der Nordischen Bronzezeit datiert worden (vgl. A. Marcinkian, Sil. Ant. 15, 1973, 363 Abb. 26, 27).

rung, Oberarmspiralen usw..[12]). Sie bildeten spezifische Bestandteile der Depots der Lausitzer Kultur am Anfang der Spätbronzezeit (ältere Phase der „Schlesischen" Kultur nach älterer tschechischer Terminologie).

Typologisch gesehen könnte die Tasse Nr. 20 (Štramberk, Depot 4) in Hinblick auf ihr gedrungenes, gerundetes Unterteil als ein vermutlicht älteres Exemplar angesehen bzw. aus der Familie der Tassen vom Typ Jenišovice-Kirkendrup völlig ausgeschieden werden. Andererseits läßt sich diese Tasse jedoch nicht eindeutig dem älteren Typ Osternienburg-Dresden zuordnen. Am ehesten wäre sie als einer der frühesten Vertreter des Typs Jenišovice-Kirkendrup einzustufen, der noch Merkmale der älteren Entwicklung der Blechtassen aufweist. Die übrigen Exemplare aus dem Bereich der mährischen Lausitzer Kultur weisen alle Merkmale des Typs Jenišovice-Kirkendrup auf und weichen von der einheitlichen Grundform nicht ab. Einige Details (weichere untere Wandführung, Vorhandensein oder Fehlen der plastischen Leisten oberhalb des Standringes und der Buckelreihe am Hals, die Anzahl der Buckel- und Punktreihen, der Abschluß der Punktreihen zu beiden Seiten des Henkels, die Henkelverzierung usw.) sind der individuellen Gestaltungskraft einzelner Hersteller bzw. Werkstätten zuzuschreiben und haben keine chronologischen Ursachen. Man beachte, daß jedes der aufgeführten Gefäße ein Einzelerzeugnis ist, zu dem im gesamten Lausitzer Gebiet kein identisches Vergleichsstück vorliegt. Diese Tatsache wird durch die Herstellungsweise bedingt, die eine Serienproduktion nicht zuließ.

Verbreitung: Die Tassen vom Typ Jenišovice-Kirkendrup werden allgemein als der am weitesten verbreitete Bronzegefäßtyp der damaligen Zeit in Mitteleuropa[13] angesehen. Sie erscheinen in weiten Räumen von Siebenbürgen über das Theißgebiet und die nördlichen Teile Mitteleuropas bis nach Norddeutschland und auf den Dänischen Inseln. Die mährischen Funde bilden zusammen mit den slowakischen (Sitno, Dubnica nad Váhom, Brezno, Liptovský Mikuláš), böhmischen (Kamýk, Libkovice, Záluží, Jenišovice), südpolnischen (Biskupice) und niederschlesischen (Podgórnik) Funden das Zentrum ihres Vorkommens.[14] In dieser Region wurden sie ohne Zweifel auch hergestellt (offenbar unter südöstlichen Einflüssen), wie ihre lokalen Sonderformen bezeugen. In Mitteleuropa erhielten sie auch ihre klassische Gestaltung mit dem scharf profiliertem, konischem Körperbau und der typischen Verzierung. Von da aus wurden sie offensichtlich in den Norden exportiert.

Räumlich schließen sich die Tassen vom Typ Jenišovice-Kirkendrup mit den unverzierten, vielleicht nur geringfügig älteren Tassen vom Typ Fuchsstadt aus, die sich vor allem im süddeutschen Urnenfelderraum ostwärts bis in das Mitteldonaugebiet ausbreiteten. Hier wurden sie immer in Gräbern gefunden, im Unterschied zu Böhmen und Mitteldeutschland, wo sie − wie die Tassen vom Typ Jenišovice-Kirkendrup − aus Depots stammen. Demnach sind die verzierten Kirkendrup-Formen eine nord- und südostmitteleuropäische Erscheinung, während ihre unverzierten, schlichteren Gegenstücke in Südwestmitteleuropa heimisch sind. Mit anderen Worten − zumindest für das breitere Mitteleuropa geltend − die Tassen vom Typ Jenišovice-Kirkendrup sind vor allem im Bereich der Lausitzer Kultur, die Tassen vom Typ Fuchsstadt hingegen im oberdonauländischen Urnenfelderraum verbreitet. Ausnahmsweise treffen beide Tassentypen in geschlossenen Funden (Záluží, Jenišovice, Thale, Basedow u. a.) aufeinander, oder sie beeinflussten sich gegenseitig. Eines der wenigen Beispiele der gegenseitigen Beeinflussung beider Tassentypen ist das Exemplar von Klentnice (Nr. 5), das J. Říhovský als Übergangstyp zwischen den älteren Fuchsstadt- und jüngeren Jenišovice-Kirkendrup-Formen bezeichnete.[15] Tatsächlich kann jedoch die zeitliche Differenz zwischen beiden Gefäßarten nicht allzu groß sein: Die mährischen Tassen vom Typ Jenišovice-Kirkendrup sind im wesentlichen nicht jünger als das Gefäß von Klentice, Grab 63.

[12] Podborský, Sborník Prací FFBU E 12, 1967, 8 ff.
[13] O. Kytlicová, Pam. Arch. 50, 1959, 146.
[14] Podborský a. a. O. (Anm. 12) 57 Karte Nr. 2.
[15] Říhovský, Pam. Arch. 47, 1956, 280.

TASSE VOM TYP STILLFRIED-HOSTOMICE

Tassen obigen Typs traten, wie allgemein angenommen wird, die Nachfolge des Typs Jenišovice-Kirkendrup an, insbesondere in technologischer Hinsicht. Ihr Herstellungsraum wird ebenfalls in Mitteleuropa vermutet.[1] Dieser Umstand wird auch durch die Benennung dieses Typs ausgedrückt, die, von G. v. Merhart vorgeschlagen, seine Verbreitung zwischen dem ostalpinen Bereich und Böhmen verdeutlichen soll.[2]

Es handelt sich um relativ hohe Blechgefäße mit Standring und eingedelltem Boden, gerundeter Schulterpartie, abgesetztem, niedrigem, senkrechtem Halskragen und leicht ausschwingendem Rand, der meist mit fein geritzten, schraffierten Dreiecken verziert ist. Vereinzelt erscheint an den Schultern oder in Bodennähe ein getriebenes Buckelornament. Der häufig verzierte Bandhenkel ist hochgezogen, jedoch öfter gegen das Gefäßinnere gedrückt und an beiden Enden mit rechteckigen, buckelverzierten Manschetten angenietet.

23. Kuřim, Bez. Brno-Land. – Einzelfund in mehrphasiger Siedlung (darunter auch spätbronzezeitliche Funde). – Randstück einer Tasse mit Wandungsteil und hochgewölbtem Bandhenkel (Br. 32 mm); um den steilen Rand verläuft ein Band schmaler, hoher schraffierter Dreiecke; Henkel von innen, unterhalb des Randes mit breitgehämmertem Blechstreifen, der acht getriebene Buckel trägt, und mit zwei Nieten (nur einer erhalten) befestigt; Henkel (D. 2 mm) außen von der Nietplatte abgebrochen, seine Befestigung an der Wandung ist nicht erhalten; er besteht aus massivem Blech und ist außen wie folgt verziert: vier parallele Doppellinien teilen das Henkelband in drei Zierfelder und zwei unverzierte Randstreifen; das mittlere Zierfeld besteht aus einem fein geritztem Gittermuster, beide Randfelder sind mit horizontal angeordneten, getriebenen Rechteckgruppen ausgefüllt; die zwei weiteren Doppellinien fassen je eine Längsreihe kleiner Dellen (Dm 1,5 mm) ein *(Taf. 4, 29).* – Privatslg. J. Doležel, Blansko. – Unpubliziert.[3]

Zeitstellung: Das Bruchstück von Kuřim (Nr. 23) ist der erste und bisher einzige Beleg für das Vorkommen des Typs Stillfried-Hostomice in Mähren. Es handelt sich leider nur um einen Einzelfund, der in keiner Weise zur Datierung des Typs beitragen kann. Wir setzen dieses Fragment deshalb nur ganz allgemein in die jüngere Phase der Stufe Ha B und verbinden es mit der spätbronzezeitlichen Besiedlung des Ortes Kuřim. Die kulturelle Zugehörigkeit dieser Siedlung läßt sich vorläufig nicht bestimmen, da keramisches Fundgut nicht verfügbar ist. Aus der Umgebung von Kuřim sind Funde der Lausitzer Kultur, Stufe Ha B (sog. „Schlesische Kultur"), bekannt, doch ist auch eine Zugehörigkeit zur Podoler Kultur nicht auszuschließen.

Aus dem Fragment von Kuřim läßt sich die ursprüngliche Form der Tasse vom Typ Stillfried-Hostomice nicht rekonstruieren. Es liegt auch kein analoger Fund zum Kuřimer Exemplar vor. Mit schraffierten Dreiecken am Rand sind die Tassen von Lžovice in Böhmen und von Saint-Martin-sur-le-Pré in Nordostfrankreich verziert, ein ähnliches Ornament wie am Henkel von Kuřim weist die Tasse von Ruda in Ostpolen auf.[4]

Verbreitung: Der Fund von Kuřim (Nr. 23) bildet einen wichtigen Punkt auf der Verbreitungskarte der Tassen vom Typ Stillfried-Hostomice und bezeugt ihr mitteleuropäisches Vorkommen sowie ihre dortige Herstellung.

---

[1] O. Kytlicová, Pam. Arch. 50, 1959, 152.

[2] v. Merhart, Studien 19 ff. Karte 3.

[3] Fundumstände im Bericht von J. Doležel aus dem Jahr 1980. – Für die Ermöglichung der Publikation des Fundes bin ich den Herren PhDr. J. Nekvasil, CSc., und PhDr. A. Štrof zu besonderem Dank verpflichtet.

[4] v. Merhart, Studien Taf. 12, 4–6; Kytlicová a. a. O. (Anm. 1) 149 Abb. 21; dies., PBF II, 12 (1991) Nr. 32.

GEFÄSSE VOM TYP ŠTRAMBERK

Das Depot 4 von Štramberk enthielt außer Tassen vom Typ Jenišovice-Kirkendrup (Nr. 20. 21) noch weitere Gefäße — durchweg henkellose Schalenformen — die in Mitteleuropa bisher sowohl in ihrer Form als auch in der Art ihres Leisten-Buckel- und Punkt-Buckel-Ornamentes völlig vereinzelt sind (Nr. 24–26). Angesichts der geringen Fundzahl lassen sich über die tatsächliche Form der Gefäße vom Typ Štramberk keine endgültigen Schlüsse ziehen. Außerdem wurden diese Funde meist beschädigt geborgen, so daß ihre richtige Form mehr oder weniger eine Frage der exakten Rekonstruktion ist. Höchstwahrscheinlich handelt es sich um zwei funktional und morphologisch unterschiedliche Formen: erstens um Etagengefäße bzw. sog. „Lampen" und zweitens um Schalen.

Etagengefäße ("Lampen")

Rekonstruierbar ist vorläufig nur ein einziges Exemplar (Nr. 25). Zwei weitere Fragmente ähnlicher Gefäße (Nr. 24. 26) geben Hinweise auf ihre ehemalige Verbreitung und auf die Möglichkeit einer Klassifizierung dieses Typs. Die sog. „Lampen" bestehen aus drei Teilen: Der obere, schalenförmige Teil ist durch einen „Falz" mit der oberen Partie des größeren unteren Gefäßes verbunden. Dieses untere, eigentlich doppelkonische Gefäß ist wiederum aus zwei Teilen zusammengesetzt: dem unteren, schalenförmigen Teil mit Bodendelle und dem sich konisch verjüngenden, oberen Teil mit Hals, dem die obere Gefäß-Etage angepaßt ist. Als Verzierung wurden Buckelreihen, gesäumt von Punktreihen verwendet und zwar — wie an den wenigen bisherigen Funden zu ersehen — in horizontaler als auch vertikaler Anordnung.

24. Malhostovice, Bez. Brno-Land. – Depotfund. – „Lampen"-Mittelteil mit zylindrischem, oben profiliertem Hals und konischem Körper; Wandung unten scharf zurückgebogen (zum Aufsetzen des Unterteils); von innen ausgetriebenes Punkt-Buckelornament aus je einer Punktreihe oben und unten, die mit Doppelreihen verbunden sind und neun Felder bilden, in denen je vier Buckel (Dm. 6 mm) vertikal angeordnet sind; H. 46 mm; Halsdm. 33 x 39 mm; unterer Gefäßdm. 90 mm (*Taf. 4, 24*). – Beifunde: ein Messer (PBF VII, 1 [Říhovský] Nr. 177); ein unverzierter, hoher, kegelförmiger „Schildbuckel"; ein kleiner buckelverzierter „Schildbuckel"; drei massive, verzierte Armbänder; Oberarmspirale; großer, flacher Knopf mit zwei Ösen; 51 ganze und fragmentierte kleine Bronzeringe; zwei Rädchen mit Speichen. – Mus. Brno (64. 231). – V. Podborský, Sborník Prací FFBU E 12, 1967, 29 Taf. 14, 2; ders., Mähren 28. 110 Taf. 7, 16.

25. 26. Štramberk, Bez. Nový Jičín; Depot 4. – Vgl. Nr. 20. – Etagengefäß, ursprünglich aus drei separaten, relativ schlecht erhaltenen Fragmenten bestehend; das bauchige, doppelkonische Unterteil setzt sich aus zwei in den Leisten einrastenden Teilen zusammen; unterste Partie bestehend aus einer Schale mit gewölbtem Boden, die mit einer von zwei Punktreihen gesäumten Buckelreihe verziert ist (Dm. 5 mm); obere Partie des Unterteils ist zu flacherem, kegelartigem, kräftig profiliertem Mantel geformt, der in einen schmalen, kurzen Hals (Br. 24 mm) übergeht; die glatte Schulter unterhalb des Halses ist mit zwei umlaufenden Buckel- (Dm. 5 mm), drei Punktreihen und zwei weiteren darunter verziert; auf dem Hals sitzt eine weitere Schale mit für die Kirkendruptassen typischer scharfer Wandprofilierung; anstelle des Bodens ein höherer Hohlfuß, der im Hals des darunter befindlichen Gefäßteiles einrastet; der Fuß ist unten ausgebogen, um ein Herausgleiten zu vermeiden; oberste Schale mit einer Buckelreihe und zwei Punktreihen verziert; H. 98–101 mm; Mündungsdm. 71 mm; größte Bauchweite 102 mm; Bodendm. 33 mm (*Taf. 4, 25*). „Lampen"-Mittelteil, mit stark profiliertem, flach-kegelförmigem Mantel und eingebogenem Hals (Br. 23 mm), in dem ein Teil des hohlen Fußes vom oberen Gefäß steckt; Wandung mit mehrfachen Punktreihen und einer Buckelreihe (Dm. 4,5 mm) verziert (*Taf. 4, 26*). – Mus. Štramberk (41/56. 43/56 [Nr. 25]; 42/56 [Nr. 26]). – V. Podborský, Sborník Prací FFBU E 12, 1967, 27 Abb. 4, 1. 3 Taf. 13; 14, 1; ders., Mähren 110 Taf. 10, 1. 3; 70, 1; L. Jisl, Časopis Slez. Muz. 16, 1967, 25 Abb. 10; 11, 2 Taf. 13, 1.

Schalen

Von nur zwei verfügbaren Exemplaren (hiervon eines beschädigt) ausgehend, können wir hier formverwandte schlichte Schalen mit ausladendem Rand, stark profilierter Wandung und feinen, oberhalb des nach innen gewölbten Bodens verlaufenden plastischen Leisten herausstellen. Zur Verzierung wurde das gleiche Punkt-Buckel-Ornament wie bei den sog. „Lampen" vom Typ Štramberk (Nr. 24–26) angewandt.

27. 28. Štramberk, Bez. Nový Jičín, Depot 4. – Vgl. Nr. 20. – Unbeschädigte, tiefe Schale; aus sehr feinem Blech getrieben; Gefäßhals in vier plastische Leisten gegliedert; die drei unteren an den Kanten mit Punktreihen verziert; unterhalb des Halses zwei Buckel- (Dm. 6 mm) im Wechsel mit Punktreihen; H. 46 mm; Mündungsdm. 100–106 mm; Bodendm. 33 mm *(Taf. 4, 27)*. Kleine Schale (in zwei deformierten Hälften erhalten) aus sehr dünnem Blech getrieben; Boden fehlt; scharf abgesetzter Rand und trichterförmiger Hals erinnern an Tassen vom

Typ Jenišovice-Kirkendrup; Wandung in vier ausgeprägte plastische Leisten gegliedert, an deren Kanten Punktreihen verlaufen, darunter eine Buckel- (Dm. 5 mm) und eine weitere Punktreihe; H. noch 26 mm; Mündungsdm. 80 mm *(Taf. 4, 28)*. – Mus. Štramberk (40/56 [Nr. 27]; 44/56 [Nr. 28]). – V. Podborský, Sborník Prací FFBU E 12, 1967, 27 Abb. 4, 2. 4 Taf. 12. 15; ders., Mähren 110 Taf. 10, 2. 4; 70, 2. 3; L. Jisl, Časopis Slez. Muz. 16, 1967, 25 Abb. 11, 1. 3.

Funktion: Was die Funktion der Gefäße vom Typ Štramberk (Nr. 24–28) anbelangt, so dürften sie nicht praktischen Zwecken gedient haben. Die bizarre Form, das geringe Fassungsvermögen und die spröde Ausführung der Exemplare widersprechen unseren Vorstellungen über die Tafelfreuden, auch wenn wir für die damalige Zeit eine ausgesprochen „höfische" oder „fürstliche" Schicht in Betracht ziehen. C. Schuchhardt hielt die Eberswalder Goldschalengarnitur einst für das Trinkgeschirr einer höfischen Schicht und ging dabei von Vergleichen mit den Verhältnissen in der Alten Welt aus. G. Kossinna wies diese Auslegung mit dem Hinweis zurück, daß die Gefäße henkellos seien und ihre Wandung aus einem so dünnen Blech getrieben sei, daß sie für den praktischen Gebrauch ungeeignet seien, und wies ihnen eine rituelle, kultische Funktion zu.[1] Von einigen gemeinsamen Aspekten bei den Gefäßen vom Typ Štramberk (Nr. 24–28) und der nordischen Goldtreibkunst der jüngeren Bronzezeit ausgehend, schreiben wir den Štramberker Gefäßen eine analoge Funktion zu: es handelt sich offensichtlich um einen Komplex (oder dessen Teil) außergewöhnlicher Formen, welche kultischen Zwecken dienten.

Zeitstellung und kulturelle Stellung: Mit den Gefäßen vom Typ Štramberk (Nr. 24–28) ist eine Reihe von Problemen verbunden, die sich nun der Fachforschung zur Stellungnahme aufdrängen. Unbestritten ist vielleicht nur ihre Datierung. In Anbetracht der Geschlossenheit des Depotfundes 4 von Štramberk, der Anwendung des Punkt-Buckel-Stils, der umlaufenden plastischen Leisten und angesichts der unbestreitbaren technologischen und teilweise auch formalen Verwandtschaft mit den Tassen vom Typ Jenišovice-Kirkendrup, werden gegen die Einstufung der Gefäße vom Typ Štramberk in den Horizont der Tassen des Typs Jenišovice-Kirkendrup, d.h. in die Stufe Ha B 1, keine Bedenken bestehen.

Probleme ergeben sich allerdings bereits bei der Rekonstruktion der ursprünglichen Gefäßform. L. Jisl hielt diese Gegenstände für „Kelche" und versuchte, die sechs Bestandteile des Štramberker Depots 4 in zwei gleiche Typen zu rekonstruieren, die er mit den christlichen Ziborien verglich.[2] Eine solche

---

[1] Schuchhardt, Der Goldfund vom Messingwerk bei Eberswalde (1914) 28. 31; Kossinna, Der Goldfund vom Messingwerk bei Eberswalde und die goldenen Kultgefäße der Germanen. Mannus-Bibl. 12 (1913) 10.

[2] Jisl, Časopis Slez. Muz. 16, 1967, 25. 33 f.

Rekonstruktion, bei der der kleinere, schalenförmige Teil den Untersatz und der größere, doppelkonische das eigentliche Gefäß (d.h. Gefäß mit Deckel) gebildet hätten, ist jedoch unlogisch. Denn das Gefäß hätte somit keinen Boden, da der Durchgang zwischen dem eigentlichen Gefäß und dem Untersatz offen bliebe.[3] Das Oberteil des „Kelches" (Deckel) ließe sich nur schwer abnehmen (er rastet im zurückgebogenen Blech seines Gegenstückes genau ein), und darüber hinaus wäre die Eindellung am Scheitel des „Deckels", die sonst am Gefäßboden üblich ist, sinnlos. Logischer ist deshalb die vom Autor dieses Beitrages vorgenommene Rekonstruktion, die sich auch mit einigen zeitgleichen Keramikformen der mährischen Lausitzer Kultur vergleichen läßt.[4] Zu den ergänzten „Lampen" vom Typ Štramberk liegen im Fundbestand der jüngeren und späten Bronzezeit keine direkten Entsprechungen vor, auch wenn ähnliche doppelkonische Metallgefäße mit plastischen Leisten um die Bauchweite sicher im Umlauf waren,[5] wie der Fund eines bronzenen Kultwagens mit Gefäß im reichen Brandgrab von Acholshausen, Ldkr. Ochsenfurt, Unterfranken, belegt.[6]

Zu beachten ist, daß die „Lampe" im Depot 4 von Štramberk vielleicht durch ein anderes, allerdings in technischen Details abweichendes Exemplar ersetzt worden war; berücksichtigt man, daß die kleine Einzelschale aus demselben Depot 4 (Nr. 28) keinen Boden hat, so wäre leicht verständlich, daß letztere ursprünglich Bestandteil (d.h. obere Etage bzw. nach Jisl Untersatz) eines anderen Exemplars war. Wegen der unterschiedlichen Wandprofilierung und Randbildung sowie der analogen Einzelschalen aus den Gebieten Polens und Deutschlands, betrachte ich dieses Kleingefäß jedoch als eine selbständige Schale und ebenso das größere, analoge Gegenstück (Nr. 27). Trotzdem ist eine ursprüngliche Zusammengehörigkeit beider Stücke schon wegen der passenden Maße nicht auszuschließen. Das Exemplar von Malhostovice (Nr. 24) würde dann zu einer im Bau etwas schlichter profilierten und anders verzierten „Lampe" gehören.

Die Gefäße vom Typ Štramberk zeigen in technologischer Hinsicht gewisse Übereinstimmungen mit dem Typ Jenišovice-Kirkendrup, insbesondere in der Verzierung und Profilbildung der oberen Etage der rekonstruierten „Lampe" (Nr. 25). Diese Tatsache und die Zugehörigkeit zum Depot 4 deuten auch auf ein gleiches Alter. Das Depot von Malhostovice (Nr. 24) dürfte etwas älter sein.[7]

Die Profile der Einzelschalen (Nr. 27. 28) unterscheiden sich allerdings von den Formen des Typs Jenišovice-Kirkendrup und besitzen auch keine Analogien unter den älteren lokalen Bronzegefäßformen. Möglicherweise bestehen morphologische und technologische Verbindungen zwischen den Schalen von Štramberk (Nr. 27. 28) und den nordischen Goldgefäßen (Gönnebek/Schleswig-Holstein, Langendorf/Mecklenburg, Gölenkamp/Norddeutschland), deren Einfluß nach Süden (Krottorf/Mitteldeutschland, Biernacice/Polen) spürbar wird.[8] Im Bereich der Lausitzer Kultur trafen offensichtlich der Einfluß der nordischen Goldtoreutik und die Ziernormen der Werkstätten des Leisten-Buckel-Stils aufeinander. Aus dieser Verbindung entstand dann der originelle Gefäßkomplex vom Typ Štramberk, der als ein Produkt lokaler Werkstätten anzusehen ist. Vielleicht handelte es sich um die gleichen Werkstätten, die auch die Tassen vom Typ Jenišovice-Kirkendrup herstellten. Dafür sprechen auch die Spektralanalysen, die in einzelnen Elementen eine völlige Übereinstimmung im Rohstoffmaterial der

---

[3] Nach Jisl (ebd. 34) sei die Öffnung zwischen dem Gefäß und dem Untersatz mit Harz abgedichtet gewesen, was jedoch schwer vorstellbar ist.

[4] V. Podborský, Sborník Prací FFBU E 12, 1967, 29 Abb. 11.

[5] Ähnliche Bronzegefäße liegen offenbar in dem jüngst zutage gekommenen, bisher nur in Vorberichten publizierten Depot von Blanot, Dép. Côte-d'Or, vor (J.-P. Thevenot, Gallia Préhist. 28, 1985, 171 ff. Abb. 1; ders., in: Transition Bronze

Final Hallstatt Ancien: problèmes chronologiques et cultures. Actes du 109ᵉ Congrès National des Sociétés Savantes (Dijon, 1984), Section d'archéologie et d'histoire de l'art II (1984) 119 ff. Abb. 1.

[6] Chr. Peschek, Germania 50, 1972, 29 ff. Abb. 3 Taf. 3–5.

[7] Podborský, Mähren 28 Taf. 7, A; Říhovský, PBF VII, 1 (1972) Taf. 41, C.

[8] Vgl. Podborský a.a.O. (Anm. 5) 29 ff. Abb. 12 (mit Literaturhinweisen).

Tassen vom Typ Jenišovice-Kirkendrup und der Gefäße vom Typ Štramberk ergaben. Vielleicht weist der größere Goldgehalt in der Legierung einzelner Exemplare vom Typ Štramberk auf das Bestreben hin, die nordischen Vorbilder auch im Glanz zu imitieren.[9] Auch die feine Ausführung der Štramberker Exemplare ist bemerkenswert und unterstützt die hier aufgestellte These. Sämtliche Kleingefäße aus dem Depot 4 von Štramberk wurden – im Gegensatz zu den auf der Anhöhe Kotouč gefundenen Jenišovice-Tassen (insbesondere im Depot 2 [Nr. 11–19]) – in verhältnismäßig gutem Erhaltungszustand angetroffen (abgesehen von Beschädigungen durch den Bulldozer), und ihre Oberfläche war kaum von einer Patina überzogen. Es ist anzunehmen, daß die Legierung mit dem Vorsatz zubereitet wurde, einen vollendeten Effekt zu erzielen und den feinen Goldgefäßen im Aussehen gleichzukommen.

Wird als möglich angenommen, daß die Tassen vom Typ Jenišovice-Kirkendrup unmittelbar in Nordmähren irgendwo im Bereich der Mährischen Pforte oder vielleicht sogar in der Vorburg oder im Siedlungsareal auf der Anhöhe „Kotouč" bei Štramberk selbst hergestellt wurden, so besteht gleichfalls die Möglichkeit, daß dort auch die in ihrer Art einzigartigen Gefäße vom Typ Štramberk entstanden sind. Ihre Formgestaltung war sowohl durch die Tassen vom Typ Jenišovice-Kirkendrup, als auch durch nordische Vorbilder beeinflußt. Das Entstehen der „Lampen" muß jedenfalls der Vorstellungskraft eines ortsansässigen Künstlers zugeschrieben werden, der vielleicht auch durch einige lausitzische Tongefäße angeregt wurde. Sein Spitzenprodukt übte dann auf die Herstellung der Keramik rückwirkend Einfluß aus.

BECKEN MIT KREUZFÖRMIGEN ZWILLINGSATTASCHEN
(GRUPPE B 1 NACH G. v. MERHART)

Dieser Typ von Bronzegefäßen, dem G. v. Merhart[1] bereits 1952 in einer eigenen Studie besondere Aufmerksamkeit zuwandte, bildete in Mitteleuropa eine sehr beliebte, variable und langlebige Form. Von den ältesten Becken mit halbkugeligem Körper, Zwillingsattaschen und fünf Nieten (Gruppe B 1 nach v. Merhart) führte die Entwicklung über Formen mit Umbruch, einschwingendem Unterteil und vier einteiligen Attaschen (B 2 a / 2 b) zu den hallstattzeitlichen, besonders wandelbaren Einzelexemplaren (Gruppe C).

29. Kopřivnice, Bez. Nový Jičín. – Depotfund. – Zwei tordierte Griffbügel in Halbbogenform (Dm. ca. 253 mm) mit Hakenenden; stark korrodiert; eine beschädigte, doppelte Kreuzattasche (H. ca. 91 mm) mit Nietloch *(Taf. 4, 29).* – Beifunde: zwölf große Ringe mit Pseudotorsion; zwei Bruchstücke ähnlicher Ringe; Spirale aus Vierkantdraht; Fragmente einer kleinen Spirale. – Mus. Kopřivnice (1275–1277). – J. Král, Časopis Slez. Muz. 5, 1956, 26 ff. Abb. 3, 4; J. Meduna, Přehled Výzkumů 1960 (1961) 67 Taf. 26; Podborský, Mähren Taf. 30.

Zeitstellung: Durch die Fragmente von Kopřivnice (Nr. 28) wird der Fund eines halbkugeligen Bekkens[2] der Gruppe B 1 im Gebiet der Mährischen Pforte belegt. Es handelt sich um einen Einzelfund, der dem Becken der Gruppe C aus der Býčí skála-Höhle (Nr. 45) zeitlich vorausgeht. Das Fragment selbst ist zwar gut datierbar, denn nach H. Müller-Karpe sind die halbkugeligen Becken mit Zwillings-

---

[9] Ebd. 28 ff. Taf. mit Spektralanalysen (Autor PhDr. P. Mišustov).

[1] v. Merhart, Studien 3 ff. Taf. 1–7.

[2] J. Král (Časopis Slez. Muz. 5, 1956, 26) stellte bereits aufgrund der Attaschenbiegung fest, daß es sich um ein halbkugeliges, leicht gedrungenes Gefäß gehandelt haben muß.

attaschen immer älter als jene mit Einzelattaschen,[3] doch der übrige Depotinhalt verweist eindeutig auf chronologische Zusammenhänge mit dem Horizont der Tassen vom Typ Jenišovice-Kirkendrup und der Gefäße des Typs Štramberk (Spirale einer zweiteiligen Fibel, gegossene Ringe mit Pseudotorsion). Das gleichzeitige Vorkommen der Becken der Gruppe B 1 und der Tassen vom Typ Jenišovice-Kirkendrup oder der Eimer des Typs Hajdúböszörmény hat im übrigen bereits v. Merhart nachgewiesen,[4] und die gleichen zeitlichen Relationen wurden auch durch den von P. Patay[5] analysierten Depotfund von Mezőkövésd bestätigt.

Über den vereinzelten und darüber hinaus sehr fragmentarischen Beckenfund von Kopřivnice (Nr. 29) lassen sich keine genaueren Schlüsse ziehen. Wir wollen jedoch betonen, daß dieser Fund aus dem Raum der Mährischen Pforte stammt, durch welche die Handelswege aus dem Donaugebiet in Richtung Norden nach Polen geführt haben sollen. Auch die verhältnismäßig geringe Entfernung zur Siedlung auf der Anhöhe Kotouč bei Štramberk fällt auf. Die Konzentration von Bronzedepots um dieses einstige Machtzentrum der Träger der Lausitzer Kultur zeugt vom Bestehen von Werkstätten, insbesondere während der Blütezeit der Lausitzer Kultur („Schlesische Kultur") am Beginn der Spätbronzezeit.

AUSWERTUNG

Aus Mähren sind bisher mindestens 25 Exemplare bronzener Blechgefäße aus der Urnenfelderzeit bekannt; davon sind sechs so stark fragmentiert, daß bei den meisten (Nr. 2–4. 19. 24) der Typ nicht mehr mit Sicherheit bestimmt werden kann.

Das älteste Gefäß stellt die Tasse vom Typ Friedrichsruhe von Velatice, Hügel I (Nr. 1) dar. Ältere Metallgefäßfunde gibt es nicht. Es handelt sich demnach um Funde aus der Urnenfelderzeit, einer Zeit, während der das Gebiet Mährens kulturell (und offenbar auch ethnisch) in eine nördliche (Lausitzer Urnenfelder) und eine südliche Zone (Mitteldonauländische Urnenfelder, Velaticer und Podoler Kultur) gespalten war.

Aus der älterurnenfelderzeitlichen Stufe Bz D/Ha A stammen außer der Velaticer Tasse vom Typ Friedrichsruhe (Nr. 1) Bruchstücke von einem oder mehreren Gefäßen aus dem Depot von Přestavlky (Nr. 2–4), die vielleicht dem Typ Osternienburg-Dresden angehörten. Eine Produktion von Metallgefäßen läßt sich für diese Zeit in Mähren nur schwer vorraussetzen, vielmehr ist auf einen fremden Ursprung dieser Metallgefäße zu schließen. Das Gefäß von Velatice findet seine Entsprechungen vor allem im oberdonauländischen und süddeutschen Urnenfelderkreis, und dort – d.h. westlich von Mähren – muß auch seine Herkunft gesucht werden. In Mähren können für diese Zeit keinerlei Einflüsse der karpatenländischen Toreutik nachgewiesen werden, was mit der westlichen Orientierung der Velaticer Kultur zusammenhängt. Die südmährische Velaticer Kultur selbst weist expansive Tendenzen in östliche Richtung auf (vgl. das Entstehen der sog. karpatenländischen Velaticer Kultur).

Das Depot von Přestavlky (Nr. 2–4) wurde im Verbreitungsgebiet der Lausitzer Kultur geborgen. Vom eigentlichen Typ der Blechgefäße aus diesem Depot abgesehen (Typ Osternienburg-Dresden?), ist es wichtig, daß es sich um einen Hortfund handelt. Metallgeschirr wurde auf dem Gebiet der Lausitzer Kultur in Mähren ausnahmslos nur in Depots gefunden. In lausitzischen Gräbern, auch in den neu erforschten Gräberfeldern (z. B. Moravičany), ist diese Fundgattung bisher nicht geborgen worden.

[3] Müller-Karpe, Arch. Geogr. 2, 1952–55, 49.
[4] v. Merhart, Studien 5.
[5] Patay, Acta Arch. Hung. 21, 1969, 167 ff. bes. 204.

Die Mehrzahl der mährischen Metallgefäße stammt aus den Anfängen der Stufe Ha B, d.h. dem Beginn der Spätbronzezeit. Es handelt sich vor allem um Tassen vom Typ Jenišovice-Kirkendrup, deren Fundzahl sich vorläufig auf etwa 16 Stück beläuft (in Fragmenten mindestens zwei weitere Exemplare). Zwei davon (Klentnice, Grab 63 [Nr. 5], Milovice [Nr. 10]) stammen aus Gräbern der Velaticer-Podoler Kultur im mitteldonauländischen Urnenfelderkreis (die Tasse Nr. 5 weisen wir trotz ihres nicht völlig typischen Gepräges dem Typ Jenišovice-Kirkendrup zu), die restlichen waren Bestandteile dreier Depots (Křenůvky [Nr. 6−9], Štramberk, Depot 2 [Nr. 11−19. 22] und 4 [Nr. 20. 21]) der Lausitzer Kultur in Nordmähren (sog. Schlesische Kultur). Diese Depots haben wir als vergrabene Schätze gedeutet, was auch die Möglichkeit eines Erwerbs der Metalltassen durch einen „Ankauf" außerhalb Mährens zuließe. Heute kann die Fertigung von Blechgefäßen des Typs Jenišovice-Kirkendrup in Mitteleuropa und in Mähren selbst schon als wahrscheinlich angesehen werden. Die erwähnten Depots sprechen nicht gegen diese Annahme, auch wenn sie eine andere Auslegung hinsichtlich der Herkunft dieser Gegenstände zulassen. Die Konzentration der Depots mit Tassen vom Typ Jenišovice-Kirkendrup im Raum der Mährischen Pforte (der Fundort Křenůvky liegt an der Linie, die die Mährische Pforte mit dem Donaugebiet verbindet) weist auf Einflüsse aus südöstlicher Richtung hin, die die Kenntnis und offenbar auch die Herstellung dieser Tassen vermittelten. Durch die Mährische Pforte führten die Handelskontakte nach Norden und Nordwesten bis in die Gebiete des heutigen Polens, Mitteldeutschlands und Südskandinaviens.

Als Folge der wechselseitigen Verbindungen mit dem Karpatenbecken und dem nordeuropäischen Lausitzer Kreis und namentlich durch den Einfluß der nordischen Goldtreibkunst kam es in Nordmähren zur Herstellung der Gefäße vom Typ Štramberk (Nr. 24−28). Die unikaten Štramberker Exemplare wurden von ortsansässigen, mit der Herstellungstechnik und Verzierung der Tassen des Typs Jenišovice-Kirkendrup vertrauten Handwerkern verfertigt. Beim Entstehen der kombinierten „Lampen" vom Typ Štramberk (Nr. 24−26) spielten allerdings außer den erwähnten Einflüssen auch die eigene Phantasie und die Kunstfertigkeit des Herstellers eine gewichtige Rolle.

Ungefähr in die gleiche Zeit wie die Tassen vom Typ Jenišovice-Kirkendrup und die Gefäße vom Typ Štramberk fällt auch das Depot von Kopřivnice mit dem Torso eines Kreuzattaschenbeckens (Nr. 29). Geographisch hängt dieser Fund mit der unweit gelegenen befestigten Siedlung auf der Anhöhe Kotouč bei Štramberk zusammen. Es ist nur schwer zu entscheiden, ob es sich hier um einen weiteren Beweis für das Bestehen einer lokalen Produktion von Metallgefäßen oder in diesem Fall um eine Folgeerscheinung der Handelsbeziehungen zum Karpatenbecken handelt.

Im Horizont Ha B 1 erreichten der Umlauf und wahrscheinlich auch die Herstellung der mährischen bronzezeitlichen Metallgefäße ihren Höhepunkt. Es ist daher anzunehmen, daß Mähren und insbesondere dessen nördlicher (Lausitzer) Teil zu dieser Zeit in die Aktivitäten der europäischen Bronzetoreutik voll einbezogen war. In den Spätabschnitten der Bronzezeit nahm das Vorkommen von Bronzegefäßen in Mähren merklich ab. Bis vor kurzem war kein einziges spätbronzezeitliches Metallgefäß bekannt. Der jüngste Fund eines Tassenfragmentes vom Typ Stillfried-Hostomice aus der Gegend von Kuřim (Nr. 23) deutet darauf hin, daß Mähren auch in der Stufe Ha B 2/3 am kulturellen Leben Mittel- und Westeuropas teilnahm, auch wenn bis jetzt noch keine lokale Herstellung von Blechgeschirr vermutet werden kann. Wie aus dem Auftreten von Gegenständen östlicher Provenienz (Dolche mit Kreuzgriffen, Trensenknebel des Typs Černotín usw.) zu entnehmen ist, drang in Mähren während der ausklingenden Bronzezeit eine starke kulturelle Strömung aus dem Osten ein, ohne daß jedoch die kulturelle und politische Lage der ansässigen Stämme der Lausitzer und Podoler Kultur eine wesentliche Änderung erfuhr. Diese östliche, nomadische Einwirkung („Thrako-Kimmerischer Horizont") war bereits ein Vorzeichen der aufkommenden älteren Eisenzeit.

JINDRA NEKVASIL

HALLSTATTZEITLICHE BRONZEGEFÄSSE IN MÄHREN

DER FUNDSTOFF

TELLER-SCHÜSSELN

TELLER-SCHÜSSELN VON TYP HORÁKOV (DÝŠINA)

Diese aus einem einzigen Stück Blech getriebenen sog. Teller-Schüsseln haben ein gedrungenes, halbkugeliges Unterteil und einen leicht abgesetzten Boden. Das trichterartig ausladende Oberteil ist oberhalb
des Umbruchs mit einer umlaufenden, von außen eingeschlagenen Punktreihe verziert. Der flache
Rand trägt von innen nach außen getriebene Ringbuckel (sog. Sonnenscheiben) und stilisierte Vogel-
darstellungen. Die Anordnung dieser beiden Elemente variiert, und es wurden offenbar auch verschiedene Punzen verwendet. Über diesen Darstellungen verläuft am äußeren Rand der Fläche eine von
innen herausgeschlagene Buckelreihe. Das Profil zeigt eine waagerechte oder leicht nach unten gebo-
gene Randpartie. Der Knick ist manchmal durch eine nach außen getriebene Rippe betont. Um den
Rand verlaufen zwei gleichfalls nach außen getriebene Buckelreihen. Der Rand ist über einen Rund-
draht aus Bronze nach außen gebördelt.

Die mährischen Exemplare bilden zusammen mit der Teller-Schüssel von Dýšina (Böhmen) und derjenigen von Oberwiesenacker (Oberpfalz)[1] eine im wesentlichen geschlossene Gruppe. Einzelne Abweichungen sind nicht so ausgeprägt, daß eine Unterteilung in selbständige Typen gerechtfertigt wäre.
Der Erhaltungszustand der mährischen Schüsseln ist sehr schlecht, so daß sie bis auf das Exemplar Nr.
30 nicht rekonstruiert werden konnten. Hier kann nur eine annähernd wahrheitsgetreue zeichnerische
Rekonstruktion gegeben werden.

30. 31. Horákov, Bez. Brno-Land; Hgl. „Hlásnice". –
Grabfund. – Teller-Schüssel; fast vollständig, doch stark
beschädigt (bei der Rekonstruktion Mittel- und Randteil
waagerecht ausgezogen); am Oberteil zehn Ringbuckel
und 26 Vögel (drei fehlen) zu acht mal drei und zwei Ein-
zelfiguren angeordnet; Ansatz der Randpartie rippenlos;
Boden mit sehr dünnem rechteckigem Blechstück ausgebessert, das zu einem Drittel über den Bodenrand auf die
Wandung übergreift und mit acht flachgehämmerten
Nieten befestigt ist; Nietköpfe im Gefäßinneren halbkugelig; H. ca. 52 mm; Mündungsdm. ca. 420 mm (*Taf. 5,
30*). Teller-Schüssel; in größere und kleinere Stücke zer-
brochen, einige davon verbogen; Oberteil mit sich ablösenden Ringbuckeln und Vögeln im Verhältnis 12 : 12
verziert; Rand vom Mittelteil durch eine Rippe getrennt;
H. ca. 88 mm; Mündungsdm. ca. 320 mm (*Taf. 6, 31*). –

[1] A. Siegfried-Weiss, in: Kytlicová, PBF II, 12 (1991) Nr. 72; G. Kossack, Jb. RGZM 1, 1954, 176 Abb. 27, 26.

Beifunde: zwei eiserne Lanzenspitzen; eisernes Beil; ein Eisenmesser; fünf eiserne Trensen; etwa 125 Knöpfe (Ringe) und deren Fragmente (von Pferdegeschirr?) aus Bronze und Eisen; Bronze- und Eisenbleche; goldener Fingerring; Bernsteinperle; eiserne Nadel; durchbrochener Anhänger; hohle Bronzekugel; Bronzeanhänger; Keramik. – Datierung: Ha D. – Mus. Brno (64703; 64704). – J. Skutil, Šlapanský zpravodaj 4, 1937, Nr. 3; V. Podborský, Sborník Prací FFBU E 25, 1980, 110.

32. Holásky, Bez. Brno-Stadt. – Im Jahr 1925 wurden zwei Hügelgräber untersucht. Der Fundbericht erwähnt u. a. zwei Bronzeschüsseln. Erhalten sind sechs größere Bruchstücke von Gefäßoberteilen und -rändern, ein Boden- und Wandungsteil, 400 Fragmente und Splitter. Es ist unmöglich zu bestimmen, von wievielen Schüsseln und aus welchem Grab diese Funde stammen. – Tellerschüssel (aus mehreren Wandungsstücken und einem Bodenteil ergänzt); Oberteil wahrscheinlich mit Ringbuckeln im Wechsel mit Vogelfiguren verziert; der Umbruch zur waagerechten Randpartie wird durch eine Rippe betont; Mündungsdm. ca. 440 mm *(Taf. 7, 32)*. – Beifunde: bronzener Schöpfer mit Hebelgriff (Nr. 35); eiserne Waffen; Pferdegeschirrteile aus Bronze und Eisen; Bronze- und Bernsteinperlen; kleiner Bronzering und ein weiterer aus Gold. – Datierung: Ha C. – Mus. Brno (SAÚ 1713–1717). – I. L. Červinka, ČVSMO 57, 1948, 16 ff.; V. Podborský, Sborník Prací FFBU E 25, 1980, 108.

Funktion: Teller-Schüsseln und Keramik waren in den Gräbern der Horákov-Kultur Bestandteile der Beigabenausstattung. Sie wurden in Mähren in den reichsten Hügelgräbern dieser hallstattzeitlichen Regionalgruppe gefunden und hatten offenbar eine besondere Bedeutung unter den sonstigen Beigaben. Meist trifft man jedoch stellvertretend für die Metallschüsseln Keramikschüsseln an, die oft auch tellerartig profiliert und auf der Innenseite reich verziert sind.

Zeitstellung: Die Gräber von Holásky (Nr. 32) gehören aufgrund ihrer Keramik in den jüngeren Abschnitt der Stufe Ha C. Das Grab von Horákov (Nr. 30. 31) dürfte – nach den mitgefundenen Metallgegenständen zu schließen – etwas jünger sein und vielleicht der Stufe Ha D 1 angehören.[2]

Verbreitung: Diese Gefäßgruppe tritt im engen Kreis der Horákover, der westböhmischen und oberpfälzischen Hallstattkultur auf.[3]

TELLER-SCHÜSSEL UNBESTIMMBAREN TYPS

Im ausgeraubten Hügelgrab von Morašice (Nr. 33) wurden Bruchstücke einer Schüssel tellerartigen Typs gefunden. Ein Fragment der Wandung und Randpartie läßt vermuten, daß diese Schüssel in der Größenordnung den anfangs genannten mährischen Teller-Schüsseln entspricht (Nr. 30–32). Die relativ schmale Randpartie knickt in einen konischen Teil ab, der eine umlaufende Buckelreihe trägt; der Blechrand ist über einen Bronzedraht nach oben gebördelt. Die Schüssel war wahrscheinlich noch weiter gegliedert und mit einer weiteren Buckelreihe verziert. Die genaue Form und Verzierung läßt sich nicht mehr rekonstruieren, auch ist nicht auszuschließen, daß sie nicht richtig ergänzt wurde, worauf die ungewöhnliche Bördelung des Randes nach oben hinweist.

33. Morašice, Bez. Znojmo. – Ausgeraubtes Hügelgrab; in der sekundär umgeschichteten Grabgrubenfüllung lagen die Bronzegefäßreste an drei Stellen und wurden unter drei verschiedenen Inventar-Nummern eingetragen: 632–61/55 (Bruchstück mit Buckelreihe [33 x 12 mm], zwei unverzierte Bruchstücke [20 x 12, 25 x 7 mm] und 18 kleinere Bruchstücke), 632–62/55 (vier Randstücke [42 x 12 mm und kleinere], eines mit Reparatur-Niet, acht Fragmente), 632–63/55 (Bruchstück mit Buckelreihe [27 x 8 mm], unverziertes Bruchstück [25 x 14 mm], ein weiteres [18 x 14 mm] und neun Fragmente). Es ist ungewiß, ob diese Bruchstücke zu einem einzigen Gefäß

---

[2] V. Podborský, in: Symposium zu Problemen der jüngeren Hallstattzeit in Mitteleuropa. Bratislava (1974) 371 ff. Abb. 10 (die hier aufgeführte Keramik entstammt jedoch mit Ausnahme von Nr. 11 nicht diesem Fundverband).

[3] V. Šaldová, Pam. Arch. 59, 1968, 366 Abb. 24, 31; G. Kossack a. a. O. (Anm. 1) 151; N. Åberg, Bronzezeitliche und früheisenzeitliche Chronologie 2 (1931) 47 Abb. 88.

gehörten; dafür spricht jedoch der einheitliche Patina-Überzug, insbesondere auf der Außenseite, wo organische Stoffe schichtenweise haftengeblieben sind und das Blech fast gleich stark ist (0,6 – 0,8 mm). Möglicherweise hat die Schüssel ursprünglich in der Mitte der Grabgrube gelegen, wo laut Fundbericht auf der Sohle ein Abdruck mit Patinaresten und Kohlestücken von etwa 28 cm Dm. festgestellt wurde. – Teller-Schüssel (?); Mündungsdm. ca. 400 mm *(Taf. 7, 33)*. – Beifunde: Reste von zwei weiteren Bronzegefäßen (Nr. 34. 36); bronzene und eiserne Pferdegeschirrteile; fragmentierte Bronzenadeln mit Bernsteinköpfen; Bernsteinperlen; Keramik. – Datierung: Ha C. – Mus. Moravský Krumlov (632–61–63/55). – J. Říhovský, Arch. Rozhl. 8, 1956, 13 ff.

Funktion: Ähnlich wie die Teller-Schüsseln vom Typ Horákov (Dýšina) (Nr. 30–32) war auch das Exemplar von Morašice (Nr. 33) Bestandteil einer Grabausstattung.

Zeitstellung: Stufe Ha C.

Verbreitung: Da es aufgrund der schlechten Erhaltung nicht möglich ist, den genauen Schüsseltyp zu bestimmen, können wir nur annehmen, daß dieses Exemplar zur Gruppe der übrigen Teller-Schüsseln Südmährens, Südwestböhmens und der Oberpfalz gehört.

EINE KLEINERE SCHÜSSEL (?) UNBESTIMMBAREN TYPS VON MORAŠICE

Aus mehreren, im ausgeraubten Hügelgrab von Morašice gefundenen Bruchstücken kann auf das Vorhandensein eines weiteren kleineren Bronzegefäßes aus dünnem Blech (Nr. 34) geschlossen werden. Die Wandung deutet darauf hin, daß es sich um ein flachkonisches Gefäß handelt, dessen Boden sehr klein gewesen sein muß. Es könnte auch ein *Gefäßdeckel* gewesen sein, wenn wir die Rekonstruktion umgekehrt vornehmen. Der Blechrand ist über einen dünnen Bronzedraht nach oben gebördelt. Die Verzierung besteht aus von außen getriebenen Leisten; die erste verläuft in Randnähe, eine weitere folgt hinter der ausgesparten Fläche, drei andere sind an der Wandung zur Mitte hin erkennbar. Die Gesamtzahl der Leisten läßt sich nicht abschätzen. Von der letzten Leiste liefen in Richtung Mitte Radialleisten, von denen nur zwei erhalten sind.

34. Morašice, Bez. Znojmo. – Vgl. Nr. 33. – Die Bruchstücke lagen an mehreren Stellen in der Grabgrubenfüllung. Es läßt sich nicht feststellen, ob sie nur von einem einzigen Gefäß stammen, doch sie heben sich durch ihre Wandungsstärke (0,4–0,6 mm) und sehr dünne Patina (Überzug nur stellenweise vorhanden) von den anderen Blechfragmenten ab. Sie sind je nach ihrer Lage wie folgt inventarisiert: 632–18b/55 (Randstück mit Durchschlag-Spuren [52 x 30 mm]), 632–28/55 (Blechstück mit Rille [20 x 16 mm]), 632–39/55 (vier Bruchstücke mit Leisten [44 x 16, 24 x 20, 16 x 15 und 12 x 11 mm]), 632–43/55 (Randstück [30 x 13 mm]), 632–47/55 (zwei Bruchstücke [22 x 15 und 18 x 16 mm] und sechs Splitter), 632–65/55 (zwei größere Fragmente mit Leisten [30 x 30 mm und 22 x 22 mm]), 18 kleinere Bruchstücke und ein rechteckiges Plättchen [15 x 10 mm] mit Nietloch, wahrscheinlich eine zu Reparaturzwecken bestimmte Unterlage). – Schüssel oder Gefäßdeckel; Dm. ca. 220 mm *(Taf. 7, 34)*. – Mus. Moravský Krumlov (632–18b.28.39.43.47.65/55).

Zeitstellung: Stufe Ha C.

SCHÖPFER

SCHÖPFER MIT HEBELGRIFF VOM TYP HOLÁSKY

Das halbkugelige Gefäß von Holásky (Nr. 35) ist aus einem einzigen Blechstück getrieben. Der aus einem Rundstab bestehende Ziergriff ist an einem Ende gegabelt, breitgeschlagen und mit Nietlöchern versehen. Das andere Ende ist aufgebogen, S-förmig gewunden und zu einem Dreieck verbreitert, über dessen Fläche zwei Rillen in Keilform gezogen sind. Unterhalb des Gefäßrandes verläuft ein Zierstreifen aus fein schraffierten, hängenden Dreiecken, die oben von zwei Linien und unten von einer Linie gesäumt sind.

35. Holásky, Bez. Brno-Stadt; Hgl. II. – Vgl. Nr. 32. – Schöpfer mit Hebelgriff (etwa zu einem Drittel erhalten); an einem Ende eingedrückt; erhalten haben sich außerdem: ein Stück vom breitgehämmerten Griffende, ein weiterer breitgeschlagener Stäbchenrest mit Niet, drei Plättchen vom Rand mit Nieten und 23 Blechabsplisse; an einem der Randplättchen haften zwei eng aneinanderliegende Niete, die auf der Innenseite eine rechteckige Unterlage festhalten; Einzelheiten und eine vielleicht vorhandene Verzierung konnten wegen der starken Patina nicht ermittelt werden; Mündungsdm. ca. 120 mm *(Taf. 8, 35)*. – Mus. Brno (SAÚ 1718).

Funktion: Die Mehrzahl der Hügelgräber der Horákov-Kultur waren mit einer oder mehreren Tonamphoren ausgestattet, die als Opfergefäße dienten. In ihrem Innern befanden sich sehr oft kleine Tonschöpfer. Der Bronzeschöpfer Nr. 35 wurde im Hügelgrab II von Holásky geborgen. Es ist nicht auszuschließen, daß ein ähnlicher Schöpfer auch in einer weiteren Amphore bzw. in einer der Amphoren des Hügelgrabes I vom selben Fundort enthalten war.

Zeitstellung und Verbreitung: Schöpfer mit Hebelgriff erschienen in größerer Variationsbreite erstmals am Ende der Urnenfelderzeit. Trotz ihres häufigen Vorkommens in Norditalien werden sie dort nicht als bodenständiges Gerät angesehen. Ihr Verbreitungsschwerpunkt liegt im Donaugebiet und im Rheinland; vereinzelte Stücke sind aus Frankreich, Böhmen und Schlesien bekannt.[1] In Bezug auf die Form des Hebelgriffendes ist der Schöpfer von Holásky (Nr. 35) ein Unikat.

EIN SCHÖPFER UNBESTIMMBAREN TYPS VON MORAŠICE

Die Überreste eines kleinen Gefäßes aus dünnem Bronzeblech von Morašice (Nr. 36) lassen vermuten, daß es sich am ehesten um einen Schöpfer handelt, dessen Typ jedoch nicht mehr rekonstruierbar ist.

36. Morašice, Bez. Znojmo. – Vgl. Nr. 33; die Gefäßreste wurden in der Nordost-Ecke der Grabgrube gefunden, allerdings bereits in sekundärer Lage. – Bruchstücke eines Schöpfers (?); das größte Bruchstück (12 x 15 mm) läßt an die Krümmung vom Hals zum Unterteil denken, es könnte sich jedoch auch um eine nachträgliche Beschädigung handeln; erhalten haben sich noch 46 kleinere Bruchstücke; einige davon (Inv. Nrn. 632–62/55; 632–63/55) sind durcheinandergebracht (vgl. auch Nr. 33); alle Fragmente sind gleich stark (0,4 mm) und gleichartig hellgrün patiniert; Mündungsdm. vermutlich ca. 50 mm *(Taf. 8, 36)*. – Mus. Moravský Krumlov (632–57/55).

Funktion: Falls es sich tatsächlich um einen Schöpfer handelt, so war er das Begleitgefäß zu einer Amphore.

---

[1] v. Merhart, Studien 16 f. Karte 2.

ZISTEN

ZISTE MIT SEITENGRIFFEN (VARIANTE DER CERTOSA-GRUPPE)

Die Ziste von Náklo (Nr. 37) besteht aus zwei senkrechten Wandungsteilen, dem Boden, zwei Griffen und Nieten. Die zylindrische Gefäßwand ist in zwölf nach außen gewölbte Rippen und Zwischenflächen geteilt; letztere sind mit je einer horizontalen, getriebenen Buckelreihe verziert. Der Rand ist hohl und rippenartig nach innen gebogen (Verstärkung?). Das untere Ende der Gefäßwand ist flach rippenartig verstärkt, nach innen eingebogen und bildet eine Rinne zum Einrasten der Bodenplatte. Beide Gefäßwandhälften sind übereinandergeschoben und auf den Zwischenflächen mit Flachkopfnieten vernietet. Der Boden ist in der Mitte mit einer von drei Rillen umgebenen Delle versehen, von der auf der Innenseite vier kurze Radialstreifen aus sehr feinen Rillen, auf der Außenseite acht Strahlen auslaufen. Der Bodenrand ist scharf nach unten gebogen, um in die Wandrinne einzurasten. Beide Griffe bestehen aus einem Rundstab, dessen Enden zu Rechteckplatten breitgeschlagen, mit je zwei Nietlöchern und Einschnitten an den Außenrändern versehen sind.

37. Náklo, Bez. Olomouc. – Depotfund. – Leicht beschädigte Ziste; von den Nieten an den Griffen sind nur drei erhalten, die restlichen rekonstruiert; Schlagspuren auf der Innenwandung und am Boden sind wahrscheinlich bei der Herstellung des Blechs entstanden; H. 321 mm; Mündungsdm. 360 mm; Bodendm. 352 mm *(Taf. 9, 37)*. – Beifunde: acht Bronzetassen (Nr. 47–54). – Datierung: Ha D 2. – Mus. Olomouc (1800). – H. Wankel, ČVSMO 6, 1889, 54; Stjernquist, Ciste II 12.

Funktion: Im Depot von Náklo wurde die Ziste (Nr. 37) als Behältnis für die übrigen Bronzegefäße (Nr. 47–54) verwendet. Die Aufbewahrung von Gegenständen in großen Bronzegefäßen ist bei Depots eine übliche Erscheinung, insbesondere bei denjenigen, deren Funde auf Handelsbeziehungen zur Ostsee hinweisen. Es handelt sich hierbei um eine Zweitfunktion, die durch die Transportverhältnisse bedingt ist. Die Zisten gehören im allgemeinen jener Bronzegefäßgruppe an, deren Besitz einer hallstattzeitlichen, sog. „fürstlichen" Schicht zugeschrieben wird.

Zeitstellung: Das Depot von Náklo (Nr. 37. 47–54) bietet selber keinen chronologischen Anhaltspunkt. Nach der von B. Stjernquist durchgeführten Analyse[1] gehört dieser Zistentyp in die Stufe Ha D 3, doch im Hinblick auf das Vorkommen ähnlicher Depotfunde mit Bronzegefäßen könnte auch eine Datierung in die Stufe Ha D 2 in Betracht gezogen werden.

Verbreitung: Dieser Gefäßtyp ist in Norditalien, im Raum der Südostalpen und in Mitteleuropa[2] verbreitet.

ZISTEN MIT ZWEI GRIFFBÜGELN (STANDARD-TYP MIT KM2 UND PB1a NACH B. STJERNQUIST)

Die Gefäße dieses Typs bestehen aus einem Blechmantel, dem Boden, zwei Halterungsösen, zwei Griffbügeln, Nieten und einer eisernen Randeinfassung. Die zylindrische Wandung ist aus einem einzigen eingerollten Blechstück gebildet und in neun Rippen mit acht Zwischenflächen gegliedert. Je nach Vorhandensein oder Fehlen einer horizontalen Buckelreihe auf den Zwischenflächen unterscheiden wir

---

[1] Stjernquist, Ciste I 108 Abb. 16.   [2] Ebd. 52 Abb. 11.

eine verzierte (Nr. 38–40) und eine unverzierte (Nr. 41) Variante. Die Randrippe ist über einen Eisenstab gebördelt, das untere Ende rippenartig verbreitert und so eingebogen, daß es eine Rinne zum Einrasten der Bodenplatte bildet. Die senkrechten Blechmantelenden sind übereinandergelegt und in den Zwischenzonen mit Flachkopfnieten verbunden. In der Bodenmitte befindet sich eine Delle, um die vier konzentrische Rillen laufen. Die Bodenplatte hat einen breiten, getriebenen „Standring", dessen scharf nach unten gebogener Rand in die Wandrinne einrastet. Beide Zwillingsattaschen sind aus einem Rundstäbchen gefertigt, das in der Mitte und an den Enden breitgeschlagen und mit Nietlöchern versehen ist. Sie sind in der obersten Zwischenzone, die eine jeweils oberhalb der Wandnaht, die andere gegenüber befestigt, wobei die Ösen über den Gefäßrand hinausragen, und die S-förmigen Griffenden in sie einhaken. Die Bügel der Griffe sind tordiert.

Die vier mährischen Exemplare (Nr. 38–41) unterscheiden sich voneinander nur in Details und im Erhaltungszustand.

38–41. Býčí skála (Stierfelshöhle), Gde. Habrůvka, Bez. Blansko. – Höhle; Zufluchtsort. – Leicht beschädigte Ziste; eine der Attaschen und Griffenden fehlen; H. 203 mm; Mündungsdm. 235–238 mm *(Taf. 8, 38)*. Stark beschädigte Ziste; Unterteil fehlt; nur eine Attasche und Randstück erhalten; H. noch 199 mm; Dm. ca. 230 mm *(Taf. 10, 39)*. Stark beschädigte Ziste; Boden fehlt; Wandung von unten her eingedrückt; von Attasche und Bügel nur Bruchstücke erhalten; H. noch 207 mm; Mündungsdm. ca. 226 mm *(Taf. 10, 40)*. Leicht beschädigte Ziste; ein Stück von der Attasche und Teile beider Griffplatten abgebrochen; in den Zwischenzonen keine Buckelreihen; H. 202 mm; Mündungsdm. ca. 227 mm *(Taf. 11, 41)*. – Beifunde: zwei Situlen (Nr. 42. 44); Becken mit Kreuzattaschen (Nr. 45); Sieb (Nr. 46); Eimer (Nr. 55); Attasche (Nr. 56); zahlreiche Bronzegefäßfragmente (Nr. 57–76); Waffen; Geräte; Schmuckgarnitur; Keramik und Rohmaterial. – Datierung: Ha D 2. – Mus. Wien (11739 [Nr. 38]; 11740 + 11612/1 [Nr. 39]; 11741 + 11632/1 + 11616/1 [Nr.40]; 1151 [Nr. 41]). – Wankel, Mährische Schweiz 410; Stjernquist, Ciste II 39.

Funktion: Laut H. Wankel sollen sämtliche Bronzegefäße eine Gruppe nächst der Kultstelle gebildet haben. Ihre kultische Bedeutung wurde durch den angeblichen Fund eines Menschenschädels in einer der Zisten bekräftigt.[1] Neue Untersuchungen an der Fundstelle[2] zeigten jedoch, daß Wankels Schilderung stark von romantischen Vorstellungen beeinflußt worden war und infolgedessen nicht als realistischer Fundbericht angesehen werden kann. Deshalb sind folgende Möglichkeiten zu erwägen: a) Die Gefäße waren Bestandteile eines Depots, das aus einem „Fürstensitz" stammte, wo sie als Ritualgefäße gedient haben könnten; b) sie sind als Händlerdepots anzusehen; c) es handelt sich um ausgesonderte Gegenstände, die zur Reparatur oder zum Umschmelzen bestimmt waren. Der Umstand, daß die Gefäße stark beschädigt sind, und daß von einigen ganze Teile fehlen, würde am ehesten für die letztere Möglichkeit sprechen. Freilich kann auch diese Schlußfolgerung nicht als definitiv gelten, denn die Beschädigung könnte durch eine Katastrophe verursacht worden sein, von der die Býčí skála-Höhle betroffen wurde, oder die Unvollständigkeit der Gegenstände hängt mit der damaligen Bergungsmethode zusammen.

Zeitstellung: Der Fundkomplex aus der Býčí skála-Höhle kann in die Stufe Ha D 2 datiert werden; dieser Zeitansatz entspricht der Gebrauchszeit der Zisten im allgemeinen.[3]

Verbreitung: Zisten mit zwei Griffbügeln sind in Norditalien, im südostalpinen Raum sowie in Mittel- und Westeuropa verbreitet.[4]

---

[1] Wankel, Mährische Schweiz 385.
[2] J. Nekvasil, Anthropologie 19, 1981, 107 ff.
[3] Stjernquist, Ciste I 64 ff. Abb. 14. 16.
[4] Ebd. Abb. 12.

SITULEN

SITULEN MIT SCHLICHTEM GRIFFBÜGEL

Dieser Gefäßtyp setzt sich aus Mantel, Boden, zwei Attaschen, einem Griffbügel, Nieten und entweder einer eisernen (Nr. 42) oder einer aus Blech gefertigten (Nr. 43) Randeinfassung zusammen. Der Rand ist nach außen bis an den fast senkrechten Hals, der mit einem im Oberteil verlagerten Umbruch in den konischen Mittelteil und hohen Unterteil übergeht, zu einer Rippe gebogen. Die Mantelränder sind übereinandergelegt und mit Nieten befestigt. Der Boden ist zu einem breiten „Standring" ausgetrieben, dessen Rand zunächst nach unten und dann wieder nach oben gebogen wurde, wodurch eine Nut für das Einrasten der Gefäßwand entstand. Die Attaschen bestehen aus Stäben, die an den Enden breitgeschlagen, mit Nietlöchern versehen und in schlichte, über den Rand hinausragende Ösen ausgeformt sind. Der Griffbügel ist aus einem kantigen Stab mit verjüngten, zu Ösen eingerollten (Nr. 42) oder in Haken auslaufenden Enden (Nr. 43) gefertigt.

42. 43. Býčí skála (Stierfelshöhle), Gde. Habrůvka, Bez. Blansko. – Vgl. Nr. 38. – Situla; in drei Teile gebrochen; Teile der Wandung fehlen; die erhaltenen Reste sind verbogen; die Wandung ist von sechs Nieten zusammengehalten; rekonstr. H. 210 mm; Mündungsdm. ca. 200 mm *(Taf. 11, 42)*. Situla; nur Randstück mit Halsteil erhalten; der Hals mit zwei Nieten verfestigt; H. noch 35 mm *(Taf. 11, 43)*. – Datierung: Ha D 2. – Mus. Wien (11607 + 11637 + 11744 [Nr. 42]; 1150 [Nr. 43]). – Wankel, Mährische Schweiz 410.

Funktion: Beide Situlen (Nr. 42. 43) sollen nach H. Wankel genau wie die Zisten (Nr. 38–41) einer Bronzegefäßgruppe in der Höhle angehört haben. Da beide stark beschädigt sind, und von der Situla Nr. 43 nur ein Teil erhalten ist, scheinen sie bereits als Altmaterial deponiert worden zu sein. Hinsichtlich der ursprünglichen Funktion dieser Gefäße gilt das Gleiche wie bei den übrigen Bronzegefäßen aus der Býčí skála-Höhle (vgl. S. 20).

Zeitstellung: Für die Datierung der Situlen Nr. 42 und 43 liegt dieselbe Beurteilungsgrundlage wie für den gesamten Befund der Býčí skála-Höhle vor: sie gehören in die Stufe Ha D 2, wobei ihre Entstehungszeit jedoch auch weiter zurückliegen kann.

Verbreitung: In Anbetracht der großen Variationsbreite der Situlen findet man zu beiden Exemplaren aus der Býčí skála-Höhle – schon wegen der Bodengestaltung der Situla Nr. 42 – keine genauen Analogien. Nahestehend sind Typen mit ausgeprägtem, senkrechtem Hals aus dem Ostalpenraum, die aus den Eimern vom Typ Kurd[1] hervorgegangen sind, und von denen auch die Form mit geripptem Oberteil (Nr. 44) abzuleiten ist.[2]

RIPPENSITULA

Die Rippensitula Nr. 44 besteht aus einem Mantel, zwei Attaschen, Nieten und einem Griffbügel. Der Boden fehlt. Der Rand ist nach außen zu einer Rippe gebogen. Den konischen Halsteil bzw. die Schulter zieren drei umlaufende Rippen. Der schräg gerippte Bügel mit S-förmigen Enden hakt in zwei am Hals angenietete Attaschen ein.

---

[1] F. Starè, Zbornik Filozofske Fakultete 2, 1955, 13 ff. Taf. 5 (Stična); 11 (Vače).

[2] Ebd. Taf. 3. 8 (Magdalenska gora); 7 (Novo Mesto – Kandija).

44. Býčí skála (Stierfelshöhle), Gde. Habruvka, Bez. Blansko – Vgl. Nr. 38. – Situla; Unterteil fehlt; Oberteil stark beschädigt und eingedrückt; von den Attaschen blieben nur die angenieteten Enden erhalten, dazwischen sind Ersatznietplatten angebracht worden; das eine Griffende ist flachgehämmert und zu einer Öse gebogen, das andere in Gestalt eines gegossenen Ringes am Hals mit einem angenieteten Stäbchen befestigt; der Griffbügel ist entzweigebrochen; H. noch 147 mm; Mündungsdm. 238 mm *(Taf. 11, 44)*. – Mus. Wien (11743). – Wankel, Mährische Schweiz 410.

Funktion: Diese Situla (Nr. 44) aus der Býčí skála-Höhle ist ein weiteres Gefäß aus der Ansammlung von Bronzegefäßen, die dort laut H. Wankel eine Sondergruppe bildeten. Ihre erhebliche Beschädigung deutet darauf hin, daß die Situla ebenfalls nur mehr Altmetallwert besaß. Hinsichtlich der ursprünglichen Funktion dieses Gefäßes gilt die bereits erwähnte Schlußfolgerung, daß sie Bestandteil einer hallstattzeitlichen „fürstlichen" Metallgefäßgarnitur war.

Zeitstellung: Hinsichtlich der Altersfrage sei auf die Zeitbestimmung der bereits umschriebenen Situlen von der Býčí skála-Höhle verwiesen, obgleich ihre Herstellungszeit aufgrund von Analogien auch älter sein könnte.[1]

Verbreitung: Die Situlen mit Schulterrippen wurden von G. v. Merhart von den anderen Situlen abgetrennt. Sie sind in breiterem typologischem Sinne in Norditalien und im Bereich der Südostalpen verbreitet, vereinzelt kommen sie auch im Donaugebiet, in Mitteleuropa und an der Ostseeküste vor.[2] Alle aufgeführten Funde unterscheiden sich in Einzelheiten von der Situla aus der Býčí skála-Höhle (Nr. 44); nur die Exemplare von Kaltern[3] sehen fast genauso aus.

BECKEN MIT KREUZFÖRMIGEN ZWILLINGSATTASCHEN
(GRUPPE C NACH G. v. MERHART)

Es handelt sich um ein gedrungenes, schüsselartiges Becken aus starkem Blech. Die beiden tordierten Griffbügel sind mit S-förmig endenden Haken in jeweils zwei gegossenen, kantigen Kreuzattaschen verankert. Die Attaschen sind mit je vier Nieten an ihren breitgehämmerten Enden befestigt.

45. Býčí skála (Stierfelshöhle), Gde. Habrůvka, Bez. Blansko. – Vgl. Nr. 38. – Becken; der Rundboden ist erneuert worden, wie aus dem von unten angelegten, kreisförmigen, nach innen gewölbten und mit 19 Nieten befestigten Flickblech zu sehen ist; das Gefäß ist von unten her eingedrückt; urspr. H. 117 mm; Mündungsdm. 236 mm *(Taf. 12, 45)*. – Datierung: Ha D 2. – Mus. Wien (11742). – Wankel, Mährische Schweiz 409; v. Merhart, Studien Taf. 6, 11.

Funktion: vgl. S. 20.

Zeitstellung: Auch wenn die Becken mit kreuzförmigen Zwillingsattaschen im allgemeinen als Werkstattprodukte der ausgehenden Urnenfelderzeit angesehen werden, so ist doch eine Datierung in die Stufe Ha D 2 für den Fundverband der Býčí skála-Höhle geltend zu machen.

Verbreitung: Das Verbreitungszentrum dieses Gefäßtyps liegt im süd- und südöstlichen Alpenbereich. Fundstellen sind aber auch im Westteil des Karpatenbeckens und weiter Richtung Nordwest bekannt, vereinzelte Funde kommen auch in Westeuropa und England vor. Dem hier behandelten Gefäß (Nr. 45) nahestehend sind Becken aus dem ostalpinen Bereich, die offensichtlich demselben Werkstattkreis entstammen.[1]

---

[1] v. Merhart, Kaltern 232. 234.
[2] ders., Studien 37 Karte 7.
[3] v. Merhart, Kaltern 227 ff. Taf. 19. 20.

[1] v. Merhart, Studien 13 ff.; F. Starè, Zbornik Filozofske Fakultete 2, 1955, Taf. 25, 2 (Sv. Lovreno); 26, 1; 27, 2 (Šmarjeta); 28, 4 (Libna gora).

BRONZESIEB VOM TYP BÝČÍ SKÁLA

Dieses aus einem einzigen Stück getriebene Gefäß (Nr. 46) hat einen niedrigen, doppelkonischen Hals, der leicht ausschwingend in das halbkugelige, mit zehn waagerechten Lochreihen versehene Unterteil übergeht.

46. Býčí skála (Stierfelshöhle), Gde. Habrůvka, Bez. Blansko. – Vgl. Nr. 38. – Bronzesieb; in drei größere Teile und einige Bruchstücke zerfallen; der untere Teil ist mit zwei von der Bodenmitte aus kreuzförmig angelegten Blechstreifen ausgebessert worden; der untere Streifen ist kürzer und an den Längsseiten gekerbt; beide Streifen sind in der Bodenmitte mit kleinen Nieten verbunden; weitere Niete sitzen an den Armen beider Streifen; rekonstr. H. 120 mm; rekonstr. Mündungsdm. 250 mm (*Taf. 12, 46*). – Datierung: Ha D 2. – Mus. Wien (1156 + 11609). – Wankel, Mährische Schweiz 415.

Funktion: Über die primäre Funktion dieses Gefäßes besteht keinerlei Zweifel. Es stellt sich nur die Frage, ob diese Siebe im Alltag oder – gemeinsam mit dem übrigen hallstattzeitlichen Bronzegeschirr – bei „fürstlichen" Gelagen gebraucht wurden. Die schwere Beschädigung des Siebes aus der Býčí skála-Höhle (Nr. 46) läßt wiederum vermuten, daß es schon bei der Deponierung nur noch Altmetallwert besaß.

Zeitstellung: Die Deponierungszeit (Stufe Ha D 2) des Siebes Nr. 46 wird durch die Zusammensetzung der Gefäßgruppe in der Býčí skála-Höhle gegeben. Für die Bestimmung der Entstehungszeit des Gefäßes liegen jedoch keine Anhaltspunkte vor.

Verbreitung: Das Sieb (Nr. 46) ist ein Einzelstück und mit den jungbronzezeitlichen Sieben der Urnenfelderkultur im Donaugebiet, in Mittel- und Nordeuropa nicht vergleichbar.[1]

TASSEN

MANTELTASSEN

Typbestimmend für diesen Tassentyp sind das Innenteil, das Profil und der Henkel. Das Innenteil ist halbkugelig, der Rand ist nach unten eingebogen und hält zugleich den Mantel fest, der kurz ausschwingt und sich unter den Rand des Innenteils schiebt. Nach unten bildet dieser einen kurzen, senkrechten Hals, der sich außen in einer Leiste absetzt, von der an das gewölbte und durchbrochene Mittelteil des Mantels beginnt. Es besteht aus vier (Nr. 48) oder fünf (Nr. 47) Reihen von Hängebögen, die – miteinander verbunden – mit ihren Scheiteln jeweils auf den Ansätzen der Bögen der darunterlaufenden Reihe zu liegen kommen. Von der untersten Reihe gehen kurze senkrechte Bänder in das Unterteil, den eigentlichen Tassenboden, über. Dieser hat einen Wulstrand und einen Einstich in seiner gewölbten Mitte. Der Henkel wurde aus einem rechteckigen Stück Blech hergestellt, dessen Enden in Ovalform zugeschnitten und dessen Ränder aufgebogen sind; durch die Mitte läuft ein Grat. Das obere Henkelende ist nur am Innenteil, das untere durch beide Teile hindurch befestigt.

---

[1] W. Coblenz, Arbeits- u. Forschber. Sachsen 2, 1951, 135 ff.; H. Müller-Karpe, Bayer. Vorgeschbl. 21, 1956, 47 ff.; O. Kytlicová, Pam. Arch. 50, 1959, 120 ff.

47. 48. Náklo, Bez. Olomouc. – Vgl. Nr. 37. – Tasse; an zwei gesprungenen Stellen ist die Vernietung deutlich erkennbar; der Mantel ist auch noch an anderen Stellen leicht beschädigt; H. 52 mm; Mündungsdm. 118 mm; Henkelbr. 13 mm *(Taf. 13, 47)*. Tasse; Mantel stark beschädigt; Boden und Teile der Wandung ausgebrochen; gesprungene Wandung unterhalb des unteren Henkelendes mit einem ungleichmäßigen Plättchen unterlegt und einem großen Niet vernietet; H. 50,5 mm; Mündungsdm. 120 mm; Henkelbr. 13 mm *(Taf. 13, 48)*. – Mus. Olomouc (1757 [Nr. 47]; 1758 [Nr. 48]). – H. Wankel, ČVS

Funktion: In Mähren sind m. E. diese Tassen als Handelsware zu bewerten, d.h. es ist wahrscheinlich, daß sie nicht für die damals im Gebiet des heutigen Mährens ansässige Bevölkerung bestimmt waren, sondern weiter an die Ostsee als Gegenwert für Bernstein verhandelt wurden. Außerdem ist zu beachten, daß es sich um reparierte Exemplare handelt.

Zeitstellung: Eine genaue Datierung ist nicht möglich, so daß das Depot von Náklo (Nr. 37. 47–54) nur allgemein in die Stufe Ha D 2 gesetzt werden kann. Alle Tassen von Náklo dürften jedoch viel älter sein, wie schon B. Stjernquist vermutete.[1]

Verbreitung: Tassen dieses Typs sind nur aus Náklo selbst bekannt.

GERIPPTE TASSE

Die aus einem Stück getriebene Tasse von Náklo (Nr. 49) besitzt einen konischen Hals, eine gerundete Schulter und einen durchgehend senkrecht kannelierten Bauch. Durch die von außen eingedrückten Kanneluren entstanden gleichbreite Zwischenrippen. Um die Bodendelle verlaufen vier konzentrische Rillen. Von dem mit zwei Nieten am Hals und unterhalb der größten Bauchweite befestigten und mit drei Buckelreihen verzierten Henkel hat sich nur ein Teil um den unteren Niet herum erhalten.

49. Náklo, Bez. Olomouc. – Vgl. Nr. 37. – Stark patinierte Tasse; H. 38 mm; Mündungsdm. 112 mm *(Taf. 13, 49)*. – Mus. Olomouc (1759).

FLACHGERILLTE TASSE

Die Tasse (Nr. 50) ist aus einem einzigen Stück Blech getrieben und weist einen profilierten Hals, ein leicht gewölbtes Unterteil und eine breite Bodendelle auf. Die vom Rand bis zum ersten Halsknick reichende Gefäßzone ist mit 53 fein geritzten, waagerecht angeordneten, geschachtelten Dreiecken verziert. Der Bauch weist 38 (und vielleicht noch zwei weitere undeutliche) in größeren Abständen angebrachte Flachrillen auf, die an drei konzentrischen, um die Bodendelle verlaufenden Rillen enden. Der aus einem Blechband mit abgerundeten Enden gefertigte, mit zwei Längsrinnen versehene Henkel ist oben von innen und am Unterteil von außen angenietet.

50. Náklo, Bez. Olomouc. – Vgl. Nr. 37. – Tasse; an der Henkel-Vernietungsstelle war die Tassenwandung vom Rand bis an den Boden aufgerissen und von innen mit einem Blechstreifen, den sechs Niete und der Henkelniet hielten, geflickt worden; H. 42 mm; Mündungsdm. 107 mm; Henkelbr. 13 mm *(Taf. 13, 50)*. – Mus. Olomouc (1761).

---

[1] Stjernquist, Ciste I 55 f.

TASSE MIT AUSBIEGENDEM RAND

Diese Tasse (Nr. 51) ist ebenfalls aus einem einzigen Stück Blech getrieben. Ihr Hals ist profiliert, das Unterteil gewölbt und der Boden flach, mit einer Delle in der Mitte. Der Henkel ist am Tassenrand von innen mit zwei Nieten, unterhalb der größten Bauchweite mit einem einzigen Niet befestigt. Sein oberes Ende ist zu einer Platte verbreitert, das untere in zwei Keile aufgeschnitten. Der Rand ist durchlaufend quergekerbt, und auf beiden Seiten der Mittelrippe verläuft eine Rinne, zu deren Seiten sich jeweils eine fein geritzte Zickzacklinie befindet.

51. Náklo, Bez. Olomouc. – Vgl. Nr. 37. – Tasse; durch Patina beschädigt; H. 44 mm; Mündungsdm. 132 mm; Henkelbr. 17 mm *(Taf. 14, 51).* – Mus. Olomouc (1764).

TASSEN MIT OMPHALOS

Diese Tassen (Nr. 52. 53) sind wie die vorhergehenden aus einem einzigen Stück Blech getrieben. Vom konischen Hals mit nach unten abfallendem Rand ist das flach gewölbte, in einem großen Omphalosboden endende Unterteil abgesetzt. Der Henkel besteht aus einem schlichten, an den Enden gerundeten Blechband, an dessen Rändern Reihen kleiner Grübchen verlaufen; oben ist er nur mit einem Niet an der Halsinnenseite, unten von außen unterhalb der Bauchung befestigt.

52. 53. Náklo, Bez. Olomouc. – Vgl. Nr. 37. – Tasse; Henkel abgebrochen; Wandung eingedrückt und durch Patina beschädigt; H. 51 mm; Mündungsdm. 147 mm; Henkelbr. 17 mm *(Taf. 14, 52).* Tasse; Wandungsriß oberhalb des Bodens mit zwei Blechstreifen repariert: der innere ist klein, viereckig und mit vier Nieten (zwei erhalten) befestigt; der äußere, trapezförmige reichte bis über den Boden und war mit 15 Nieten (ein einziger erhalten) und zusätzlich mit den Nieten des kleineren Streifens vernietet; Henkel ebenfalls geflickt: die gesprungenen Stellen sind übereinander gelegt und mit zwei Nieten verbunden worden; das ganze Gefäß ist stark beschädigt, ganze Wandungsteile fehlen; H. 56 mm; Mündungsdm. 143 mm; Bodendm. ca. 45 mm *(Taf. 14, 53).* – Mus. Olomouc (1763 [Nr. 52]; 1765 [Nr. 53]).

EINE TASSE UNBESTIMMBAREN TYPS VON NÁKLO

Im Depotfund von Náklo waren ursprünglich acht Bronzetassen enthalten. Hiervon sind sieben beschrieben worden (Nr. 47–53), die achte (Nr. 54) ist heute nicht mehr auffindbar. Wir nehmen jedoch an, daß sie vom gleichen Typ war wie die restlichen Tassen, wahrscheinlich wie die Tasse Nr. 49.

54. Náklo, Bez. Olomouc. – Vgl. Nr. 37. – Tasse. – Mus. Olomouc (1760; verschollen).

EIMER

RIESENEIMER UNBESTIMMBAREN TYPS

Im Fundverband der Býčí skála-Höhle (Nr. 38–45. 55–76) war auch das konische Wandungsstück eines aus mehreren Platten vernieteten Rieseneimers (Nr. 55) enthalten. Als Analogie sei hier das große situlenartige Gefäß aus dem Depotfund von Kurd erwähnt,[1] das zur Verwahrung von Zisten diente. Ein ähnliches Gefäß stammt von Au bei Rebling. Es wurde aufgrund des erhaltenen oberen Teiles von G. v. Merhart den Situlen mit Schulterrippen zugeordnet.[2]

55. Býčí skála (Stierfelshöhle), Gde. Habrůvka, Bez. Blansko. – Vgl. Nr. 38. – Wandungsstück eines Eimers, bestehend aus drei vernieteten Blechplatten: das mittlere, trapezförmige Blech ist fast vollständig erhalten; rechts und links sind Stücke der Nachbarteile angenietet; so-wohl der obere als auch der untere Rand ist mit Niet-lochreihen versehen; H. 566 mm; rekonstr. Mün-dungsdm. ca. 708 mm *(Taf. 15, 55).* – Mus. Wien (11745/ 2). – Wankel, Mährische Schweiz 415.

Funktion: Auch bei diesem Fund handelt es sich mit größter Wahrscheinlichkeit um Altmaterial. Diese großen Gefäße wurden ursprünglich sicherlich im Rahmen kultischer Handlungen des sog. „Fürsten-kreises" und – nach dem Eimer von Kurd zu schließen – vermutlich im Fernhandel als Transportbe-hältnisse verwendet.

Zeitstellung: Der Eimer (Nr. 55) allein bietet keinen chronologischen Anhaltspunkt. Dem Befund der Býčí skála-Höhle zufolge datiert er jedoch in die Stufe Ha D 2.

Verbreitung: Diese Rieseneimer sind nur im Donaugebiet verbreitet.[3]

ATTASCHE ZU EINEM EIMER VOM TYP KURD

Im Fundverband der Býčí skála-Höhle ist auch die Attasche eines großen, wenn nicht sogar „Riesenge-fäßes" (Nr. 56) enthalten, bestehend aus der eigentlichen, mit Nieten am Gefäßrand befestigten Halte-rung, in die der Griffring eingehängt war. Diese Attasche ist ein Gußstück mit fünf Längsrippen, die mit zwei Querrippen abschließen. Die Enden der Attasche sind zu quergestellten Platten breitgeham-mert. Die kleinere, längs der Ränder mit getriebenen Punktreihen verzierte Platte weist in der Mitte drei große Ringbuckel, dazwischen und am Rand je zwei Niete mit hohem Kegelkopf auf. Die zweite, größere Nietplatte ist ebenso verziert, nur sind die mittelständigen Ringbuckel größer und die Nietlö-cher liegen nur an den kürzeren Rändern. Der Griffring ist ebenfalls gegossen und hat einen rhombi-schen Querschnitt.

56. Býčí skála (Stierfelshöhle), Gde. Habrůvka, Bez. Blansko. – Vgl. Nr. 38. – Attasche; an der größeren Nietplatte sind beide Niete herausgerissen, das Blech zersprungen und ausgebrochen; von der kleineren Platte fehlt ein Teil, so daß nur zwei Niete und das Loch für einen dritten erhalten sind; die Attaschenbiegung ist de-formiert; L. der Platten 115 mm; Ringdm. 91 mm *(Taf. 16, 56).* – Mus. Wien (11603 + 12572). – Wankel, Mähri-sche Schweiz 415.

Funktion: Vgl. S. 20.

Zeitstellung: In Anlehnung an den Fundverband der Býčí skála-Höhle ist eine Datierung der Atta-sche (Nr. 56) in die Stufe Ha D 2 zu verantworten, wenngleich sie auch älter sein kann.

Verbreitung: Der Verbreitungsraum der Eimer vom Typ Kurd ist groß und schließt Mittel- und Norditalien, das Donaugebiet, Westeuropa sowie England und Irland ein.[1] Gleiche gegossene Atta-schen sind jedoch bisher nicht bekannt, die nächsten Entsprechungen stammen vom Gräberfeld Hall-statt/Oberösterreich, Gr. 504[2] und von Barloo in Holland.[3]

---

[1] S. Foltiny, Zur Chronologie der Bronzezeit des Karpa-tenbeckens (1955) 107; Patay, PBF II, 10 (1990) Nr. 44.

[2] v. Merhart, Studien 36 f. Taf. 22, 9.

[3] Patay, PBF II, 10 (1990) 40.

[1] v. Merhart, Studien 31 Karte 5; Patay, PBF II, 10 (1990) 40.

[2] v. Merhart, Studien Taf. 17, 1; Prüssing, PBF II, 5 (1991) 50 Nr. 100.

[3] v. Merhart, Studien Taf. 17, 5.

BRONZEGEFÄSSFRAGMENTE

Im Fundverband der Býčí skála-Höhle fanden sich eine ganze Reihe von Bronzegefäßbruchstücken (Nr. 57–76), die zwar zu dem einen oder anderen der oben genannten beschädigten Gefäßen gehört haben könnte, die jedoch so zahlreich und verschieden sind, daß zumindest ein Teil von ihnen schon als stark fragmentiertes Altmaterial deponiert wurde. Deshalb sind diese Fragmente heute nur noch schwer oder überhaupt nicht mehr bestimmbar.

57.–76. Býčí skála (Stierfelshöhle), Gde. Habrůvka, Bez. Blansko. – Vgl. Nr. 38. – Boden-Blechstück; Mittelteil vom „Standring" abgesetzt; Dm. ca. 140 mm *(Taf. 16, 57)*. Zwei Blechstücke; verbunden mit zwei Nieten; an einem Blech ein weiteres Nietloch; verbogen; es handelt sich wahrscheinlich um eine Gefäßnaht; L. 68 mm *(Taf. 16, 58)*. Gefäßnaht; zwei mit sechs Nieten verbundene Bleche; L. 174 mm *(Taf. 16, 59)*. Verbogenes Gefäßbruchstück mit zwei Nieten; L. 58 mm *(Taf. 16, 60)*. Um ein Eisenstäbchen gewundenes Blechstück; unterhalb der Biegung ein Niet; stark patiniert und verrostet; offenbar ein Gefäßrandfragment; L. 36 mm *(Taf. 16, 61)*. Gefäßnaht mit zwei Nieten; L. 58 mm *(Taf. 16, 62)*. Zwei durch Patina verbundene Blechstücke; offenbar von Gefäßnaht; L. 25 mm *(Taf. 16, 63)*. Zwei Blechstücke; durch Patina verklumpt; offenbar von Gefäßnaht; L. 20 mm *(Taf. 16, 64)*. Zwei Blechstücke; mit einem Niet verbunden; offenbar von Gefäßnaht; L. 29 mm *(Taf. 16, 65)*. Teil einer Gefäßnaht; eines der Bleche ist mit einer Reihe von sechs Nieten versehen, das andere ist nur mit den zwei letzten Nieten erfaßt; zwei weitere dicht nebeneinandergesetzte Niete sorgten für den Halt; L. 170 mm *(Taf. 16, 66)*. Stark verbogenes Blechstück mit zwei Nietlöchern; vielleicht von Gefäßnaht; L. 77 mm *(Taf. 16, 67)*. Verbogenes Blechstück mit drei Nietlöchern; vielleicht von Gefäßnaht; L. 70 mm *(Taf. 16, 68)*. Randstück; zwei übereinandergeschlagene Bleche; L. 64 mm *(Taf. 16, 69)*. Attasche aus dünnem, an den Enden breitgeschlagenem und mit Nieten am Wandstück befestigtem Bronzestäbchen; L. 70 mm *(Taf. 17, 70)*. Lange, breitgeschlagene Nietplatte einer Attasche mit zwei Nietresten; L. 70 mm *(Taf. 17, 71)*. Attaschenrest aus dünnem Stäbchen; an einem Ende breitgeschlagen; mit ausgebrochenem Nietloch; verbogen; L. 64 mm *(Taf. 17, 72)*. Schräg geripptes Griffbügelfragment; Ende verjüngt und zu einem Haken gebogen; L. 72 mm *(Taf. 17, 73)*. Drei gerippte Griffbügelfragmente; L.: 96 mm/42 mm/43 mm (Taf. 17, 74–76). – Mus. Wien (11598 [Nr. 57]; 11614 [Nr. 58]; 11611 [Nr. 59]; 1153/1–9 [Nr. 60–67, 69]; 11616/2 [Nr. 70]; 11615 [Nr. 71]; 11632/2–5 [Nr. 73–76]); Mus. Brno (64291 [Nr. 68]; Pa 11028/40 [Nr. 72]).

EIN BRONZEBLECHFRAGMENT UNBESTIMMBAREN TYPS VON VÁŽANY

Verzierungsmäßig gehört dieses vereinzelte Fragment (Nr. 77) zu den spätbronzezeitlichen Gegenständen. Es dürfte sich um das Wandungsstück eines Bronzegefäßes handeln, doch ist seine Zugehörigkeit zu einer anderen Gattung toreutischer Bronzeerzeugnisse nicht ausgeschlossen. Das Blech weist ein waagerecht angeordnetes Treibornament auf, bestehend aus einer Reihe großer, zwei Reihen kleiner Buckel und zwei Rillen, die eine Zwischenrippe bilden.

77. Vážany, Bez. Blansko; Flur „Stěrchy". – Lesefund (1980). – Leichtgewölbtes Bronzeblechfragment; Ränder unregelmäßig und (vorsätzlich?) leicht verbogen; Maße: 28 x 25 mm, Dm. 120 mm; Stärke 0,5 mm *(Taf. 17, 77)*. – Beifunde (?): Tonscherben der Lausitzer Kultur. – Datierung: Ha B. – Mus. Boskovice (nicht inventarisiert). – Unpubliziert.[1]

---

[1] Für die frdl. Erlaubnis, den Fund zu publizieren, gebührt Herrn A. Štrof mein besonderer Dank.

AUSWERTUNG

Die aus fünf verschiedenen Fundorten Mährens stammenden, mindestens 46 Bronzegefäße und die anderen Bruchstücke teilen wir topographisch und zeitlich in zwei Gruppen ein.

Die *erste Gruppe* umfaßt die Grabfunde von Horákov (Nr. 30. 31), Holásky (Nr. 32. 35) und Morašice (Nr. 33. 34. 36). In allen Fällen handelt es sich um Grabhügel mit Grabkammern der Horákov-Kultur, die Brand- oder Körperbestattungen und eine besonders reiche Beigabenausstattung bargen. Einer eingehenderen Auswertung des Grabhügels Hlásnice bei Horákov (Nr. 30. 31) steht der Umstand im Wege, daß dieser bereits im Jahre 1892 erforscht wurde, zu einer Zeit, als die Grabungsmethoden noch nicht so entwickelt waren, und Keramik kaum untersucht wurde. Die Funde aus beiden Hügelgräbern von Holásky (Nr. 32. 35) sind heute nicht mehr auseinanderzuhalten, und nur bei einigen metallenen Gegenständen läßt sich aufgrund des ursprünglichen Berichtes von I. L. Červinka ihre Zugehörigkeit zu einem der beiden Grabhügel klären. Bei der Keramik ist dies jedoch nicht mehr möglich. Das bereits schon mit moderneren Methoden im Jahre 1955 vom Brünner Archäologischen Institut der Tschechoslowakischen Akademie der Wissenschaften unter der Leitung von J. Říhovský untersuchte Hügelgrab von Morašice (Nr. 33. 34. 36) war bereits in vorgeschichtlicher Zeit beraubt worden.

Unter diesen Grabfunden waren vor allem zwei Typen von Bronzegeschirr vertreten: Tellerartige Schüsseln und Schöpfer. Im Hinblick auf ihre Funktion ersetzten diese bronzenen Gefäße die bisherigen Tonschüsseln und Tonschöpfer. Beide Typen, ebenso wie die Amphoren und Tassen, Deckel und andere Keramikbeigaben sind in den Hügelgräbern der Horákov-Kultur eine regelhafte Erscheinung. Auch wenn die genaue Funktion der einzelnen Typen bis heute noch nicht geklärt werden konnte, so ist doch anzunehmen, daß ihre Grablegung dem Sepulkralritus entsprechend geschah. Durch die Umsetzung keramischer Gegenstände in bronzene wird die Bedeutung der einzelnen Vorgänge des Rituals unterstrichen.

Die relativ gute Erhaltung dieser Schüsseln (mit Ausnahme der nur problematisch ergänzbaren Schüsseln von Morašice [Nr. 33. 34]) und ihr verhältnismäßig begrenzter Verbreitungsbereich (in Südmähren, Südwestböhmen und der Oberpfalz) lassen ahnen, wo sich ihr Herstellungszentrum befunden haben könnte; doch außer diesem geographischen Gesichtspunkt gibt es keine Anhaltspunkte für die Bestimmung ihrer Herkunft. Zieht man die aus symbolhaften „Sonnenscheiben" (Ringbuckel) und Vögeln zusammengesetzten Ziermotive in Betracht, so wird deutlich, daß diese Schüsseln mit weiteren Gefäßtypen – kleinen Amphoren, Eimern, Zisten und Situlen – verknüpft sind, auf denen die gleichen Zierelemente vorkommen. Diese Bronzegefäßgruppe ist über ganz Europa verbreitet und muß nicht ausschließlich von Nord- und Mittelitalien ihren Ausgang gefunden zu haben.[1] Ebenso kompliziert ist die Beurteilung der Schöpfer mit Hebelgriff (Nr. 35), die trotz ihrer weiten Verbreitung im Grunde als im Westhallstattkreis heimisch zu betrachten sind.[2] Die Schale oder der Deckel von Morašice (Nr. 34) ist derart zerfallen, daß die ehemalige Form nicht mehr genau rekonstruierbar ist.

Immerhin geht auch noch aus anderen Erscheinungen hervor, daß durch das Vorhandensein von Bronzegefäßen in den Hügelgräbern der Horákov-Kultur das Bestehen von Beziehungen zwischen Südmähren und den hallstattzeitlichen Hügelgräberkulturen Süd- und Westböhmens bzw. Nordostbayerns nur bekräftigt wird. Im Entwicklungsstadium dieser Kulturen, das in die Stufe Ha C gesetzt

---

[1] Kossack, Symbolgut 50. 112 f.   [2] v. Merhart, Studien 302 ff.

wird, zeigt die Keramik vielerlei gemeinsame Elemente, wie z. B. Schüsseln mit Mäanderverzierung, tellerförmig profilierte Schüsseln und bei einigen Gefäßen die feine Raster-Ziertechnik.

In Anbetracht des verfügbaren Inventars aus diesen Hügelgräbern sind die Datierungsmöglichkeiten gering. Nach den letzten, von V. Podborský[3] vorgenommenen Analysen gehören diese Gräber der klassischen Stufe der Horákov-Kultur (Ha C) an. Nur beim Grabhügel Hlásnice (Nr. 30. 31) nahe Horákov treten gewisse Zweifel auf. An einem Anhänger ist Eisen mit Bronze im Lötverfahren verbunden, eine Technik, die erst von den Funden der Býčí skála-Höhle her bekannt ist. Ein anderer Anhänger gehört in die Gruppe der durchbrochenen, gegossenen Bronzen, die in Mähren in der Stufe Ha C noch nicht geläufig waren. Deshalb darf angenommen werden, daß der Grabhügel von Horákov etwas jünger ist, zumindest erst aus dem Beginn der Stufe Ha D stammt. Diese Annahme läßt sich jedoch nicht durch die Keramikanalyse abstützen.

Die *zweite Gruppe* umfaßt die Funde aus der Býčí skála-Höhle (Nr. 38–46. 55–76) und von Náklo (Nr. 37. 47–54). Sie sind für den hallstattzeitlichen Handel kennzeichnend. Der Fund von Náklo ist zweifellos ein Depot. Beim Fundverband aus der Býčí skála-Höhle ist die Beurteilung nicht so eindeutig, doch gerade die Bronzegefäße und deren Bruchstücke scheinen für die Bestimmung des Befundes als Refugium ausschlaggebend zu sein.

Die Zusammenstellung der Bronzegefäße in der Býčí skála-Höhle ist verschieden. Zur zahlenmäßig größeren Gruppe gehören die Zisten (Nr. 38–41) und zumindest eine der Situlen (Nr. 42). Alle diese Gefäße weisen die gleichen technologischen Merkmale auf, die sie auch mit der Ziste von Náklo (Nr. 37) verbinden. Die übrigen Gefäße aus der Býčí skála-Höhle sind allesamt Einzelstücke ohne gemeinsame Merkmale. Ähnlich verhält es sich auch bei den Tassen von Náklo (Nr. 47–54). Die Existenz von Bronzegefäßen in der Býčí skála-Höhle erklären wir uns damit, daß es sich dabei um ausrangierte Stücke handelt. Somit wäre auch die typologische und letztlich auch chronologische Zersplitterung sowie das Zusammenliegen von Gegenständen unterschiedlichster Herkunft und Alters geklärt. Unbeantwortet bleibt freilich die Frage hinsichtlich der Reichweite bzw. des Umfangs des Altmetallsammelns und der Herkunft dieser Menschen, die sich in der Býčí skála-Höhle niederließen, Gegenstände und Rohmaterial deponierten und schließlich daselbst zugrunde gingen.[4]

Beide Befunde (Býčí skála, Náklo) verbindet das Vorkommen von typenmäßig unterschiedlichen, jedoch technologisch gleichartigen Zisten. Von ihnen führen Verbindungswege zu den Depotfunden in Schlesien und Polen[5] und von da wieder zurück zum Befund der Býčí skála-Höhle und den darin gefundenen Gegenständen norditalischer und etruskischer Herkunft. Alles vereint sich in einem einzigen Fernhandel, der zur Ostsee hin auf Bernstein ausgerichtet war. Die Fundumstände in der Býčí skála-Höhle lassen an eine Krisenzeit denken, die zur Deponierung dieser Gegenstände führte. Die unsicheren Zeiten dürften mit den skythischen Einfällen in Mitteleuropa zu verbinden sein.

Die Datierung des Befundes aus der Býčí skála-Höhle in die Stufe Ha D2 ist durch die jüngsten darin enthaltenen Gegenstände (gerippte Armringe, Kahnfibeln mit kurzem Fuß und Goldhaarbänder) bedingt. Sie entspricht den oben erwähnten Zusammenhängen und zeigt zugleich, daß die obere Grenze dieses Depotfundhorizontes mit den Skytheneinfällen in Mähren zusammenfällt.

---

[3] Podborský, in: Symposium zu Problemen der jüngeren Hallstattzeit in Mitteleuropa. Bratislava (1974) 371 ff.; ders., Sborník Prací FFBU E 25, 1980, 75 ff.

[4] J. Nekvasil, in: Nouvelles archéologiques dans la République Socialiste Tchèque. Xe Congrès International des Sciences Préhistoriques et Protohistoriques Mexico (1981) 75 ff.; ders., Anthropologie 19, 1981, 107 ff.

[5] A. Gardawski, in: Prahistoria ziem polskich IV (1979) 279 ff.

KULTURELLE UND ZEITLICHE STELLUNG DER FUNDE
AUS DER BÝČÍ SKÁLA-HÖHLE

H. Wankel, der Ausgräber der Býčí skála-Höhle, war der danach bis heute vorherrschenden Meinung, daß es sich bei dem von ihm angetroffenen Befunden und Funden um die Reste einer mit vielen, auch menschlichen Opfergaben ausgestatteten fürstlichen Bestattung handele.[1] Die neuerliche Überprüfung seines Fundberichtes, weitere anthropologische Analysen und unmittelbare Vergleiche der Funde führten zum Schluß,[2] daß alle schriftlichen Arbeiten H. Wankels erst zehn Jahre nach der Grabung entstanden sind, daß ihnen nicht die notwendigen Prüfungsverfahren im Gelände zugrundegelegt wurden, und daß sie eigentlich eine von romantischen Vorstellungen aus dem Ende des vergangenen Jahrhunderts stark untermalte literarische Konstruktion darstellen. Mit keinem Wort wird mehr der Wagen erwähnt, die Gruppe junger Frauen verwandelte sich in zehn unmündige Individuen, 17 Männer, elf Frauen und zwei unbestimmbare Adulti im Alter von 20 bis 60 Jahren. Beim Altar handelt es sich wohl eher um Mühlsteine. Anhand der Funde lassen sich weder ein Kultplatz noch eine Schmiedewerkstatt belegen. Es ist heute fast unmöglich, in den Berichten H. Wankels die Realität von den unter dem Eindruck der Funde entstandenen Vorstellungen zu unterscheiden. Gegen die Ausführungen Wankels sprechen auch zahlreiche, erst später aus den erforschten Schichten geborgene Gegenstände. Zur Untersuchung steht daher im wesentlichen nur eine Kollektion von Gegenständen zur Verfügung, doch auch bei dieser kann kein Anspruch auf Vollständigkeit erhoben werden. So fehlen z. B. die postkranialen Skelette, es besteht keine Möglichkeit, die Menge des verkohlten Materials zu bestimmen, und die meisten Goldgegenstände sind verschwunden.

Die Funde lassen sich in mehrere Kategorien aufteilen: Schmuck und Ausrüstung der hier umgekommenen Menschen; Gegenstände, die im Wirtschaftsleben, bei Kulthandlungen oder im gesellschaftlichen Leben benutzt wurden; landwirtschaftliche Vorräte und zum Handel bestimmte Produkte; Geräte, Erzeugnisse aus Werkstätten und Rohstoffe (Altbronze, Eisen und Gold). Bei vielen Gegenständen ist es kaum möglich, ihre Zugehörigkeit zur einen oder anderen Kategorie zu bestimmen. Diese Unsicherheit ist durch die Nichtbeachtung der räumlichen Verteilung dieser Gegenstände in der Höhle verursacht worden. Nach ihrer Zusammenstellung zu schließen, dürften in den vorderen Partien der Býčí skála-Höhle Vorräte gelagert worden sein. Ungewiß ist, wie lange diese Menschengruppe hier gelebt hat, ob ihr die Höhle schon längere Zeit vor der Zuflucht bekannt war bzw. ob sie zu kultischen Zwecken benutzt wurde.

Andere Aspekte ergibt die Gliederung der Funde nach deren Herkunft, auch wenn die Bestimmung der hallstattzeitlichen Herstellungsorte oft problematisch erscheint. Im Fundverband vertreten sind Gegenstände aus dem Osthallstattkreis, namentlich aus dem südöstlichen Alpengebiet (Kahnfibel, Gürtelhaken, Panzer), aus Norditalien bzw. Etrurien oder aus dem Mittelmeerraum im allgemeinen (Becken und andere Teile, Ketten, Anhänger, Harnischteile, kleine Ziergegenstände, Glasperlen, Muscheln, Korallen). Weitere Verbindungen führen über die böhmischen und nordbayerischen Gebiete zum eigentlichen Hallstattkreis (Kahnfibeln, gegossene Blecharmringe) und bis zu den süd- und west-

[1] Wankel, Mährische Schweiz 377–416.
[2] J. Nekvasil, in: Nouvelles archéologiques dans la République Socialiste Tchèque. Xᵉ Congrès International des Sciences Préhistoriques et Protohistoriques Mexico (1981) 75ff.; ders., Anthropologie 19, 1981, 107 ff.; M. Stloukal, ebd. 111 ff.; ders./J. Szilvássy, Zprávy Anthropologické Společnosti 33, 1980, 1 ff.; J. Nekvasil/M. Stloukal/L.Slezák/Z. Weber/K. Stránský/A. Štrof/J. Vignatiová, in: Wankelův nález v Býčí skále ve světle nejnovějších objevů (1985).

deutschen Kulturgruppen (Plattenfibeln, Blech- und Lignitarmringe, Goldbänder). Das reiche Bern-
steinvorkommen deutet auf Verbindungen mit der Ostsee hin, und einige Waffentypen und Pferdegeschirrteile lassen auf Kontakte mit der skythischen Welt schließen. Die Stierstatuette und die durchbrochenen Anhänger stammen möglicherweise aus dem Schwarzmeerraum. Eindeutig hallstattzeitlich
sind die Zisten, Situlen, eisernen Waffen und Geräte, Glasperlen, Stab- und Drahtarmringe, während
für andere Gegenstände keine genauen Analogien vorliegen (Helm, Gürtel, Sieb). Die meiste Keramik
kommt aus den lokalen Werkstätten der Horákov-Kultur. In Mähren wurden wahrscheinlich auch die
im Befund serienmäßig vertretenen Drahtarmringe und gegossenen Armringe angefertigt. Die Frage
nach der Herstellung der großen, einfachen Glasperlen muß vorläufig unbeantwortet bleiben.[3] Das Ge-
treide, die Hülsenfrüchte, der Filz und die vermuteten Faserstofferzeugnisse stammen wahrscheinlich
aus dem heimischen Produktionsbereich. Wenn auch ihre ehemalige Menge nicht mehr feststellbar ist,
so dürften diese Vorräte nicht nur für den eigenen Bedarf, sondern auch für den Handel bestimmt
gewesen sein.

Auch die hier umschriebenen Bronzegefäße ermöglichen es uns, einige Fragen hinsichtlich der Datierung des Befundes der Býčí skála-Höhle zu klären. Die Situlen und Zisten sind Bindeglieder zur
Fundgruppe im Bereich der Lausitzer Kultur, die sich von Nordmähren bis zum Mittellauf der Oder
erstreckte. Der am südlichsten gelegene Fund ist das Depot von Náklo (Nr. 37. 47–53). Nördlich der
Mährischen Pforte fanden sich eine Ziste in Wołów (Depotrest?) und die Depots I und III in der Umgebung von Sokolniki Małe (Klein-Zöllnig), Woiw. Wrocław. Weiter nordwestlich liegen drei Fundorte: 1. Choryń, Woiw. Leszno, mit den fraglichen Funden einer Amphore und Situla; 2. Zaborowo (Primentdorf), Woiw. Leszno, mit dem unklaren Befund, ob Depot in Ziste oder Grab; 3. Kluczewo, Woiw.
Poznań, mit einem Depotfund. Der Fundort Słupca, Woiw. Konin, liegt östlicher. Westlich der Oder
sind das Depot von Słocina (Reichenau), Woiw. Zielona Góra, und der Fund zweier Zisten in Bobrowice (Bobersberg), Woiw. Zielona Góra, bekannt. Erwähnenswert ist schließlich das Depot von Stanomin, Woiw. Bydgoszcz, das wegen der dort erhaltenen Bronzekette derselben Fundkategorie angehört,
doch schon östlich des hier umrissenen Raumes — im Gebiet der kujawischen Seen — ausgehoben wurde.[4] Alle aufgezählten Befunde sind meist Depots oder Funde einzelner Gefäße, die, mit Ausnahme des
Befundes von Zaborowo, auch Reste vergrabener Schätze sein könnten. Gemeinsam ist ihnen der Umstand, daß sie Gegenstände enthielten, von denen nicht anzunehmen ist, daß sie im Bereich der Lausitzer Kultur hergestellt worden sind, und daß ihre Herkunft deshalb südlich von diesem zu suchen ist.
Außer Zisten (Bobrowice: zwei Exemplare; Kluczewo, Słupca, Sokolniki Małe, Wołów, Woskowice
Małe I: drei Exemplare; Zaborowo, Náklo) und Situlen (Choryń, Słocina, Woskowice Małe III) umfas-
sen sie noch andere Gegenstände gleicher Herkunft: Bronzeketten (Woskowice Małe I, Stanomin),
Bronzetrensen (Woskowice Małe I), bronzene Riemenbeschläge (Sokolniki Małe, Woskowice Małe I),
gegossene Bronzesstäbchen (Sokolniki Małe, Woskowice Małe I), Anhänger (Woskowice Małe I) und
getriebene Tassen (Náklo). Der Inhalt der einzelnen Verbände ist keineswegs einheitlich. Zum einen
schwankt die Größe solcher Depots: von zwei oder drei Gefäßen bis zu mehreren Dutzenden von Gegenständen (Woskowice Małe I, Stanomin). Zum anderen sind neben Gegenständen südlicher Herkunft oft die im Lausitzer Kreis geläufigen hohlen Blechringe (Woskowice Małe I), die glatten, tordierten und gerippten Armringe, Fuß- oder Halsringe (Słocina, Woskowice Małe III, Zaborowo) oder ein

³ T. E. Haevernick, MAGW 109, 1979, 113 ff.

⁴ D. Durczewski, Przegl. Arch. 13, 1961, 7 ff.; A. Gardawski, in: Z. Bukowski/J. Dąbrowski/A. Gardawski/B. Gediga/
L. J. Łuka/L. Okulicz/T. Węgrzynowicz/Z. Woźniak, Prahistoria ziem Polskich IV (1979), 279 ff.; J. Kostrzewski, Wiel-

kopolska w pradziejach (1955) 92. 270. 376; L. J. Łuka, Slavia
Antiqua 6, 1957–59, 1 ff.; H. Seger, Alt-Schlesien 6, 1936,85 ff.;
E. Sprockhoff, ebd. 2, 1927, 33 ff.; ders., Handelsgeschichte
132 ff.; Stjernquist, Ciste.

Eisentüllenbeil (Zaborowo) vertreten. Bisher konnte nicht geklärt werden, welche Gegenstände davon heimischer Produktion sind. Zahlreich ist die aus anderen, südöstlichen Handelsbeziehungen stammende Ware, besonders diejenige im Depot von Stanomin: Oberarmringe aus Blech (Woskowice Małe III), Armringe vom Stanominer Typ (Zaborowo), Spiralkopfnadeln (Zaborowo), tordierte Halsringe mit breitgeschlagenen Enden (Kluczewo). Die südliche Ware besteht aus einem verhältnismäßig engen Sortiment von Formen und Typen, und es ist anzunehmen, daß der zeitliche Abstand zwischen den Deponierungen dieser Gegenstände nicht allzu groß war. Eine Ausnahme bildet die Bronzeamphore von Choryń, derentwegen auch die Situla (selbst unbestimmbar) älter sein müßte. Die Amphore ist älteren Importen zuzuschreiben, die im Bereich der Lausitzer Kultur bereits vom Ende der Bronzezeit an über die ganze Hallstattzeit hinweg erschienen.[5] Es handelt sich offenbar um einen alten Handelsweg, der im Zusammenhang mit dem Bernsteinhandel – von Süden durch die Mährische Pforte nordwärts zur Ostsee verlief.[6] Freilich führten für die gleiche Ware auch andere Verkehrswege in das Gebiet der Lausitzer Kultur und die umschriebene Gefäßform ist noch kein Beweis für das Bestehen einer bestimmten, vielleicht sogar spezialisierten Handelsgruppe. Die Anhäufung von Depots könnte bedeuten, daß diese in einer Zeit vergraben wurden, in der Zufluchtsorte aufgesucht werden mußten. Diese Befunde weisen auf einschneidende Ereignisse hin, die sich anscheinend in der junghallstattzeitlichen Phase des Handelsverkehrs ereignet haben. So klar sich die Einmündung des südlichen Handelsweges im Gebiet der Lausitzer Kultur erkennen läßt, so problematisch erweist sich die Lokalisierung seines Ausgangspunktes. Die oben aufgezählten Erzeugnisse hatten allesamt ihre Vorlagen in den norditalischen Kulturen der Früheisenzeit und manche sogar in Etrurien. Auf welche Weise sich die Herstellung der gegossenen und getriebenen Gegenstände in das Karpatenbecken verschoben hat, konnte bis heute noch nicht eindeutig geklärt werden. Es fehlt nicht an Stimmen, die die Produktion einiger Typen unmittelbar in den östlichen Teilen Mitteleuropas vermuten, andere dagegen bestehen auf einen direkten Zusammenhang mit den italischen Funden.[7]

Der Befund der Býčí skála-Höhle zeigt, daß die Bewohner Altmetall bzw. Brucherz sammelten, und daß in diesem Gebiet Gegenstände unterschiedlichster Herkunft und Alters im Umlauf waren. Es stellt sich nur die Frage, wie groß dieses Gebiet im Umkreis der Höhle war, und welche dieser Funde in Eigenproduktion hergestellt worden waren. Sicher ist, daß diese Gruppe zu einem bisher nicht erkannten Produktionszentrum Zugang hatte. Das jüngst publizierte Depot (?) von Regöly (Ungarn)[8] lieferte weitere Erkenntnisse zu diesem Problem. Dieses Depot enthielt bronzene Gußformen für Kettenglieder und Anhänger. Man muß allerdings erwägen, ob dies alles nicht auf das Bestehen eines fremden Handels- und Produktionskreises in den westlichen Teilen des Karpatenbeckens zurückzuführen ist. Bezeichnend ist ferner, daß der Befund der Býčí skála-Höhle in der Entwicklung der südmährischen Horákov-Kultur eine neue Richtung anzeigt, die nicht als ein innerer Wandel gedeutet werden kann. Dieser Wandel äußert sich am deutlichsten in den neuen formalen und dekorativen Elementen bei der Keramik (Tassen mit gezacktem Rand, geglättetem Innenornament, kräftiger Halsprofilierung, senkrecht gerippter Wandung, Ton mit Graphitzusatz usw.). Die Neuerungen dürften von der Keramik des Ostalpenraums und der westlichen Teile des Karpatenbeckens übernommen worden sein.[9] In Mähren

---

[5] M. Gedl, in: Rola oddziaływań kręgu halsztackiego w rozwoju społeczeństwa epoki żelaza w Polsce zachodniej na tle środkowoeuropejskim. Materiały konferencyjne (1980) 17 ff.; ders., Cmentarzysko halsztackie w Kietrzu, pow. Głubczyce (1973) 52; H. Seger, Schlesiens Vorzeit 8 (1899) 554; Nekvasil, Mähren in der Hallstattzeit, (Hallstatt 1986 im Druck).

[6] Gardawski a. a. O. (Anm. 4) 277 Ryc. 168.

[7] L. J. Łuka a. a. O. (Anm. 4) 57 ff.; v. Merhart, Studien 332;

Sprockhoff, Handelsgeschichte 138; Stjernquist, Ciste I 175. 178.

[8] M. Fekete, Veröffentlichungen des Museums für Ur- und Frühgeschichte Potsdam 20, 1986, 261.

[9] C. Dobiat, Das hallstattzeitliche Gräberfeld von Kleinklein und seine Keramik (1980); J. Dular, Halštatska keramika v Sloveniji (1982); E. Jerem, in : Die Hallstattkultur. Symposium Steyr 1980 (1980) 105 ff.

wurde darüber hinaus überall dort, wo Spuren der Verarbeitung von Eisenerz und eines lokalen Schmiedehandwerks auftreten, eben diese Keramik mit neuen Merkmalen aufgefunden.[10] Deshalb ist anzunehmen, daß auch die Bewohner der Býčí skála-Höhle in irgendeiner Beziehung zur Eisenindustrie standen, möglicherweise sogar selbst Prospektoren waren, die Kenntnisse über Eisenerze und deren Verarbeitung nach Mähren mitbrachten. Für eine gründliche Beurteilung dieses Phänomens sind allerdings genaue Kenntnisse über das Verhältnis zur Kalenderberg-Kultur unumgänglich; auch sollte man bei der Suche nach Analogien zwischen den keramischen Formen nicht nur von allgemeinen stilistischen Erwägungen ausgehen. Zu klären wäre schließlich der Zusammenhang zwischen dem vermuteten Produktionszentrum für gegossene und getriebene Ware, den Prospektoren der Eisenindustrie, dem Textil- und Glashandwerk sowie dem organisierten Altmetallsammeln. Es fragt sich, ob dies alles in Händen einer einzigen Menschengruppe, wie der Befund von der Býčí skála-Höhle andeutet, liegen konnte.

Überblicken wir den Entwicklungslauf in Mähren, so ist unverkennbar, daß der Befund der Býčí skála-Höhle aus dem üblichen Rahmen der Horákov-Kultur fällt. Wir finden keinerlei Anzeichen dafür, daß hier eine „Fürstenschicht" mit befestigten Siedlungen und prunkvoll ausgestatteten Hügelgräbern bestanden hat. Wie bereits anläßlich der Analyse der Bronzegefäße des älteren Horizontes festgestellt wurde, weist die Horákov-Kultur in der Stufe Ha C mit den angrenzenden böhmischen Hügelgrabkulturen viel Gemeinsames auf. Diese Gemeinsamkeiten brachen jedoch zu einem bestimmten Zeitpunkt ab, und die böhmischen Kulturen entwickelten sich fortan selbständig bis tief in die Latènezeit hinein, während sich die Horákov-Kultur mehr durch die Geschehnisse im Karpatenbecken beeinflussen ließ. Dem Entwicklungsschema V. Podborskýs zufolge[11] fand dieser Abbruch am Anfang der Stufe III—1 statt. Aus dieser Entwicklungsstufe sind vorläufig keine großen Hügelgräber bekannt, und die Zahl der unansehnlich bis arm ausgestatteten Gräber ist ebenfalls gering, soweit sie im breiteren Rahmen der Hügelgräberkultur nicht völlig ausbleiben. Hingegen kommt diese Stufe ganz deutlich im Siedlungswesen zum Ausdruck.[12] Ähnlich verhält es sich in der nördlichen Nachbarschaft, im mährischen Zweig der Lausitzer Kultur, wo die junghallstattzeitliche Entwicklungsstufe gut faßbar ist und vor allem durch die von neuen südlichen Motiven stark beeinflußte Keramik zum Ausdruck kommt. Nur eine höhere Gesellschaftsschicht ließ sich in Kammergräbern bestatten.[13]

Die Fundgruppen mit Bronzegefäßen im Gebiet der Lausitzer Kultur weisen wir dem „Katastrophenhorizont" zu. Für die Fundsituation in der Býčí skála-Höhle dürfte sich — bei Annahme der These vom Refugium — eine ähnliche Zuweisung ergeben. Hierbei sei auf eine kleine Gruppe von Gegenständen skythischer Herkunft hingewiesen (dreikantige Bronzepfeilspitzen, Keilhaue, Anhänger in Uhrzeigergestalt, Trense mit knöchernen Seitenstücken). Weitere Funde dieser Art in Mähren lassen auf Zusammenhänge mit dem Einfall skythischer Stämme in Polen und Schlesien und mit der Besetzung der östlichen Teile des Karpatenbeckens schließen.[14] Im Gebiet der Lausitzer Kultur spiegeln sich diese Geschehnisse noch deutlicher wider, zeichnet sich doch hier die junghallstattzeitliche Entwicklungsstufe als ein Verfall der Gesellschaft ab. In der Horákov-Kultur setzte sich die Entwicklung der Siedlungen kontinuierlich fort, und sie ist, obgleich die Keramik viele gemeinsame Merkmale mit der

[10] V. Janák, Archeologia Polski 27, 1982, 395 ff.; Nekvasil, in: Symposium zu Problemen der jüngeren Hallstattzeit in Mitteleuropa. Bratislava (1974) 253 ff.

[11] Podborský, ebd. 396. 398.

[12] Nekvasil a.a.O. (Anm. 5) Anm. 26. 27.

[13] Ders. a.a.O. (Anm. 10) 253; ders., Pam. Arch. 64, 1973, 42 ff.

[14] Z. Bukowski, in: Die Hallstattkultur. Symposium Steyr 1980 (1980) 333 ff.; M. Dušek, Slov. Arch. 9, 1961, 155 ff; ebd. 22, 1974, 361 ff.; M. Párducz, Acta Arch. Hung. 25,1973, 27 ff.; J. Skutil, Zeitschrift des Mährischen Landesmuseums NF 3, 1943, 78 ff.

Keramik des Karpatenbeckens aufweist, bis in die Anfänge der Latènezeit verfolgbar. Grabfunde gibt es auch hier nur ganz wenige. Ein Zeichen der unruhigen Zeiten ist die Errichtung kleiner Befestigungen.[15]

Aus den obigen Ausführungen geht hervor, daß in Mähren mit zwei Horizonten zu rechnen ist: Der eine zeigt den Zustrom fremder Elemente an, und alles deutet darauf hin, daß ihm auch die Menschengruppe aus der Býčí skála-Höhle zuzuordnen ist. Der zweite Horizont ist durch einen von außen kommenden – offenbar skythischen – Eingriff gekennzeichnet, der den Abbruch der Handelsbeziehungen verursachte und sich auf die bodenständige Entwicklung ungünstig ausgewirkt haben dürfte. Wie weit diese beiden Horizonte zeitlich auseinanderliegen, ist anhand der Funde nicht ersichtlich, da jedoch in der nordmährischen Lausitzer Kultur die junghallstattzeitliche Entwicklungsstufe nur durch eine kleine Anzahl von Grabverbänden belegt ist, muß die Zeitspanne wohl kurz gewesen sein.

Die chronologische Einstufung des Befundes der Býčí skála-Höhle ist schon wegen der zeitlichen Stellung der osthallstättischen Kulturen selbst schwierig. Trotz der in der Höhle vorhandenen hohen Fundzahl gibt es nur wenige Anhaltspunkte, die einen Anschluß an das System der sog. transalpinen Hallstattkulturzone ermöglicht hätten. Die Hauptstütze fehlt uns schon deshalb, weil die Reinecke-Zürn-Gliederung vor allem auf der Auswertung der Fibeln beruht. Aber die Kahnfibeln aus der Býčí skála-Höhle gehören zu einem anderen Produktionskreis als die westhallstättischen Fibeln und sind für eine Beurteilung im einzelnen unbrauchbar. Das Fibelfragment mit vier Spiralen (Vierpaßfibel vom Typ Maiersch nach P. Betzler)[16] ist in etwa in die Stufe Ha D 1 datierbar, die Schmuckplattenfibel der Art Oberkrumbach wird als ein nachfolgender Typ gewertet.[17] Ihre Datierung in die Stufe Ha D 2 gilt nur approximativ, da dieser Typ nicht aus geschlossenen Fundverbänden bekannt ist. Weitere, wenig glaubwürdige Anzeiger sind die stilistischen Nachahmungen einiger Gegenstände (quergerippter Hohlarmring, getriebene Goldstirnbänder, Gürtelhaken, getriebene Wagenbeschläge) mit vielen unterschiedlichen, wenn auch dem Stil der Stufe Ha D 2 ungefähr entsprechenden technischen Details.[18] Engere Verknüpfungen ergibt ein Vergleich der gegossenen und getriebenen Armringe mit denjenigen aus den Gräbern von Hallstatt, die zur Kromerschen Gruppe „jüngere Gräber mit und ohne Waffen" gehören, die jedoch nur allgemein in die Stufe Ha D datiert werden konnten.[19] Die Kahnfibeln aus der Býčí skála-Höhle stehen trotz ihrer karpatenländischen Herkunft den Fibeln von Hallstatt und dem ganzen osthallstättischen Gebiet am nächsten. Da sie bereits verkürzte Nadelhalter mit einfachem wulstartigem Abschluß besitzen, setzen wir sie vor die Fibeln der Stufe Ha D 3 und zwar in die Stufe Ha D 2. Diesen Zeitansatz unterstützt auch der Umstand, daß eine von ihnen eine Armbrustkonstruktion aufweist, die bei den westhallstättischen Fibelschemen der Stufe Ha D 2 üblich ist.[20] Für den osthallstättischen Kreis als Ganzes ist bislang keine chronologische Stufenfolge ausgearbeitet worden; die Funde werden entweder in das Reinecke-System eingestuft, oder es wurden für die einzelnen, lokale Kulturgruppen eigene Chronologiesysteme geschaffen, von denen dasjenige von S. Gabrovec die weiteste Verbreitung erfuhr.[21]

Das Panzerbruchstück (?) mit der typischen Buckelverzierung stammt wahrscheinlich direkt aus dem Gebiet der Sulmtaler Hügelgräber. C. Dobiat datierte derartige Erzeugnisse in seine dritte Ent-

[15] Podborský, Sborník Prací FFBU E 15, 1970, 7 ff.; J. Unger, Přehled vyzkumů 1982, 32 f.

[16] Betzler, PBF XIV, 3 (1974) 145.

[17] Ebd. 148.

[18] L. Pauli, Untersuchungen zur Späthallstattkultur in Nordwürttemberg. Hamburger Beiträge zur Archäologie 2, 1 (1972).

[19] K. Kromer, Das Gräberfeld von Hallstatt (1959) 26.

[20] G. Kossack, Südbayern während der Hallstattzeit (1959) 28. 32 Taf. 37, 11.

[21] Gabrovec, Germania 44, 1966, 1 ff.; O.-H. Frey/S. Gabrovec, in: Actes du VIIIe Congrès International des Sciences Préhistoriques et Protohistoriques, Beograd. Bd. 1 (1971) 191 ff.

wicklungsphase; ihren Anfang setzt er mit den Stufen Stična II und Ha D 1 gleich und ihr Ende in die Zeit, da die einschlägigen Gräber keine skythischen Einflüsse und keine Certosa-Fibeln mehr aufweisen.[22] Beim vorliegenden Panzerfragment handelte es sich offensichtlich um Altmetall, und es ist nicht auszuschließen, daß zwischen seinem Herstellungs- und Deponierungsort eine größere Entfernung bestand. Aufgrund des Fundes eines Doppelkammhelms ließen sich die Sulmtal-Funde nach den Zeittafeln von O.-H. Frey, S. Gabrovec und F. Starè bis in die Stufe Ha D 3 verlegen.[23]

Die Geschlossenheit des Befundes der Býčí skála-Höhle ergibt sich mehr aus dem Gesamteindruck als aus dem Vergleich einzelner Funde; wir wollen ihn versuchsweise mit den Stufen der Doppelkammhelme – Podsemelj II b, Glasinac V a, Vače IIb (mit Vorbehalt) und Santa Lucia II a gleichsetzen.[24] Die skythischen Gegenstände bieten ebenfalls einige Anhaltspunkte, wenngleich die Meinungen über die Einwanderung dieser Kulturgruppe in das Karpatenbecken auseinandergehen.[25] Bei den übrigen Fundgruppen versagen die Datierungsmöglichkeiten, da die Entfernung zwischen dem Fundort und den angenommenen Herstellungsgebieten zu groß ist. Als Beispiele dienen die durchbrochenen Anhänger, die Röhrchen in Kreuzform und die Stierstatuette selbst. Die durchbrochenen Anhänger erscheinen im Kimmerischen Kreis im Karpatenbecken und auf der Balkanhalbinsel; beide Produktionskreise leiten sich offenbar von kaukasischen Kulturen ab. Zur Stierstatuette liegt die nächste Entsprechung aus dem Iran vor. Sie kommt dort jedoch in technischer sowie kultischer Hinsicht in viel älteren Fundzusammenhängen vor.[26] Wie solche Gegenstände bis nach Mähren gelangten, ist unbegreiflich. Unklar ist auch ihre zeitliche Stellung. Wir haben bereits weiter oben darauf hingewiesen, daß der Befund der Býčí skála-Höhle an den Anfang der Stufe III–1 zu setzen sei. Die allgemeinen Zusammenhänge lassen also erkennen, daß die Ereignisse in der Höhle in die Stufe Ha D 2 zu datieren sind.

Fassen wir zusammen, so wurde der Býčí skála-Höhle eine Stellung innerhalb der Entwicklung der Horákov-Kultur eingeräumt, doch auf der anderen Seite stehen uns für die Beurteilung der eigentlichen Ereignisse in der Höhle nur sehr wenige Hinweise zur Verfügung. Die starke Beschädigung der vorderen Partien der Höhle im Zweiten Weltkrieg verhinderte eine genauere Durchsuchung. Das erhaltene verkohlte Material, einige versengte Gegenstände und Reste verbrannten Kalksteins bekräftigen zwar den Bericht Wankels, daß es in der Höhle stellenweise gebrannt hatte, doch für geologische und physikalische Zwecke können daraus keine stichhaltigen Schlüsse gezogen werden. Die Folgerung, daß in der Höhle ein Brand ausbrach, es zu einer Explosion kam und danach die Decke einstürzte, wäre zwar eine verlockende Erklärung für den Untergang des Zufluchtortes, doch sie gilt weiterhin nur als eine vage Hypothese.

---

[22] Dobiath a. a. O. (Anm. 9).

[23] Frey/Gabrovec a. a. O. (Anm. 21) 191 ff.; Starè, Prazgodovinske Vače (1954).

[24] F. E. Barth, Die hallstattzeitlichen Grabhügel im Bereiche des Kutscher bei Podsemel (Slowenien) (1969); A. Benac/B. Čović, Glasinac. Heft 2 (Eisenzeit). Katalog der Vorgeschichtlichen Sammlung des Landesmuseums in Sarajewo (1957); S. Gabrovec/D. Svoljsak, Most na Soči (S. Lucia) I (1983); Starè, Prazgodovinske Vače (Das vorgeschichtliche Vau)

(1954); B. Teržan/F. Lo Schiavo/N. Trampuž-Orel, Most na Soči (S. Lucia) II (1985).

[25] Gabrovec, Germania 44, 1966, 28.

[26] J. Bouzek, in: J. Boardman/M. A. Brown/T. G. E. Powell (Hrsg.), European Community in Later Prehistory. Studies in honour of C. F. C. Hawkes (1971); K. Kilian, Fibeln in Thessalien. PBF XIV, (1975) 180; K. Kohlmeyer/G. Saherwala, in: Frühe Bergvölker in Armenien und im Kaukasus (1983) 64 Abb. 54; Z. Varga, Archaeologiai Értesítő 34, 1914, 217 Abb. 11.

VERZEICHNISSE UND REGISTER

VERZEICHNIS DER ALLGEMEINEN ABKÜRZUNGEN

Bez.	=	Bezirk	L.	=	Länge
Br.	=	Breite, -breite	Ldkr.	=	Landkreis
Dm., -dm.	=	Durchmesser, -durchmesser	Mus.	=	Museum
Gde.	=	Gemeinde	rekonstr.	=	rekonstruiert(e)
Gr.	=	Grab	Slg., -slg.	=	Sammlung, -sammlung
H.	=	Höhe	Taf.	=	Tafel
Hgl.	=	Hügel	urspr.	=	ursprünglich(e)
Inv. Nr.	=	Inventarnummer			

VERZEICHNIS DER LITERATURABKÜRZUNGEN

MONOGRAPHIEN, AUFSÄTZE UND SAMMELWERKE

Betzler, PBF XIV, 3 (1974) = P. Betzler, Die Fibeln in Süddeutschland, Österreich und der Schweiz I (Urnenfelderzeitliche Typen) (1974).

Jockenhövel, PBF VIII, 1 (1971) = A. Jockenhövel, Die Rasiermesser in Mitteleuropa (Süddeutschland, Tschechoslowakei, Österreich, Schweiz) (1971).

Kossack, Symbolgut = G. Kossack, Studien zum Symbolgut der Urnenfelder- und Hallstattzeit Mitteleuropas (1954).

Kytlicová, PBF II, 12 (1991) = O. Kytlicová, Die Bronzegefäße in Böhmen (1991).

v. Merhart, Kaltern = G. v. Merhart, Der Depotfund von Kaltern, in: G. v. Merhart, Hallstatt und Italien. Gesammelte Aufsätze zur Frühen Eisenzeit in Italien und Mitteleuropa. Bearbeitet und herausgegeben von G. Kossack (1969).

v. Merhart, Studien = G. v. Merhart, Studien über einige Gattungen von Bronzegefäßen, in: Festschrift des Römisch-Germanischen Zentralmuseums in Mainz zur Feier seines hundertjährigen Bestehens 1952, Band II (1952) (wiederabgedruckt, in: G. v. Merhart, Hallstatt und Italien. Gesammelte Aufsätze zur Frühen Eisenzeit in Italien und Mitteleuropa [1969] S. 280–379).

Müller-Karpe, Chronologie = H. Müller-Karpe, Beiträge zur Chronolgie der Urnenfelderzeit nördlich und südlich der Alpen (1959).

Novotná, PBF II, 11 (1991) = M. Novotná, Die Bronzegefäße in der Slowakei (1991).

PBF = Prähistorische Bronzefunde (vgl. die Titel der Bände unter den Autorennamen).

Podborský, Mähren = V. Podborský, Mähren in der Spätbronzezeit und an der Schwelle der Eisenzeit (1970).

Patay, PBF II, 10 (1990) = P. Patay, Die Bronzegefäße in Ungarn (1990).

Prüssing, PBF II, 5 (1991) = G. Prüssing, Die Bronzegefäße in Österreich (1991).

Říhovský, PBF VII, 1 (1972) = J. Říhovský, Die Messer in Mähren und dem Ostalpengebiet (1972).

Říhovský, PBF XIII, 5 (1979) = J. Říhovský, Die Nadeln in Mähren und im Ostalpengebiet (von der mittleren Bronze- bis zur älteren Eisenzeit) (1979).

Říhovský, PBF XVIII, 3 (1989) = J. Říhovský, Die Sicheln in Mähren (1989).

Sprockhoff, Handelsgeschichte = E. Sprockhoff, Zur Handelsgeschichte der germanischen Bronzezeit (1930).

Stjernquist, Ciste = B. Stjernquist, Ciste a cordoni (Rippenzisten). Produktion – Funktion – Diffusion (1967).

Wankel, Mährische Schweiz = H. Wankel, Bilder aus der Mährischen Schweiz und ihrer Vergangenheit (1882).

ZEITSCHRIFTEN

Acta Arch. Hung. = Acta Archaeologica Academiae Scientiarum Hungaricae (Budapest).

Alt-Schlesien = Alt-Schlesien. Mitteilungen des Schlesischen Altertumsvereins (Breslau).

Anthropologie = Anthropologie (Brno).

Arbeits- u. Forschber. Sachsen = Arbeits- und Forschungsberichte zur Sächsischen Bodendenkmalpflege (Dresden/Leipzig/Berlin).

Archaeologiai Értesítő = Archaeologiai Értesítő (Budapest).

Archeologia Polski = Archeologia Polski (Wrocław).

Arch. Geogr. = Archaeologia Geographica (Hamburg).

Arch. Rozhl. = Archeologické Rozhledy (Praha).

Bayer. Vorgeschbl. = Bayerische Vorgeschichtsblätter (München).

Časopis Slez. Muz. = Časopis Slezského Muzea. Acta Musei Silesiae (Opava).

ČVSMO = Časopis Vlasteneckého Spolku Musejního v Olomouci (Olomouc).

Gallia Préhist. = Gallia Préhistoire (Paris).

Jb. RGZM = Jahrbuch des Römisch-Germanischen Zentralmuseums Mainz (Mainz).

Gallia Préhist. = Gallia Préhistoire (Paris).

JfA = Jahrbuch für Altertumskunde (Wien).

JfMV = Jahresschrift für Mitteldeutsche Vorgeschichte (Berlin).

MAGW = Mitteilungen der Anthropologischen Gesellschaft in Wien (Wien).

Musaica = Sborník Filozofickej Fakulty Univerzity Komenského. Musaica (Bratislava).

Pam. Arch. = Památky Archeologické (Praha).

Přehled Výzkumů = Přehled Výzkumů (Brno).

Przegl. Arch. = Przegląd Archeologiczny (Poznań).

Ročenka Prostějov = Ročenka Národopisného a Průmyslového Musea Města Prostějova a Hané (Prostějov).

Sborník Prací FFBU = Sborník Prací Filosofické Fakulty Brněnské University (Brno).

Sil. Ant. = Silesia Antiqua (Wrocław).

Šlapanský zpravodaj = Šlapanský zpravodaj (Šlapanice u Brna).

Slavia Antiqua = Slavia Antiqua. Rocznik Poświęcony Starożytnościom Słowiańskim (Warszawa).

Slov. Arch. = Slovenská Archeologia (Bratislava).

Veröffentlichungen des Museums für Ur- und Frühgeschichte Potsdam = Veröffentlichungen des Museums für Ur- und Frühgeschichte Potsdam (Potsdam).

Wiad. Arch. = Wiadomości Archeologiczne (Bulletin Archéologique Polonais) (Warszawa).

WPZ = Wiener Prähistorische Zeitschrift (Wien).

Zeitschrift des Mährischen Landesmuseums = Zeitschrift des Mährischen Landesmuseums (Brno).

Zbornik Filozofske Fakultete = Zbornik Filozofske Fakultete. Recueil de Travaux de la Faculté des Lettres de Ljubljana (Ljubljana).

Zprávy Anthropologické Společnosti = Zprávy Anthropologické Společnosti (Brno).

VERZEICHNIS DER MUSEEN UND SAMMLUNGEN

(Die Zahlen beziehen sich auf die laufenden Nummern der erfaßten Bronzegefäße. Ein nachgestelltes (f) bezeichnet z.Z. nicht auffindbare bzw. verlorene Stücke)

Blansko, Privatslg. J. Doležel 23
Boskovice, Muzeum 77
Brno, Moravské muzeum 1, 2−5, 24, 30, 31(?), 32, 35, 68,
72
Hulín, Privatslg. J. Kryl 22
Kopřivnice, Lašské muzeum 29
Mikulov, Okresní muzeum 10

Moravský Krumlov, Muzeum 33, 34, 36
Olomouc, Krajské vlastivědné muzeum 37, 47, 48?, 49−
54 (f)
Prostějov, Okresní vlastivědné muzeum 6−9
Štramberk, Oblastní muzeum 11−21, 25−28
Wien, Naturhistorisches Museum 38−46, 55−67, 69−71,
73−76

ORTSREGISTER

In eckigen Klammern sind die Koordinaten und Abkürzungen der Fundorte auf der Verbreitungskarte Taf. 18 angegeben; nach den Seitenverweisen folgen in runden Klammern die im Text und auf den Tafeln verwendeten Fundnummern; Orte außerhalb des Arbeitsgebietes sind durch Kursivdruck gekennzeichnet.

Acholshausen 11
Au 26

Barloo 26
Basedow 7
Biernacice 6, 11
Biskupice 7
Blanot 11
Blatnica 2
Bobrowice (Bobersberg) 31
Brezno nad Hronom 6 f.
Býčí skála [F 6:B] 12, 20 ff., 23, 25 ff., 29 ff., 32 ff., 35 (Nr. 38-44, 46, 55-76)

Choryń 31 f.

Dubnica nad Váhom 7
Dýšina 15

Gölenkamp 11

Habruvka s. Býčí skála
Hallstatt 26, 34
Holásky [E 7:H] 16, 18, 28 (Nr. 32, 35)
Horákov [F 7:Ho] 15 f., 28 f. (Nr. 30, 31)

Jenišovice 3, 7

Kaltern 22
Kamýk 7
Klein-Zöllnig s. Sokolniki Małe
Klentnice [E 9] 4, 6 f., 14 (Nr. 5)
Kluczewo 31 f.
Kopřivnice [K 5] 12 ff. (Nr. 29)
Křenůvky [G 6:K] 4, 6, 16 (Nr. 6-9)
Krottorf 11
Kuřim [E 6] 8, 14 (Nr. 23)
Kuźnica Skakawska 3, 6

Langendorf 11
Libkovice 7

Libna gora 22
Liptovský Mikuláš 6 f.
Lžovice 8

Magdalenska gora 21
Malhostovice [E 6] 9, 11 (Nr. 24)
Mezőkövésd 13
Milovice [F 9] 4, 6, 14 (Nr. 10)
Morašice [D 8:M] 16 ff., 18 (Nr. 33, 34, 36)
Moravičany 13

Náklo [G 5:N] 19, 24 f., 29, 31 (Nr. 37, 47-54)
Novo Mesto 21

Oberwiesenacker 15
Očkov 2

Podgórnik 7
Přestavlky [H 6:P] 2, 13 (Nr. 2-4)
Primentdorf s. Zaborowo
Przyborów 6

Regöly 32
Reichenau s. Słocina
Ruda 8

Saint-Martin-sur-le-Pré 8
Seifenau s. Podgórnik
Sitno 7
Słocina 31
Słupca 31
Šmarjeta 22
Sokolniki Małe 31
Stanomin 31 f.
Štramberk [K 5:S] 4 ff., 7, 9 ff., 12 ff. (Nr. 11-23, 25-28)
Stična 21
Sv. Lovreno 22

Thale 7

Vače 21

Vázany [E/F 5] 28 (Nr. 77)
Velatice [F 7] 1 f., 13 (Nr. 1)

Wołów 31
Woskowice Małe 31 f.

Zaborowo 31 f.
Záluží 7
Žatec 1

TAFELN

Tasse vom Typ Friedrichsruhe (1); Tassen vom Typ Osternienburg-Dresden? (2–4);
Tassen vom Typ Jenišovice-Kirkendrup (5–8)

TAFEL 1

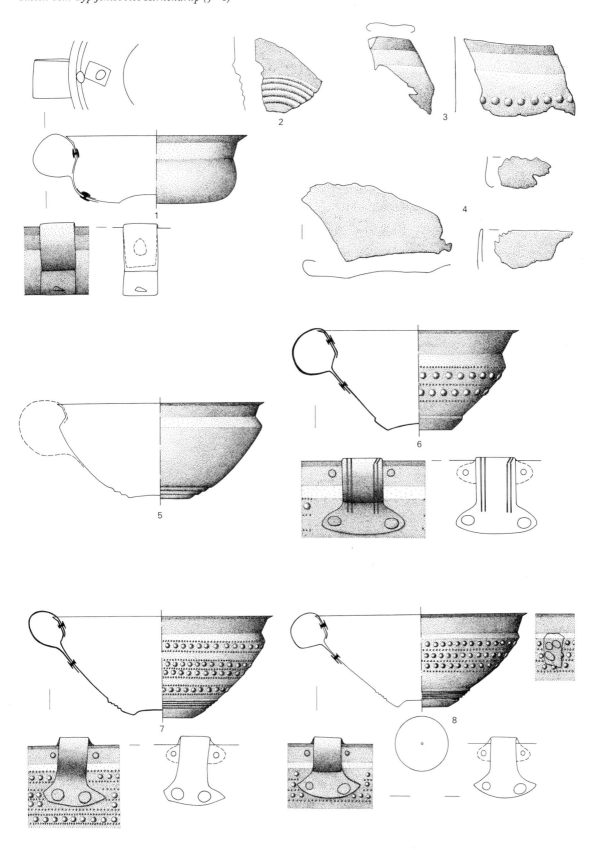

1 Velatice. – 2–4 Přestavlky. – 5 Klentnice. – 6–8 Křenůvky
M. 2:5

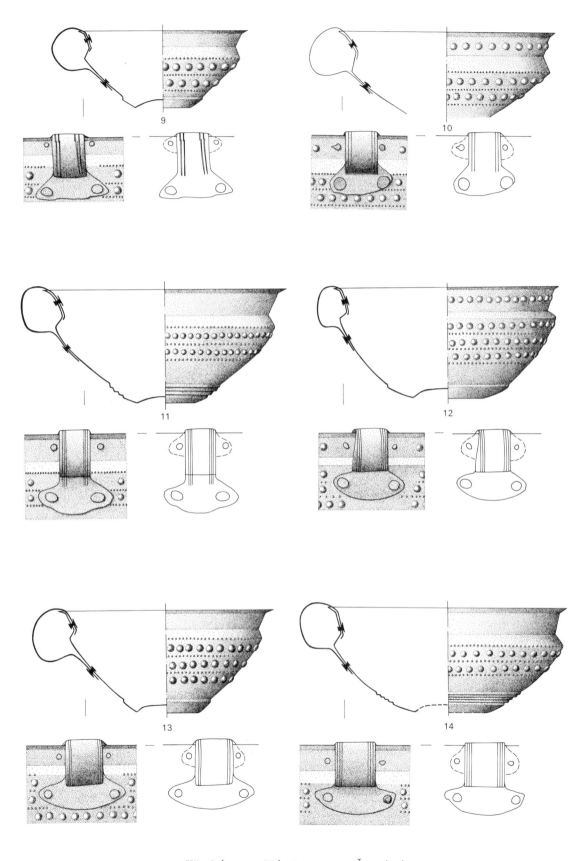

9 Křenůvky. – 10 Milovice. – 11–14 Štramberk
M. 2:5

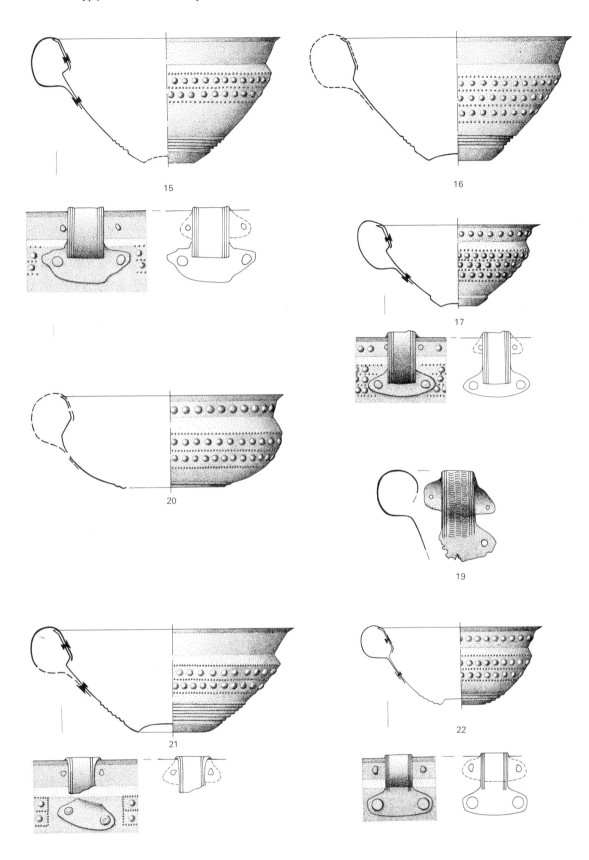

15–17. 19–22 Štramberk
M. 2:5

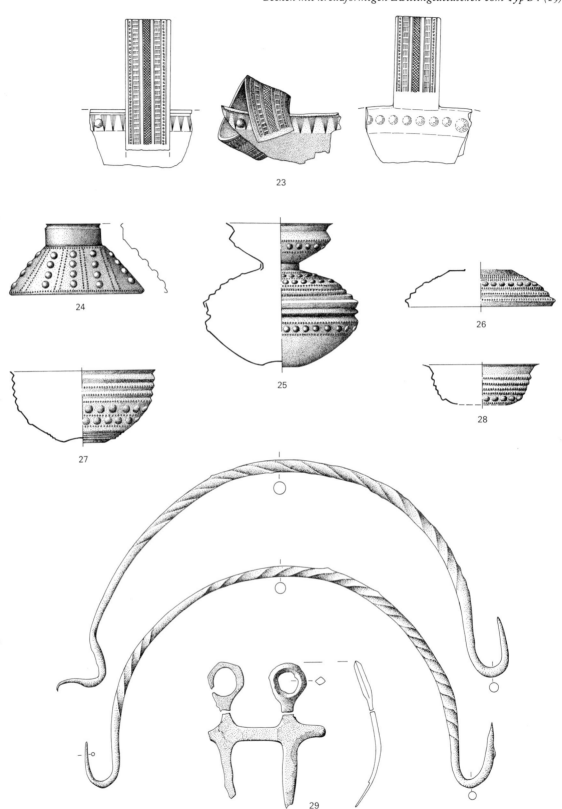

TAFEL 4

Tasse vom Typ Stillfried-Hostomice (23);
Gefäße vom Typ Štramberk: Etagengefäße (24–26), Schalen (27. 28);
Becken mit kreuzförmigen Zwillingsattaschen vom Typ B 1 (29)

23

24

26

25

27

28

29

23 Kuřim. – 24 Malhostovice. – 25–28 Štramberk. – 29 Kopřivnice
M. 2:5

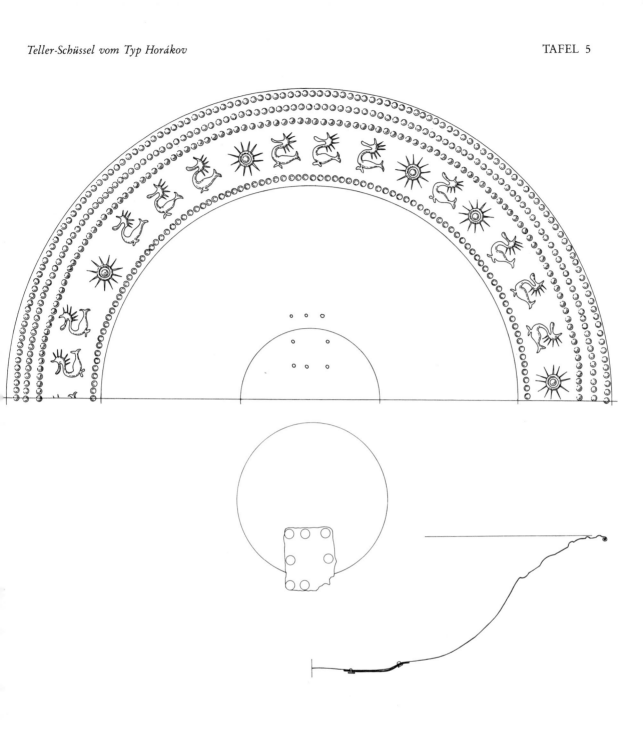

30 Horákov
M. 2:5

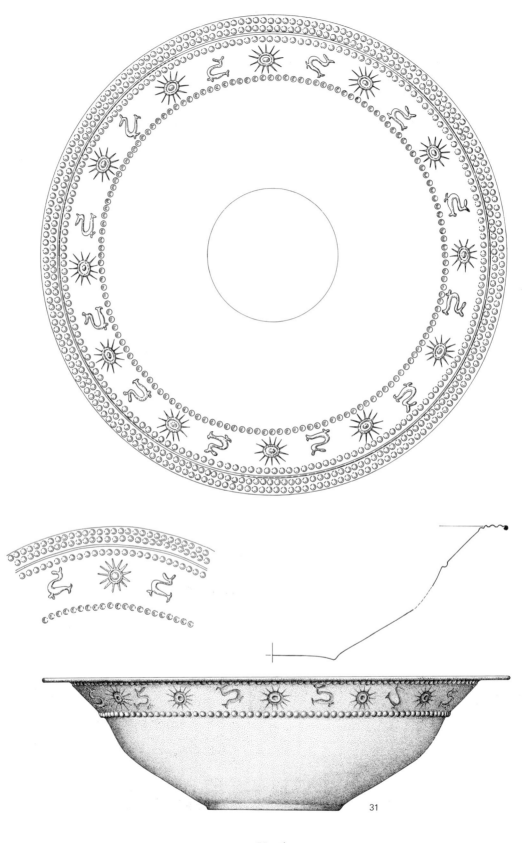

31 Horákov
M. 2:5

Teller-Schüssel vom Typ Horákov (32);
Teller-Schüssel unbestimmbaren Typs (33);
kleinere Schüssel (?) unbestimmbaren Typs (34)

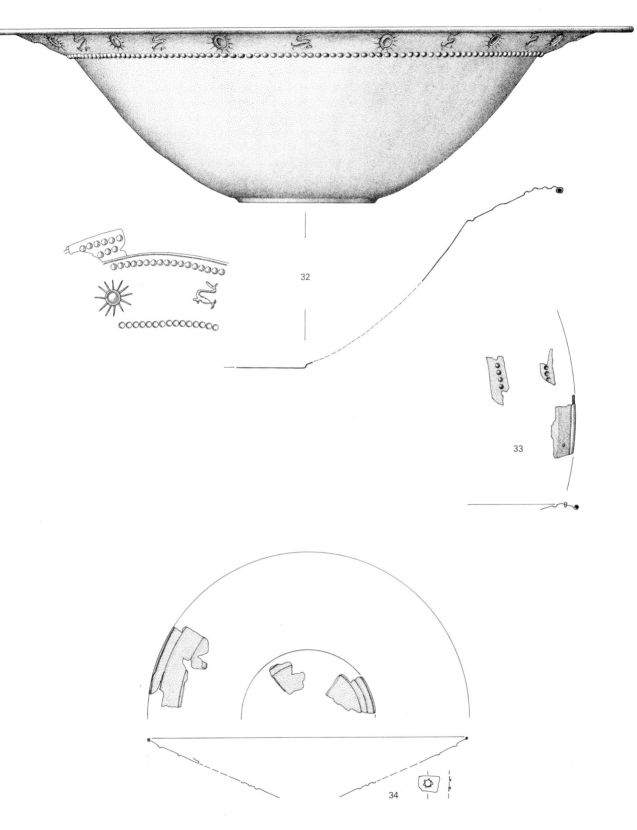

32 Holásky. — 33. 34 Morašice
M. 2:5

Schöpfer mit Hebelgriff vom Typ Holásky (35);
Schöpfer unbestimmbaren Typs (36);
Ziste mit zwei Griffbügeln (38)

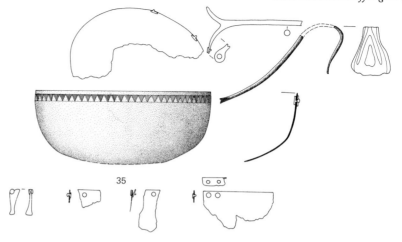

35

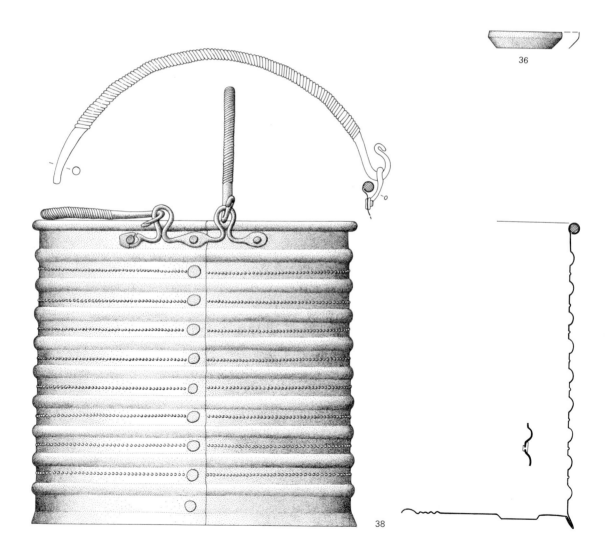

36

38

35 Holásky. – 36 Morašice. – 38 Býčí skála
M. 2:5

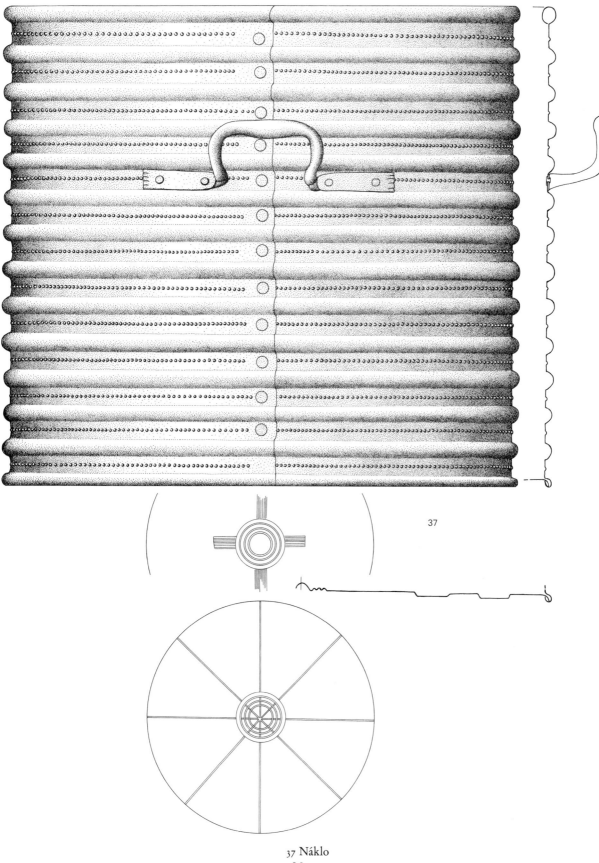

37

37 Náklo
M. 2:5

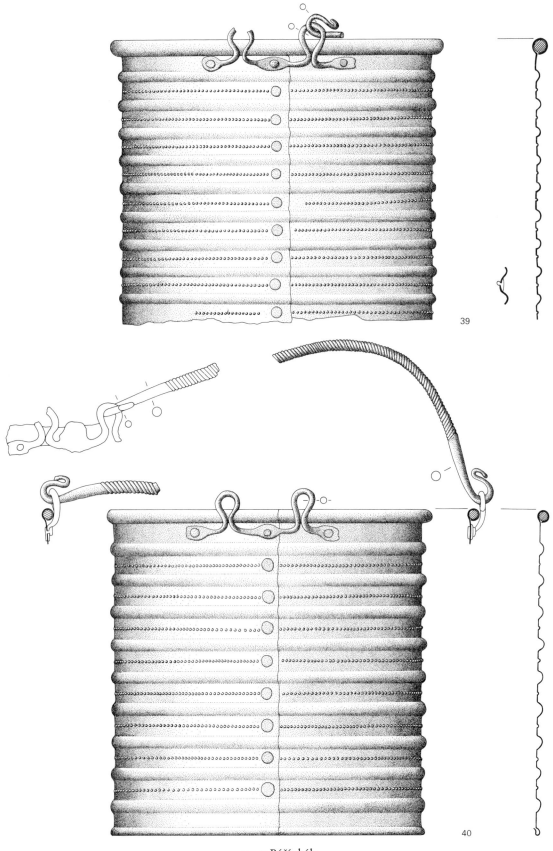

39. 40 Býčí skála

M. 2:5

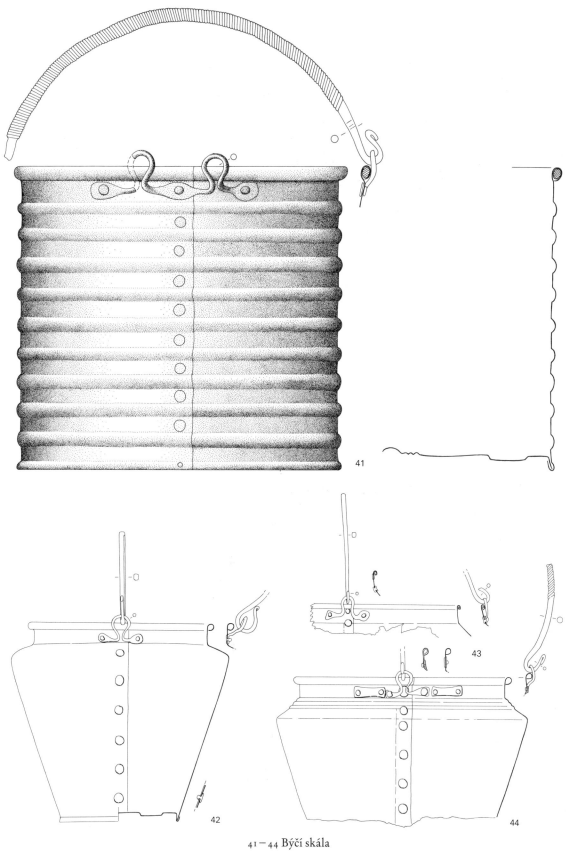

41

42

43

44

41–44 Býčí skála
41 M. 2:5; 42–44 M. 1:4

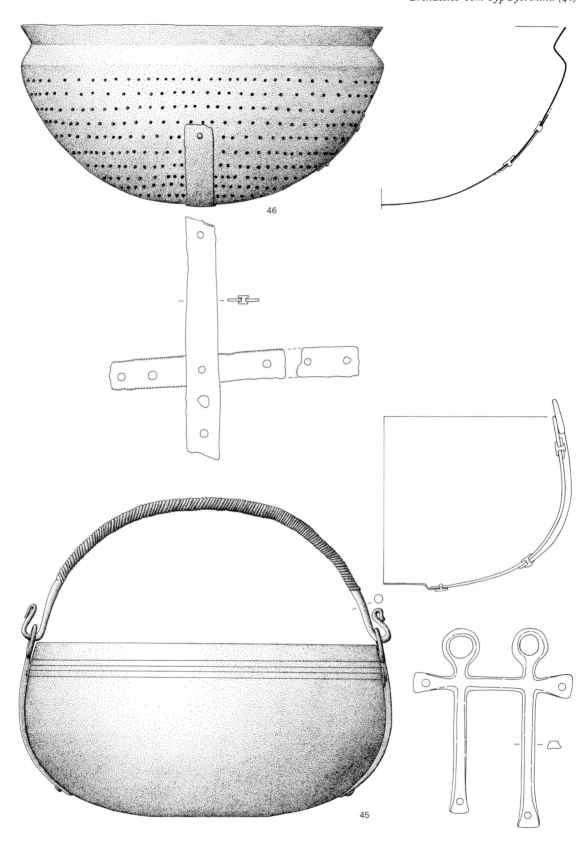

46

45

45. 46 Býčí skála
M. 2:5

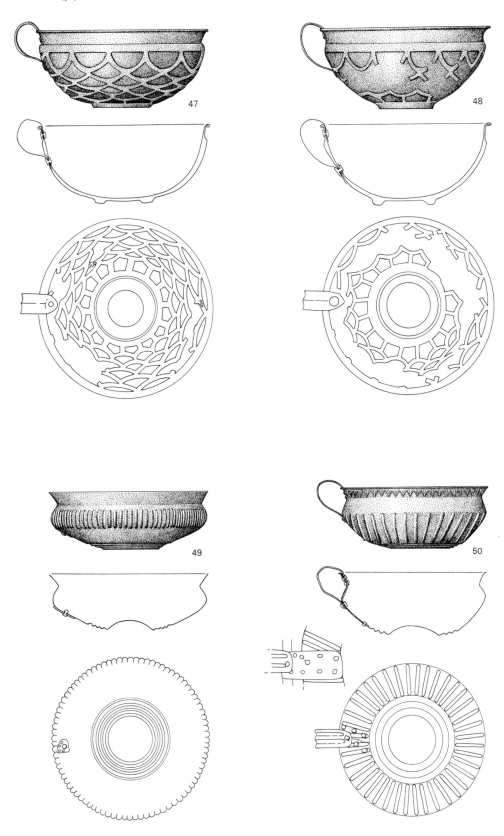

47–50 Náklo
M. 2:5

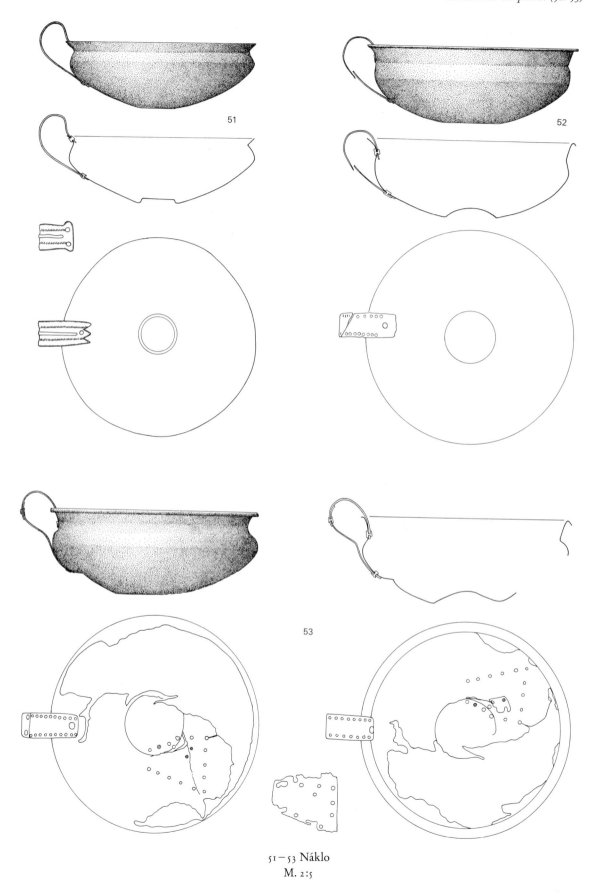

51 — 53 Náklo
M. 2:5

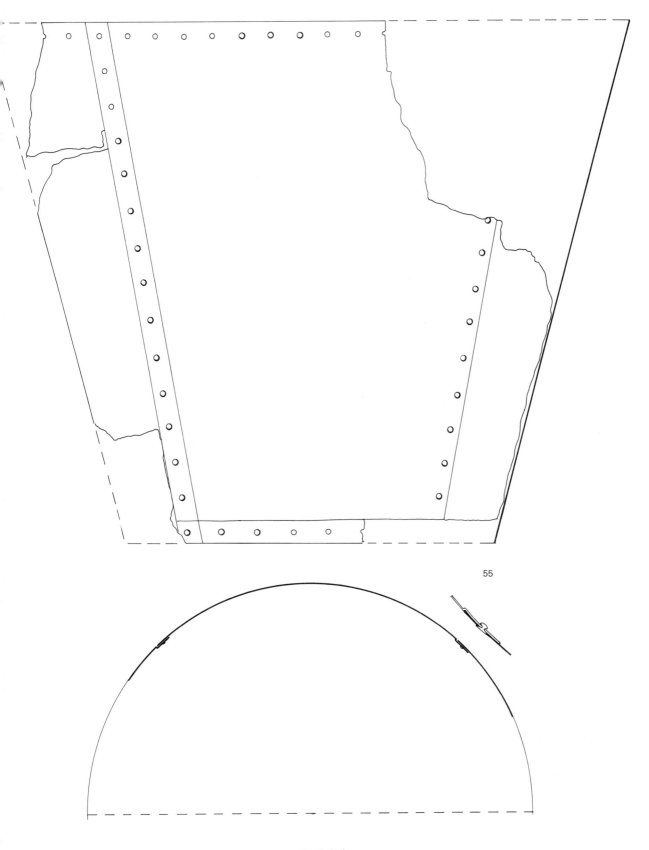

55

55 Býčí skála
M. 1:4

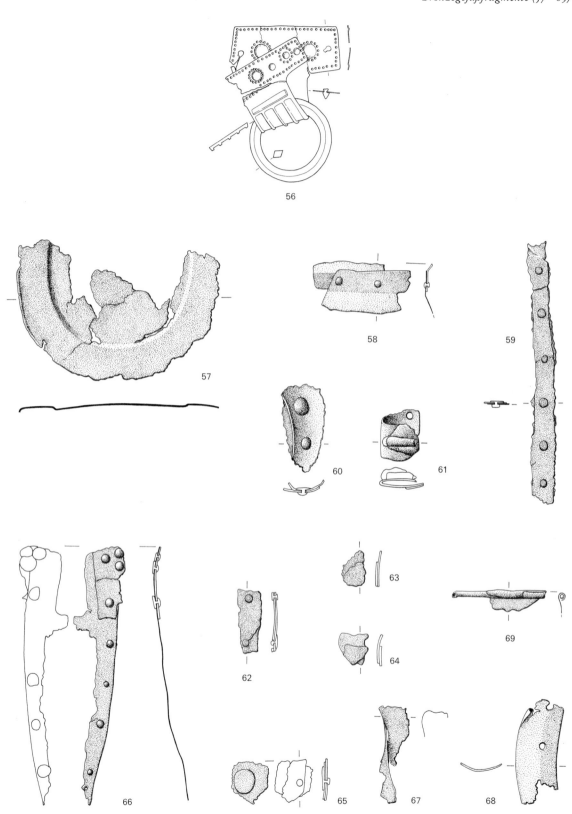

56–69 Býčí skála
56 M. 1:4; 57–69 M. 2:5

Bronzegefäßfragmente (71–76);
Bronzeblechfragment unbestimmbaren Typs (77)

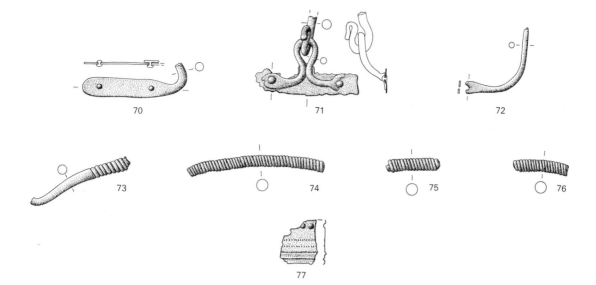

70–76 Býčí skála. – 77 Vážany
M. 2:5

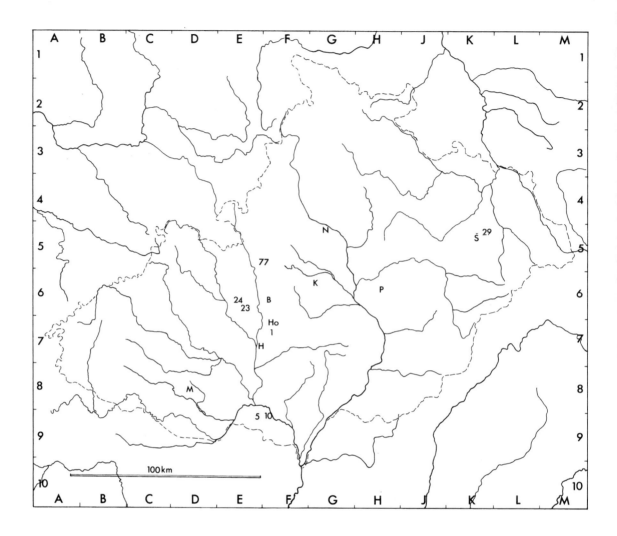

Verbreitung der im vorliegenden Band erfaßten urnenfelder- und hallstattzeitlichen Bronzegefäßfunde aus Mähren. Die Zahlen entsprechen den im Text und auf den Tafeln angegebenen Fundnummern; die Abkürzungen bedeuten:

B	= Býčí skála	M	= Morašice
H	= Holásky	N	= Náklo
Ho	= Horákov	P	= Přestavlky
K	= Křenůvky	Š	= Štramberk